中国地质调查成果 CGS 2021-056
马达加斯加阿巴通德拉扎卡锰铁矿普查
马达加斯加阿巴通德拉扎卡钒钛磁铁矿普查
马达加斯加优势矿产资源潜力评价研究
马达加斯加成矿规律研究及资源潜力调查评价
俄罗斯远东及马达加斯加矿产资源潜力评价

马达加斯加主要矿产资源潜力分析

POTENTIAL ANALYSIS OF MAIN MINERAL RESOURCES IN MADAGASCAR

王奎良　吴大天　许逢明　赵院冬　编著
Mirana Razoeliarimalala

内容简介

本书是由中国地质调查局沈阳地质调查中心多年援助马达加斯加积累的地质调查科研项目成果以及相关地学资料和文献整理而成,对马达加斯加整体的地层、构造、岩浆岩、地球物理、地球化学、遥感及矿产分布特征进行了概述。笔者根据马达加斯加特殊的地质背景,对该国优势矿产资源进行分析,认为石墨、铬、铁、镍、钛、金、稀有金属、铀钍及宝石等矿产是马达加斯加优势矿种和重要矿产。相比于中国,马达加斯加最有优势和潜力的矿产有四大系列:一是与太古宙绿岩带有关的BIF型铁(锰)矿、绿岩型和沉积变质岩型金矿;二是与太古宙—元古宙片麻岩有关的石墨矿;三是与新元古代镁铁—超镁铁质岩浆岩有关的铬、镍、铁、钛(钒)矿;四是与太古宙花岗片麻岩有关的伟晶岩型稀有金属矿产,矿种有锂、铍、铌、钽系列。笔者按中国地质调查局境外地质调查的新思路、新方法和新手段,对马达加斯加优势矿产资源的每一种矿产分布特点、成因类型、成矿规律及资源潜力分别进行阐述,基本认识了马达加斯加主要矿产资源的成矿地质背景、重要矿床的地质特征以及主要矿产的资源储量。

图书在版编目(CIP)数据

马达加斯加主要矿产资源潜力分析/王奎良等编著. —武汉:中国地质大学出版社,2021.12
ISBN 978-7-5625-5133-1

Ⅰ.①马…
Ⅱ.①王…
Ⅲ.①矿产资源-资源潜力-资源评价-马达加斯加
Ⅳ.①F448.261

中国版本图书馆 CIP 数据核字(2021)第 214956 号

| 马达加斯加主要矿产资源潜力分析 | 王奎良 吴大天 许逢明 赵院冬
Mirana Razoeliarimalala | 编著 |

责任编辑:李焕杰 王凤林	选题策划:唐然坤	责任校对:张咏梅
出版发行:中国地质大学出版社(武汉市洪山区鲁磨路388号)		邮编:430074
电 话:(027)67883511	传 真:(027)67883580	E-mail:cbb@cug.edu.cn
经 销:全国新华书店		http://cugp.cug.edu.cn
开本:880毫米×1230毫米 1/16		字数:499千字 印张:15.75
版次:2021年12月第1版		印次:2021年12月第1次印刷
印刷:广东虎彩云印刷有限公司		
ISBN 978-7-5625-5133-1		定价:168.00元

如有印装质量问题请与印刷厂联系调换

序

马达加斯加岛是非洲第一、世界第四大的岛屿。马达加斯加是非洲东部非常重要的国家之一,曾与我国古代海上丝绸之路有直接联系,是 21 世纪海上丝绸之路历史和自然的延伸。马达加斯加地质单元主要由前寒武纪地盾和显生宙盖层等组成,地质结构相对复杂,石墨、铬、铁等矿产资源十分丰富。

自 2005 年以来,中国地质调查局沈阳地质调查中心(简称沈阳地调中心)积极开拓境外地质调查工作的新领域、新模式,与马达加斯加开展了大量调查合作和技术交流,取得了一系列重要成果,有效推动了全球矿业命运共同体建设,不断提升境外地质调查工作的成果应用与服务能力。

马达加斯加自然环境恶劣,基础设施条件相对落后,沈阳地调中心马达加斯加攻关团队历时 14 年,足迹踏遍马达加斯加 60 万 km^2 的崇山峻岭、戈壁荒漠、雨林草原、喀斯特地区等特色地域,历尽千辛万苦、克服重重困难,获取了一个又一个重大成果,先后发现了一个大型和一个超大型的铁矿,并对马达加斯加全国优势矿产进行了详细的评价。相关工作不仅为马达加斯加矿产勘查和资源评价提供了大量的基础资料,也为其资源开发打下了坚实的工作基础,为"一带一路"倡议实施做出了技术支撑。

本书是沈阳地调中心马达加斯加攻关团队在多年实践经验积累的基础上完成的,是一项集调查成果与资料于一体的重要论著。本书作者们系统总结了 10 余年各类野外地质调查成果,广泛收集了马达加斯加的各种矿业信息,包括马达加斯加能源矿产部信息中心的基础资料以及美国、法国和马达加斯加地质学者编写的各种矿产地质报告,也包括近几年一些企业在马达加斯加矿业开发的成果和中国地质学者的学术论文等。通过全面分析和整理,编写了这套涵盖全马达加斯加的金、镍、铜、铁、石墨、铝土矿等矿产资源的潜力分析报告,对马达加斯加成矿地质背景、典型矿床实例及资源潜力等也进行了较为详细的论述和分析。

本书可为中国、马达加斯加两国在地质调查和资源开发领域的合作提供背景资料,也可为地学同仁开展地球系统科学研究提供重要的一手资料;对矿业企业拓展找矿思路、扩大找矿空间、缩小找矿靶区等具有较好的指导意义,为在境外开展地质调查工作提供了较为合适的找矿手段和勘查方法。

中国地质调查局沈阳地质调查中心
2021 年 4 月于中国沈阳

前 言

马达加斯加矿藏丰富，主要矿产资源有石墨（储量6亿t以上）、铬铁矿（储量1520万t）、铝土矿（储量10亿t以上）、石英、云母、镍矿（储量140万t）、钛铁矿（储量7400万t）、铁矿（储量14亿t以上）、锰矿、铅锌矿等，此外还有较丰富的宝石、半宝石资源以及大理石、花岗岩建筑石材和动植物化石等。西南部上石炭统煤炭资源（储量3.7亿t以上）及西部大陆架有一定的油气资源和沥青（储量10亿t以上）。石墨储量居非洲首位，开采产能至少为30 000t/a。

马达加斯加地质单元由前寒武纪地盾和显生宙沉积盖层组成。前寒武纪地盾自西南到东北共划分出6个地球动力学构造结晶基底单元(Tucker et al,2012)，分别为Vohibory地块、Androyen-Anosyen地块、Ikalamavony地块、Antananarivo地块、Antongil-Masora地块和Bemarivo带。前寒武纪地质学的新认识，对于整个马达加斯加结晶基底中新发现的和潜在的矿床勘探具有重要意义。

前寒武纪太古宙地盾由Antongil-Masora地块和Antananarivo地块组成，位于马达加斯加中部—北东部，北东部Antongil-Masora地块由古太古代的TTG(3.3~3.2Ga)和丰富的副片麻岩（变质杂砂岩-变质灰泥岩）组成。Antananarivo中东部地区由新太古代BIF和超镁铁质片麻岩组成，其年龄介于3.2~2.5Ga之间，超镁铁片麻岩和片岩为重结晶的太古宙绿岩带（Tsaratanana杂岩体）。Antongil-Masora地块与印度西部的Dharwar克拉通为亲缘关系或同一构造单元。Antongil-Masora地块在新太古代部分增生Antananarivo地块，在与岩浆侵入有关的区域变质作用之前或同时发生。可以假设这些事件将Tsaratanana杂岩体的副片麻岩与Antananarivo地块的酸性片麻岩并列，并将该组合增生到Antongil-Masora地块的中太古代地壳上(2.5~2.45Ga)。这是Neoarcheen负责创建Greater Dharwar克拉通的重要事件。元古宙具有影响力的地质单元是马达加斯加南部的Vohibory地块、Androyen-Anosyen地块和北部的Bemarivo带3个构造单元。Androyen-Anosyen地块是古元古代(2.0~1.8Ga)大陆地层，在固结纪(1.8~1.6Ga)被增生到Antananarivo地块。Antananarivo地块和Androyen-Anosyen地块形成的火山沉积-侵入岩浆岩，主要形成于新元古代拉伸纪(1.04~0.95Ga)。Ikalamavony地块处于Antananarivo地块和Androyen-Anosyen地块之间，为火山沉积建造。它主要在中元古代Androyen-Anosyen和Antananarivo地块的地壳上形成(1.04~0.95Ga)。Vohibory地块是新元古代早期的一个海相沉积，在成冰纪(0.64~0.62Ga)被增生到Androyen-Anosyen地块。马达加斯加北部的Bemarivo带是侵入的火成岩，具有古元古代隐伏基底，最早在前寒武纪时期就被Antananarivo地块和Antongil-Masora地块所合并。在这些区域内叠加着花岗岩等数十种岩浆岩，它们是高度应变的岩石，记录了冈瓦纳古陆在新元古代的收敛和合并的影响。

复杂的地质环境以整个前寒武纪时期的海陆相交替、变形变质和岩浆作用相继出现为特征，是形成各种矿产资源的基础。已知工业化开采的矿床包括铬、镍、金以及许多工业矿物和宝石。此外，大量的铌、钽、铍、贱金属、重砂矿物、铀、铝土矿、稀土元素，夕卡岩型和伟晶岩型矿产也有可能构成重要资源。丰富的矿产资源潜力将为马达加斯加未来的经济发展提供坚实的物质基础和巨大的发展空间。

马达加斯加地质工作最早始于19世纪早期，并于19世纪中后期有开采金矿的记录。进入20世纪后，法国殖民者对马达加斯加进行了系统的地质矿产调查工作。早期代表成果是法国地质学家Launay与法国矿物学家和火山学家Lacroix完成的*Mineralogy de Madagascar*，它是第一部系统总结马达加斯加矿产的开篇著作，为后期研究该国矿产资源提供了依据。20世纪30~70年代，马达加斯加地质调查部门在Henri Besairie的领导下完成马达加斯加基础地质填图工作,形成基本覆盖全境的1∶10万、1∶20万、1∶100万和1∶200万的地质矿产图件和大量的地质报告,完成了对马达加斯加岩石构造单元的划分和对比。1952年完成了1∶20万的系统填图工作,共127张,每张图均附有地质调查工作说明书。1975年完成1∶10万地质图,共423张,其中280张地质图件图范围反映了前寒武纪结晶基底。Henri Besairie还发布了1∶50万综合地质图[第一版(1956)、修订版(1968—1971)]和1∶100万地质图(1964)。这些资料构成了现代马达加斯加地质工作的基础。Jourde(1971)和Hottin(1976)等地质学者在Henri Besairie工作的基础上,对马达加斯加地质单元划分进行了补充和修改。

20世纪80年代,在欧共体发展基金资助下,马达加斯加地质矿产研究局和法国地质调查局完成了对马达加斯加土地和矿产资源调查评价(BRGM),出版了《马达加斯加土地与地下资源开发行动指导规划》一书,这是该时期马达加斯加地质矿产领域的重要成果。进入20世纪90年代,由于该书在研究冈瓦纳古陆演化中具有重要作用,以及它对于冈瓦纳古陆研究的突破,众多地质学者把注意力转到马达加斯加来。1997年由Ashwal和Cox等组织的"马达加斯加前寒武纪地质和矿产资源国际研讨会"标志着马达加斯加在研究冈瓦纳古陆演化中的意义受到世界地学界的重视,马达加斯加基础地学研究也进入快速发展时期。进入21世纪后,在法国政府和美国国际开发署的资助下,美国、法国、英国、德国、南非和马达加斯加六国政府和地质机构联合实施了PRISSM-PGRM(矿产资源治理项目)计划,到2008年该项目顺利结束。该工作更新了马达加斯加北部、中部和南部重要地区的地质和地球物理图件,重新出版了1∶10万和1∶50万地质、矿产图件,同时根据新的地质年代学和岩石地球化学、地球物理信息对马达加斯加有关基础地质问题进行了深入研究。此外,众多地质学者从不同角度对马达加斯加岩石构造单元划分、主要构造带辨别、岩石年代学和地球化学特征、在东非造山带及冈瓦纳古陆演化中的作用以及矿产资源研究等方面进行了大量的研究。通过他们的工作,马达加斯加现代地质构造演化格架基本建立。

沈阳地质调查中心是中国国土资源部成立以来第一家承担商务部援外地质调查项目的单位,自2004年以来,沈阳地调中心利用商务部经援资金、国土资源部境外风险勘查资金和科技部国际科技合作专项资金,先后在马达加斯加北部Ambatondrazaka地区开展了1∶5万水系沉积物地球化学测量、岩浆分异型钒钛磁铁矿和沉积变质型锰铁矿矿产勘查、北部Tsaratanana绿岩带成矿规律研究、马达加斯加优势矿产评价及低密度地球化学测量等工作。

2006—2008年在马达加斯加北部红土型地球化学景观区实施了"马达加斯加Ambatondrazaka地区1∶5万水系沉积物测量"项目。在扎卡地区1400km²范围内获取综合异常147处,采用地质、物探、化探、遥感组合方法进行查证,确定矿致异常8处,发现钒钛磁铁矿点2处、镍矿点1处、锰铁矿点2处、铬矿点1处、金矿点2处、砂金矿点3处,择优开展矿产检查6处。其中发现并初步评价了具有大型矿床远景的Ambatondrazaka钒钛磁铁矿,提交333+334级钛铁矿石资源量2.75亿t,矿区远景资源储量5亿t以上。

2009年,在前期工作基础上,利用风险勘查资金,采用地质填图、高精度磁法测量和地表槽探揭露等手段对Ambatondrazaka地区北部钒钛磁铁矿矿床和南部沉积变质型锰铁矿矿床继续进行勘查评价工作,探获钒钛磁铁矿矿石资源储量(333+334)共9.31亿t,伴生钛金属量6870万t,伴生钒(V_2O_5)金属量270万t;锰铁矿矿石资源储量(333+334)约1.80亿t,锰金属量约1260万t。

同年沈阳地调中心与马达加斯加矿产部地质处合作开展了马达加斯加北部绿岩带成矿规律研究工作,通过对马达加斯加北部Tsaratanana杂岩体的资料搜集整理和野外调研工作,查明了马达加斯加北部Tsaratanana杂岩体由Bekodoka、Maevatanana、Andriamena、Beforona 4条南北向展布的绿岩带组成,绿岩带内岩石地层主要由条带状混合岩、混合花岗岩、长英质和镁铁质片麻岩、斜长角闪岩、富磁铁石英岩和云母片岩、滑石片岩等组成,局部地区还发育有紫苏花岗岩。绿岩带形成于活动陆缘环境,经历了多期变质变形作用,这一过程分为3个阶段。第一阶段为2500Ma,强烈的火山活动和岩浆侵入形成了原始的地层单元,包括基性和中酸性火山岩。锆石、独居石U-Pb测年工作表明,绿岩带原岩形成时代大于 2.5Ga,同全球范围内的该时期变质事件相呼应,促进马达加斯加前寒武纪基底的形成,变质程度一般为角闪岩相,在中部的 Andriamena 绿岩带内,变质程度达麻粒岩相,为高温高压变质作用。第二阶段为 780Ma 左右,随着罗迪尼亚大陆的裂解和冈瓦纳古陆的形成,绿岩带处于活动大陆边缘,绿岩带内遭受大规模的岩浆侵入作用,形成镁铁质—超镁铁质杂岩(Andriamena 和 Beforona 绿岩带)和中酸性岩浆岩(Maevatanana 绿岩带),同时伴随着绿岩带内地层的变质变形作用。第三阶段发生在 630Ma 之后,随着冈瓦纳古陆的拼贴碰撞,强烈的东西向挤压作用使得绿岩带地层被逆冲推覆到 Antananarivo 地块之上,二者之间形成不整合接触,并先后伴随着垂直方向上和水平方向上的挤压作用,岩石(包括 780Ma 左右的镁铁质—超镁铁质杂岩)强烈变形,同时有造山期和后造山期钙碱性—碱性花岗质岩浆的侵入,绿岩带岩石发生退变质作用,由角闪岩相—麻粒岩相退变质为绿片岩相和角闪岩相。Tsaratanana 杂岩体内矿产资源丰富,主要金属矿产为金、铁、铬,其中与绿岩带地层有关的有石英脉型金矿和冲积型—残积型砂金矿、Algoma(海相火山沉积)型 BIF 铁矿和含锰条带磁铁矿。新元古代形成的镁铁质—超镁铁质杂岩内含有大型铬铁矿和钒钛磁铁矿。

2010—2018 年,中国地质调查局沈阳地质调查中心、马达加斯加地矿部地质处(Department of Geology, Ministry of Petroleum and Mines, Republic of Madagascar)、中国地质大学(北京)和马达加斯加塔那那利佛大学(University of Antananarivo, Madagascar)通过四家之间的地学合作,开展并完成了马达加斯加优势矿产资源潜力评价研究工作;收集了马达加斯加全国地质图及其他基础图件 30 余幅;完成了地质矿产数据库;完成了马达加斯加全国低密度地球化学调查及区域地球化学和异常的聚散、分布特征分析;圈定了马达加斯加 15 种优势矿种单元素异常 1100 余处,综合异常 302 处;编制完成了马达加斯加低密度地球化学图集;完成了马达加斯加石墨和铀矿的典型矿床研究、成矿规律研究及资源潜力评价;圈定了马达加斯加铀矿远景区 10 处,其中Ⅰ级远景区 3 处,预测资源量 33.55 万 t;圈定了马达加斯加石墨远景区 13 处,其中Ⅰ级远景区 6 处,预测资源量 10 亿 t。

本书是对以前工作项目的研究和总结,是沈阳地调中心境外项目组全体科研人员集体劳动的结晶。本书对马达加斯加各主要矿产形成的地质背景进行了概述,对矿床特征进行了描述及资源量汇总。全书共分十四章;前言由王奎良(高级工程师)撰写;第一章,成矿环境的绪论、地层、侵入岩、构造和矿产分布特征由王奎良和赵院冬(教授级高级工程师)撰写,地球物理特征、地球化学特征和遥感特征由吴大天(工程师)、许逢明(工程师)撰写;第二章,金矿的概述、成矿地质背景及成因类型和资源潜力由赵院冬和王奎良撰写,典型矿床实例分析由王奎良、吴大天和马达加斯加 Mirana Razoeliarimalala(教授)撰写;第三章,镍(钴铜)矿由王奎良撰写;第四章,铜及多金属矿的概述、成矿地质背景及成因类型由王奎良撰写,矿床实例分析、资源潜力分析和存在问题由王奎良、吴大天和 Mirana Razoeliarimalala 撰写;第五章,铬铁矿的概述及资源储量分析由王奎良撰写;Andriamena 地区的地质背景、Andriamena 铬铁矿床地质特征与其他地区铬铁矿床地质特征由 Mirana Razoeliarimalala 撰写;第六章、第七章、第八章,铁矿、钛铁矿、锆石、金红石砂矿和稀有金属系列矿产——锂、铍、铌、钽、锆铪矿由王奎良撰写;第九章,放射性矿产——铀、钍矿的概述和成矿地质背景及马达加斯加放射性矿产资源潜力与展望由吴大天撰写,矿床类型及实例分析由王奎良和吴大天撰写;第十章,铝土矿的概述、成矿地质背景及资源潜力由王奎良撰写,矿床实例分析由 Mirana Razoeliarimalala 撰写;第十一章,石墨矿的概述、成矿地质背景及资源潜力分析由王奎良撰写,矿床实例分析由王奎良和吴大天撰写;第十二章、第十三章、第十四章,煤矿、宝石、结论由王奎良撰写。

专著初稿完成后由沈阳地调中心邵俭波(教授级高级工程师)对所有章节进行了修改与补充,最后由王奎良统筹定稿。每一章节的地质矿产图件矢量化全部由王奎良完成。野外摄影、各种图片处理由王奎良和许逢明共同完成。

在项目实施和本书编写过程中,中国地质调查局科技外事部和沈阳地调中心境外地质研究室给予了大力支持。此外,项目组野外地质调查工作过程中得到中国驻马达加斯加大使馆经济商赞处、马达加斯加共和国石油矿业部(Ministry near the Presidency in charge of Mining and Petroleum)、马达加斯加塔那那利佛大学、马达加斯加金沙矿业公司(Madagascar Gold Sands Mining Corporation)、马达加斯加大陆矿业有限责任公司(Madagascar Continental Mines Co. Ltd.)、马达加斯加保马矿业公司(Madagascar Baoma Mining Corporation)、马达加斯加中非矿业有限责任公司(Madagascar Industrie Miniere Sino-Afrique S. A. R. L)、马达加斯加和谐矿业公司(Madagascar Hexie Mining Corporation)和马达加斯加诺瓦资源公司(Madagascar Nova Resources Corporation)、河北省地质工程勘查院、海南省海洋地质调查研究院等单位或部门的大力支持和协助。东北地质实验测试中心、郑州地质实验测试中心、自然资源部同位素实验室、核工业地质研究院测试中心承担了大部分岩(矿)石样品测试工作。本书中的大多数插图和文字编排由王奎良完成,部分岩矿石照片和显微照片由中国地质大学(北京)和马达加斯加塔那那利佛大学帮助拍摄。另外,本书还引用了各兄弟科研单位、大专院校和地质勘查部门未公开发表的各类文献。项目组全体科研人员对上述学校、公司、地调机构等相关部门及各位地质同行和本书所引用文献的作者们表示最诚挚的感谢。

鉴于本项目研究工作所涉及的区域面积较大,工作内容较多且整理时间较短,又限于作者的科学研究水平,书中肯定存在不足之处,敬请各位地质同行批评指正。

编著者
2021 年 6 月

第四节　资源远景分析 …………………………………………………………………（222）
第十三章　宝　石 ………………………………………………………………………………（223）
　　第一节　宝石矿物特征 …………………………………………………………………（224）
　　第二节　宝石矿床地质特征 ……………………………………………………………（225）
　　第三节　宝石发展前景 …………………………………………………………………（232）
第十四章　结　论 ………………………………………………………………………………（234）
主要参考文献 ……………………………………………………………………………………（238）

第一章 成矿环境

第一节 绪 论

马达加斯加位于非洲大陆以东、印度洋西部，国土面积约 590 750km²。地理坐标为东经 43°10′05″—50°37′03″，南纬 11°56′18″—25°37′12″。南北长约 1500km，东西宽约 500km，海岸线长约 5000km。马达加斯加中部为中央高原地区，海拔 1000~2000m；东部为起伏不平的山地；西部是起伏较缓的平原；南部为较为平缓地形；北部地形复杂，以盆地为主，系火山及喀斯特地貌，北部的察拉塔纳纳山为全国最高峰，海拔 2876m。马达加斯加独特的地形地貌特征导致其气候具多样性。东部属于热带雨林气候，终年湿热，年降水量达 2000~3800mm，年平均气温约 24℃；中部高原属于热带高原气候，气候温和，年降水量为 1000~2000mm，年平均气温约 18℃；西部处在背风一侧，降水较少，属于热带草原气候，年降水量为 600~1000mm，年平均气温约 26.6℃；南部地区属于半干旱气候，年降水量低于 600mm，年平均气温约 25.4℃。受季风的影响，全国 4~10 月为旱季，11 月至翌年 3 月为雨季。

马达加斯加是三叠纪之后由冈瓦纳古陆裂解分离而来，为非洲克拉通的组成部分之一，其地质演化与非洲大陆极为相似。马达加斯加 2/3 的区域为前寒武纪变质岩系，变质程度大多为角闪岩相—麻粒岩相，少量为绿片岩相。东西两岸平原和盆地边缘出露少量中生代地层。岩浆活动从元古宙到中生代均有。岩石类型为花岗岩、花岗闪长岩、基性—超基性杂岩等。区域构造线走向总体为北北东向。构造演化大致经历了太古宙克拉通、元古宙—早古生代克拉通造山作用以及晚古生代之后的构造裂陷。

总的来说，马达加斯加显生宙未受到强烈构造热事件影响，保留了大量与泛非造山运动有关的构造痕迹，成为研究冈瓦纳古陆形成、演化的重要地区。而马达加斯加目前重要的矿产资源绝大部分与前寒武纪地质单元有关，因此对马达加斯加前寒武纪地质单元的认识对于了解其矿产分布特征尤为重要。

马达加斯加前寒武纪岩石主要经历了 3300~1800Ma、1100Ma、700Ma、650~500Ma 4 次大的构造岩浆热事件，分别对应于新太古代—古元古代陆核形成、中—新元古代罗迪尼亚（Rodinia）超大陆形成与裂解（车继英等，2013）、新元古代冈瓦纳古陆聚合、东非造山带形成（图 1-1），同南极洲以及坦桑尼亚、印度、斯里兰卡等国家具有相似的构造演化特征。因此可以通过与东部非洲、印度半岛和南极洲区域地质矿产的综合对比来增强对马达加斯加地质演化和成矿作用的认识。

第二节 地 层

一、前寒武纪地层

马达加斯加前寒武纪变质基底分为南、北两部分，南部占全国前寒武纪基底面积的 1/5，主要由元古宙变质岩组成，中北部主要由太古宙—元古宙麻粒岩相—高角闪岩相正片麻岩组成。

南部元古宙变质岩系自东向西包括 Androyen 系、Graphite 系和 Vohibory 系 3 套地层。其中

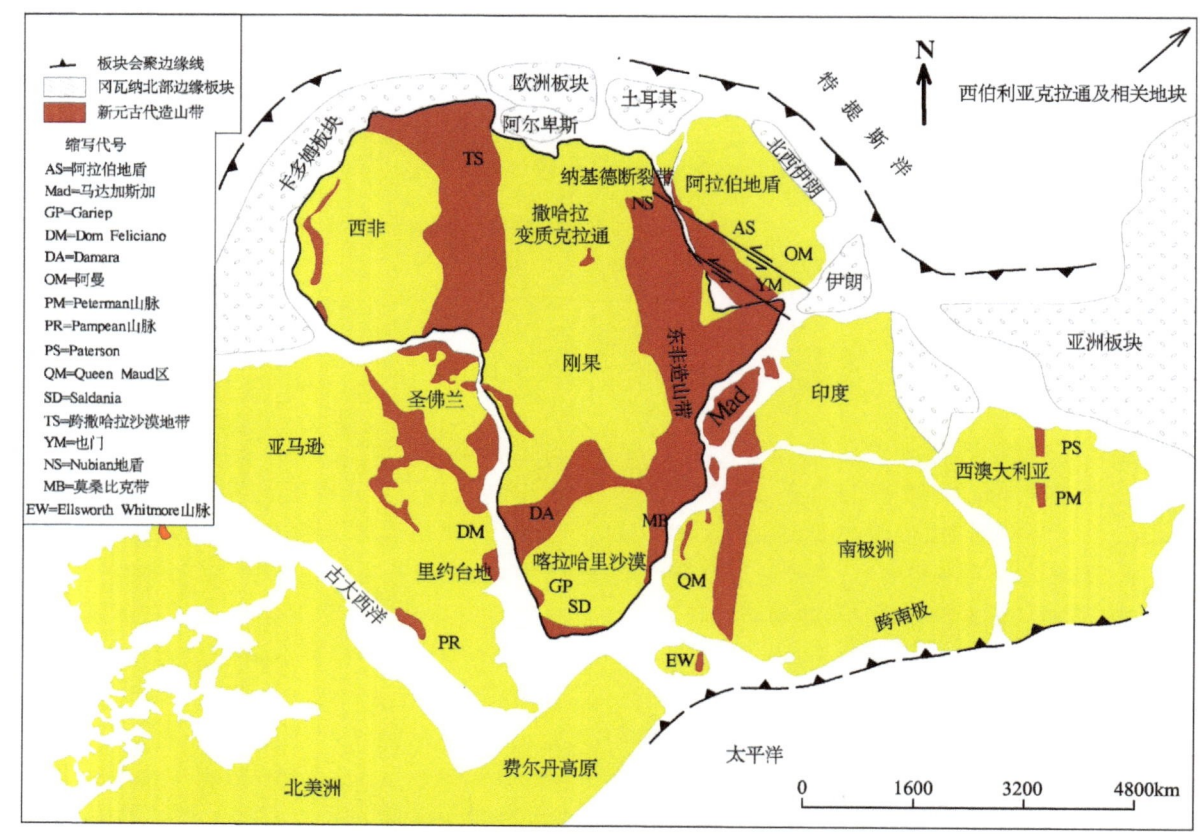

图 1-1　冈瓦纳古陆复原图(约 540Ma)(修改自 Collins,2006)

Androyen 系主要由夕线石-堇青石-石榴子石副片麻岩、花岗片麻岩、混合岩、紫苏花岗岩、石英岩和少量大理岩组成,典型特征是发育大量的金云母矿化点;Graphite 系以含有大量石墨片岩(部分含有 60%～70%的石墨)、石墨片麻岩、石英岩、变粒岩(一般为含石榴子石浅色正片麻岩,石英形成岩石线理)和少量大理岩为特征,系内发育(660±60)Ma 斜长岩岩体;Vohibory 系包括花岗片麻岩、厚层大理岩、角闪岩-辉岩、石英岩、副片麻岩和少量豆荚状、透镜状蛇纹石岩,含有铬铁矿层的蛇纹石化斜方辉橄岩和二辉橄榄岩可能为蛇绿岩残留体,伴生有枕状斜长角闪岩、变辉长岩、变橄长岩,局部伴有锰、铁、金和铜矿产出。

马达加斯加中北部为中太古代—新元古代地层,自东向西包括 Antongil-Masora 地块、Bemarivo 带、Antananarivo 地块和 Tsaratanana 杂岩体 4 个单元。其中 Antongil-Masora 地块同印度南部达尔瓦绿岩带具有亲缘关系,由 3.2Ga 的花岗质混合岩、角闪片麻岩等正片麻岩和 2.5Ga 的花岗岩侵入体组成,边部为变质沉积岩——副片麻岩(包括云母片岩、斜长角闪岩、绿帘石混合岩和少量石英岩),变质程度为绿片岩相—角闪岩相,构造线方向平行于近南北向海岸。Bemarivo 带位于马达加斯加最北部,包括南、北两个单元,由具有典型的活动大陆边缘岩浆弧特征的元古宙岩石组成,同塞舌尔和印度拉贾斯坦邦 Malani 火山岩套具有相似性,是新元古代安第斯型岛弧分解后的残片。Antananarivo 地块主要由 2500～600Ma 石墨片麻岩、石墨混合岩、云母片岩、混合岩、紫苏花岗岩、含石墨混合片麻岩、黑云角闪片麻岩、绿帘石辉石片麻岩组成,包含了中部由变质沉积岩组成的 Itremo 岩席(著名的 SQC 岩群),Itremo 岩席由石英岩、变质泥岩、白云岩化大理岩、斜长角闪岩和混合片麻岩组成。Tsaratanana 杂岩体由 4 条新太古代绿岩带组成,岩性主要为富镁铁质片麻岩和片岩,岩石类型包括混合岩、斜长角闪岩、角闪片麻岩、黑云片麻岩、磁铁石英岩、英云闪长质片麻岩、紫苏花岗岩以及皂石岩和滑石片岩等,测定的变质岩原岩侵位时间介于 2700～2400Ma 之间,推覆于 Antananarivo 地块上,二者间存在大型逆冲推覆构造。

二、晚古生代—早中生代地层

晚古生代—早中生代地层主要分布于马达加斯加西部,东部有少量分布,以海陆交互—陆相泥砂质碎屑岩-碳酸盐岩沉积建造为主,主要出露晚石炭世—早白垩世卡鲁(Karoo)序列,由下至上包括晚石炭世—晚二叠世 Sakoa 群、晚二叠世—中三叠世 Sakamena 群和晚三叠世—早白垩世 Isalo 群(黄国平等,2014)。

Sakoa 群主要分布于西南部 Morondava 盆地中,由砂砾岩、砂岩、泥岩、灰岩及含煤岩系组成,是马达加斯加重要的煤系地层。该群底部为含煤岩系,中部为砂岩,上部为灰岩。上部灰岩中分别含晚石炭世舌羊齿属植物化石,早二叠世兽孔目及晚二叠世无脊椎动物石燕属、长身贝属等化石(图1-2)。

图 1-2　生物碎屑灰岩(来自 Tsianaloka 地区)

Sakamena 群不整合沉积在 Sakoa 群之上。该群下部主要为陆相厚层砾岩和粗粒砂岩,含晚二叠世植物和爬虫类等化石;中部为潟湖及边缘海相灰色、瘤状、不含化石的泥岩和砂岩;上部为海陆交互相白色砂岩、红色页岩,含舌羊齿、伏脂杉属植物和两栖、瓣鳃、头足(菊石)以及鱼类等动物化石。

Isalo 群下段及中段主要为陆相白色或灰色长石砂岩、红层砾岩和砂岩,下段常有交错纹理及杂色页岩透镜体,中段含硅化木化石,上段为海陆交互相砂岩、页岩及灰岩。

三、中新生代火山-沉积岩系

中新生代火山-沉积岩系主要分布于马达加斯加东、西海岸带,在前寒武系分布区的局限盆地中亦有少量分布。中新生代火山-沉积岩系主要充填在裂谷作用形成的火山沉积盆地中,岩石组合主要为偏碱性基性—超基性和中酸性火山岩、火山碎屑岩,砾岩、砂岩、泥岩及现代沉积物堆积;陆源碎屑沉积建造与油气关系密切(黄国平等,2014)。

第三节　侵入岩

伴随着冈瓦纳古陆克拉通形成与增生、裂解与拼合,马达加斯加自太古宙以来岩浆作用时空分布强烈且广泛,形成了多阶段的超基性—酸性火山、侵入岩,特别是前寒武纪侵入岩浆作用与成矿作用紧密相关。由于前寒武纪火山沉积及岩浆建造大多经过了多阶段强烈的变质变形作用改造,区域岩浆岩已经发生不同程度的变质,多以变质杂岩体的形式产出。

马达加斯加可识别的侵入岩浆活动可分为新太古代(克拉通形成与增生相关)、中元古代(克拉通增生)、新元古代(陆块裂解)、早古生代(陆块拼贴),晚古生代以来岩浆活动分布较为局限,仅零星出露中新生代超基性、基性、中酸性和碱性岩等。

一、新太古代

新太古代侵入岩主要发育于东部 Antongil 地块及中部 Antananarivo 地块之上。其中 Antongil 地块 Masoala 岩套主要岩石为以二长花岗岩和混合岩为主的杂岩,变形程度较低。另外还存在一套以 TTG 岩系为主的侵入岩浆单元(Nosy Boraha 岩套,2.55Ga)。总体上变质变形程度较弱,主要为绿片岩相,局部为角闪岩相。Antananarivo 地块新太古代形成大面积的 Betsiboka 岩套,以花岗岩及混合岩为主,变质程度较高。Tsaratanana 杂岩体中发育紫苏花岗岩和强烈的变形构造。

二、新元古代—早古生代

新元古代—早古生代侵入岩主要与罗迪尼亚超大陆裂解及泛非造山运动相关。马达加斯加广泛发育基性—超基性杂岩和新元古代—早古生代中酸性岩浆岩。Antananarivo 地块新元古代从约 1Ga 至 560~530Ma 发生了 4 期岩浆活动,分别形成了西部出露的 Dabolava 岩套和 Ikalamavony 群火山岩(约 1Ga),俯冲带之上的花岗岩、正长岩和辉长岩(820~740Ma),钾质似层状花岗岩(630Ma)及偏碱性岩(560~530Ma)。

发育于北东部 Bemarivo 带之上的侵入岩可能与新元古代单元俯冲拼贴相关。其中 Manambato 岩套(718~705Ma)为钙碱性侵入体,北 Antsirabe 岩套也具有相似的岩石及地球化学特征。

南部单元侵入岩浆活动发生于新元古代早期—新元古代末期。其中 Androyen 地块有 930~910Ma 的 Ankiliabo 岩体侵入。Anosyen 地块则被 545~520Ma 泛非期 Ambalavao 岩体侵入。

发育于 Betsimisaraka 带(蛇绿混杂岩)中的新元古代基性—超基性侵入岩沿该带呈南北向展布,其成因具有较大争议。

除上述多阶段的前寒武纪侵入岩浆外,马达加斯加伟晶岩大量发育,并广泛分布于中东部,主要以长英质伟晶岩为主。

第四节 构 造

目前关于马达加斯加地质构造单元的划分,是在 Besairie(1967—1971)工作基础上建立起来的。Besairie 以马达加斯加南部地质调查工作为标准,按照变质程度由强到弱,将马达加斯加前寒武纪变质基底自下而上划分为 Androyen 系、Graphite 系和 Vohibory 系三大岩石系列,并根据其中的岩石类型进行细分。Vachette 和 Bousteyak(1974)、Vachette 和 Hottin(1970,1974,1975,1977,1979)主要采用 Rb-Sr 法对马达加斯加前寒武纪岩石进行了地质年代学研究,进一步按岩石时代以 Ranotsara 剪切带为界将马达加斯加前寒武纪岩石分为太古宙和元古宙两个部分,其中马达加斯加南部主要为元古宙岩石,分布在 Ranotsara 剪切带南侧。Hottin(1976)根据岩石学、年代学和构造学特征,将马达加斯加中北部地区的 Antongil、Andriamena、Alaotra、Beforona 和 Androyen 5 个岩石单元从 Besairie 的三大岩石体系中分离出来,初步建立马达加斯加现代构造格架。Windley 等(1994)总结了 20 世纪六七十年代马达加斯加的地质工作,将 Ranotsara 剪切带南、北两部分又细分为 6 个单元和 3 个子单元,归列了各个单元岩石组成和地质年代信息,并通过研究 Ranotsara 剪切带和中央轴部剪切带的特征与区域对比,建立马达加斯加主要单元与东非、印度南部及斯里兰卡岛的简单构造图。Collins 等(2000,2001)依据岩石组成特征、构造界线、接触关系等初步将马达加斯加中北部地区分为 5 个构造单元(Antongil 地块、Antananarivo 地块、Bemarivo 带、Itremo 岩席和 Tsaratanana 杂岩体)。Collins 和 Windley 等(2002)进一步探讨了马达加斯加中北部地区构造演化和与东非、北非、阿拉伯地区、印度南部之间的对比关系,并认为可能存在一个新元古代早期的古陆块,该陆块由现在的马达加斯加中北部和埃塞俄比亚、索马里及也门部分地区组成。Collins(2006)将 Itremo 岩席归为 Antananarivo 地块,将马达加斯加新元古代早期的 Antongil 地块、Antananarivo 地块、Bemarivo 带和 Tsaratanana 杂岩体归为新元古代的变质沉积岩带,包括纵贯马达加斯加南北的 Betsimisaraka 带、Antananarivo 地块西南部的 Molo 单元、Ranotsara 剪切带南部的 Vohibory 和 Androyen 地块。

依据古地磁证据和地质资料，Collins(2006)探讨了冈瓦纳古陆各个单元间的拼合关系，将由马达加斯加、索马里、埃塞俄比亚和阿拉伯地区组成的太古宙—古元古代古陆块命名为 Azania 陆块，并认为其同印度地块、刚果/坦桑尼亚/班韦乌卢地块、澳大利亚/莫森地块等单元一起构成环印度洋造山带。

马达加斯加前寒武纪结晶基底从西南到东北分为 6 个地球动力学构造单元，包括 Vohibory 地块、Androyen-Anosyen 地块、Ikalamavony 地块、Antananarivo 地块、Antongil-Masora 地块和 Bemarivo 带，定义了前寒武纪地盾构造单元。这是马达加斯加的构造单元划分最新方案。参见马达加斯加构造单元划分(图 1-3)、构造单元划分方案对比表(表 1-1)和地质单元及构造单元变质事件年代表(表 1-2)。

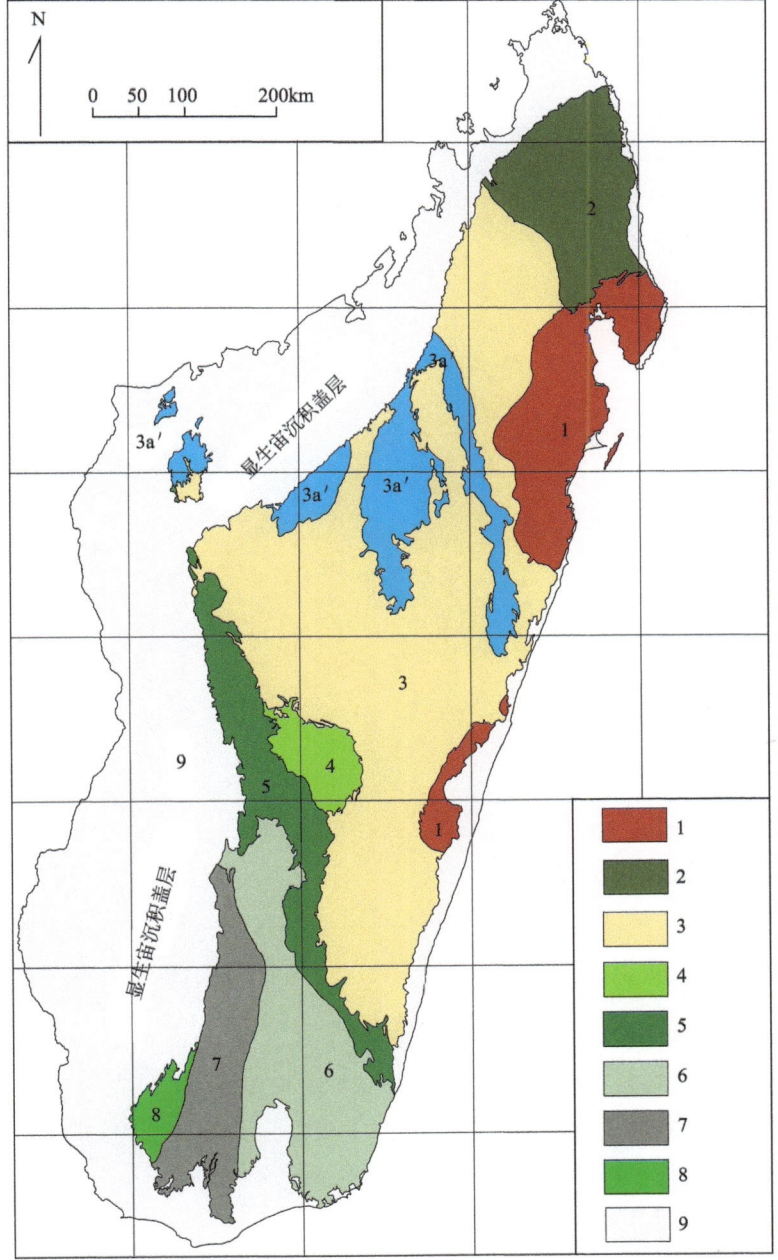

图 1-3 马达加斯加构造单元划分(Tucker et al,2012)

1. Antongil-Masora 地块；2. Bemarivo 带；3. Antananarivo 地块，包括 3a′Tsaratanana 杂岩体；4. Itremo 岩席；
5. Ikalamavony 地块；6. Anosyen 地块；7. Androyen 地块；8. Vohibory 地块；9. 显生宙沉积盖层

表 1-1 马达加斯加构造单元划分方案对比表（修改自 Collins，2006）

Besairie(1973)	Hottin(1976)	Windley 等(1994)	Collins(2006)	Tucker(2016)
Graphite 系 Betsiaka 组，Vohibory 系 Daraina、Sahantaha 组及花岗闪长斑岩体	Betsiaka-Ambohipato-Vohemar 群 Daraina Milanoa 火山沉积系	Sahantaha 单元和 Daraina 单元	Bemarivo 带	Bemarivo 带
Mananara, Antongil 花岗岩，Sahantaha, Masora 系列，Vohilava-Maha	Antongil 群，Masora 群	Antongil, Sahantaha, Masora	Antongil 地块	Antongil-Masora 地块
Graphite 系 Ambatolampy, Manampotsy, Andriba 组；Brickaville, Antambohobe 混合花岗岩；SQC 岩系	Manampotsy 系列，Ambatolampy-Tolongoina 系列，Andriba 系列，中央带花岗岩和混合岩，中央高原边部花岗岩和混合岩，SQC 岩系	Anjafy-Vondrozo；Mandalo；Andriba；SQC 单元	Antananarivo 地块	Antananarivo 地块，含 Tsaratanana 杂岩体和 Itremo 群
Andriamena 和 Beforona 地区 Vohibory 系列	Beforona-Alaotra, Andriamena, Androna 和 Maevatanana 地区钙-铁镁质岩系	Maevatenana, Andriamena, Androna-Beforona 和 Mandritsara	Tsaratanana 绿岩带	
Vohibory 系 Amborompotsy, Ikalamavony, Tranomaro, Vohimena, Malakialina 组	Amborompotsy-Ikalamavony, Vohimena 系	Vohimena 单元	Molo	Ikalamavony 地块
Graphite 系 Ambodiriana 组和部分 Manampotsy 组	Ampasary-Marolambo 系；Antenina 系；Vavatenina 系；Sahantaha 系，部分 Manampotsy 组	Antenia 单元	Betsimisaraka 地块	Androyen-Anosyen 地块
Androyen, Ampanihy	Fort Dauphin；Tranomaro, Ihosy；Benato-Horombe；Ampanihy Mafilefy；Mahabo；Iakora	Bekily 带；Betroka 带；Tranomaro 带	Androyen 地块	
Vohibory	Vohibory	Vohibory 带	Vohibory 地块	Vohibory 地块

表 1-2 地质单元及构造单元变质事件年代表（Tucker 等，2012）

构造单元/地质单元和构造事件	Vohibory	Anosyen-Androyen		Ikalamavony	Antananarivo			Antongil-Masora			Bemarivo	
	Vohibory	Ampanihy	Anosyen	Androyen	Ikalamavony	Iremo	Angavo-ifandiana	Antananarivo	Masora	Antongil	Bemarivo	
		Ampanihy	Ampanihy	Beraketa	Ranotsara	Iremo	Angavo-ifandiana	Angavo-ifandiana	Angavo-ifandiana-Maroala	Masora	Andaparaty层/Sandrakota	Sandrakota/Antsaba
界线或构造剪切带					地质构造单元形成，地块向东推覆，形成构造盆地及高应力变质带						Bemarivo单元增生	
540~510Ma 岩浆作用/变质作用			Ambalavo 岩套	Ambalavo 岩套	Ambalavo 岩套	Ambalavo-kiangara 岩套	Ambalavo-kiangara Maevarano 岩套	Ambalavo-kiangara Maevarano 岩套			Maevarano 岩套	
560~530Ma 变质作用												
620~600Ma 变质作用	Vohibory 和 Anosyen-Androyen 地块增生										Daraina, Milanoa 群, Manambato, Antsirabe 北岩套, Sambirano, Betsiaka 群	
670~640Ma 年轻地形成，800~650Ma 沉积作用	Marosavoa 岩套 Linta-Mahafaly-Gogogogo 组				Ihosy 组	Molo 组	Ambatolampy/Manampotsy 组					
800~700Ma 岩浆作用			Ankiliabo	?	Dabolava 岩套		Itsindro-Imorona 岩套					
1000~900Ma 岩浆作用					Dabolava 岩套							
1800~1100Ma 沉积作用			Imaloto, Mangoky 组	Tranomaro Ikalamavony 组		Iremo 组			Maha 组	Andrarona 组		
2200~1900Ma 地壳形成/岩浆作用			无名基底组	Tolanaro 组							Anka-vanana 岩套	岩浆弧
2520~2480Ma 岩浆作用/变质作用，2800~2500Ma 地壳形成								Betsiboka 岩套, Tsaratanana 杂岩体, Sofia, Vondrozo 组	无名花岗岩 Vohilava-Nosivolo 组	Masoala, Beheloka, Ranomena 岩套, Ambodiriana, Mananara 组	锆石碎屑沉积	
3300~3100Ma 地壳形成/沉积作用			锆石年龄和							Nosy Boraha 岩套	Nosy Boraha 岩套, Finoarivo 组	
	洋壳		SMIWH 敏模型					SMIWH 和大达尔瓦增生			大达尔瓦	

注：SMIWH：South Madagascar-India-Wanni-Highland Province。

第五节 地球物理特征

一、区域磁场特征

从马达加斯加卫星磁场平面图(图1-4)可以看出,磁场整体上呈近南北向展布、东西分带的特点,东部以负磁场为主,中部以正磁场跳跃分布为主,北部正负磁场交替分布,西部磁场呈缓慢变化的区域。马达加斯加区域重磁场由不同规模、不同延伸方向、复杂形状的异常区域及异常带组成。

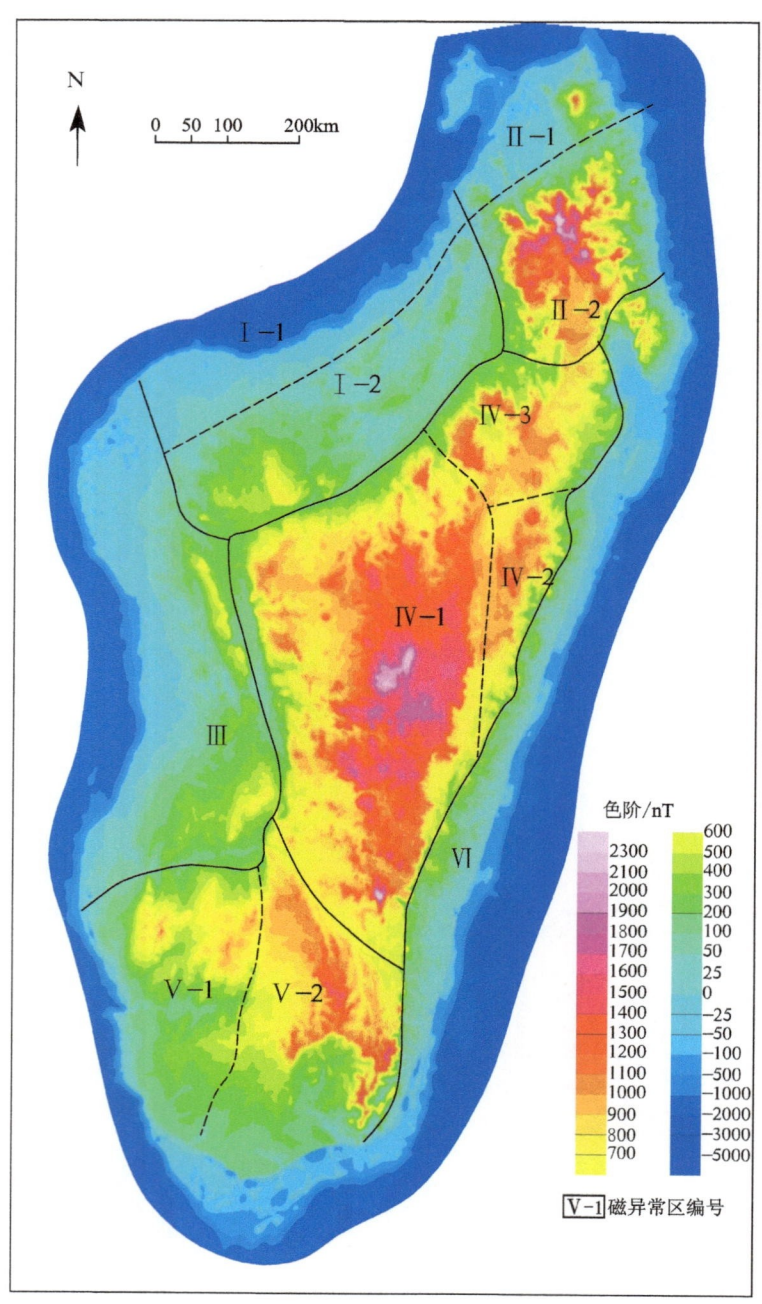

图1-4 马达加斯加磁场分区(吴大天等,2018)

根据区域航磁特征,为了客观反映区域地质构造及地质体的基本特征及环境变化,将研究区内的磁场分为 6 个一级磁场区和 9 个磁场亚区(图 1-4,表 1-3)。

表 1-3　马达加斯加磁场特征表(吴大天等,2018)

磁异常区编号		分布位置	形态	磁场特征	相关地质体
Ⅰ	Ⅰ-1	西北部	走向北西向	负磁异常	中生代沉积岩
	Ⅰ-2		走向北东向	<700nT	辉长岩、辉绿岩
Ⅱ	Ⅱ-1	北部	北高南低	−100～900nT	基性岩
	Ⅱ-2		多以舌状突出	磁场强度变化较大,最高 2000nT	混合岩、玄武岩
Ⅲ		西部	近南北向带状	磁场强度在−500～700nT	中生代沉积岩
Ⅳ	Ⅳ-1	中部	多呈鞍状,不规则椭圆等形状	磁场强度最大可达 2300nT	中—基性岩体
	Ⅳ-2		北东向串珠状	最高 1100nT	酸性花岗岩体
	Ⅳ-3		呈鞍状		基性岩
Ⅴ	Ⅴ-1	南部	南北向	25～700nT	基性岩
	Ⅴ-2		北西向	500～1000nT,最高可达 1500nT	古元古代地层及酸性岩体
Ⅵ		东部	近北东向细条带状	磁异常值变化较小,局部出现负磁异常	中生代海相沉积岩

二、重磁异常特征

根据重磁场的宏观面貌将马达加斯加重磁场分为 6 个一级的重磁场区,在一级重磁场区中相继划分出 12 个二级重磁场区(图 1-5)。各重磁场区内重磁异常特征如表 1-4 所述。

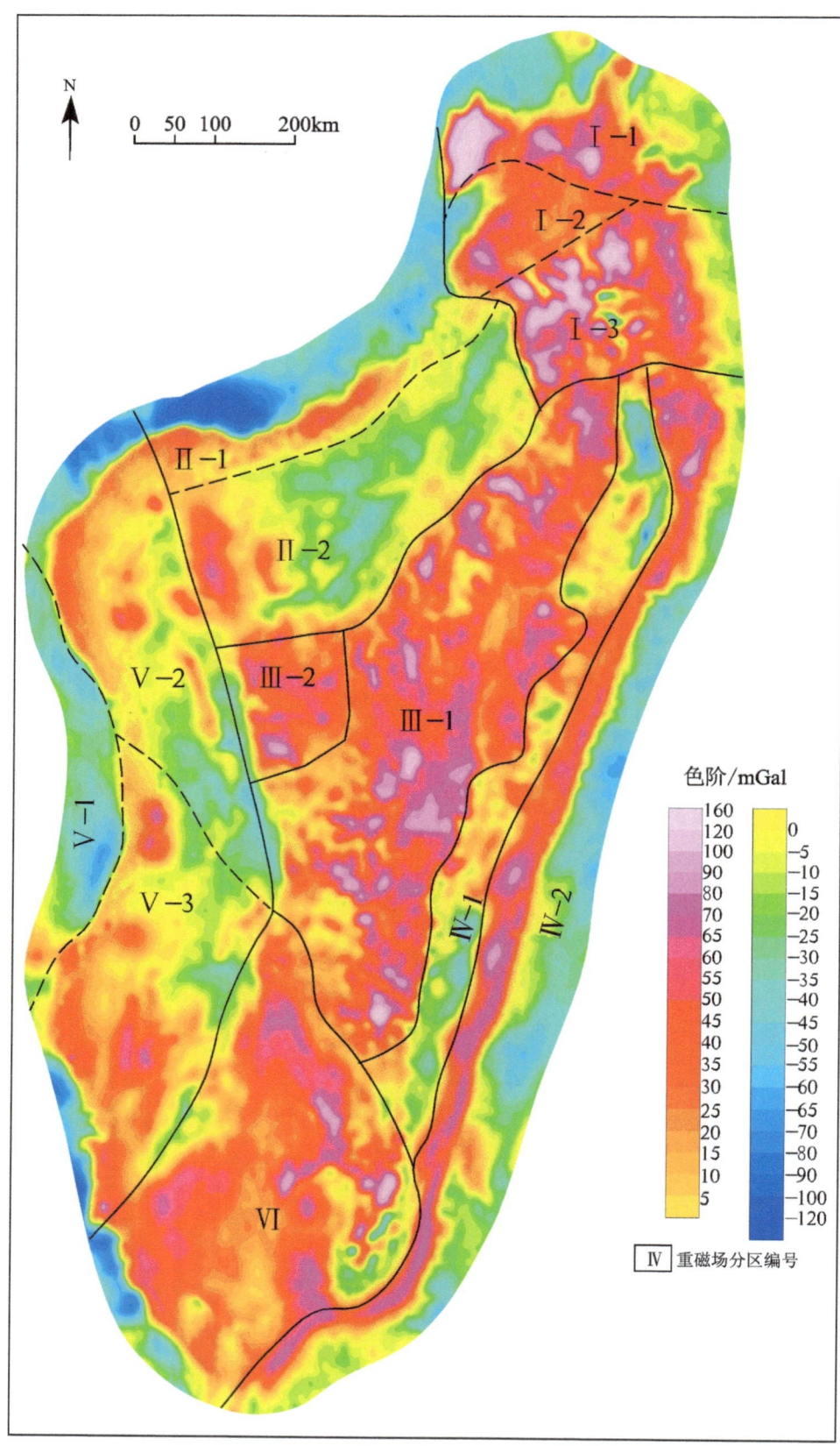

图 1-5 马达加斯加重磁场分区(吴大天等,2018)

表 1-4 马达加斯加重磁场特征表(吴大天等,2018)

重磁异常区编号		分布位置	形态	重磁场特征	相关地质体
Ⅰ	Ⅰ-1	北部	北西向重磁场	异常强度较大,呈封闭的椭圆状,异常区内重磁异常长度和宽度均在70km以上,重力场和磁场强度均呈高异常特征,为重磁同源异常	超基性岩
	Ⅰ-2			重力场异常形态呈不规则状,磁场沿北东向呈条带状分布,重力场和磁场强度与形态不同,非重磁同源磁场区	酸性侵入岩和中生代地层
	Ⅰ-3			异常强度较强,区内呈现多个封闭的极值中心,异常区内重磁异常宽度均在30km左右,重力场和磁场强度均呈高异常特征,为重磁同源异常	超基性岩
Ⅱ	Ⅱ-1	中西部	北东向重磁场	重力场异常强度较大,呈封闭的长椭圆状,重力异常长度在450km左右,宽度在50km左右,磁场强度呈条带状,未形成封闭的异常中心,重力场和磁场强度均呈高异常特征	中基性侵入岩
	Ⅱ-2			异常形态呈不规则状,重磁场强度较低	酸性侵入岩和中生代地层
Ⅲ	Ⅲ-1	西部	北东向重磁场	异常强度较强,分布面积较广,区内呈现多个封闭的极值中心,重力场和磁场异常形态特征一致,为重磁同源异常	超基性岩
	Ⅲ-2			异常强度较强,区内呈现多个封闭的极值中心,重力场和磁场异常形态特征一致,为重磁同源异常	超基性岩
Ⅳ	Ⅳ-1	东部	北东向条带状重磁场	异常形态呈不规则状,重磁场强度较低	酸性侵入岩和中生代地层
	Ⅳ-2			重力场异常强度较大,呈封闭的长椭圆状,重力异常长度在1300km左右,宽度在60km左右,围绕马达加斯加东部分布,磁场强度呈条带状,未形成封闭的异常中心,磁场强度稍弱	中基性侵入岩
Ⅴ	Ⅴ-1	西南部	南北向低重磁场	异常区重磁场强度均较低	中生代地层
	Ⅴ-2			重磁异常呈现南部低、北部高的特征	酸性侵入岩和中生代地层
	Ⅴ-3			区重磁异常呈现南部高、北部低的特征,重磁异常走向总体沿北东向	南部超基性岩体、北部酸性侵入岩和中生代地层
Ⅵ		南部	北西向高重磁场	异常强度较强,分布面积较广,区内呈现多个封闭的极值中心,重力场和磁场异常形态特征一致,为重磁同源异常	超基性岩

第六节 地球化学特征

一、概述

2012—2018年,沈阳地调中心与马达加斯加能源矿业部合作,完成了马达加斯加优势矿产资源潜力评价及地球化学调查(1∶100万)工作,测量面积近60万 km^2,样品采集5638件,分析了 SiO_2、Al_2O_3、TFe_2O_3、MgO、CaO、Na_2O、K_2O、Tc、Ag、As、Au、B、Ba、Be、Bi、Br、Cd、Cl、Co、Cr、Cs、Cu、F、Ga、Ge、Hf、Hg、I、In、Li、Mn、Mo、N、Nb、Ni、P、Pb、Rb、S、Sb、Sc、Se、Sn、Sr、Ta、Te、Th、Ti、Tl、U、V、W、Y、Zn、Zr、La、Ce、Pr、Nd、Sm、Eu、Gd、Tb、Dy、Ho、Er、Tm、Yb、Lu、Pt、Pd共71种元素/氧化物。掌握了马达加斯加全国的地球化学背景,对其地球化学特征有了全新的认识,为矿产资源潜力评价、成矿预测、矿业开发与其他领域宏观规划提供了珍贵的原始资料。

二、元素区域丰度特征及相关分析

1. 元素地球化学参数

通过对71种元素/氧化物的测试并统计、分析整理,确定了马达加斯加低密度地球化学各元素(氧化物)的地球化学参数特征(表1-5)。

表1-5 低密度地球化学各元素/氧化物的地球化学参数表(吴大天等,2018)

元素/氧化物	单元	样品数/个	平均值	中位数	克拉克值	标准离差	变化系数	最大值	最小值	浓集系数
SiO_2	全区算术值	5638	72.87	75.57	61.90	14.70	0.20	96.30	2.560	1.18
	剔除最高和最低算术值	5519	73.86	75.88		13.10	0.18	96.30	34.600	1.19
Al_2O_3	全区算术值	5638	9.42	8.70	13.90	5.51	0.59	36.60	0.110	0.68
	剔除最高和最低算术值	5593	9.28	8.64		5.28	0.57	25.00	0.110	0.67
MgO	全区算术值	5638	0.64	0.41	1.40	0.80	1.26	17.20	0.002	0.45
	剔除最高和最低算术值	5403	0.53	0.38		0.46	0.88	1.91	0.002	0.38
CaO	全区算术值	5638	1.34	0.64	1.60	3.15	2.36	40.10	0.003	0.83
	剔除最高和最低算术值	5128	0.72	0.55		0.63	0.87	2.61	0.003	0.45

续表 1-5

元素/氧化物	单元	样品数/个	平均值	中位数	克拉克值	标准离差	变化系数	最大值	最小值	浓集系数
Na$_2$O	全区算术值	5638	0.89	0.67	0.70	0.84	0.94	8.98	0.002	1.27
Na$_2$O	剔除最高和最低算术值	5442	0.80	0.63	0.70	0.68	0.85	2.84	0.002	1.14
K$_2$O	全区算术值	5638	1.70	1.59	2.30	1.20	0.71	6.63	0.001	0.74
K$_2$O	剔除最高和最低算术值	5593	1.67	1.58	2.30	1.15	0.69	5.11	0.001	0.73
TFe$_2$O$_3$	全区算术值	5638	4.29	2.86	5.50	5.09	1.19	61.10	0.040	0.78
TFe$_2$O$_3$	剔除最高和最低算术值	5113	3.00	2.51	5.50	2.18	0.73	9.49	0.040	0.54
Ti	全区算术值	5638	6 723.00	4 122.00	4 870.00	9 476.00	1.41	137 073.00	89.500	1.38
Ti	剔除最高和最低算术值	5033	4 345.00	3 615.00	4 870.00	3 040.00	0.70	13 444.00	89.500	0.89
V	全区算术值	5638	81.60	50.90	108.00	121.00	1.48	3 703.00	1.000	0.76
V	剔除最高和最低算术值	5060	52.50	45.70	108.00	36.20	0.69	161.00	1.000	0.49
Cr	全区算术值	5638	83.80	41.00	84.00	298.00	3.56	16 778.00	0.100	1.00
Cr	剔除最高和最低算术值	5000	42.00	35.40	84.00	32.30	0.77	138.00	0.100	0.50
Ni	全区算术值	5638	21.60	11.70	36.00	38.40	1.77	795.00	0.100	0.60
Ni	剔除最高和最低算术值	5070	13.10	10.10	36.00	10.60	0.81	44.50	0.100	0.36
Co	全区算术值	5638	11.70	7.23	15.00	16.60	1.42	266.00	0.030	0.78
Co	剔除最高和最低算术值	5095	7.69	6.45	15.00	5.60	0.73	24.50	0.030	0.51
Mn	全区算术值	5638	499.00	347.00	910.00	575.00	1.15	10 068.00	10.600	0.55
Mn	剔除最高和最低算术值	5129	360.00	316.00	910.00	226.00	0.63	1 037.00	10.600	0.40
Li	全区算术值	5638	10.30	8.07	35.00	9.11	0.89	127.00	0.430	0.29
Li	剔除最高和最低算术值	5294	8.58	7.61	35.00	4.67	0.54	22.60	0.430	0.25

续表 1-5

元素/氧化物	单元	样品数/个	平均值	中位数	克拉克值	标准离差	变化系数	最大值	最小值	浓集系数
Be	全区算术值	5638	1.01	0.86	2.00	0.72	0.71	6.11	0.010	0.50
	剔除最高和最低算术值	5487	0.94	0.84		0.61	0.65	2.77	0.010	0.47
Nb	全区算术值	5638	21.08	13.20	17.00	34.70	1.65	957.00	0.100	1.24
	剔除最高和最低算术值	5064	13.60	11.70		9.34	0.69	41.60	0.100	0.80
Ta	全区算术值	5638	1.30	0.74	1.40	2.46	1.89	59.50	0.001	0.93
	剔除最高和最低算术值	4966	0.76	0.66		0.49	0.65	2.22	0.001	0.54
Rb	全区算术值	5638	50.50	41.20	97.00	41.30	0.82	411.00	0.100	0.52
	剔除最高和最低算术值	5512	47.20	40.10		34.50	0.73	150.00	0.100	0.49
Cs	全区算术值	5638	0.87	0.48	8.50	1.23	1.41	16.50	0.010	0.10
	剔除最高和最低算术值	5027	0.55	0.41		0.44	0.80	1.85	0.010	0.06
Zr	全区算术值	5638	584.00	368.00	290.00	830.00	1.42	12 267.00	42.500	2.01
	剔除最高和最低算术值	5068	394.00	332.00		247.00	0.63	1 135.00	42.500	1.36
Hf	全区算术值	5638	14.50	9.10	7.60	20.60	1.42	381.00	0.370	1.90
	剔除最高和最低算术值	5066	9.80	8.17		6.37	0.65	28.90	0.370	1.29
Sc	全区算术值	5638	7.87	5.80	12.80	7.81	0.99	85.60	0.010	0.61
	剔除最高和最低算术值	5270	6.29	5.43		4.44	0.71	19.60	0.010	0.49
W	全区算术值	5638	0.45	0.28	1.80	0.72	1.62	22.00	0.020	0.25
	剔除最高和最低算术值	5057	0.30	0.25		0.18	0.61	0.85	0.020	0.17
Sn	全区算术值	5638	2.14	1.69	3.20	1.76	0.82	48.60	0.760	0.67
	剔除最高和最低算术值	5195	1.79	1.60		0.70	0.39	3.89	0.760	0.56

续表1-5

元素/氧化物	单元	样品数/个	平均值	中位数	克拉克值	标准离差	变化系数	最大值	最小值	浓集系数
Mo	全区算术值	5638	0.58	0.37	1.10	0.92	1.58	29.50	0.010	0.53
Mo	剔除最高和最低算术值	5079	0.39	0.34	1.10	0.23	0.59	1.08	0.010	0.35
Bi	全区算术值	5638	0.05	0.03	0.36	0.11	2.42	6.45	0.001	0.13
Bi	剔除最高和最低算术值	5099	0.03	0.03	0.36	0.02	0.59	0.09	0.001	0.09
Cu	全区算术值	5638	18.00	11.60	30.00	22.80	1.27	283.00	0.150	0.60
Cu	剔除最高和最低算术值	5184	12.80	10.60	30.00	8.83	0.69	39.20	0.150	0.43
Pb	全区算术值	5638	18.20	16.10	30.00	22.40	1.23	1 041.00	0.090	0.61
Pb	剔除最高和最低算术值	5523	16.70	15.90	30.00	8.42	0.51	41.90	0.090	0.56
Zn	全区算术值	5638	52.50	40.70	87.00	47.20	0.90	502.00	1.930	0.60
Zn	剔除最高和最低算术值	5370	45.10	38.70	87.00	31.00	0.69	138.00	1.930	0.52
As	全区算术值	5638	1.32	0.50	15.00	4.16	3.14	131.00	0.040	0.09
As	剔除最高和最低算术值	4506	0.48	0.45	15.00	0.17	0.36	1.00	0.040	0.03
Sb	全区算术值	5638	0.10	0.06	1.38	0.35	3.61	21.60	0.010	0.07
Sb	剔除最高和最低算术值	4857	0.06	0.05	1.38	0.02	0.37	0.12	0.010	0.04
Hg	全区算术值	5638	23.50	15.20	77.00	31.20	1.33	739.00	1.350	0.31
Hg	剔除最高和最低算术值	4954	15.80	13.90	77.00	7.74	0.49	39.00	1.350	0.21
Au	全区算术值	5638	2.26	0.49	2.00	38.30	16.94	2 479.00	0.160	1.13
Au	剔除最高和最低算术值	4906	0.50	0.45	2.00	0.17	0.35	1.02	0.160	0.25
Ag	全区算术值	5638	0.04	0.04	0.08	0.03	0.61	1.59	0.020	0.53
Ag	剔除最高和最低算术值	5449	0.04	0.04	0.08	0.01	0.26	0.07	0.020	0.51

续表 1-5

元素/氧化物	单元	样品数/个	平均值	中位数	克拉克值	标准离差	变化系数	最大值	最小值	浓集系数
Pt	全区算术值	5638	0.57	0.38	0.54	1.56	2.76	99.30	0.070	1.05
	剔除最高和最低算术值	5151	0.41	0.36		0.17	0.41	0.91	0.070	0.76
Pd	全区算术值	5638	0.53	0.41	0.59	0.70	1.32	20.30	0.020	0.90
	剔除最高和最低算术值	5176	0.43	0.40		0.14	0.33	0.85	0.020	0.72
La	全区算术值	5638	48.90	29.70	43.00	66.50	1.36	1 019.00	0.070	1.14
	剔除最高和最低算术值	5078	32.60	25.90		23.90	0.73	104.00	0.070	0.76
Ce	全区算术值	5638	91.80	57.30	85.00	123.00	1.34	2 035.00	0.020	1.08
	剔除最高和最低算术值	5160	64.50	52.4		46.80	0.73	205.00	0.020	0.76
Pr	全区算术值	5638	10.20	6.10	10.00	15.60	1.54	307.00	0.002	1.02
	剔除最高和最低算术值	5170	6.93	5.47		5.19	0.75	22.50	0.002	0.69
Nd	全区算术值	5638	38.40	22.80	37.00	56.20	1.47	1 041.00	0.230	1.04
	剔除最高和最低算术值	5107	25.30	20.30		18.60	0.73	80.80	0.230	0.68
Sm	全区算术值	5638	6.13	3.97	7.00	8.05	1.31	125.00	0.030	0.88
	剔除最高和最低算术值	5173	4.37	3.60		3.07	0.70	13.60	0.030	0.62
Eu	全区算术值	5638	0.98	0.83	1.40	0.71	0.73	8.17	0.010	0.70
	剔除最高和最低算术值	5428	0.89	0.81		0.51	0.58	2.42	0.010	0.63
Gd	全区算术值	5638	5.51	3.52	6.20	7.46	1.36	116.00	0.040	0.89
	剔除最高和最低算术值	5180	3.90	3.17		2.77	0.71	12.20	0.040	0.63
Tb	全区算术值	5638	0.72	0.51	0.99	0.80	1.12	12.60	0.004	0.73
	剔除最高和最低算术值	5258	0.56	0.48		0.38	0.67	1.70	0.004	0.57

续表 1-5

元素/氧化物	单元	样品数/个	平均值	中位数	克拉克值	标准离差	变化系数	最大值	最小值	浓集系数
Dy	全区算术值	5638	3.30	2.53	1.20	3.28	0.99	53.40	0.020	2.75
	剔除最高和最低算术值	5339	2.77	2.39		1.80	0.65	8.15	0.020	2.31
Ho	全区算术值	5638	0.63	0.48	5.70	0.63	1.00	11.10	0.003	0.11
	剔除最高和最低算术值	5349	0.53	0.46		0.34	0.65	1.56	0.003	0.09
Er	全区算术值	5638	1.88	1.43	3.20	1.89	1.00	35.50	0.010	0.59
	剔除最高和最低算术值	5360	1.59	1.36		1.02	0.64	4.66	0.010	0.50
Tm	全区算术值	5638	0.29	0.22	0.50	0.29	1.02	6.25	0	0.57
	剔除最高和最低算术值	5401	0.25	0.21		0.16	0.64	0.72	0	0.49
Yb	全区算术值	5638	1.86	1.43	3.10	1.87	1.01	40.60	0.010	0.60
	剔除最高和最低算术值	5402	1.61	1.38		1.02	0.63	4.65	0.010	0.52
Lu	全区算术值	5638	0.30	0.23	0.48	0.30	1.01	6.42	0.002	0.62
	剔除最高和最低算术值	5400	0.26	0.22		0.16	0.63	0.73	0.002	0.53
Y	全区算术值	5638	16.40	12.70	29.00	17.40	1.06	343.00	0.170	0.57
	剔除最高和最低算术值	5375	13.90	12.00		8.85	0.64	40.40	0.170	0.48
Sr	全区算术值	5638	161.00	112.00	89.00	207.00	1.28	4 648.00	0.100	1.81
	剔除最高和最低算术值	5361	133.00	105.00		106.00	0.80	451.00	0.100	1.49
Ba	全区算术值	5638	621.00	554.00	395	465.00	0.75	4 225.00	0.300	1.57
	剔除最高和最低算术值	5527	587.00	544.00		399.00	0.68	1 782.00	0.300	1.49
Cd	全区算术值	5638	0.07	0.03	0.26	0.35	5.15	21.60	0.001	0.27
	剔除最高和最低算术值	5079	0.04	0.03		0.02	0.60	0.10	0.001	0.14

续表 1-5

元素/氧化物	单元	样品数/个	平均值	中位数	克拉克值	标准离差	变化系数	最大值	最小值	浓集系数
Ga	全区算术值	5638	11.80	10.80	167.00	7.47	0.64	53.30	0.300	0.07
	剔除最高和最低算术值	5488	11.10	10.50		6.46	0.58	30.50	0.300	0.07
In	全区算术值	5638	0.04	0.03	0.07	0.03	0.83	0.36	0.001	0.61
	剔除最高和最低算术值	5309	0.04	0.03		0.02	0.64	0.10	0.001	0.52
Tl	全区算术值	5638	0.33	0.27	0.62	0.25	0.77	2.60	0.002	0.53
	剔除最高和最低算术值	5458	0.30	0.26		0.20	0.66	0.90	0.002	0.49
Ge	全区算术值	5638	0.82	0.80	1.40	0.27	0.33	3.98	0.020	0.58
	剔除最高和最低算术值	5570	0.81	0.80		0.25	0.31	1.54	0.070	0.58
Se	全区算术值	5638	0.16	0.09	0.36	0.23	1.45	3.35	0.001	0.44
	剔除最高和最低算术值	4842	0.09	0.08		0.05	0.55	0.25	0.001	0.26
Te	全区算术值	5638	0.02	0.02	56.00	0.02	1.05	0.40	0.001	0.00
	剔除最高和最低算术值	5233	0.02	0.02		0.01	0.62	0.05	0.001	0.00
B	全区算术值	5638	11.60	5.46	65.00	21.40	1.85	439.00	1.350	0.18
	剔除最高和最低算术值	4432	5.42	4.82		2.10	0.39	11.70	1.350	0.08
Tc	全区算术值	5638	0.57	0.21	1.40	1.17	2.04	15.70	0.020	0.41
	剔除最高和最低算术值	4568	0.21	0.15		0.17	0.81	0.71	0.020	0.15
N	全区算术值	5638	401.00	212.00	1 400.00	683.00	1.70	12 865.00	11.910	0.29
	剔除最高和最低算术值	4687	208.00	181.00		101.00	0.49	512.00	11.910	0.15
P	全区算术值	5638	382.00	256.00	745.00	435.00	1.14	6 681.00	35.600	0.51
	剔除最高和最低算术值	5218	289.00	237.00		191.00	0.66	860.00	35.600	0.39

续表 1-5

元素/氧化物	单元	样品数/个	平均值	中位数	克拉克值	标准离差	变化系数	最大值	最小值	浓集系数
S	全区算术值	5638	151.00	59.00	345.00	966.00	6.38	55 900.00	0.190	0.44
	剔除最高和最低算术值	4758	60.20	53.40		25.70	0.43	137.00	0.190	0.17
F	全区算术值	5638	225.00	168.00	580.00	205.00	0.91	5 354.00	11.000	0.39
	剔除最高和最低算术值	5379	195.00	160.00		125.00	0.64	570.00	11.000	0.34
Cl	全区算术值	5638	459.00	76.60	77.00	3 262.00	7.11	96 743.00	17.900	5.96
	剔除最高和最低算术值	4931	84.10	70.10		46.40	0.55	223.00	17.900	1.09
Br	全区算术值	5638	3.50	1.20	4.60	13.80	3.94	557.00	0.100	0.76
	剔除最高和最低算术值	4714	1.23	1.10		0.66	0.54	3.20	0.100	0.27
I	全区算术值	5638	2.37	0.93	2.30	6.07	2.57	203.00	0.010	1.03
	剔除最高和最低算术值	4625	0.94	0.77		0.55	0.59	2.58	0.010	0.41
U	全区算术值	5638	2.03	1.29	3.50	2.73	1.35	65.30	0.040	0.58
	剔除最高和最低算术值	5135	1.42	1.16		0.98	0.69	4.36	0.040	0.41
Th	全区算术值	5638	26.20	10.30	12.80	67.40	2.57	1 938.00	0.030	2.05
	剔除最高和最低算术值	4740	10.70	8.19		8.57	0.80	36.40	0.030	0.84

注：氧化物含量（质量分数）单位为%；单元素中 Au、Ag 单位为 $\times 10^{-9}$，其余为 $\times 10^{-6}$。

2. 元素相关分析

1) R 型聚类分析

对马达加斯加全境 71 种元素/氧化物做 R 型聚类分析，聚类方法采用最近相邻法，选择皮尔逊相关系数作为衡量变量间相似程度的统计量。

根据聚类谱系图（图 1-6），按照相关系数最低 0.215 为界，可以将元素/氧化物分为以下几组。

(1) Tm、Yb、Dy、Ho、Er 代表碱性花岗质类的岩石组合。

(2) La、Ce、Nd、Sm、Gd、Tb、Pr、Th、U 代表与 U 成矿作用有关的岩石组合。

(3) Sm、Ti、Nb、Ta、Zr、Hf 代表酸性花岗质类的岩石组合。

(4) Hg、Se、Mo 代表沉积岩石组合。

(5) Al_2O_3、Ga、Be 代表酸性花岗质类的岩石组合或伟晶岩类岩石组合。

(6) Fe_2O_3、V、Sc、Mn、Co、Cu、Zn、In、Ni、MgO、Eu、Te、CaO、N、Tc、Li、Cs 代表基性—超基性岩类岩石组合或碳酸盐岩建造。

(7) Br、Cl、I、S 代表沉积岩区或与热液活动相关的岩石组合。

(8) Bi、W 代表酸性岩或沉积岩区岩石组合。

(9) Ag、Pb、Au 代表与热液活动相关的岩石组合。

(10) Pt、Pd 代表超基性的岩石组合。

(11) Ge、Ba、Rb、Tl、K_2O、Sr、Na_2O 代表酸性花岗质类的岩石组合。

总而言之，笔者基于马达加斯加低密度地球化学成果，结合分析聚类方法，初步总结了 11 条元素组合，其分布规律为中—大比例尺地质填图、地球化学等地质调查工作提供了方向。

2）因子分析

通过聚类分析和低密度地球化学研究成果，按照聚类分析总结的 11 条元素组合规律，分别选取与各元素相关性的多种元素（含氧化物形式的主量元素）作为因子分析的变量，因子分析采用主成分分析法，旋转方法使用方差最大法。

(1) Tm、Yb、Dy、Ho、Er 相关性的多种元素因子分析：将该组元素组合分为两部分（结合第一因子）。确认为 Dy、Ho、Er 组合，相关性好（结合第二因子）。

(2) La、Ce 等 9 种元素相关性的多种元素因子分析：9 种元素之间相关性好，以稀土元素中的轻稀土为主，结合 U、Th 构成组合，反映与碱性花岗岩岩体有密切关联。

(3) Sm、Ti 等 6 种元素相关性的多种元素因子分析：6 种元素除 Sm 元素以外，在第一因子的影响下，相关性较好，代表矿床或元素富集形成与碱性花岗岩或基性—超基性岩体分布有直接关系。

(4) Hg、Sc、Mo 相关性的多种元素因子分析：3 种元素在第一因子的影响下相互关系较好，表明马达加斯加境内存在中—高温或热液的成矿活动。

(5) Al_2O_3、Ga、Be 相关性的多种元素因子分析：3 种元素与酸性花岗岩有密切关系，在第一因子的影响下，相关性好，结合前人对伟晶岩有关矿床的相关研究得出，该类元素组合分布与伟晶岩有密切关系。

(6) Fe_2O_3 以及 V、Sc 等 17 种元素相关性的多种元素因子分析：元素的种类繁杂，包含非金属、氧化物等多种元素组合，首先在第一因子下，V、Sc、Mn、Co、Cu、Ni 等基性元素组合代表了该类元素组合的形成与基性岩密切相关的特征，第三因子影响下元素的规律性较差，可能跟元素总类多、马达加斯加境内岩石组合繁杂有关。

(7) Br、Cl、S、I 相关性的多种元素因子分析：元素组合以卤族和非金属为主，相关性好，结合第一因子分析，该元素组合代表着沉积岩区或与热液活动相关的岩石组合。

(8) Ag、Pb、Au 相关性的多种元素因子分析：第一因子为 Au、Ag 组合，反映马达加斯加存在以 Au、Ag 元素为主体的成矿作用组合；第二因子为 Pb 多金属组合，反映马达加斯加具有铅多金属成矿潜力；第三因子以 Au 为主，似乎马达加斯加存在以 Au 为主体的特殊的成矿作用（砂金等类型）。

(9) Ge、Ba、Rb、Tl、K_2O、Na_2O、Sr 相关性的多种元素因子分析：该类元素组合为典型的碱性花岗岩的组合特征，各因子的分析未见明显的特征。

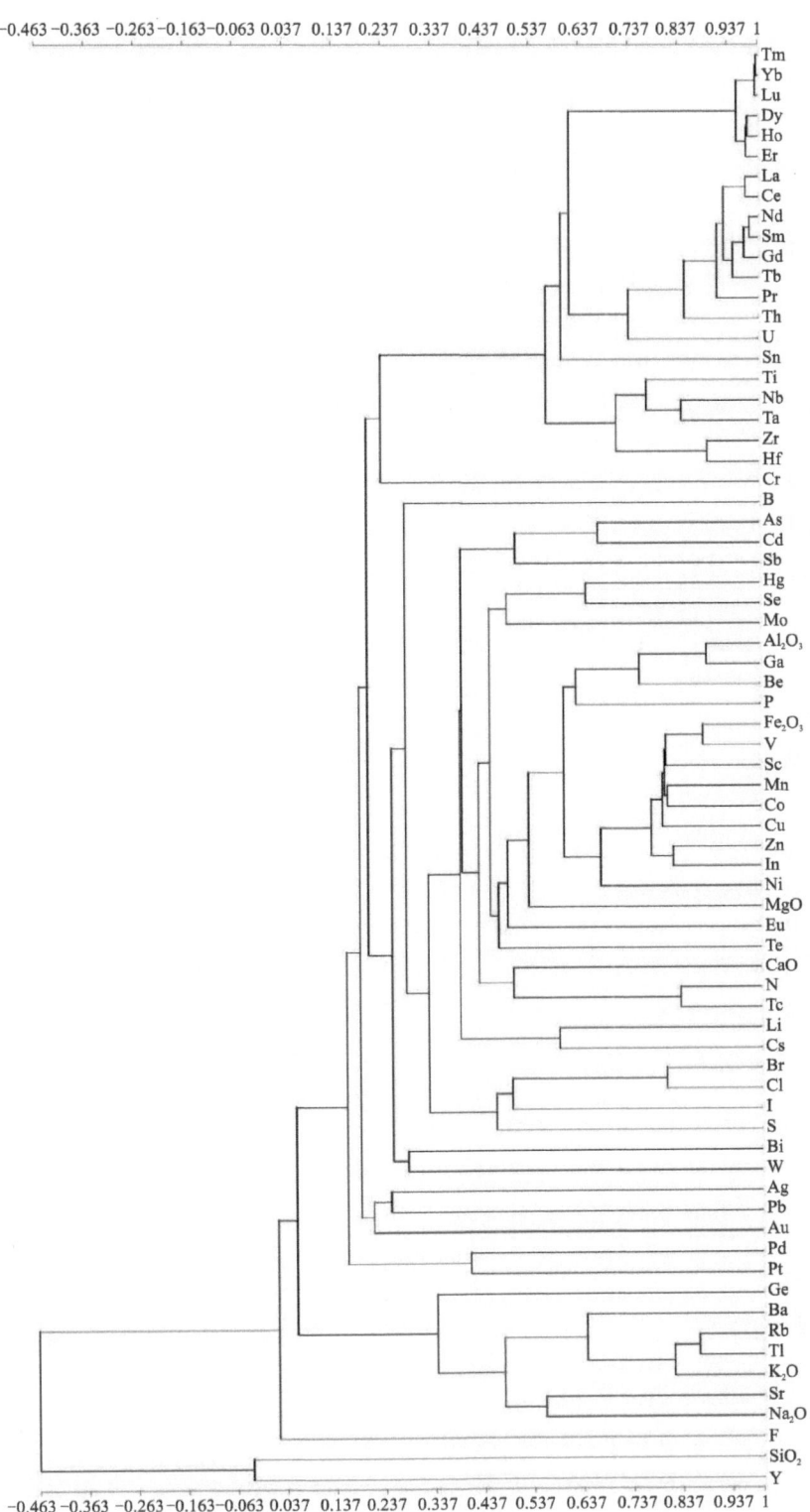

图 1-6 聚类谱系图(吴大天等,2018)

三、元素地球化学异常分布特征

1. 地球化学异常图方法

根据单元素等值线图可以分析研究区内的单元素地球化学场,揭示元素在空间上的分布特征和迁移富集方向,指明有利的成矿部位;通过元素组合特征分析,研究元素组合与成矿的关系。

采用样品分析值直接勾绘等值线成图。用 GeoIPAS 数据转换模块中的数据网格化模型将离散分布的数据进行网格化。网格化方法采用距离幂函数反比加权,搜索 40km 半径范围内的数据计算网格节点。幂指数取 4,既贴近原始数据,又能更好地反映地球化学特征。此方法是简单通用的网格化方法。

成图色阶采样经 X+-3S 反复剔除后的地球化学数据平均值 X(背景值),标准离差为参考值,用背景值加减倍数离差划分色阶。

划分为 15 级色阶,分别为 0.5、1.5、4、8、15、25、40、60、75、85、92、95、97、98.5 和 99.5(%)的累积频率分类。

等值线是在 GeoIPAS 系统地球化学图模块中绘制等值线子模块形成的,最后以点、线、面文件存储,再经过裁剪,去掉工区外及未采样区域,完成地球化学异常图的编制。

2. 地球化学分析

SiO_2、Al_2O_3、MgO、Fe_2O_3:共同点是异常分布范围大,异常分布比较集中、强度高、梯度明显、浓集中心范围较大。SiO_2 高强度异常区域主要分布在马达加斯加西部沉积岩区和中南部 Itremo 地块和 Ikalamavony 地块中,其中沉积岩区域主要集中于 Mahajanga 和 Morondava 海湖相盆地中。Al_2O_3 高强度异常主要分布在东部前寒武纪地层和基性火山岩中,其中东北部 Bemarivo 地块和中 Antananarivo 地块为高强度异常主要区域。MgO 主要异常区为中北部及西南部地区,其中 Bemarivo 地块、Antananarivo 地块、基性火山岩区以及西南部富镁白云岩为高强度异常主要区域。Fe_2O_3 高背景值区域与火山岩分布区(Volcano-plutonique)基本重合。沉积岩区的背景值略低于前寒武纪地层,同时 Antongil 单元表现为低背景值。

CaO:高强度异常呈零星分布,并主要集中于东南部的 Tulear 盆地,其余均呈点状分布,规模较小。中等异常区分布比较广泛,与构造单元套合关系好。主要分布于 Vohibory 地块、Androyen 地块、Manampotsy 群(组),以及 Tsaratanana 杂岩体等。

Na_2O:异常规模大,主要集中在前寒武纪地层中,高强度异常集中在东北角 Bemarivo 带和位于西南角的 Vohibory 地块和 Androyen 地块。中等正异常区分布比较广泛,与构造单元套合关系好。主要分布于 Imorona-Itsindro 岩套和 Manampotsy 群(组)等。

K_2O:区内 K_2O 异常较发育,主要分布于东部前寒武纪地层中。K_2O 的低背景值区位于火山岩和沉积岩分布区,Ambalavao 岩席分布区域则表现为高背景值。

Ti、V:中—高背景值与火山岩分布区和 Ambalavao 岩席展布特征一致,沉积岩区、Antongil 地块和 Bemarivo 地块均表现为中—低背景值。

Cr、Co:高背景值区位于玄武岩等基性—超基性岩分布地区,主要分布于东、西部沿海及中部少数地区,多以串珠状展布。其中东部沿海地区多以东北或近南北向展布。

Ni:高背景值区域主要集中于火山岩分布区,中—高背景值区域与 Tsaratanana 杂岩体和 Manamotsy 缝合带展布一致,而 Antongil 地块则表现为明显的低背景值。

Mn、Li：高背景值区域与火山岩分布区基本重合，Mn 的沉积岩区背景值略低于前寒武纪地层，其中 Antongil 地块则表现为明显的低背景值。Li 在 Antananarivo 地块表现为低背景值。

Be：总体表现为在前寒武纪地层富集而在沉积岩区含量偏低，其中 Bemarivo 地块和 Ikalamavony 地块背景值较高，其余异常多以串珠状沿北东向或近南北向展布。

Nb、Ta、Cs：中—高背景值区域与火山岩分布区和 Ambalavao 岩席基本重合，沉积岩区的背景值低于前寒武纪地层且界限明显，其中 Antongil 地块则表现为明显的低背景值。

Rb：中高背景值区主要集中于 Ambalavao 岩席和 Imorona-Itsindro 岩席区，沉积岩区的背景值低于前寒武纪地层，表现为低背景值，同时 Antongil 单元也表现为明显的低背景值。

Zr：高背景值与 Ambatolampy 岩席和 Ambalavao 岩席展布特征一致，沉积岩区和火山岩分布区均表现为中—低背景值。

Hf：高值区主要分布于 Antananarivo 地块，沉积岩区的背景值低于前寒武纪地层，其中火山岩分布区多表现为低背景值。

Sc：高背景值与火山岩分布区展布特征一致，中—高背景值区域主要集中于 Bemarivo 地块和 Manampotsy 缝合带，沉积岩区的背景值低于前寒武纪地层，表现为低背景值，同时 Antongil 地块也表现为明显的低背景值。

W、Sn、Mo：中—高背景值与火山岩分布区和 Ambalavao 岩席展布特征一致，沉积岩区、Antongil 地块和 Bemarivo 地块均表现为中—低背景值。Mo 沉积岩区的背景值略低于前寒武纪地层，其中 Bemarivo 地块表现为明显的低背景值。

Bi：沉积岩区与前寒武纪地层区区别不明显，异常区多以串珠状或块状分布，其中 Bemarivo 地块和 Ikalamavony 地块背景值较高。另外，北部地区展布一条北西低背景值带（疑似 Antingil 地块），东部地区展布一条近南北向低背景值带（Ampasary 缝合带）。

Cu：高背景值区域与火山岩分布区基本重合。沉积岩区的背景值略低于前寒武纪地层，同时二者缝合部位表现低背景特征。

Pb：高背景值区与 Antananarivo 地块展布基本一致，沉积岩区与 Manamotsy 缝合带和 Antongil 地块则表现为明显的低背景值。

Zn：高背景值与火山岩分布区和 Ambalavao 岩席展布特征一致，沉积岩区和 Antongil 地块均表现为中—低背景值。

As：沉积岩区较富集，尤其在沉积岩区的火山岩区富集。前寒武纪地层中除少数呈串珠状集中外，东部 As 元素负异常以东北向展布。

Sb：高背景值区域主要沿西海岸线展布，总体呈现沉积岩区背景值高于寒武纪地层。

Hg、Ag：高值区与火山岩分布区基本重合，Bemarivo 单元表现为低背景值。

Au：总体规律性不明显，异常区多以串珠状分布，多集中于前寒武纪地层。其中 Betsika 和 Maevtanana 地区 Au 元素较富集。

Pt、Pd：中—高背景值区与火山岩分布区展布特征一致，沉积岩区的背景值低于前寒武纪地层。Pt 在 Antananarivo 地块则表现为高背景值；Pd 与 Tsaratanana 杂岩体展布情况基本一致。

La、Ce：高背景值区与 Antananarivo 地块基本重合，沉积岩区的背景值低于前寒武纪地层。

Pr：中—高背景值区与火山岩分布区展布特征一致，Antananarivo 地块则表现为高背景值，沉积岩区的背景值低于前寒武纪地层。

Nd、Sm、Eu、Tb、Ho、Tm：中—高背景值区域与火山岩分布区和 Ambalavao 岩席基本重合，沉积岩区的背景值低于前寒武纪地层且界限明显，其中 Antongil 地块则表现为明显低背景值。Tm 在 Bemarivo 地块均表现为低背景值。

Gd、Dy、Er：高值区与 Ambalavao 岩席展布基本吻合，沉积岩区的背景值低于前寒武纪地层，同时 Antongil 地块表现为明显低背景值。Dy、Er 其余为高、低背景区域呈串珠状散布。

Yb、Lu、Y、Sr：高背景值与火山岩分布区和 Ambalavao 岩席展布特征一致，沉积岩区、Antongil 地块和 Bemarivo 地块均表现为中—低背景值；Sr 在 Ambatolampy 组表现为低背景值特征。

Ba：表现为在前寒武纪地层富集而在沉积岩区含量偏低，异常区展布与 Ambatolampy 等多个地块分布基本吻合。

Cd：高背景值区位于玄武岩等基性—超基性岩分布地区，主要分布于东、西部沿海及中部少数地区，多以串珠状展布。

Ga、In：高背景值区域与火山岩分布区基本重合。沉积岩区的背景值低于前寒武纪地层。Ga 在中部地区存在近东西与近南北向展布的中等背景值区域，与 Antananarivo 地块展布特征基本吻合。

Tl：中—高背景值与 Ambatolampy 组和 Ambalavao 岩席展布特征一致，沉积岩区、Antongil 地块和 Bemarivo 地块均表现为低背景值。

Ge、Se、Te：高背景值区域与火山岩分布区基本重合。Ge 在 Bemarivo 地块也表现为高背景值，而 Antongil 地块表现为明显低背景值。Se 在 Bemarivo 地块表现为低背景值，前寒武纪地层中散布多处串珠状中—高异常。Te 与 Ambalavao 岩席展布特征一致，沉积岩区、Bemarivo 地块均表现为低背景值。

B：总体表现为在沉积岩区较富集而前寒武纪地层中含量较低，但 Itremo 地块表现为 B 元素强烈富集（是否存在板块拉张或裂解，沉积物沉积的过程还未得证实）。

Tc：中—高背景值沿海岸线分布，前寒武纪地层中散布多处串珠状中—高异常。

N、P：中—高背景值区域与火山岩分布区基本重合。N 在 Antananarivo 地块则表现为低背景值。P 中—高背景值区域与 Ambatolampy 组和 Manamotsy 缝合带展布一致，沉积岩区的背景值低于前寒武纪地层，而 Antongil 地块则表现为明显的低背景值。

S：高背景值区沿海岸线分布，前寒武纪地层中散布多处串珠状中—高异常，呈东北向展布。

F：中—高背景值区域与 Ambalavo 岩席分布基本重合，近东北向展布，全区表现为在前寒武纪地层富集而在沉积岩区含量偏低。

Cl：高值区多分布于海水区域稳定的西海岸与东北部的 Antongil 海湾。

Br：总体呈现沿海地区背景值较高，异常多以串珠状展布。

I：于东西两侧近海处表现出高背景值，沉积岩区与前寒武纪地层缝合带处表现为低背景值，界限明显。同时，前寒武纪地层中分布有串珠状异常，总体呈北东向展布。

U：中—高背景值与 Antongil 地块中 Masoala 部分、火山岩分布区和 Ambatolampy 组展布特征一致，沉积岩区、Antongil 地块和 Bemarivo 地块均表现为低背景值。

Th：中—高背景值与 Ambatolampy 组和 Ambalavao 岩席展布特征一致，沉积岩区、Antongil 地块和 Bemarivo 地块均表现为低背景值。

第七节　遥感特征

马达加斯加遥感信息发展始于 2004 年，由法国 Fugro 机载勘测公司从 A 到 F 6 个等级的地区进行了机载地球物理勘测，总共覆盖了约 30 万 km^2 的区域。2017 年由沈阳地调中心委托青海地质调查院对马达加斯加全岛进行了遥感解译。

一、地质解译

在前人研究的基础上，依据研究区构造演化、沉积岩石组合，结合 TM 遥感影像特征（图 1-7），将马达加斯加划为 4 个地层分区，即前寒武纪构造-岩浆-变质杂岩分区、晚古生代—中生代碎屑岩-碳酸盐

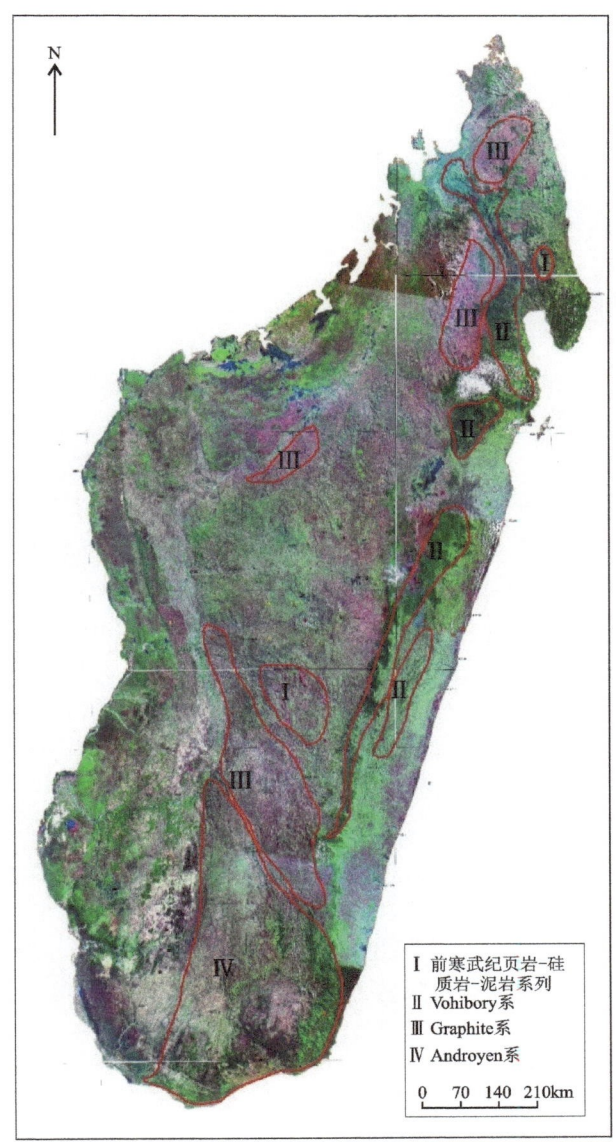

图 1-7 马达加斯加 TM 遥感影像图(吴大天等,2018)

岩分区、中新生代火山-沉积岩系分区和第四纪沉积分区。

1. 前寒武纪构造-岩浆-变质杂岩解译

马达加斯加前寒武纪构造-岩浆-变质杂岩分区占全岛面积的 2/3,主要经历了太古宙—古元古代基底的形成和盖层的沉积,中—新元古代罗迪尼亚超大陆裂解、洋壳俯冲,新元古代末—早古生代东西冈瓦纳古陆汇聚、拼贴、碰撞、造山和造山后岩石圈拆沉等构造-热事件,属多成因、多来源、多成分复杂地块。据岩石组合、变质变形、形成时代、构造关系等特征,结合前人研究成果,将其划分为 4 个岩石组合系列(图 1-7)。

(1)前寒武纪页岩-硅质岩-泥岩系列:分布于研究区中部及东北部地区,分布面积较小。遥感影像上主要呈紫红色、绿色,条带状沿构造线方向展布,表面较为光滑。

(2)Vohibory 系:前寒武纪角闪质混合变质杂岩系上段。遥感影像上常呈紫色、绿色、黄绿色、灰绿色等色调,片状、团块状纹理特征,树枝状水系发育,表面略显粗糙。

(3) Graphite 系：混合质长英麻粒岩杂岩系下段。影像上常呈墨绿色、暗红色，细条带状纹型，表面颗粒感较强，水系不发育。

(4) Androyen 系：混合质长英麻粒岩杂岩系下段。分布于北部至中南部。遥感影像上呈绿色、深绿色夹紫褐色色调，多呈斑块状、网状影纹，断裂、节理极为发育，水系不发育，易于与周边地层区分。

2. 晚古生代—中生代碎屑岩-碳酸盐岩解译

晚古生代—中生代碎屑岩-碳酸盐岩主要分布于马达加斯加西部，东部有少量分布，以海陆交互—陆相碎屑岩-碳酸盐岩沉积建造为主，主要出露晚石炭世—早白垩世卡鲁序列，由下至上包括晚石炭世—晚二叠世 Sakoa 群、晚二叠世—中三叠世 Sakamena 群和晚三叠世—早白垩世 Isalo 群。分布于马达加斯加西部沿海地区，影像特征明显，易于分辨。该区域在遥感影像上呈条带状展布，与前寒武纪地层区被区域性大断裂接触。

本次共解译出 9 个海相沉积地层：中新统、始新统、Danian、上白垩统、下白垩统、上侏罗统、中侏罗统、下侏罗统上段和上二叠统。7 个陆相沉积地层：上白垩统、下白垩统、Isalo Ⅲ 群、Isalo Ⅱ 群、Isalo Ⅰ 群、Sakamena 群（K_2）和 Sakoa 群（K_1）。

海相沉积白垩系在 TM 影像上呈暗红色夹黄绿色，颜色比侏罗系深，较为醒目，地势平坦，水系较发育，纹型杂乱且无规律，表面粗糙。

海相沉积侏罗系，颜色呈肉红色、黄绿色，条带状展布且与周边地层色调差异明显，有突出的色差界线，麻花状纹理，表面较海相沉积白垩系光滑，树枝状水系发育。

陆相沉积上白垩统在 TM 影像上呈白绿色夹黑褐色，颜色较为特殊，易于区别，花斑状纹型，地势平缓，表面较光滑，水系不发育。

陆相沉积下白垩统分布面积较广，沿西海岸带均有分布，在影像上呈橘色、黄绿色、红色相间，平缓的地形，岩石表面不平整，具斑点状、花斑状纹形，树枝状水系发育。

陆相沉积 Isalo 组主要为白色或灰色长石砂岩、红层砾岩和砂岩，在影像上呈粉红色、粉白色，色调均匀，地势平坦，具斑点状、麻粒状纹型，水系较发育，表面较光滑，易于区分。

3. 中新生代火山-沉积岩系解译

中新生代火山-沉积岩系主要分布于马达加斯加西海岸带，在前寒武系分布区的局限盆地中亦有少量分布，主要充填在裂谷作用形成的火山沉积盆地中，岩石组合主要为偏碱性基性—超基性、中酸性火山岩及火山碎屑岩，砾岩、砂岩、泥岩及现代沉积物。本次解译在西海岸带发现大量玄武岩，东海岸也有少量分布，在影像上常呈红褐色、墨绿色、紫红色，其间伴有绿色、黄绿色，被状台地地貌，表面略显粗糙，环形构造十分发育。

在南部有一处火山岩，环状影像特征明显，根据影像特征，将该处火山岩划分为了玄武岩和流纹岩两种岩性。影像上玄武岩呈紫红色，表面光滑；流纹岩呈深绿色，斑块状、疙瘩状纹形，表面粗糙感较强。以此影像特征推断该处为同一火山两期喷发的结果，其中流纹岩喷发形成时间早于玄武岩。

4. 第四纪沉积解释

第四纪沉积区主要沿海岸带分布，在前寒武系分布区的局限盆地中亦有少量分布。该区在 Landsat-TM 遥感影像图上易于与其他地物区分。

二、构造解译

1. 线性构造

马达加斯加基底构造极为复杂,由于经历了多期变形、变质作用,其原生构造已难以辨认,其地质构造演化大致经历了太古宙克拉通化、元古宙—早古生代克拉通内活化造山及晚古生代之后的构造裂陷三大阶段。

遥感地质解译结果表明,马达加斯加地区构造较为复杂,断裂十分发育。本次解译出的构造多表现为北北东向、北北西向及近南北向,在北北东向和北北西向构造带内发育北西向、北东向及东西向构造。本次共解译出区域性大断裂4条,其中呈北北东向的F_2和呈北北西向的F_3将马达加斯加东西分为了沉积地层区和前寒武纪杂岩区,呈北北东向的F_1控制了岩体和成矿带的产出位置。

遥感影像上区域大断裂构造线性特征明显,表现为较清晰的线状色调异常线、带和界面或直线状沟谷,有的线状标志表现为忽宽忽窄,时隐时现,断续延伸很远,地貌上多呈线状负地形,常伴有沟谷、河道转弯变向等地形特征。此外,个别断裂发育处还发现了一些水系异常点及特殊线状地段,存在部分岛屿呈直线状排列和植被带状异常等现象,较易于分辨。

2. 环形构造

工作区内环状构造较为发育,本次遥感解译共发现环形影像20余处,在影像上呈现连续或断续的圆环状或不规则的封闭形状特征,而且常伴有影像的色调异常,从其背景中可显现出来。规模大小不一,结构多样,呈现出一定的规律性。按形态分,有单环、多环、半环、椭圆环、圆环之别,边界大多清楚,极为醒目,仅个别边界较为隐晦。通过对环形影像的分析,按其形成的不同地质因素,大致可分为3种类型:①火山机构引起的环形构造;②岩浆侵入体或隐伏侵入体活动中心引起的环形构造;③褶皱构造反映的环形构造。其中前两者较为普遍和明显,与区内矿产资源的关系亦更为密切。

3. 剪切带

在前寒武纪杂岩区内共解译出5条构造剪切带(图1-8)。主要构造线理方向呈南北向或北西向,反映了冈瓦纳古陆形成过程中的应力场特征。遥感影像上剪切带线理特征明显,常呈平行排列的层理状纹型且具有连续性,剪切带内发育的透镜体及褶皱易于判别。

(1) Ⅰ号剪切带。该剪切带分布于马达加斯加南部地区,与Ampanihy剪切带吻合,呈北北东向展布,剪切带内发育大量褶皱构造及透镜体,是工作区内变形最为强烈的一条剪切带。

(2) Ⅱ号剪切带。该剪切带分布于马达加斯加东南部地区,与Ranotsara剪切带吻合,呈北西向展布,与Ⅰ号剪切带相邻,线理方向及变形特征明显,边界有迹可循。

(3) Ⅲ号剪切带。该剪切带分布于马达加斯加中南部地区,与Betsileo剪切带南端吻合,呈南北—北西向展布,带内发育大量褶皱构造,线理变形特征明显。

(4) Ⅳ号剪切带。该剪切带分布于马达加斯加中部地区,与Angavo剪切带完全吻合,呈北北西向展布,带内线理特征明显,边界有迹可循。

(5) Ⅴ号剪切带。该剪切带是规模最大的一条剪切带,与Betsimisaraka缝合带(Grégoire et al,2009)完全吻合,呈南北向展布,从马达加斯加中东部海岸带一直延伸至北部,带内发育大量褶皱构造及透镜体,线理特征明显。

图 1-8　马达加斯加主要构造剪切带示意图(吴大天等,2018)

第八节　矿产分布特征

特殊的地质背景成就了马达加斯加丰富的矿产资源。据不完全统计,目前该国已发现可利用的矿产 40 余种,主要有金属矿产铁、铬、钛、镍、钴、铝、金,放射性铀和钍,非金属矿产石墨,能源矿产煤、石油及宝石类矿产等(图 1-9)。

沈阳地调中心历经 10 余年地质调查、专题研究与资料积累,编制了马达加斯加地区地质矿产分布图(图 1-9)、马达加斯加地区矿产潜力分布图(图 1-10),圈定了与绿岩带有关的金成矿预测区或远景区 14 处,与太古宙片麻岩有关的石墨成矿远景区 3 处;与镁铁—超镁铁质岩浆岩有关的铬、镍成矿远景区

3处；与夕卡岩、热液有关的铜成矿远景区7处；热液型铅成矿远景区1处；与铂族元素有关矿产成矿远景区2处；与伟晶岩有关的铀、锂、铍系列成矿远景区11处；沉积变质铁矿远景区9处；风化壳型铝土矿远景区3处。基本了解和摸清了马达加斯加金、铜、铬、镍、铁、钛、铀、石墨等矿产分布规律及潜力分布。确定了马达加斯加在全球范围内具有优势的四大矿产系列（表1-6）。

（1）与太古宙绿岩带有关的BIF型铁（锰）和金矿系列。

（2）与太古宙花岗片麻岩有关的伟晶岩型稀有金属矿产，矿种有锂、铍、铌、钽系列。

（3）与新元古代镁铁—超镁铁质岩浆岩有关的铬、镍、铁、钛、钒系列。

（4）产于古元古代老变质岩区的高端非金属矿产，矿种主要有石墨、大片云母、高纯硅质原料系列。

这四大系列矿产总量均占全球资源总量的重要份额。

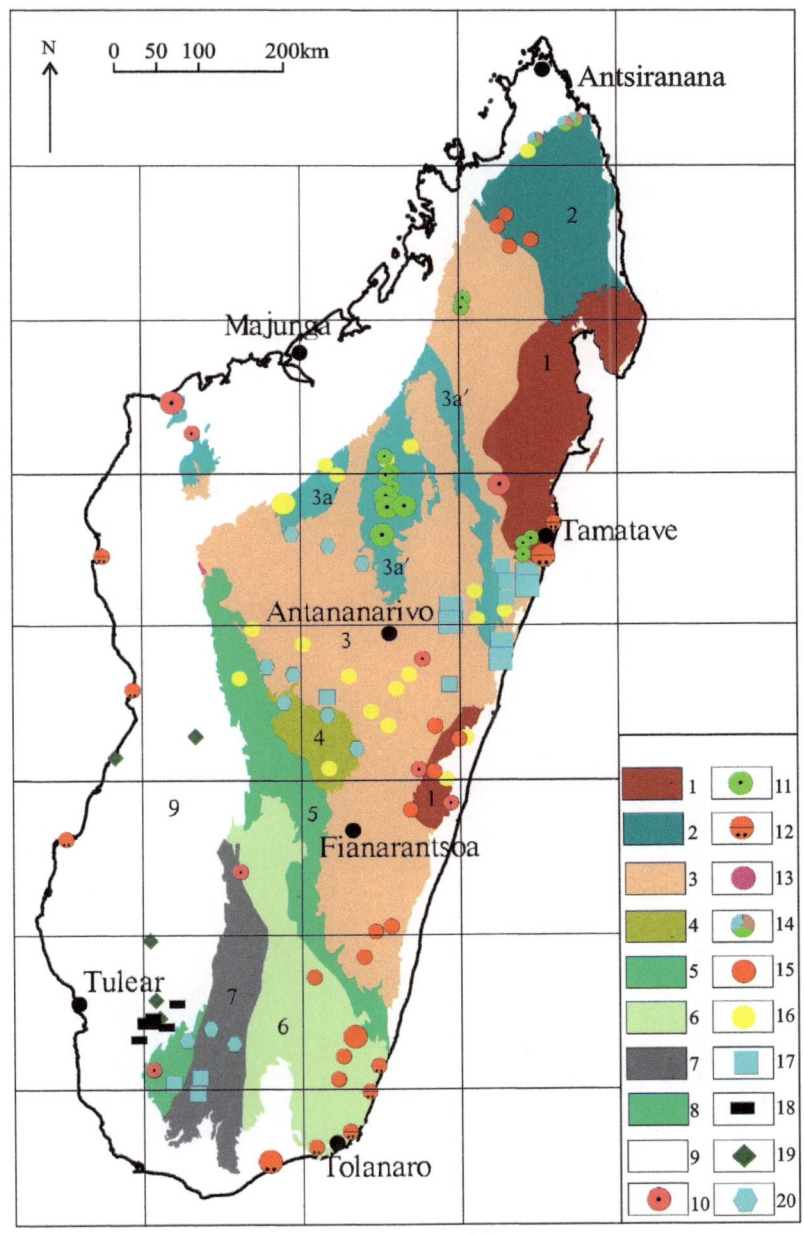

图1-9　马达加斯加主要矿产分布图（Tucker et al,2012）

1. Antongil-Masora地块；2. Bemarivo地块；3. Antananarivo地块，包括3a′Tsaratanana杂岩体；4. Itremo岩席；5. Ikalamavony地块；6. Anosyen地块；7. Androyen地块；8. Vohibory地块；9. 显生宙沉积盖层；10. 铁矿；11. 铬铁矿；12. 钛铁砂矿；13. 钴镍矿；14. 多金属矿；15. 铝土矿；16. 金；17. 石墨；18. 煤；19. 石膏；20. 宝石

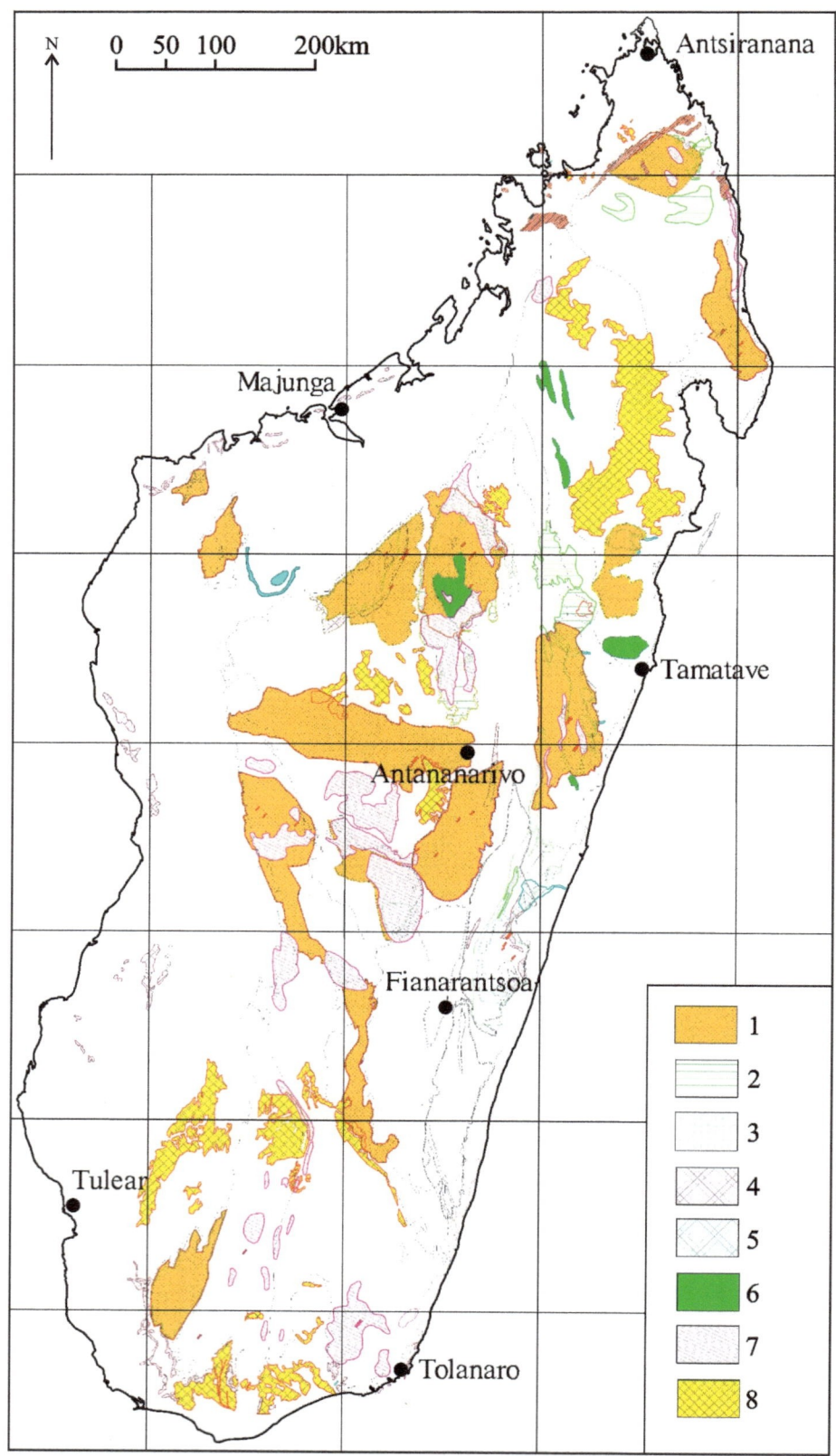

图 1-10 马达加斯加主要矿产潜力分布图

1. Au 成矿远景区；2. Cu 成矿远景区；3. Pb 成矿远景区；4. Fe 成矿远景区；5. Pt 族元素成矿远景区；
6. Cr 成矿远景区；7. U 成矿远景区；8. Al 成矿远景区

表1-6 四大矿产系列分布特征表

矿产系列	矿产种类	时代	成矿区（带）	构造单元
绿岩带	BIF型Fe(Mn)、Au	太古宙—古元古代	Maevatanana-Kandreho、Bakaro-Ranomafana、Manampatrana-Vangaindrano、Vavatenina-Mananjary金-铁成矿带；Tsiroanomandidy-Antananarivo、Dabolava-Anosivola金成矿带；Ambatolampy-Ambositra金-铜成矿带	Antananarivo地块
			Daraina-Antalaha金-铜成矿带	Antongil-Masora地块
			Vohibory-Ejeda金-铜成矿带	Vohibory地块
伟晶岩型	稀有金属矿产 U、Th、Li、Be、Nb、Ta	太古宙	Atofotsy-Ambohimasina铀-钍成矿带	Antananarivo地块
			Manombo-Isoanala铀-钍成矿带	Androyen-Anosyen地块
			Tsaratanana-Ankazobe、Miandrivazo-Malakialina锂-铍-铌-钽成矿带	Antananarivo地块
镁铁—超镁铁质岩浆岩	Cr、Ni、Fe、Ti、V	新元古代	Tsaratanana-Andriamena、Befandriana-Kalady、Vohitsara-Ranomana铬成矿带 Andilamena-Ambatondrazaka铁-镍成矿带	Antananarivo地块
高端非金属矿产	石墨、大片云母、高纯硅质原料	古元古代	Bekily-Ampanihy石墨成矿带	Vohibory地块
			Ambatolampy-Fianarantsoa石墨成矿带	Antananarivo地块 Androyen-Anosyen地块
			Befandriana-Toamasina石墨成矿带	Antananarivo地块

第二章 金 矿

第一节 概 述

1845年,Laborde 在马达加斯加 Antananarivo(塔那那利佛)西北部河流首次发现黄金,在政府的控制之下,大约 1886 年才获得了第一批特许采矿权。

马达加斯加金矿主要分布于北部、中部和东部地区,金矿分布见金矿资源分布图(图 2-1)。金矿远景区或潜力区 16 处,现已发现矿产地 51 处(原生金矿),大型矿床 2 处,中型矿床 6 处,小型矿床 10 处以上,金(砂金)矿点(包括砂金矿点)772 处。马达加斯加金矿床(点)主要分布在 Andavakoera、Antalaha、Tsaratanana(Ranomandry、Ambohiphaonana、Ankisatra)、Maevatanana(Belambo、Tainangidina、Masokoamena)、Vavatenina、Marovato、Grigri、Dabolava、Ambatolampy、Mananjary 等地区,以热液型和沉积变质型为主。

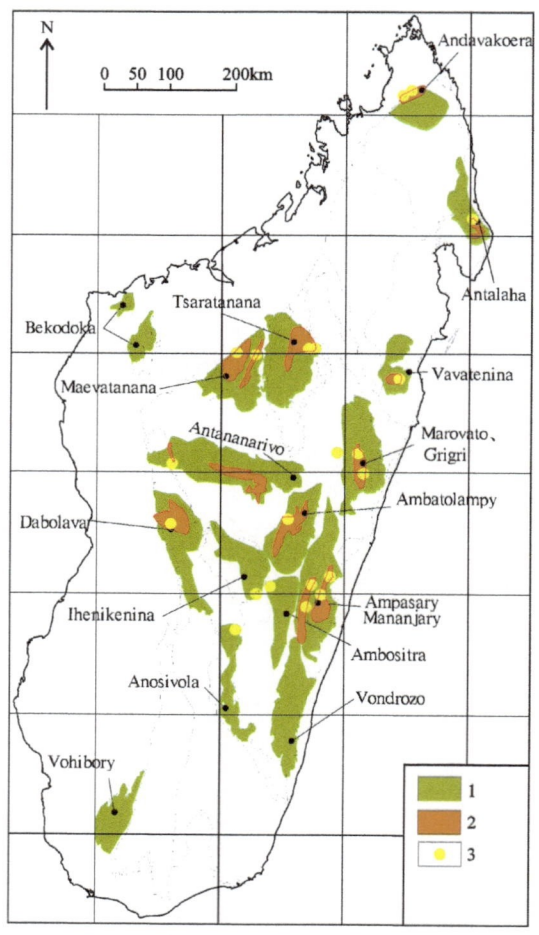

图 2-1 马达加斯加金矿资源分布图(Tucker et al,2012)

1.金矿远景区;2.金矿成矿区;3.金矿点

第二节 成矿地质背景及成因类型

马达加斯加区域面积的 2/3 为太古宙和元古宙的结晶基底。中北部主要由太古宙—元古宙麻粒岩相—高角闪岩相正片麻岩组成，南部元古代变质岩系主要由夕线石-堇青石-石榴子石副片麻岩、花岗片麻岩、混合岩、紫苏花岗岩、石英岩和少量大理岩组成，大部分构造单元地层内都富含金。多次岩浆活动、构造活动和变质作用导致了马达加斯加金矿背景的复杂性和成因类型的多样性。

马达加斯加金矿分布特征见表 2-1。太古宙和元古宙的结晶基底的大部分区域都赋存金，特别是副变质的角闪岩有利于金浓度富集，普遍具有金矿化，金矿床中金呈细脉状或浸染状分布在区域角闪岩地层中。浅成热液型金存在于马达加斯加北部的显生宙岩石中，也可能位于新生代火山中心附近。

表 2-1 马达加斯加金矿分布特征表（Tucker et al, 2012）

矿区	构造单元位置	成矿带	矿化类型	矿床实例	简述产状
Andavakoera	Bemarivo	Bemarivo	中—高温	Ranomafana, Raphias, Ambila 北	与二叠纪火山岩有关，Pb-Zn 和 Ba 矿相关
Antalaha	Antongil-Bemarivo	Bemarivo、Antongil、Masora	中温和与深成岩有关（碱性）	Antsahaivo, Antsandra	沿 Tsaratanana 南北向剪切带
Vavatenina	Antongil	Massora、Antananarivo	中温	Vavatenina	Bets.misaraka 剪切带附近
Tsaratanana	Antananarivo	Andriamena	中温、低温热液	Ankisatra, Ambohiphaonana, Ranomandry	中温热液石英脉
Maevatanana	Antananarivo	Maevatanana	低温	Belambo, Tainangidina, Masokamena	BIF 沉积变质型矿床
Marovato-Grigri	Antongil	Beforona-Alaotra	中温热液	Ifanadiana-Angavo	类似于 Tsaratanana（剪切带）
Antananarivo	Antananarivo	Ambatolampy	中温，砂金	Manambolo, Ankafotra, Ambohitsivalana	与深成岩相关（Paragneiss 和 Granitoids）
Dabolava	Itremo	Itremo	中温细脉	Bongolava	北东向韧性剪切带，中温热液石英脉

续表 2-1

矿区	构造单元位置	成矿带	矿化类型	矿床实例	简述产状
Ambatolampy	Antananarivo	Angavo-Ifanadiana、Ambatolampy	中温,砂金	Ifanadiana-Angavo	中温热液石英脉
Anosivola	Antananarivo	Maevatanana	中温		夕卡岩带
Ihenikenina	Itremo	Itremo	中温细脉,砂金		中温热液石英脉
Ampasary-Mananjary	Antananarivo	Ambatolampy	中温细脉,砂金	Ifanadiana-Angavo	剪切带
Vondrozo	Antananarivo	Angavo-Ifanadiana、Ambatolampy	中温细脉,砂金	Angavo	剪切带
Vohibory	Vohibory	Vohibory	高温和VMS	Ampanihy毗邻地区	剪切带
Bekodoka	Antananarivo	Bekodoka	中温,砂金		

一、太古宙

1. 地层

1) Vohilava-Nosilovo 群

该变质岩序列分布于 Masora 子域的南部,从北部的 Vohilava 到南部的 Manakara 附近。它在后一个区域被白垩纪的玄武岩熔岩覆盖。Vohilava-Nosilovo 群东部与 Maha 群接壤,西部与 Manamposty 群(Ampasary 群)的片麻岩和石英岩接壤。该群岩性又分为角闪岩和片岩两组。

2) Tsaratanana 杂岩体

Tsaratanana 杂岩体为新太古代(2.7~2.5Ga)绿岩带,由 Bekodoka、Maevatanana、Andriamena 和 Beforona 4 组近平行的大型综合地质体组成,位于 Antananarivo 地块北部。它包括副片麻岩、基性片岩、基性正片麻岩(变闪长岩,变辉长岩)和超基性岩。变质作用属麻粒岩—角闪岩相,与全球其他前寒武纪地盾中的变质作用相似。这些太古宙绿岩带被认为是原生金的重要来源(Drew,2003;Goldfarb 等,2005;Goldfarb,2010)。杂岩体划分为变质基性岩、变质泥岩、磁铁石英岩三大岩性单元。

3) Vondrozo 群

Vondrozo 群位于 Antananarivo 地块东部和南部,具有不同岩性的片麻岩序列,其中有石英长石变粒岩、含石墨片岩、角闪岩和磁铁石英岩不同地层。这些片麻岩经历了多期变质变形作用、部分熔融,加之原始组分的差异,最终导致本群变质岩性的多样性。

此外,Vondrozo 群中分布近一半的紫苏花岗岩、眼球状混合岩和云雾状混合花岗岩。

通过对太古宙黑云母长石片麻岩和云母片岩进行研究,发现金主要赋存在石英颗粒周围(粒间金)或石英、长石和黑云母的包裹体(包裹金),部分金产在平行于片麻岩和云母片岩面理的石英脉内。金矿化与硫化物密切相关,载金硫化物主要为黄铁矿、磁黄铁矿和方铅矿,部分与片麻岩及云母片岩面理不平行的石英脉通常不含矿,产在片麻岩和云母片岩内的含金石英脉较窄,石英脉越细,金品位越高。由于石英脉内硫化物分解,通常具褐铁矿化,是马达加斯加金矿床的找矿标志之一。矿物组合为石英+黄铁矿+方铅矿±金±褐铁矿±赤铁矿。

前人多认为金与磁铁矿石英岩(meta BIF)关系密切,不论是岩石的主要矿物还是次要矿物都含金。副片麻岩组合中包括云母±夕线石±石墨±石榴子石片麻岩(或高岭石化)和蒙脱石组合等具有相当高的铝质组分,在整个变质岩中都没有金的分布(Rambeloson,1999)。

2. 古岩浆岩

以 Nosy-Boraha 岩套为主,为 Befody 变质火成岩或混合岩,在 Masora 北部和南部广泛存在白色风化的混合岩。中粒变晶结构,由闪长岩向花岗闪长岩变质。普遍存在的花岗质脉体侵入使它们的组成变得复杂。除了这些侵入的花岗岩外,混合岩中还包括石英质脉体和其他类似薄层基性岩脉体。这些混合岩通常是浅色岩,倾向于浅色花岗岩/奥长花岗岩。混合岩化使其为条带状—云雾状构造。

二、元古宙

1. 地层

1)Sambirano-Sahantaha 群

Sambirano-Sahantaha 群由一系列的麻粒岩相—角闪岩相沉积变质的片岩和片麻岩组成,在 Bemarivo 域中,这些片岩、片麻岩与 Antongil 和 Antananarivo 地块的太古宙片麻岩重叠接触。该群的年龄小于 1750Ma(石英岩中最年轻的碎屑锆石年龄),大于 750Ma(该群被侵入的北 Antsirabe 岩套的年龄)。

2)Manampotsy 群

Manampotsy 群包括东 Ranomafana 片麻岩、Andasibe 片岩和片麻岩、Ampasary 型片麻岩及石英岩。

3)Ambatolampy 群

Ambatolampy 群以前被称为"Ambatolampy 系列",代表了上地壳岩石系列,从 Antananarivo 到南部的 Fianarantsoa 延伸 400 多千米。该组的特征是硅铝质片岩和片麻岩,其中一些富含石墨,并且石英岩含量很高。

4)Linta 群

Linta 群涵盖了 Vohibory 地块的准沉积岩所有硅质和碳酸盐地层。硅质地层对应于 Belolo 组地层和 Beantaky 地层。碳酸盐岩与 Fotadrevo 群大理岩和 Masinjo 群的钙硅酸盐岩相对应。

大理岩代表广泛分布的地层,而钙硅酸盐岩仅限于 Sakoa 上的一个小区域。①Belolo 组地层是一个大规模的弱硅质碎屑岩层序,是一系列中等粒度贫铝沉积变质岩石;②Beantaky 组地层是扩展程度低的石墨碎屑层序列,是一系列深灰色—灰色片麻岩,主要由富含石英且细粒—中粒的石墨片麻岩组成。

5) Mahafaly 群

Mahafaly 群为变玄武岩-角闪岩,该基性—超基性岩序列构成了 Vohibory 地块的基底,并确定了 Mahafaly 群。它最主要的岩石是钙碱性片麻岩(由玄武岩变质),其他不连续的超基性岩石群被认为是在新元古代晚期埃迪卡拉纪(Ediacarian)造山过程中侵入 Vohibory 地块的地幔杂岩。

2. 古岩浆岩

1) Dabolava 岩套

Dabolava 岩套由钙碱性岩体组成,从辉石岩到花岗岩,但以辉长岩和花岗闪长岩为主。因此,可以识别出两个子岩套,它们分别是 Vongoa 型基性岩体(辉长岩-苏长岩→辉石片麻岩)和 Ambatomiefy 型酸性岩体(花岗闪长岩-英云闪长岩→花岗质片麻岩)。

2) 北 Antsirabe 岩套

该岩套的组成从辉长岩、闪长岩到英云闪长岩、花岗闪长岩和花岗岩不等。根据它们在区域范围内的岩性、质地和分布,该岩套已被划分为 4 个岩性单元,其中中基性岩体与金矿形成相关。

3) Imorona-Itsindro 岩套

Imorona-Itsindro 花岗岩岩套包括花岗岩、碱性花岗岩、正长岩和石英正长岩在内的多种综合岩石类型。这些通常是浅色的侵入岩,钾长石和石英占岩石 90% 以上,斜长石小于 15%。常见黑云母和角闪石,黑云母是最常见的铁镁矿物,铁镁矿物小于 15%。不透明矿物仅见钛铁矿。

4) Marasavoa 岩套

Marosavoa 岩套为广泛分布的侵入岩,这些岩石总是以一个平行于围岩片理的方向分布。该岩套中的玄武岩与围岩一样,至少经历了两个变形阶段的褶皱和变形,并发生混合岩化。这与该岩套的年代数据一致,这些数据表明,该岩套在 Vohibory 地块变形变质前约 40Ma 的 Gogogo 群挤压过程中形成。Marosavoa 岩套与 Gogogo 群有成因联系,但 Marosavoa 岩套分布范围更大。所有的岩石都是钙碱性的,该序列中的 SiO_2 质量分数为 58%~77%,类型为花岗岩和花岗闪长岩。

三、显生宙沉积层

在马达加斯加西北部 Maevatanana 地区、中西部 Malaimbandy 地区的三叠纪 Isalo 沉积层底砾岩和卵石层与前寒武纪基底不整合接触带上发现了冲积型砂金或金矿化层。

根据现有资料与项目研究成果综合认为,金矿床成因类型有绿岩型金矿(包括石英脉型、构造蚀变岩型)、韧性剪切带型金矿、火山热液型金矿、沉积变质型金矿和冲积-残积型金矿 5 种主要成因类型。

第三节 典型矿床实例分析

一、绿岩型金矿

马达加斯加绿岩型金矿床(点)主要集中分布在中北部的 Tsaratanana 杂岩体的 4 条绿岩带内,即 Bekodoka 绿岩带、Maevatanana 绿岩带、Andriamena 绿岩带和 Beforona 绿岩带,主要由镁铁质片麻岩、英云闪长岩、含铬铁矿超镁铁质岩石和变质泥质岩组成,是金等成矿元素重要的成矿物质来源。4 条绿岩带具有相似的岩石学、构造学和地质年代学特征。前人资料指出 Tsaratanana 杂岩体内早期侵入体年龄为 2.49~2.75Ga,其中的锆石捕虏晶具有 3.26Ga 的年龄和中太古代 Nd 同位素特征。此外,Andavakoera 矿床、Antalaha 矿床、Vavatenina 矿床也属于该类型矿床。

前寒武纪 Tsaratanana 杂岩体结晶基底经历了多期断裂构造和多期岩浆热液活动叠加及蚀变作用,其中的 Au 等元素活化转移,不断集聚,最终富集成矿。

调查研究工作表明,与绿岩带有关的金矿类型主要为石英脉型和构造蚀变岩型及 BIF 型。下面以 Maevatanana 矿区石英脉型金矿床为例进行分析。

(一)Maevatanana 金矿

Maevatanana 金矿区位于马达加斯加首都 Antananarivo 西北,两者直线距离为 235km。

1. 矿区地质特征

Maevatanana 金矿处在与莫桑比克海峡的消减俯冲有关的弧后裂谷带西侧,位于 Tsaratanana 杂岩体 Maevatanana 绿岩带上(图 2-2)。

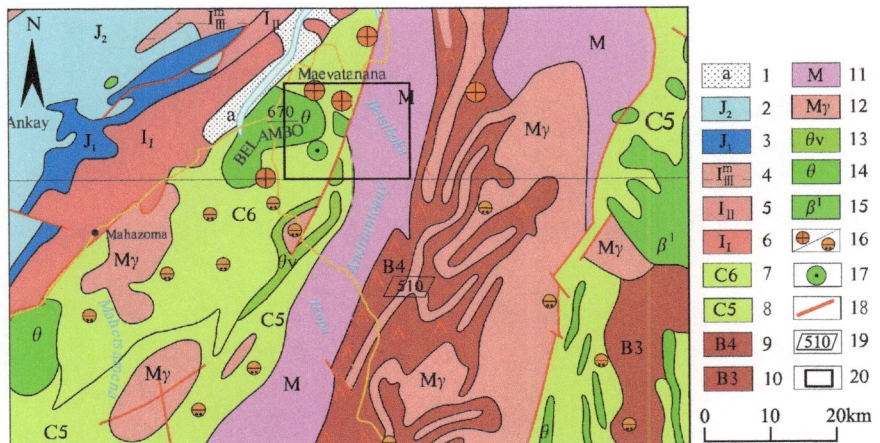

图 2-2 Maevatanana 地区区域地质图

1.第四系沙滩冲积地;2.中侏罗统;3.下侏罗统;4.海陆交互相砂岩、页岩及灰岩;5.陆相砂砾岩和砂岩及硅化木;6.陆相砂砾岩和砂岩夹杂色页岩透镜体;7.角闪岩、片岩、石英混合岩、片麻岩;8.角闪质混合岩、角闪岩;9.Andriba 组:含石墨混合片麻岩;10.Ambatolampy 组:云母片岩、石墨片麻岩;11.混合岩;12.混合花岗岩;13.辉石岩;14.辉长岩;15.玄武岩、拉斑玄武岩、硅铝质火山岩;16.金矿点/砂金矿点;17.铜矿点;18.断层;19.同位素年龄;20.工作区

1）地层

矿区地层由前寒武纪变质岩基底组成,主要为黑云斜长片麻岩组合和变质的中酸性火山岩以及两者不等厚互层构成的条带状片麻岩。片麻岩之间夹数量不等的似层状、透镜状 BIF 型铁矿层,它们与变质的镁铁质—超镁铁质岩构成 Maevatanana 绿岩带。变质程度多属角闪岩相,部分为绿片岩相,局部可见麻粒岩相。

（1）片麻岩。Maevatanana 地区出露最广泛的岩石为片麻岩可分为 2 个亚类型。①黑云角闪片麻岩:矿物组成为 40% 的浅色矿物（石英、微斜长石、正长石、斜长石和磷灰石）和 60% 的暗色矿物（角闪石、黑云母、铁氧化物和钛氧化物）。②二云片麻岩:矿物组成为 65% 的浅色矿物和 35% 的黑云母。

（2）磁铁石英岩。磁铁石英岩呈层状产出,产于片麻岩和角闪岩内,一般沿走向长几千米,厚度变化不等。该岩石为条带状构造,浅色条带与暗色条带相间分布。其浅色条带矿物组成主要为白色的石英和星点状的磁铁矿,暗色条带矿物组成主要为磁铁矿和含铁硅酸盐。该岩石条带状的特征符合 BIF 型的特点。在磁铁石英岩的浅色条带内,石英为白色、他形,粒径为 0.1～0.8mm。局部可见纤维状或针状角闪石（阳起石类）。浅色条带内的磁铁矿的粒径为 0.02～0.2mm,多呈星点状他形粒状分布在石英粒间中。在暗色条带内,主要为磁铁矿和角闪石,磁铁矿占全岩含量（表示矿物含量时均指其体积分数,下同）的 10%～40%,并通常呈赤铁矿的假象。磁铁矿带内的角闪石呈半自形,属于镁铁闪石-铁闪石系列。

2）岩浆岩

该地区岩浆活动十分频繁,岩浆岩发育,从超基性岩—中酸性岩均有出露。除晚太古代变质的镁铁质、超镁铁质岩外,中部发育一条近东西斜切所有岩层的中侏罗世辉绿岩脉,此外,西南部出露大面积的黑云钾长花岗岩岩基,东北部发育片麻状混合花岗岩（或英云闪长岩）,同时发育多组石英脉、北东向花岗伟晶岩脉群和部分具似文象结构的钾长伟晶岩脉。

花岗岩在本地区广泛分布,部分呈层状或透镜状产于片麻岩中。花岗岩呈花岗结构,主要矿物组成为石英、碱性长石、斜长石和黑云母。花岗岩体内发育显微剪切带。

花岗伟晶岩呈透镜状产出在剪切带中,主要矿物为石英、碱性长石、黑云母,副矿物为榍石、电气石、锆石。

铁镁质—超铁镁质岩一般呈几米厚的层状出露,常被挤压成片麻状。按成分可将其分为 2 个亚类:①块状的暗绿色角闪岩;②丝状的浅色滑石岩。角闪岩的矿物组成主要为镁角闪石、钠长石、磁铁矿、云母、石英、榍石;滑石岩的矿物组成主要为直闪石、滑石、绿泥石等。

3）构造

地质构造复杂多样,受多期次的区域变形、变质作用和混合岩化作用影响,其原生构造已难以辨认。依据已有区域研究成果,结合勘查资料,构造作用可划分为 4 期。

（1）第一期构造作用。该期构造以挤压作用为主,岩石变形以韧性为主,主要表现为水平运动右形剪切,致使小范围岩石发生"S""N"形层间揉皱,形成串珠状石英透镜体、石香肠构造和鞘褶皱等,蚀变的镁铁质、超镁铁质岩脉呈现左侧列排布特征。

（2）第二期构造作用。该期构造以拉张作用为主,右行剪切特征明显,早期伴有辉长辉绿岩和石英脉的灌入,切割片麻理,岩石变形以韧性为主,表现为大量含金石英脉、含金硅化脉沿糜棱面理及次生裂隙充填并发生热液交代作用,为金的主要成矿作用期。晚期主要表现为混合岩化作用,形成了东部的眼球状、片麻状混合岩（或英云闪长岩）,在其接触带形成了一条北东走向的糜棱岩带。

（3）第三期构造作用。该期构造作用以东西向挤压为主,岩石以韧脆性变形为主,呈右行侧列的北东走向花岗伟晶岩脉十分发育,切割含金石英脉或金矿体,其白云母平均年龄为 499Ma,是成矿后的构造活动,表明成矿作用时代属前寒武纪(徐国富和陈国华,2013)。

(4)第四期构造作用。该期构造作用以南北拉张作用为主,形成了近东西向的破碎带,并被辉绿岩脉充填并穿切所有岩层。其锆石 U-Pb 谐和年龄为155Ma(李鹏等,2015),可初步确定该期的构造作用为晚侏罗世早期东冈瓦纳古陆(马达加斯加、塞舌尔、印度、澳大利亚等)与非洲大陆的分离时代。

2. 矿床地质特征

金主要赋存在石英脉内,而石英脉主要出现在富磁铁石英岩(BIF)内,在 BIF 以外的围岩(如片麻岩和镁铁质—超镁铁质岩层)中也有少量含金石英脉产出,石英脉厚度一般10~50cm。金富集在石英颗粒边部或包裹在石英、长石、黑云母矿物裂隙内,石英细脉多与片麻岩层理相平行。含金石英脉富含硫化物,其中硫化物主要为黄铁矿、方铅矿和黄铜矿。一般石英脉体越薄,颜色越深,金矿化越强。石英、硫化物及其氧化物成为直接找矿标志。氧化矿带矿物组合为石英+方铅矿+黄铁矿±金±褐铁矿±赤铁矿。

1)围岩特征

金矿体呈网脉和细脉状石英脉,沿围岩片理、片麻理充填交代形成似层状矿体,围岩主要为混合花岗岩、长英质—镁铁质片麻岩、条带状磁铁石英岩和变质沉积岩。此类矿床分布受控于太古宙绿岩带,具有规模大、品位稳定、找矿标志明显等特点,是马达加斯加重要的金矿化类型之一。

2)矿化特征

根据勘查资料和大量的民采调查,自西往东划分Ⅲ、Ⅱ、Ⅰ、Ⅴ号4条金矿带(徐国富和陈国华,2013)。

Ⅲ号矿带:该矿带以含金石英(大)脉为主,其总体走向北北西,矿带宽100~280m,断续长约2000m。通常产在蚀变的镁铁质—超镁铁质岩与糜棱岩化黑云斜长片麻岩接触部位及附近岩层中,受近东西向构造叠加影响,部分地段产状发生改变,倾向南东。矿体宽度1~6m,断续长度340m,倾向控制延深25.7m,脆性裂隙发育。少见黄铁矿、方铅矿、粒状自然金等。含金石英脉分枝复合、膨大缩小、尖灭再现特征明显。

Ⅱ号矿带:矿带呈北北西走向,控制宽度变化在300~600m之间,断续长度大于6000m。该带矿化类型多且复杂,概括起来主要有4种,即石英细脉型、石英大脉型、构造蚀变岩型、BIF型。金矿化带或产在镁铁质—超镁铁质岩上盘或产于镁铁质—超镁铁质岩下盘,均严格受脆—韧性剪切带的控制。矿化体常见波状弯曲、膨大缩小、尖灭再现特征,多处可见大于500μm粒状自然金和少量方铅矿。蚀变十分发育,主要有硅化、钾化、黄铁矿化、绿泥石化和少量碳酸盐化等,是本区寻找金矿的重点勘查对象之一。

Ⅰ号矿带:含金石英脉矿带与镁铁质—超镁铁质岩平行排布,总体走向北西、倾向南西,倾角30°~40°,矿带宽100~120m,断续长约2000m。赋矿岩石以石英脉为主,其次有构造蚀变岩和 BIF 型岩(条带状磁铁石英岩)等。含金石英(细)脉脉宽变化在1~20cm之间,低角度斜切片麻理。常赋存在镁铁质—超镁铁质岩与黑云斜长片麻岩接触部位或附近地层中。

Ⅴ号矿带:该矿带以含金石英细脉(带)和构造蚀变岩型金矿化为主,通常产在碎粒岩化浅粒岩或构造蚀变岩内和斜长角闪岩与糜棱岩化片麻岩接触部位。含金石英脉宽0.2~2cm,有时见粒状自然金。局部团块状方铅矿发育的地段金品位较富,显示金与方铅矿呈正相关。

3)矿石特征

矿石物质组成简单,属低硫化物型。金矿物的载体以黄铁矿为主,其次有磁黄铁矿,少量方铅矿、黄铜矿。自然金成色高,是唯一的金矿物和有用组分。矿石类型主要有石英脉型、构造蚀变岩型和BIF型3种。

石英脉型:这种矿石与脆性断裂及其派生节理裂隙有关,多呈脉状、细脉带产出,走向以北北西为主,其次有北西西—北西向,少量为北东向。脉厚以0.5~20cm为主,个别大脉厚1~6m。金属矿物主要有粒状、片状形态的自然金、黄铁矿和少量方铅矿、黄铜矿。非金属矿物主要为浅玫瑰红色的粒状石英。

构造蚀变岩型:这类矿石通常与韧—脆性构造带及其次生裂隙有关,主要产在糜棱岩—超糜棱岩和糜棱岩化斜长片麻岩,以及硅化脉内及其与超镁铁质岩接触带附近。金属矿物以黄铁矿为主,少量粒状自然金(大于500μm)。非金属矿物主要有石英(或次生石英)、长石类、闪石类、黑云母等。

BIF型:这类矿石通常与硅化、赤铁矿化磁铁石英岩有关,多产在磁铁石英岩与蚀变的镁铁质—超镁铁质岩接触界面及其附近。金属矿物主要有黄铁矿、磁黄铁矿和赤铁矿,少见粒状自然金。非金属矿物主要有石英、长石、闪石类等。

矿石构造:致密块状构造、细脉浸染状构造、条带状构造、晶洞构造、角砾状构造等。

矿石结构:主要有细粒状结构、粒状变晶结构、粒状鳞片变晶结构、糜棱结构等。

含金石英细脉由细粒石英组成,花岗变晶结构。石英定向排列与围岩变形相一致,石英具中等到强烈的波状消光。不同大小的石英颗粒形成多边形集合体,而且不具有晶格优选方向。含金石英脉含有一系列硫化物组合以及不常见的绿泥石。金属硫化物主要是黄铁矿,此外还有少量黄铜矿和方铅矿。黄铜矿粒径粗达1.0cm,单颗粒呈半自形到他形或者同黄铁矿形成连晶,方铅矿在石英脉内很常见。在与围岩接触的脉体边缘常见黄铁矿+黄铜矿+方铅矿矿物组合交代磁铁矿(±赤铁矿),交代作用应与金矿化作用同时。磁铁矿被赤铁矿交代,可能为表生氧化作用所致(图2-3)。

图2-3 BIF岩层和有关矿化作用图像(邵俭波等,2010)

a.富硫化物石英条带低角度穿切富磁铁矿暗色条带;b.石英脉穿切BIF层;c.石英脉穿切BIF层透反显微照片,石英脉附近BIF发生蚀变,磁铁矿(Mag)受黄铁矿(Py)和黄铜矿(Ccp)交代,部分原生磁铁矿蚀变为赤铁矿(Hem)

4）蚀变与矿化关系

本区常见的围岩蚀变主要有：硅化、黄铁矿化、钾化、钠长石化、绿泥石化、黑云母化、透闪石化、赤铁矿化等，局部可见方铅矿化、黄铜矿化和弱碳酸盐化。蚀变与矿化时空关系密切，表现为蚀变作用越强，各类型蚀变空间叠加越明显，矿化作用亦越强。其中，硅化、钾化和黄铁矿化与金矿化关系最为密切，是本区重要的找金蚀变围岩标志。

（二）其他石英脉型金矿

1. Ambia 西部金矿点

该金矿点分布于 Mananjary 地区，区域地层属 Ampasary 系列。Ampasary 系列由富含石英的云母片岩、片麻岩，斜长角闪岩，钙硅质片麻岩和角闪岩组成。钙镁质片麻岩包括斜长角闪片麻岩和角闪石—透辉片麻岩，石英、方柱石和石榴子石含量较高。黑云角闪片麻岩呈带状，细—中粒变晶结构，角闪石和黑云母含量分别是 5%～20% 和 5%～15%。这两类片麻岩通常与长石片麻岩互层。

金产在石英脉内，产状 155°∠30°，厚度 60cm，水平延伸较大，主要由石英和黄铁矿组成，黄铁矿具强烈褐铁矿化。金品位 2.5×10^{-6}，银品位 18.5×10^{-6}，找矿潜力较大。

2. Marovato 和 Grigri 金矿床

该金矿床分布于 Andilamena 地区，Grigri 金矿床主要由 3 个近水平的石英脉组成，发育平行于 Beforona 角闪岩相单元的面理。金属矿物为黄铁矿、黄铜矿和自然金，金品位为 $3\times10^{-6}\sim240\times10^{-6}$。1944 年，马达加斯加资源公司在该矿区进行了非常详细的地球化学勘探，勘探面积 800m×50m，网度 10m×5m。结果表明 Grigri 金矿床可能是 Marovato 金矿床金矿体向南的延伸，含金石英脉具强烈褐铁矿化，主要金属矿物为黄铁矿，含少量的黄铜矿和自然金。

3. Betanimena-Antsatrakely-Bejofo 金矿点

该金矿点分布于 Maevatanana 地区的矿化层，主要是米级的磁铁辉石石英岩层，围岩为红土化的片麻岩，片麻岩内发育窄石英脉。片麻岩倾向 320°，倾角 15°～35°。金品位 $0.1\times10^{-6}\sim0.2\times10^{-6}$，通过直径小于 1m 的竖井开采。

（三）绿岩型金矿成矿分析及找矿方向

1. 流体包裹体特征

流体是成矿的精髓，其来源、运移和卸载代表了整个成矿过程（毛景文和李荫清，2001）。流体包裹体作为成矿流体的重要遗留部分，对揭开成矿流体与成矿作用机理具有很好的指示意义（赵财胜等，2005）。通过对 27 件测温薄片的镜下观察发现，样品中均含有丰富的流体包裹体，且均为与成矿作用有关的原生包裹体。这些包裹体成群出现，具有相似的气液比和均一温度，内部组成也较一致，主要组分为 H_2O 和 CO_2，含少量的 CH_4、H_2S、H_2、N_2。

镜下观察发现,成矿过程中各阶段流体包裹体较为丰富。依据室温下包裹体的物理相态和化学组成,可以将两金矿床样品中的原生包裹体类型分为 4 类,按照丰度值由高到低顺序为:CO_2-H_2O-NaCl 包裹体,即 L_{H_2O}+V_{CO_2} 型(Ⅱ类);H_2O-NaCl 包裹体,即水溶液型(Ⅰ类);富 CO_2 包裹体,即 L_{H_2O}+L_{CO_2}+V_{CO_2} 型(Ⅲ类);少量含子晶的 H_2O-NaCl 包裹体,即含 NaCl 子矿物型(Ⅳ类)。各阶段的包裹体类型及特征与其他石英脉型金矿的流体包裹体大体一致(卢焕章等,2018)。

各个成矿阶段中包裹体的类型和数量存在较大的差异。前人资料表明,与石英脉型金矿有关的流体包裹体可以通过早期成矿、主成矿、晚期成矿等阶段进行分别研究,下面将对 Andremena 金矿按照不同成矿阶段进行描述。

(1)早期成矿阶段包裹体。该阶段包裹体以Ⅰ类和部分Ⅱ类包裹体为主,偶见少量Ⅳ类含 NaCl 子晶包裹体。Ⅱ类包裹体常温下呈气、液两相,由 CO_2(气相)+(H_2O+NaCl)(液相)组成,以液相为主。其气液比为 20%~40%。包裹体长轴长一般为 5~14μm。包裹体形态为椭圆形和不规则状(图 2-4a 和图 2-4b)。

(2)主成矿阶段包裹体。该阶段包裹体以大部分Ⅱ类和Ⅲ类包裹体为主,常温下呈气、液两相,由 CO_2(气相)+CO_2(液相)+(H_2O+NaCl)(液相)组成,气相 CO_2 常有晃动现象,其 V_{CO_2} 为 40%~95%,V_{CO_2g}/V_{CO_2} 为 20%~40%。包裹体长轴长一般为 5~18μm。包裹体形态为椭圆形、不规则状和长条形等。该类包裹体较发育,但分布不均匀。有时几乎全部由 CO_2 充填,分布特征与Ⅱ类包裹体极为相似,并常与其共生。此类包裹体发育最广,是该区域的主要包裹体类型。同时有少量纯 CO_2 包裹体发育(图 2-4c 和图 2-4d)。

(3)晚期成矿阶段包裹体。该阶段包裹体以Ⅰ类包裹体为主。

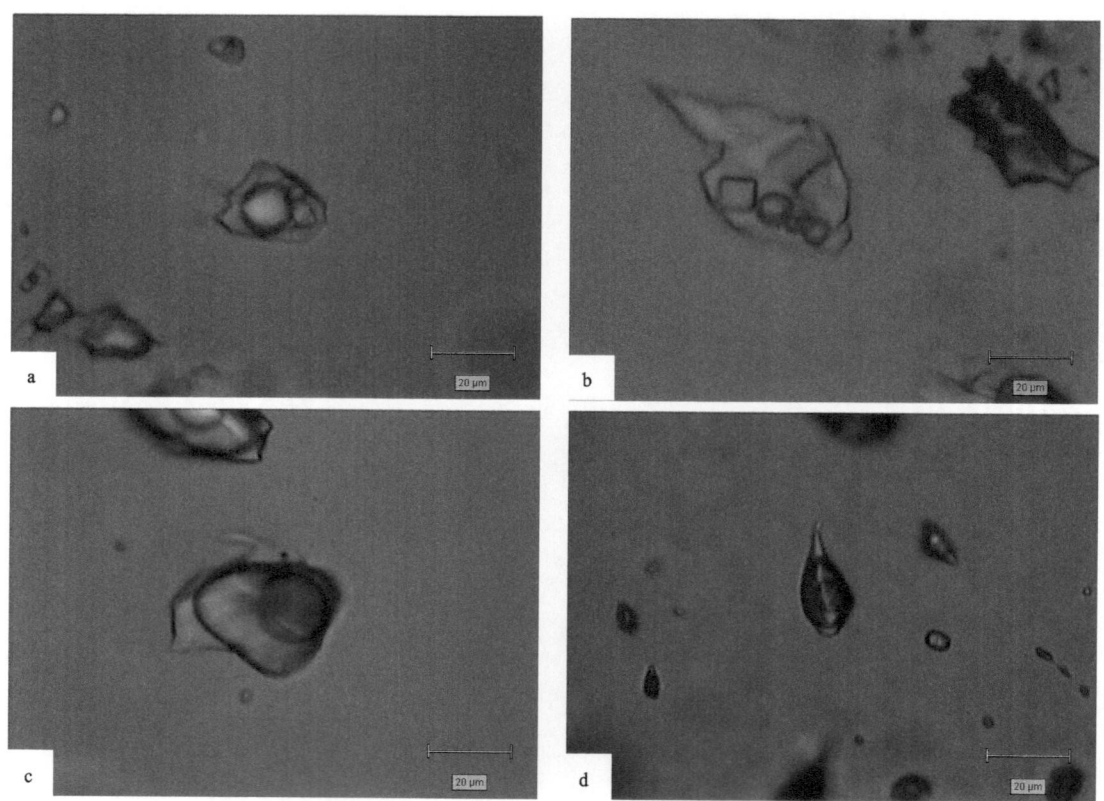

图 2-4 Andremena 金矿流体包裹体照片(彭善池,2011)

a、b:早期成矿阶段,Ⅳ类含 NaCl 子晶包裹体、Ⅰ和部分Ⅱ类包裹体;
c、d:主成矿阶段,Ⅱ类和Ⅲ类包裹体

2. 流体包裹体显微测温结果

(1) CO_2 完全均一温度(Th_{total})。Andremena 金矿富 CO_2 包裹体,即 $L_{H_2O}+L_{CO_2}+V_{CO_2}$ 型包裹体(Ⅲ类)的 Th_{total} 范围为 277.1~315.2℃,多数均一到水溶液液相,少数均一到 CO_2 气相(表 2-2)。Th_{total} 主要集中在 277.1~287.2℃。

(2) CO_2 部分均一温度(Th_{CO_2})。Andremena 金矿床富 CO_2 包裹体,即 $L_{H_2O}+L_{CO_2}+V_{CO_2}$ 型包裹体(Ⅲ类)的 Th_{CO_2} 范围为 24.2~28.1℃,主要集中于 27℃左右,多数包裹体均一为 CO_2 气相;CO_2-H_2O-NaCl 包裹体,即 $L_{H_2O}+V_{CO_2}$ 型包裹体(Ⅱ类)的 Th_{CO_2} 范围为 21.2~26.3℃,主要集中于 26℃左右。上述部分均一温度表明,Ⅱ类包裹体均一温度范围均位于Ⅲ类包裹体的部分均一温度范围之内。

(3) CO_2 固相融化温度(Tm_{CO_2})。本次研究共获得 Andremena 金矿 CO_2 固相融化温度数据 39 个,其中 12 件富 CO_2 包裹体,即 $L_{H_2O}+L_{CO_2}+V_{CO_2}$ 型包裹体(Ⅲ类)和 27 件 CO_2-H_2O-NaCl 包裹体,即 $L_{H_2O}+V_{CO_2}$ 型包裹体(Ⅱ类),范围为 −58.2~−59.7℃。该矿床的包裹体中的 Tm_{CO_2} 值变化较大,但均低于纯 CO_2 的初始融化温度 −56.6℃,表明 CO_2 中至少混入了 CH_4 和/或 N_2 等成分。

表 2-2 Andremena 金矿包裹体显微测温数据统计表

成矿阶段	矿床名称	包裹体类型	个数	Tm_{CO_2}/℃	Th_{CO_2}/℃	Th_{total}/℃	盐度/%	密度/(g·cm^{-3})
主成矿阶段	Andremena	Ⅱ类	27	−58.2~−59.7	21.2~26.3	277.1~315.2	3.19~7.14	0.71~0.90
		Ⅲ类	12	−58.2~−59.7	24.2~28.1	—	—	0.69~0.76

(4) 气、液相成分。对 Andremena 金矿的早期成矿、主成矿以及后期成矿三个阶段Ⅰ类、Ⅱ类、Ⅲ类、Ⅳ类包裹体的激光拉曼气、液相成分分析结果显示,Andremena 金矿的气相成分主要为 CO_2,其次以 CH_4 最高,摩尔分数变化范围为 0.3%~70.8%,除此之外,还含有少量的 N_2、H_2 和 H_2S。而液相成分主要为 H_2O,其次以 CO_2 最高,含量变化范围为 6.2%~22.3%,除此之外,还含有少量的 CH_4(表 2-3)。

表 2-3 Andremena 金矿流体包裹体气、液相成分分析

样品号	液相/%					气相/%						
	H_2O	CO_2	CH_4	其他	总和	CO_2	H_2S	CH_4	N_2	H_2	其他	总和
Andremena-2-1	93.8	6.2	—	<0.1	100.0	79.2	—	20.2	0.6	—	<0.1	100.0
Andremena-2-2	97.9	—	2.1	<0.1	100.0	49.1	—	45.0	—	6.0	<0.1	100.0
Andremena-3-1	94.6	5.4	—	<0.1	100.0	100.0	—	—	—	—	<0.1	100.0
Andremena-3-2	100.0	—	—	<0.1	100.0							
Andremena-4-1	77.7	22.3	—	<0.1	100.0	99.5	—	0.3	—	0.1	<0.1	100.0
Andremena-4-2	100.0	—	—	<0.1	100.0							

经拉曼光谱分析,该区域测试的包裹体中液相成分主要为 H_2O,含有少量的 CO_2 和极少量的 CH_4;气相成分主要为 CO_2,含有少量的 CH_4(图 2-5)。

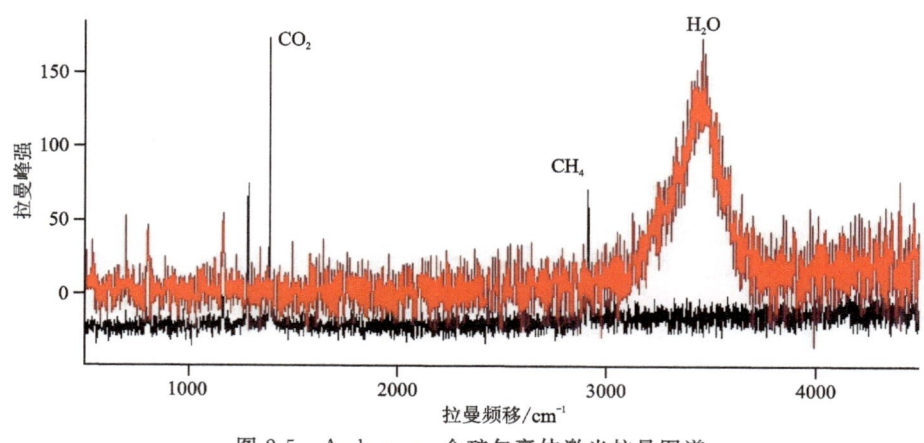

图 2-5 Andremena 金矿包裹体激光拉曼图谱

(5) 流体包裹体相关参数。Andremena 金矿 27 件Ⅲ类 $L_{H_2O}+L_{CO_2}+V_{CO_2}$ 型包裹体,盐度为 3.19%~7.14%(表 2-2)。盐度总体上峰值为 6.2%~7.14%。

总体而言,上述矿床的流体呈中低盐度,反映了这些矿床的成矿流体具有大致相同的特点。流体的密度、压力以及其他物理化学参数的估算依据前面概述中提到的方法及原始测温结果通过相关表格或计算公式得到。Andremena 金矿Ⅱ类包裹体的密度为 0.66~0.73g/cm³。Ⅲ类包裹体的密度为 0.71~0.90g/cm³。

3. 金矿成矿模式

马达加斯加绿岩型金矿与其他太古宙绿岩型金矿(如南非 Fumani 和 Kalahari 金岭)相似。这些矿床的共同特征是矿体形成受构造控制且成矿流体来源于变质作用。流体的高 CO_2 含量和低盐度特征以及流体包裹体内少量的 CH_4 和 N_2 可能来源于区域变质过程中去挥发分作用。含矿脉体穿切 BIF 层但和区域片麻理平行这个事实与流体同构造成因一致。Maevatanana 绿岩带内大量的基性和超基性火山岩很可能向热液流体提供金的来源。

BIF 流变学特征和高 Fe 含量可能是金成矿的首要原因。首先,石英岩相对于片理化围岩(皂石岩、斜长角闪岩等)容矿性强,剪切作用使其碎裂从而便于流体运移;其次,高 Fe 围岩提供了一个好的成矿化学环境,含矿部位的氧化物-硫化物交代结构、黄铁矿中的金和流体包裹体中的 H_2S,以及低盐度流体表明金是通过含硫络合物搬运的。通过金-硫代络合物的分解和围岩发生硫化作用,金沉淀成矿,可能是最简单的成矿方式。此外,除石英外在蚀变围岩中出现的白云母和钾长石可能使得流体 pH 值呈弱酸性。

磁铁矿在矿化和未矿化 BIF 相内被赤铁矿交代表明氧化作用发生在矿化之后,可能是在浅层风化过程中。磁铁矿被黄铁矿取代降低配位体有效性而破坏了含金络合物,使得流体 H_2S 浓度和氧逸度变低,从而完全降低金的溶解度。这可能是发生金矿化的直接原因。

4. 成矿时代

根据前文对马达加斯加北部地区绿岩带区域构造演化的认识,可知 Tsaratanana 杂岩体形成于 2.7~2.5Ga 的太古宙,原岩主要为岛弧区活动陆缘环境的中基性火山岩地层,并在太古宙晚期发生变质作用后固结成岩,形成包括 BIF、各类片麻岩、混合岩等岩石组合。已有研究表明太古宙绿岩带中的基性—超基性岩石是金矿的主要物质来源,新太古代变质流体作用使金活化向硅铁质岩系迁移,发生在新元古代 800～700Ma、630～500Ma 强烈的构造岩浆活动及其伴生的退变质作用、热液交代作用对金的富集成矿起关键作用。因此本区绿岩带中石英脉型金矿主要成矿时代为新元古代。

5. 找矿方向

(1)不同方向，不同期次构造的交会叠加部位。
(2)在变质的镁铁质—超镁铁质岩(如斜长角闪岩、滑石化闪岩类)与黑云斜长片麻岩接触部位及其附近的韧性剪切带内，注意寻找石英脉型和构造蚀变岩型金矿。
(3)在碎粒岩化的中酸性岩(或浅粒岩)与变质基性岩(或构造蚀变岩)接触部位及其附近，注意寻找构造蚀变岩型和石英细脉型金矿。
(4)BIF 型铁矿层顶底板且与变质镁铁质—超镁铁质岩接触附近，注意寻找 BIF 型金矿。
(5)硅化和强烈碱质交代蚀变的地段。

二、韧性剪切带型金矿

马达加斯加地质体经历了前寒武纪—晚侏罗世多期次的岩浆-构造热事件的作用，特别是新元古代冈瓦纳古陆聚合作用形成的东非造山带贯穿马达加斯加全境，形成一系列近南北向或北西向展布的地质单元和断裂构造。强烈的东西向挤压和剪切作用形成了大量的逆冲推覆构造、走滑构造和脆韧性变形，以及大量的韧性剪切构造。同时，造山作用引起的地壳加厚使得古老地层发生中高级变质和部分熔融，发生大面积的混合花岗岩化作用和岩浆侵入，从而为金矿的形成提供成矿物质和流体来源，韧性剪切构造为成矿提供导矿构造和容矿构造。

马达加斯加韧性剪切带型金矿(或金矿点)广泛分布，包括 Antsiafabositra 金矿、Marovato-Grigri 金矿、Dabolava 金矿、Ambatolampy 金矿、Ambositra 金矿、Ampasary-Mananjary 金矿、Vondrozo 金矿、Vohibory 金矿。下面以 Lazarivo 金矿、Antsiafabositra 金矿、Vohemar 金矿和 Dabolava 金矿为例进行分析。

(一)Lazarivo 金矿

Lazarivo 金矿区位于马达加斯加 Toliara 省 Betioky 市 Lazarivo 镇内(图 2-6)。

1. 矿区概况

该区内的地质勘查工作主要自 20 世纪 20 年代起至 70 年代止由法国地质人员在马达加斯加所作，法国地质人员采用钻探手段在 Lazarivo 矿区共分 3 个阶段开展了金矿勘查工作：第一阶段施工了 105 个钻孔，钻探深度＜200m；第二阶段选择了其中的 24 个钻孔进行加深钻探，深度为 200～300m；第三个阶段是对上述 24 个钻孔进一步加深钻探，深度≥700m。钻探总进尺 24 433m。

近年来，中国的一些矿业公司在该矿权区开展了 1∶1 万矿产地质调查，对当地民采金矿的状况进行了系统的调查，除法国地质人员所勘查的 83 条金矿体以外，又新发现金矿体 127 条。

2. 矿床地质特征

Lazarivo 金矿床的地理位置位于马达加斯加南部，产于前寒武纪结晶基底 Vohibory 变质岩系中。该岩系的岩性有角闪片麻岩、云母大理岩、长英变粒岩等中高级变质岩及花岗岩等。花岗岩呈椭球状弯

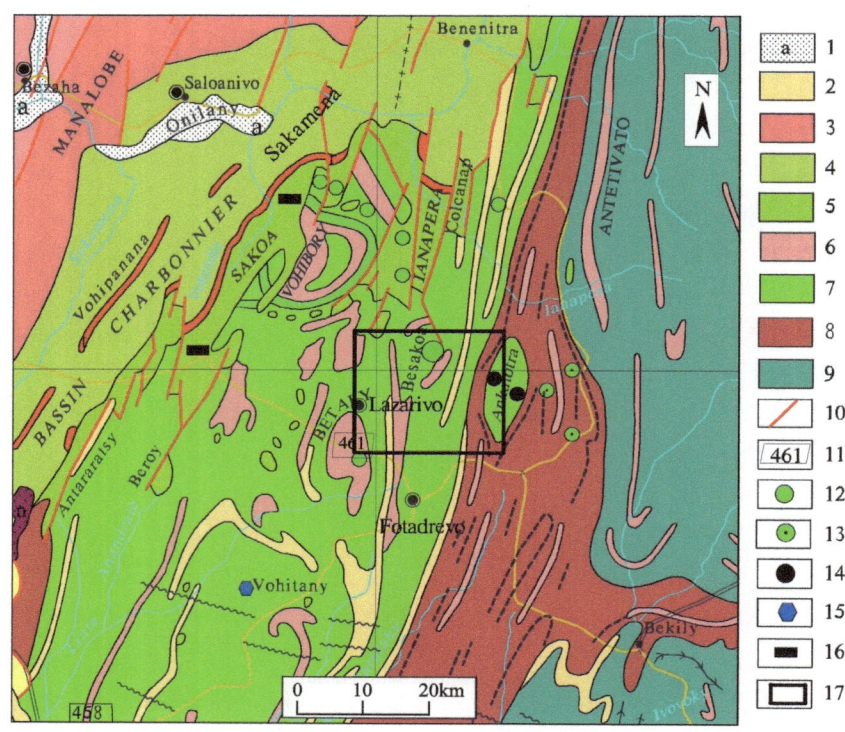

图 2-6 Lazarivo 地区区域地质图

1.第四系沙滩冲积地；2.上白垩统：火山岩、火山碎屑岩、碎屑岩；3.Isalo I 群：陆相、海陆相碎屑岩及灰岩；4.Sakamena 群：陆相碎屑岩及海陆相砂页岩；5.Sakoa 群：砂砾岩、砂岩、泥岩、灰岩及含煤岩系；6.花岗质混合岩、二长花岗岩；7.Vohibory 组：角闪质片麻岩、角闪岩、云母大理岩；8.Ampanihy 组：含石墨长英麻粒岩；9.Ampandrandava 组：片麻岩、长英麻粒岩、辉石岩、云母大理岩、紫苏花岗岩；10.断层；11.同位素年龄；12.铜矿点；13.锆矿点；14.钴矿点；15.刚玉矿点；16.煤矿；17.Lazarivo 地区

窿产出，分布于矿区中南部，长轴为南北向，长约 10km，短轴约 6.5km，出露面积近 60km²。其外接触带主要为角闪斜长片麻岩，其次为云母大理岩、长英变粒岩，均呈环状分布于花岗岩穹隆周围。

金矿体多呈南北向、北北东向、北北西向分布。矿床类型有原生石英脉型和韧性剪切带型之分，且以后者为主。目前已发现的矿体有 210 条，赋矿岩性主要为角闪斜长质糜棱岩。矿体长 20～2500m，厚 0.5～1.5m。

矿石多呈他形粒状结构，条带状构造。金的存在形式主要为自然金，其次为银金矿，多呈他形粒状或蠕虫状分散充填于脉石矿物的晶体裂隙间。

3. 品位和资源量

该矿床以金为主，伴生银。根据现有资料，该矿区大致查明并验证的钻孔有 83 条矿体（其中有 24 条矿体的钻孔控制深度达 700m），金平均品位为 4×10^{-6}～18.5×10^{-6}，伴生银平均品位为 5×10^{-6}～25.5×10^{-6}。推测金矿资源量 2.5t 以上。

（二）Antsiafabositra 金矿

Antsiafabositra 金矿区位于马达加斯加首都 Antananarivo 西北，直线距离为 185km，同时位于 Maevatanana 南偏东 50km。其成矿区域背景（图 2-7）与 Maevatanana 金矿一致。

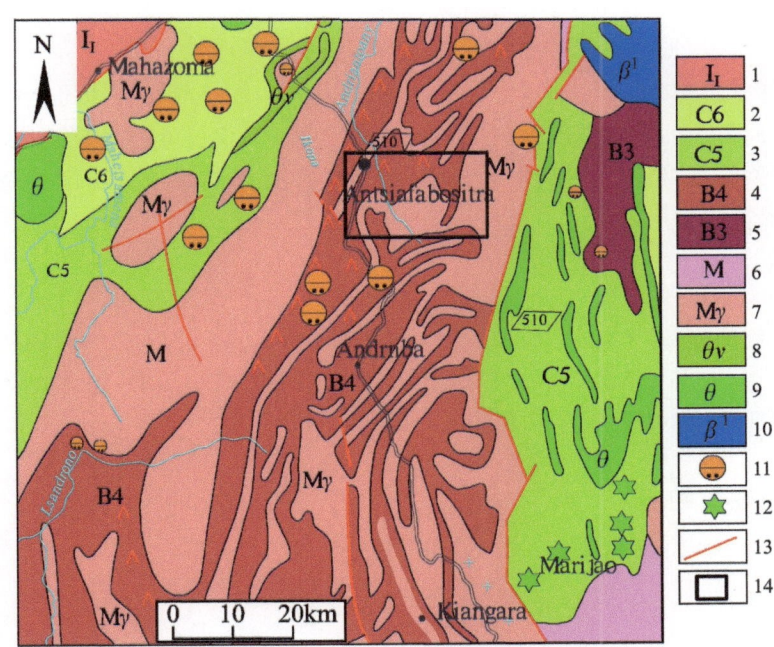

图 2-7 Antsiafabositra 金矿区地质图

1.晚三叠世—早白垩世冈瓦纳古陆 Isalo Ⅰ 群；2.Maevatanana 组：角闪岩、片岩、石英混合岩、片麻岩；3.Beforona 组：角闪质混合岩、角闪岩；4.Andriba 组：含石墨混合片麻岩；5.Manampotsy 组：石墨混合片麻岩；6.混合岩；7.花岗质混合岩、二长花岗岩；8.辉石岩、橄榄岩；9.辉长岩；10.玄武岩、拉斑玄武岩；11.砂金矿点；12.绿柱石矿点；13.地层；14.Antsiafabositra 金矿区

1. 矿区地质

1）地层

Antsiafabositra 金矿区出露地层属于新元古代 Andriba 层系，主要岩性为黑云二长片麻岩、片麻状二长（混合）花岗岩、角闪黑云二长片麻岩、黑云角闪斜长片麻岩，主要分布于矿区的中部和西部，局部受到不同程度的混合岩化，可见眼球状混合岩及条带状混合岩，局部糜棱岩化。

黑云二长片麻岩：风化面呈灰黑色，新鲜面呈灰白色、肉红色，具片麻状、条带状构造，鳞片粒状变晶结构。主要由浅色矿物（斜长石 30%～35%、石英 15%～20%、钾长石 35%～40%）和暗色矿物黑云母（10%～15%）组成，副矿物有锆石、磷灰石和金属矿物。浅色矿物呈他形粒状，粒径一般 0.1～2.2mm。由于后期岩浆热液的侵入，黑云二长片麻岩与混合花岗岩的接触带附近受到岩浆及流体的注入和交代作用，部分岩石发生了边缘混合岩化作用，局部形成了眼球状、条带状混合岩。

阳起石化变粒岩：风化面呈土黄色、褐黄色，新鲜面呈翠绿色、灰绿色，粒状变晶结构，定向构造，主要矿物成分是阳起石，呈针状、纤维状、放射状，主要分布在黑云二长片麻岩中，呈多层产出，产状与老地层基本一致，厚度为 0.3～2.5m，变化较大，局部呈豆荚状、透镜状，地表断续出露长度为 10～30m。阳起石化变粒岩主要由后期热液顺层侵入，在高温作用下与围岩发生接触交代作用形成。

2）岩浆岩

矿区内出现的花岗岩一般呈穹隆状或透镜状产于片麻岩中，主要矿物成分为石英、钾长石、斜长石和黑云母。花岗岩体内发育显微剪切带，在剪切带中，石英伟晶岩脉呈透镜状产出。

3) 构造

矿区内构造活动比较活跃,根据地形地貌及遥感影像特征,南西部黑云二长片麻岩与混合花岗岩的接触带附近,经过后期强烈的剪切挤压作用,形成了韧性剪切带,北东走向,带宽约1km,长约3km。韧性剪切带内,揉皱现象明显,岩层塑性变形较为强烈,眼球状、肠状构造较为发育,局部可见糜棱岩化,是区内含金(化)的主要富集场所。

4) 地球化学特征

化探异常主要为1:2000土壤异常,Au峰值 51.79×10^{-6},Ag峰值 0.644×10^{-6},As峰值 2.19×10^{-6},Bi峰值 0.23×10^{-6},Hg峰值 0.275×10^{-6}。与Au相关的指示元素(如As、Bi、Hg、Te、Ag等)的地球化学数据表明,本区Au的成矿地质条件十分有利。

2. 金矿(化)带地质特征

1) 蚀变岩型金矿

区内蚀变岩型金矿主要分布在矿区北西部的韧性剪切带中,受大地区域构造及韧性剪切作用的影响,在矿区西部前寒武纪变质岩系的黑云二长片麻岩中,岩层发生了混合岩化作用及韧性剪切作用。主要表现为塑性变形,受挤压应力作用的影响,揉皱构造较为发育,层间部分地段岩石局部叠加脆性破碎。蚀变作用强烈,主要表现为强烈的硅化、绢云母化和钾化,少见黄铁矿化。后期发育顺层产出的石英脉和长英质脉体,呈脉状、透镜体状、似层状,少部分呈囊状、豆荚状、眼球状,石英脉与围岩界线较清晰,产状与围岩基本一致。

矿(化)带位于韧性剪切带内,走向20°~40°,倾向290°~310°,倾角40°~70°,主要由黑云二长片麻岩与石英脉、长英质脉互层产出。石英脉地表断续出露长度10~150m,宽0.1~1.50m,呈灰白色—黄褐色,局部可见褐铁矿化、黄铁矿化;长英质脉呈灰白色,地表断续出露长度10~100m,宽0.50~2.50m。蚀变的黑云角闪斜长片麻岩取样分析,金品位约 1.0×10^{-6}(李金虎和习通,2017),在剪切带内的石英脉及围岩接触带,局部含金品位较高。由于蚀变带规模较大,含金矿(化)体呈多层产出,具有很好的探矿潜力。

2) 石英脉型金矿

含金石英脉主要分布在韧性剪切带中,石英脉主要以原地风化残留的形式保存在大面积红土层中,石英脉碎块可见平行复脉、网脉、交错脉,局部可见似层状和透镜状。石英脉氧化露头分枝复合现象明显,脉宽变化较大,最宽处1.5~2m,最窄处0.10~0.20m。石英脉中局部可见轻微的褐铁矿化现象,偶见蜂窝状构造。经化验分析,在Antsiafabositra镇东部石英脉金品位 1.22×10^{-6}(李金虎和习通,2017),脉宽0.8~1.0m,地表断续出露长度约20m,局部可见褐铁矿化现象。

Ⅰ号金矿(化)带长度约1700m,宽100~150m,走向20°~50°,倾向290°~320°,赋矿岩层倾角40°~60°,金矿类型主要以蚀变岩型和石英脉型为主。含金蚀变带的西南端为巨大的民采金场,主要采矿对象为顺层石英细脉、红土型砂金矿。矿(化)带顺北东向延伸至4号公路西侧,公路西侧发现多个民采平硐坍塌面,该处民采金矿体宽度0.3~0.5m,呈透镜体状。

Ⅱ号金矿(化)带位于1号金矿化北西约500m,长2300m,宽140m,走向20°~40°,倾向290°~310°,倾角40°~60°,向西南延伸到矿区外。含金蚀变带赋存于中—新元古代黑云二长片麻岩、黑云斜长片麻岩层中,受混合岩化作用的影响,岩层局部发生强烈的揉皱和塑性变形。蚀变带顺层产出,与岩层产状基本一致,在平面上呈舒缓波状。在蚀变带内分布数层薄脉状含金石英脉,金最高品位 $12.97 \times$

10^{-6}，矿体呈透镜体状、平行脉状产出。

3）围岩蚀变

矿区内金矿床蚀变标志主要为黄铁矿化、黄铜矿化、磁黄铁矿、褐铁矿化、绢云母化、阳起石化、硅化、钾化、绿泥石化。

4）矿石类型

矿区内的金矿石类型为石英细脉型、蚀变岩型。

3. 成矿作用及成因浅析

本区含金矿（化）层受混合岩化作用及韧性剪切作用影响，厚度变化较大，呈似层状，局部呈透镜体状。地表呈断续出露，呈舒缓波状。控矿因素主要为韧性剪切作用，找矿标志主要为硅化、绢云母化、钾化、绿泥石化及阳起石化。区内矿床成因比较复杂，初步认为金矿化体的形成与以下两期地质作用有关。

（1）第一期：混合岩化作用。强烈混合岩化作用形成混合花岗岩，"脉体"和"基体"界线模糊，较难区分。仅在局部地区可见极少量残留的黑云二长片麻岩"基体"。边缘混合岩化作用形成眼球状、条带混合岩，"脉体"和"基体"互层产出，界线明显，"脉体"为长英质。经分析认为，"脉体"主要在混合岩化作用后期降温过程中选择性重熔或交代作用形成，呈灰白色，主要矿物成分为石英、长石。石英呈眼球状，局部可见糜棱岩化现象，脉厚0.2～1.0m，厚度较稳定。"基体"主要为黑云二长片麻岩，呈灰黑色，片麻状构造，厚0.2～0.5m，局部可见硅化、钾化现象。

在混合岩化过程中，由于热液与原有物质发生选择性重熔及接触交代作用，使性质相似的矿物质进一步聚集，同时也使金得到了进一步富集，沿着"基体"与"脉体"的接触带分布，因此早期矿床的主要控矿因素为片麻理构造，矿化体主要呈层状、似层状和透镜体状。

（2）第二期：韧性剪切作用。在混合岩化作用的同时或后期，区内混合花岗岩与黑云二长片麻岩的接触带附近，发生了韧性剪切作用，使前期形成的金矿进一步得到富集与改造，随着后期热液的进一步活动，与围岩发生接触交代作用，并形成金矿（化）体。在区内，切层含金矿（化）层的形成时间大部分晚于顺层含金矿（化）层，且部分含金矿（化）层经过多期的叠加改造，使金进一步富集。

（三）Vohemar 金矿

Vohemar 金矿区位于马达加斯加东北部 Vohemar 镇的西北侧，距 Vohemar 镇直线距离约28km，海拔在30～150m之间，相对高差较小，交通便利。

1. 地质概况

该区域地层包括前寒武纪上段角闪质混合变质杂岩 Vohibory 系 Daraina 组（以绿帘石化角闪岩、绿帘石岩、片麻岩以及花岗闪长岩为主）和中段混合长英麻粒岩杂岩 Graphite 系 Andriba 组（以含石墨混合片麻岩为主）（图2-8），被新元古代花岗质岩浆侵入。新生代有玄武质—流纹质火山岩喷发，不整合覆盖在前寒武纪地质单元之上。

图 2-8 Vohemar 地区地质简图

1.第四系沙滩冲积地；2.含盐盆地；3.中侏罗统；4.早侏罗统；5.Isalo Ⅰ 群；6.上二叠统；7.Daraina 组；角闪岩、片麻岩；8.花岗闪长岩；9.Andriba 组：含石墨混合片麻岩；10.花岗质岩石；11.花岗质混合岩；12.辉长岩；13.花岗岩、正长岩；14.玄武岩、拉斑玄武岩；15.拉斑玄武岩、硅铝质火山岩；16.流纹岩、粗面岩；17.流纹岩、粗面岩；18.金矿点；19.铜矿点；20.工作区

2. 矿点特征

1）赋矿围岩

矿区内主要出露岩性为灰白色高岭土化片麻岩（图 2-9），风化面呈黄灰白色（未见新鲜面）。细粒鳞片变晶结构，片麻状构造。主要矿物组成及特征如下。石英：烟灰色，油脂光泽，不规则粒状，粒径 0.5~1.0mm，含量约占 30%。长石：灰白色，玻璃光泽，半自形板状，粒径 0.5~1.0mm，含量占 65%左右，多已高岭土化。黑云母：灰黑色，丝绢光泽，鳞片状，粒径 (0.25~0.5)mm×(0.25~0.5)mm，含量占岩石成分的 5%~7%。

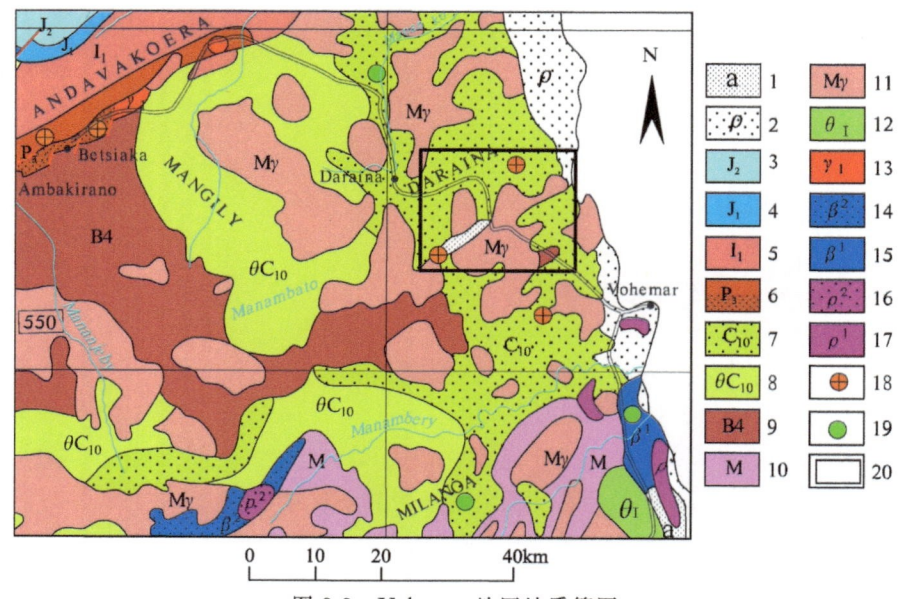

图 2-9 灰白色高岭土化片麻岩

2）金赋存方式

矿区由于受强烈剪切构造作用，岩石片理化极为发育，表现为黑云母等片柱状矿物定向排列，含金石英细脉沿剪切裂隙分布。手工标本上可以见到明金，最大颗粒可达 0.5mm×0.5mm，重约 0.2g。

（四）Dabolava 金矿

Dabolava 金矿位于马达加斯加中部偏西，距 Miandrivazo 东 30km，距 Antsirabe 220km。矿区地势落差小，海拔在 500~800m 之间，交通较便利。

1. 地质背景

Dabolava 金矿区由古—中元古代基底和中—新元古代变质岩浆岩两种不同地质单元组成，基底地层为 Ikalamavony 群，变质岩浆岩为 Dabolava 岩套，相对年轻并逆冲于基底岩石之上。

1）地层

矿区广泛出露 Ikalamavony 群地层，它由古—中元古代变质火山-沉积岩系组成（图 2-10）。古—中元古代变质基底为该单元的主体，基底是由长石片麻岩和片岩组成的副变质地层。富含长石的准沉积岩在该系列的顶部，占主导地位，夹杂有中性火山岩建造（或酸性或碱性）和细层的钙硅酸盐岩（Tucker 等，2012）。Ikalamavony 群地层包括 Mahajilo 系斜长角闪岩、石英岩和大理岩，石英-长石片麻岩，绿泥石-阳起石片岩和石英-长石-云母片岩/片麻岩，泥质-砂质岩、石英岩、角闪岩、大理岩硅质碳酸盐岩，黑云母片麻岩和变质泥岩，针铁矿-黑云母片岩/片麻岩（1070～1020Ma），石英-长石与角闪岩夹层。

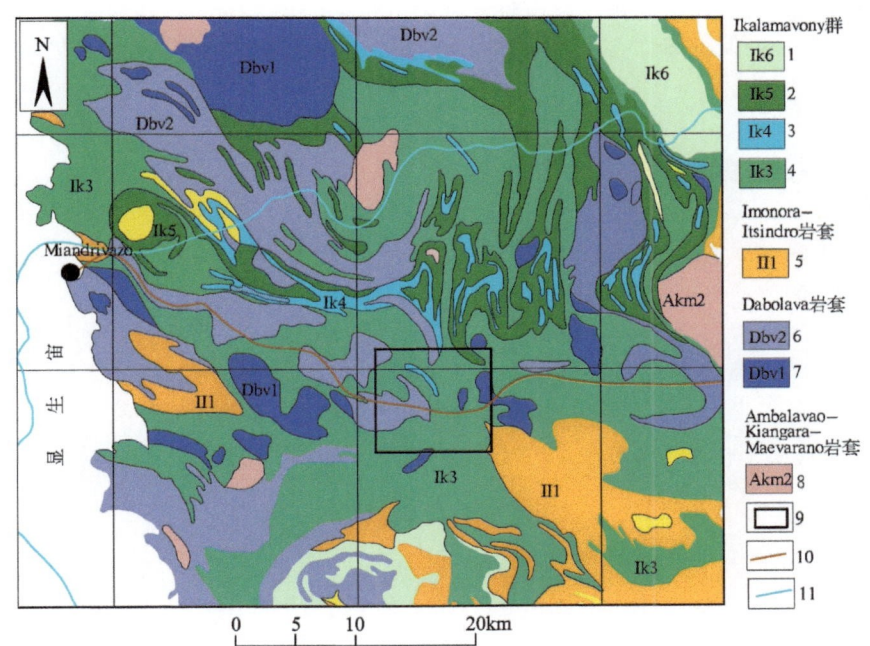

图 2-10 Dabolava 金矿区区域地质图（Tucker et al，2012）
1.石英岩；2.角闪岩和角闪片麻岩；3.钙硅酸盐大理岩夹角闪岩；4.斜长片麻岩；5. Imorona 型花岗岩；6.花岗闪长岩-英云闪长岩；7.辉长岩-苏长岩；8.似斑状花岗岩；9.金矿区；10.公路；11.河流

Ikalamavony 群的沉积物年龄为狭带纪（约 1.013Ga），取决于次流纹岩样品的年龄（Tucker 等，2012）。

矿区的 Dabolava 断层（D4 断层）使 Mahajilo 岩系与正片麻岩分离，并向金矿山北部运移。另外，在 Anjoma-Ramartina 到 Madiokely 区、Dabolava 部分区域，以及从 Andimaka 和 Andimaka 南到 Kiranomena 区分布大面积的厚层变质碎屑岩。

2）岩浆岩

矿区内岩浆岩主要为中—新元古代 Dabolava 岩套和新元古代 Imorona-Itsindro 岩套，以前者分布为主。

(1) Dabolava 岩套。①Vongoa 型，由辉长岩、辉石岩和超镁铁质岩石组成的钙碱性岩体，位于矿区的西部和西南部。②Ambatomiefy 型，也被称为 Dabolava 型片麻岩。主要为变质石英闪长岩、花岗闪长岩，属于黑云母片麻岩单元，分布于 Dabolava 东金矿勘探区，有露头显示该岩系侵入到 Ikalamarony 群斜长角闪岩中。

(2) Imorona-Itsindro 岩套。以深成岩体和片麻岩为主。①Itsindro 型基性岩，它的组成范围从闪长岩到辉长岩，但苏长岩是主要的变种。深蓝色—黑色，矿物组合包含斜长石（40%～50%）和不同含量的角闪石、斜方辉石、单斜辉石、黑云母和极少橄榄石。副矿物是磷灰石、榍石、磁铁矿和钛铁矿。辉长岩通常是中—粗粒结构，但令人惊奇的是辉长岩形成似斑状结构，斑晶为角闪石和单斜辉石。②Imorona 型花岗岩包括花岗岩、碱性花岗岩、正长岩和石英正长岩在内的多种综合岩石类型。这些通常是浅色的侵入岩，钾长石和石英占岩石 90% 以上，斜长石小于 15%。常见黑云母和角闪石，黑云母是最常见的铁镁矿物，铁镁矿物少于 15%。不透明相似乎仅有钛铁矿。在沿着通往 Miandrivazo 的公路上可见属于此岩系的花岗岩。

(3) Ambalavao 岩系：粉红色钾长花岗岩可能属于本岩系。

(4) 辉绿岩脉：出露于 Dabolava 东部的基性岩脉，无变形。

(5) 伟晶岩脉：变形微弱，显示了多期的岩脉活动，有的岩脉包含石榴子石、电气石等。

3) 构造

根据野外地质调查，矿区内划分 4 个构造阶段（任创业，2017）。

(1) 第一阶段：使 Ikalamavony 地块上覆于 Antananarivo 地块，形成逆冲断层前缘和内部逆冲岩块。

(2) 第二阶段：主要形成出露于 Itremo 岩席的近直立大褶皱和轴面走向 130°的 Bevitsika 大褶皱，该阶段使第一阶段的逆冲断层前缘发生褶皱。

(3) 第三阶段：形成了剪切带——细褶皱和波状对称褶皱，该阶段引起了含金构造剪切带的变形。对称波状褶皱变形模式影响 Dabolava 东部的矿化剪切带。

(4) 第四阶段：主要包含自晚石炭世以来的脆性伸展构造。此阶段的构造变形引起了岩脉和环形杂岩的侵入，并且与冈瓦纳古陆裂解、上石炭世到中侏罗世卡鲁沉积岩沉积，以及 Betsiriry 地堑的沉积相关。

2. 金矿特征

金矿主要分布在矿区的南部，由十几条矿脉组成，其中最具代表性的为 Takodara 剪切带矿脉。该矿脉产于黑云母片麻岩内，与片麻岩的界线不明显。矿体大多沿剪切带侵位，矿脉走向为近东西向，倾角为 70°，矿脉厚度为 0.1～1.0m 不等，由西向东延伸 1.5km 左右。金主要赋存于含硫化物石英脉以及接触带围岩中，含矿石英脉颜色多为乳白色—浅烟灰色，石英脉的厚度较小，与黑云母片麻岩的接触带呈浸染状过渡。矿石为细粒隐晶质结构，脉状、块状构造。主要脉石矿物为石英、黑云母及长石。金的赋存状态为自然金，少量银金矿，粒度较小，主要以粒间金和包裹金的形式存在。其中，硫化物主要是黄铁矿，粒度小，自形程度差，并在石英脉与片麻岩接触的部位明显增多。此外还有少量黄铜矿、磁黄铁矿等。矿石在近地表呈黄褐色，褐铁矿化为很好的找矿标志。

野外调查并结合周边钻孔数据图对 Takodara 矿脉进行了剖面绘制，并初步估算出矿石资源量为 38.97t，金属资源量 2.425t（任创业，2017）。

三、火山热液型金矿

火山热液型金矿以 Andavakoera-Betsiaka 金矿床为例。该金矿床位于 Antsirana 市以南约 120km

处的悬崖脚下。矿床分布于 Bemarivo 地块北缘 Andavakoera 地区。1905 年 Caplong 和 Mortages 首次发现了 Andavakoera 金矿。此后，其地下开采便达到了 55m 的深度。据报道，采矿坑道工程总长 17km。截至 1909 年 12 月 31 日，Andavakoera、Antangaine 等地的金矿床总产量（包括砂金）为 2.9t。1915 年，该金矿床共开采黄金 70.29kg（Rambeloson，1999）。而在 1922 年资源枯竭后，Au 产量总计接近 2t。1966 年，包括砂矿生产在内的 Au 总产量估计为 7t。2015 年，该区黄金产量占马达加斯加黄金总产量的 1/3。

（一）区域地质背景

Andavakoera 区域地质图如图 2-11 所示。

1. 地层

该区域地层由 Sambirano-Sahantaha 群组成。

1）石英岩

石英岩位于该群的底部。岩性为浅色，细粒变晶，弱片理化。在 Sambirano-Sahantaha 群中可见片麻岩，云母片岩和角闪岩夹层。岩石组合变化大，从不纯石英岩到白云母石英片岩，再到白云母-长石石英岩含有越来越多的角闪石矿物。该群还包括粗粒石英岩，云母石英岩和长石石英岩。次生矿物和副矿物通常是黑云母、白云母、夕线石和石榴子石。

2）角闪岩

角闪岩呈条带或透镜体或残留体分布，与 Graphite-Sahantaha 单元地层中的黑云角闪辉石岩非常相似。角闪岩呈深灰色，不等粒变晶结构、粗粒变晶结构，块状或片状构造，由角闪石、斜长石、黑云母（细鳞片状）组成。常见碳酸盐化蚀变，不连续细脉状，含量 5%～10%。

3）条带状黑云角闪片麻岩

条带状黑云角闪片麻岩为粉褐色—灰绿色，中—粗粒状变晶结构，片麻状构造，矿物由黑云母、石榴子石、夕线石、堇青石和钾长石组成。堇青石钾长片麻岩显示出部分混合岩化，长英质脉和伟晶岩脉与片麻岩的面理相交（图 2-12）。混合岩是片麻岩过渡岩石，其变化特征是石英和长石含量的增加与铁镁矿物的减少有关。

4）（石榴子石-夕线石±角闪石）云母片岩

（石榴子石-夕线石±角闪石）云母片岩矿物由夕线石、石榴子石、堇青石、黑云母和白云母组成。随着石英含量的增加，该岩性趋向于黑云石英片岩和云母长石石英岩。该地层中还存在一些石墨片岩和其他粒度较小的钙硅酸盐岩石。

2. 岩浆岩

岩浆岩为北 Antsirabe 岩套，有侵入性很强的钙碱性混合岩化现象，在与 Antongil 地块接触的区域找到了一些小岩体，锆石 U-Pb 测年（SHRIMP）年龄在新元古代（746±4）Ma 和（758±5）Ma 之间。该岩套的组成从辉长岩、闪长岩到英云闪长岩、花岗闪长岩和花岗岩不等。根据它们在区域范围内的岩性、质地和分布，该岩套已划分为 4 个岩性单元。其中中基性岩体与金矿形成相关。

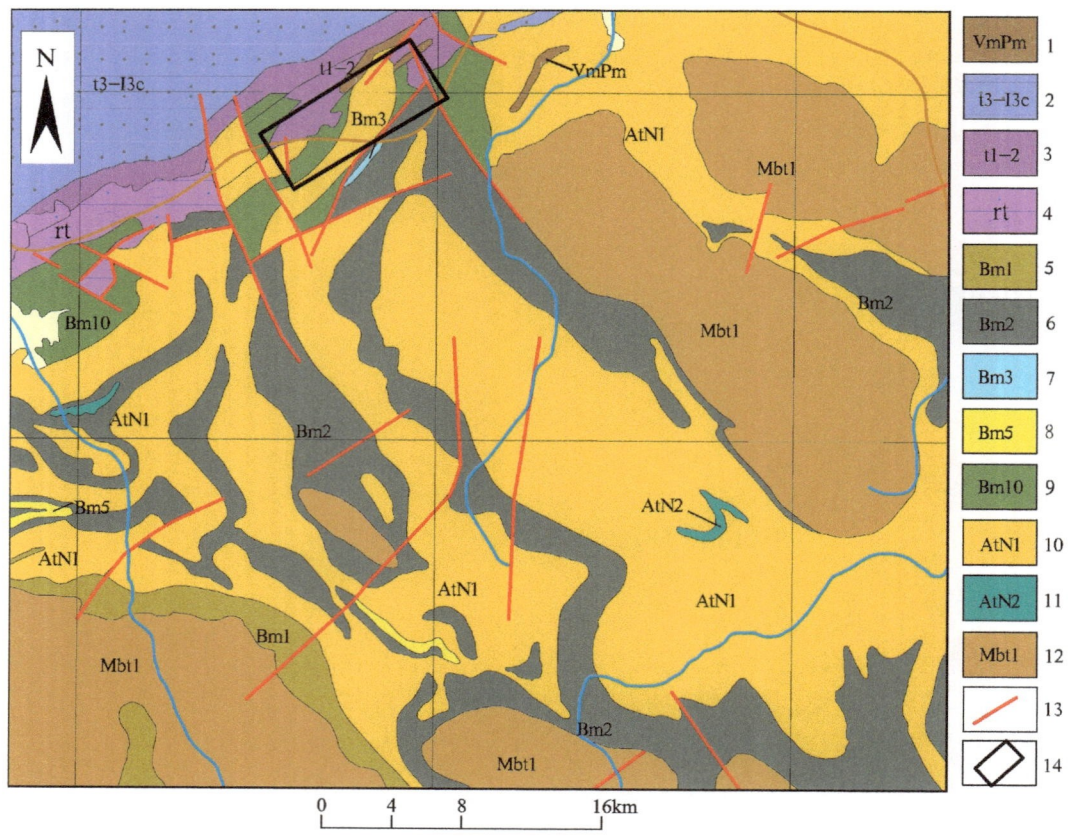

图 2-11　Andavakoera 区域地质图(Tucker 等,2012)

1.玄武岩、碧玄岩;2.陆相 Isalo Ⅰ群:砂岩、泥岩和砾岩;3.含鱼和菊石化石的页岩;4.Sakamena 群:砾岩、砂岩、泥岩和煤层;5.条带状混合岩和角闪片麻岩;6.变火山岩和片岩;7.大理岩;8.石英岩;9.角闪岩、条带状黑云角闪片麻岩;10.花岗岩—花岗闪长岩;11.辉长岩和闪长岩;12.黑云母—白云母花岗岩;13.断层;14.Andavakoera 金矿区范围

图 2-12　条带状混合岩与黑云角闪片麻岩

(二)矿床地质特征

1. 赋矿围岩

在 Ranomafana 采矿中心,地层为致密硅质岩,厚度约 5m,是一种粒度非常细的石英岩,由于热液

作用而发生重结晶和蚀变。该地层底部为中元古代片岩,上部为中生代页岩和砂岩互层。岩石中有大量的网脉状石英细脉,其中有3条近平行的含矿石英脉,长60m。有一主矿脉形态不规则,长达80m。

2. 控矿构造

对Andavakoera地区的地质调查表明,其主要特征是断裂非常广泛。次一级构造为一系列大致平行的裂隙,呈东西向或南西-北东向,切穿页岩和砂岩。这些裂缝位于一个大断层附近的云母片岩中,该断层使片岩逆冲于砂岩(属于海相三叠系)之上。裂隙宽度可达40cm,金矿脉呈略微向西倾斜的脉状分布。

3. 矿体特征

矿体为切层含金石英脉,含金石英脉充填于次火山岩张性断层破碎带中。矿体宽度仅几厘米,有时达2m。金矿脉的横向和走向变化很大(品位从$2\times10^{-6}\sim300\times10^{-6}$,平均品位$3\times10^{-6}$)。所有矿区矿体都具有透镜状分布的趋势,贵金属含量极不稳定。局部透镜状矿囊金品位达$377\,735\times10^{-6}$,每$1m^3$石英脉含100多千克黄金,有的透镜体是完全不含矿的。

在Andavakoera村附近,主矿脉有7条以上,矿脉断断续续延伸4~5km。在Andimakaomby矿区,有一个断裂带长度1200m,北北东—北西西跨度2000m以上。赋存许多含金石英脉,有0.50~0.60m厚的云母片岩夹层。Beresika附近的矿体由一系列厚0.04~0.15m的含金石英脉组成。

4. 矿石特征

矿石为粗粒结构,脉状构造。脉石矿物由石英和重晶石组成。石英晶粒较粗,呈对称梳状排列,晶洞内充填重晶石和硫化物。矿石矿物由自然金、自然银、银金矿、金银矿、黄铁矿、方铅矿和闪锌矿等组成。

金有两种赋存状态:①被包裹于硫化物中,地表氧化常常导致硫化物消失,在黄铁矿和方铅矿流失后产生的孔隙中含有细丝状金,黄铁矿中的金含量高于方铅矿中的金含量;②游离态,以颗粒或薄片的形式分散在石英间隙中。

5. 成因模式讨论

含矿热液在空间上与古生代二叠纪火山岩或基底上的热液有关。高品位的Au-Ag(-Ba)热液金矿类型属于火山成因的块状硫化物矿床。

根据目前的理论,金是以喷气的形式将成矿物质充填于所发生的细裂隙中,然后被剩会的热水或络合水(62℃)捕获,在地表附近进行成矿热液沉积。目前开采的所有金矿中结晶的石英都是热液成因。由于重晶石的出现,矿脉物质显然来源于火山喷发热液。石英和重晶石在火山坍塌后形成的裂缝中沉积下来。由于构造运动导致火山喷发,将金和其他成矿物质沿火山通道从地壳深处带出,导致了金成矿物质的沉积。

Andavakoera金矿的特点:①自然银含量高,是该金矿区别于马达加斯加其他所有金矿的不同之处;②局部极为丰富的针状石英含有金,而金往往是自形晶;③从下至上热液沉积的金浓度由高到低;④石英和重晶石共生;⑤金充填在矿物裂隙中。

四、沉积变质(混合岩)型金矿

以菲拉瓦哈纳(Firavahana)金矿点为例,其位于首都 Antananarivo 北西 87km 处,菲拉瓦哈纳县城北西 13km,Mazaia 村附近。海拔介于 1200~1300m 之间,交通便利,旱季汽车可直接前往。

(一)区域地质概况

该区域位于 Antananarivo 地块中部,主要为新太古代 Betsiboka 岩套、新元古代 Ambatolampy 群以及新元古代—寒武纪 Ambalavao-Kiangara-Maevarano 岩套。中北部被第三纪玄武岩及橄榄玄武岩不整合覆盖。

1. 地层

区内地层为 Ambatolampy 群,也是 Graphite 岩系,岩性为角闪质混合变质杂岩,该组的特征是硅铝质片岩、片麻岩和磁铁石英岩。

(1)磁铁石英岩。该地层分布范围广,属于 BIF 型,多呈细层(0.2~2mm)分布。

(2)片麻岩和片岩。这是 Ambatolampy 群的最大地层,由中等粒度片麻岩和细粒片岩组成。成分显示出丰富的石英、斜长石、钾长石、黑云母、白云母和石墨及副矿物石榴子石、夕线石,以石英为主,含量大于 50%,长石 30%~40%。随着黑云母(有时是白云母)数量的增加,岩石片状构造越来越明显。白云母为主要矿物,呈片状,次要矿物是磁铁矿、石榴子石和夕线石。

2. 岩浆岩

(1)Betsiboka 岩套。出露花岗闪长岩,已变质为片麻岩,具有花岗闪长片麻岩,矿物组合为角闪石-黑云母-石英-正长石-斜长石。岩石组合包括中—粗粒眼球状混合岩、各种酸性片麻岩(原岩为二长岩、石英二长岩和花岗岩)。

(2)Ambalavao-Kiangara-Maevarano 岩套。为 550Ma 的混合花岗岩或似斑状花岗岩。

3. 构造

区内地层受构造作用影响,岩层走向多为北西-南东向,倾角 40°~70°。矿区内褶皱发育,走向多为北西-南东向。区内有一条规模较大的北北东向断层,区内东南侧发育一组北西-南东向断层,切割北北东向断层。据 1:100 万地质图,该区火山岩为第三纪,推测两组断层形成时间均早于火山岩。

(二)矿点地质特征

矿点位于 Mazaia 村北西 5.0km 山顶处,地理坐标为南纬 18°32′59.10″,东经 46°47′22.30″。该矿点开采于 2008 年,以人工挖掘为主,开采深度达 30~40m,开采面积约 50m×200m,据当地官员介绍,该采坑近几年年产黄金约 1.0t。

1. 赋矿围岩

赋矿围岩为条带状混合岩化斜长片麻岩(图2-13),风化面灰黄色,新鲜面呈灰白色。鳞片粒状变晶结构、变余角砾结构,条带状、片状、片麻状构造。岩石矿物主要以石英、长石为主,二者总和约占成分总量的85%。黑云母、角闪石含量约占岩石成分总量的15%。浅、暗色矿物各自定向排列形成线理、片理、片麻理,二者相互交替共同构成近似平行的条带。浅色条带长英质相对集中,结晶颗粒相对粗大。条带宽度0.5～5cm,相互之间以平行为主,局部条带发生轻微扭曲,条带间隔几厘米至几十厘米不等。

2. 赋存方式

肉眼看不见任何金属矿化。据当地采金者经验,金富集在具有颜色混杂、变余角砾结构、混合岩化作用的复杂岩性层位,以自然金为主,成色90%以上,除磁铁矿以外几乎没有任何金属矿物。该类型金矿最显著的特征是看不到任何蚀变交代现象,矿体沿片(麻)理分布,产状相当稳定。

从残余组构分析,原岩应属于含金砂砾岩,前寒武纪经区域变质及混合岩化作用,形成各种含金片麻岩及条带状混合岩化斜长片麻岩,为沉积变质(混合岩)型金矿(吴大天等,2013)。

此外,Mahabe沉积变质型金矿点位于Mahajanga,金矿床分布在新太古代Tsaratanana杂岩体Bekodoka绿岩带内,由两层含金磁铁石英岩组成,产状较陡(70°～80°),金品位大于$1.0×10^{-6}$。另外,Andilanatoby沉积变质型金矿位于Anbatondrazaka南30km,矿体分布于新太古代Vondrozo群的斜长片麻岩、磁铁石英岩内,具有变余角砾结构(图2-14)。矿带长1200m,宽约20m,金最高品位$7.84×10^{-6}$。

图2-13 条带构造(Firavahana金矿点)

图2-14 变余角砾结构(Andilanatoby金矿点)

五、冲积-残积型砂金矿

由于前寒武纪古老基底岩石以及其中金矿脉的广泛分布,致使在古老基底岩石流经的河流普遍产有砂金。具有开采价值河流为数众多,砂金矿类型为残坡积-残积型和冲积型,前者主要赋存于原生矿产地分布区或其附近的残坡积层中,金的储量也相当可观。后者冲积型金矿主要赋存于溪流、河漫滩、古河道及阶地的砾、砂、粉砂及黏土等混合沉积物中,矿体常呈透镜状和巢状,金品位0.05～0.35g/m³,大部分埋深小于10m。

下面以Andriamena绿岩带内砂金矿为例进行介绍。

(一)砂金矿区地质概况

主谷及支谷两侧出露的地层为太古宙地层,河谷底基岩为黑云二辉斜长片麻岩、透辉角闪斜长片麻岩、二辉斜长片麻岩和透辉斜长片麻岩。

(二)第四系地质特征

(1)坡积层,一般分布在河谷斜坡和阶地上,由黏土和砾石组成,厚10~15m,个别厚20~30m。

(2)洪积层,主要分布在冲沟口和支流上源部分的洪积扇和冲积锥中,分选性差,以砂砾石为主,其中夹黏土及植物根茎,砾石直径一般3~100mm,个别为100~1000mm。洪积物中砂金含量不均。

(3)冲积层,主要分布于河谷中,为河床相沉积产物,主河谷普遍含有砂金。主河谷沉积以砂砾为主,分选性差、磨圆度不好,多为次棱角状,含砂量40%~60%,含泥量1%~10%,厚10~20m。5~10m以下的砂砾石层含金量偏高,最高单样品位3.26g/m³。

(4)砂金富集规律。砂金矿体均在冲洪积层中,且多位于现代河床两侧。主谷中的砂金在冲洪积层偏下部富集,尤其基岩表面含金较多,但未形成稳定的含金层位。

(三)砂金矿体特征

1. 含金层位

该区河床相砂砾石层中普遍含金,漫滩相沉积物亚黏土层含金较少,该区砂金矿床的成因类型为第四纪冲积砂金矿床。

2. 矿体的规模、品位和形态

砂金矿体呈层状、似层状,沿现代河床与古河床分布,矿体一般长度大于5km,宽10~50m,厚0.4~1.2m。品位0.18~3.26g/m³不等,一般小于1g/m³。

3. 砂金粒度形态与伴生矿物成分

1)砂金粒度

按河流(河谷)对样品中的砂金粒度采用筛析、镜测两种方法进行较详细的测定。根据常用的砂金粒度划分区间(>0.5mm、0.5~0.3mm、0.3~0.1mm、<0.1mm),本区砂金粒度一般在0.3~0.1mm之间。

2)砂金外形形态特征

砂金形态在一定程度上反映了原生金的形态以及在风化、冲刷、搬运过程中所经受的外力机械破碎、磨损、挤压变形等特点(图2-15a)。①片状金:包括薄片状(鳞片状)、片状,金片厚度是长度的1/5以上。②板状金:包括板状、厚板状,金片厚度是长度的1/3以上。③粒状金:包括浑圆粒状、角砾状(棱角砾状),颗粒表面呈浑圆状或具有明显的棱角。④复杂状金:包括树枝状、枝杈状、不规则状形态及不规则的金。⑤柱棒状金：包括长柱状、方柱状、棒状等。

3）砂金的其他特征

砂金呈浅金黄色、金黄色、深金黄色，以浅金黄色为主，条痕呈浅金黄色，金属光泽，具有较强的延展性。少量颗粒表面微带红色色调，少量颗粒表面有褐色薄膜。

砂金颗粒表面较粗糙，有麻点，也有颗粒表面凹陷，其内有褐色铁染泥质物及黑云母石英等颗粒充填。

4）伴生矿物组合

重砂矿物组合主要为磁铁矿、钛铁矿、绿帘石、褐铁矿、石榴子石、角闪石、电气石、黑云母、绢云母、金红石、板钛矿、长石、石英等。

该地砂金开采历史悠久，目前民采砂金仍十分活跃，至少有数十万淘金大军（图2-15b）。

图2-15 Andriamena金矿区
a.自然金形态；b.砂金矿场

据马达加斯加官方每年黄金外流数量估计，马达加斯加年产黄金3t左右，而实际黄金年产量应在5倍以上，以砂金为主。近年来，随着砂金资源的减少，开采难度的增大，岩金矿逐渐得到重视，越来越多的矿业公司开始涉足岩金矿的勘查开发。如马达加斯加Kraoma矿业公司在北部Betsiaka金矿区，金沙矿业有限公司、中国中非矿业有限责任公司在中西部Maevatanana、南部Lazarivo等金矿区勘查。2008年3月，Kraoma矿业公司与以色列Madagascar Holding公司合作取得Betsiaka金矿区开采权，计划投入2000万欧元建设马达加斯加第一个工业化开采的岩金矿山。

第四节 资源潜力

马达加斯加金矿成因类型多样，可划分为绿岩型、韧性剪切带型、火山热液型、沉积变质型和冲积-残积型5种金矿。每种类型金矿床都有不同程度的开采，目前金矿产量主要来自冲积砂矿，其他类型金矿仍有巨大的潜力，尤其是沉积变质型金矿资源潜力巨大。

马达加斯加前寒武纪金赋矿地层包括绿岩带、变质沉积岩带、变质含铁建造（BIF）和花岗岩体蚀变围岩。在片麻岩和云母片岩中的含金石英脉为顺层石英脉，在磁铁石英岩、花岗岩体和围岩接触带中的含金石英脉为切层石英脉。Kutina（1975）认为马达加斯加的内生金属矿床受构造控制，位于东西向构造和北北西向构造的交会处。在泛非造山运动（590~500Ma）期间，马达加斯加发生了大规模的构造、岩浆、变质和成矿活动，近南北、东西向构造运动和金成矿作用均与泛非造山运动有关。Rambeloson（1999）认为泛非造山期为马达加斯加含金石英脉的成矿期（590~500Ma）。

在泛非造山期，马达加斯加发生了强烈的构造岩浆活动，地壳深部含金硅铝质岩石发生部分熔融。在部分熔融的花岗质岩浆生成和侵位过程中，形成含矿热液流体(杨喜安等，2013)。在热液流体沿断裂上侵时，与不断掺入地下的含矿热水构成岩浆水与大气降水的混合成矿流体，这些成矿流体不断沿低压扩容带运移，进入构造有利空间，充填和交代围岩，形成含金石英脉和矿化围岩。

沉积变质型(包括混合岩)金矿赋存于新太古代Tsaratanana杂岩体Bekodoka绿岩带磁铁石英岩，新太古代Vondrozo群斜长片麻岩、磁铁石英岩及新元古代Ambatolampy群片麻岩中。Bekodoka绿岩带磁铁石英岩呈透镜状、条带状，长几十米到上千米，厚度累计达上百米；Vondrozo群斜长片麻岩从Ambatondrazaka到南部Vangaindrano延伸500km以上，出露宽度30~50km，产状稳定；Ambatolampy群片麻岩从Antananarivo到南部Fianarantsoa延伸400km以上，出露宽度达80km，地质体规模巨大，多见混合岩化。

综合以上矿床实例分析，马达加斯加全国金矿几乎全部分布于前寒武系构造单元。众所周知，在非洲，若干大—特大型金矿床均产于同时代地层建造中，由此推断，马达加斯加金矿资源潜力巨大。

第三章 镍(钴铜)矿

第一节 概 述

镍(钴铜)矿主要分布于马达加斯加中东部 Ambatondrazaka—Ifanadiana 地区、中北部 Mananara 地区(图 3-1)。Ambatondrazaka 地区包括 Nicelville 镍矿和 Bemainty 镍矿,其中含红土型镍矿,以及若干镍铜矿。Ifanandiana 地区镍(铜)矿包括 Ambalavolo、Ambohitsara 和 Ampitambe 3 处。Ambodilafa Ni-Cu 矿点位于 Ifanandiana 地区北东(图 3-1),含镍硫化物矿体由 Imorona-Itsindro 岩套的基性—超基性岩浆结晶分异而成,形成时代 806Ma。全球著名的 Ambatovy 红土型镍钴矿床位于 Ambatondrazaka—Ifanadiana 地区 Ni-Cu 成矿区内(BGS-USGS-GLW,2008)。

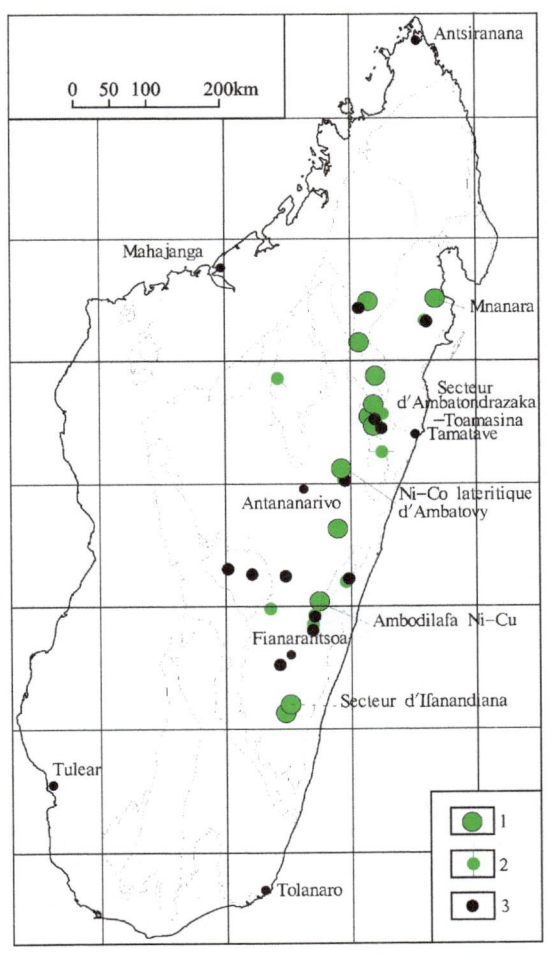

图 3-1 马达加斯加镍(铜)矿产分布图(Tucker et al,2012)
1.镍(铜)矿点;2.镍(铜)矿化点;3.镍(铜)异常点

第二节 成矿地质背景及成因类型

马达加斯加镍（钴铜）矿床均与基性—超基性岩体有关，沿东海岸大陆边缘深大断裂附近超基性火山岩带分布。基性—超基性杂岩体主要分布在马达加斯加北东部或东部，呈带状产出，总体走向北西向，出露面积 $101km^2$。在 Ambatondrazaka 地区该杂岩体侵入到 Manampotsy 组 Ma^4 地层中，时代为寒武纪(?)，主体岩性为辉长岩，其次为辉石岩、辉石橄榄岩。在镁铁质—超镁铁质杂岩体中分布大小不等的地层捕虏体。

一、辉长岩

在镁铁质—超镁铁质岩体内规模最大，常常见有橄榄辉长岩或为辉橄岩包体，接触界线清楚或渐变关系。半自形中细—中粗粒结构，辉长结构（图 3-2），块状构造，条带状构造。主要矿物组成为斜长石、普通辉石、紫苏辉石、普通角闪石、黑云母及少量的钛铁矿和磁铁矿，有时见橄榄石。岩石具纤闪石化、黏土化。斜长石：自形—半自形，晶体直径 2～10mm，约占岩石成分总含量的 45%。普通辉石和紫苏辉石：以自形为主，3～15mm，占岩石成分总量的 50% 左右。钛铁氧化物：灰黑色，多呈自形，粒径 2～15mm，少于 5%。局部可见少量风化严重的橄榄石。根据组成矿物的结构关系判断，辉长岩的矿物世代关系主要为橄榄石→斜长石→辉石→氧化物和橄榄石→斜长石＋辉石＋氧化物。辉长岩中发育明暗不一的韵律性条带，其中钛铁氧化物常为暗色条带的主要矿物。暗色条带厚度多数在 2.5～4cm，平均间隔 3～6cm，其产状为 (30°～40°)∠(50°～60°)。

二、辉石伟晶岩

辉石伟晶岩呈脉状或透镜状，岩体走向 350°，倾向 260°，倾角 75°～80°，岩体长度大于 300m，宽度大于 100m，灰绿色，半自形粒状结构，块状构造（图 3-3）。其矿物成分由单斜辉石、紫苏辉石、角闪石以及数量不等的斜长石、钛铁矿和磁铁矿等组成。辉石晶体从几厘米到十几厘米不等，含量占岩石成分总含量的 90% 以上。斜长石和 Fe-Ti 氧化物粒径较小，从几毫米到几厘米不等，占岩石成分总含量的近 10%，局部由于蚀变出现较多的纤闪石和黏土矿物。随着斜长石含量的增加，辉石伟晶岩可以过渡为辉长伟晶岩或伟晶状辉长岩。

图 3-2 辉长结构

Di-透辉石；Aug-普通辉石；Pl-斜长石

图 3-3 辉石岩

Di-透辉石；Mag-磁铁矿；Aug-普通辉石；Pl-斜长石

三、辉橄岩

辉橄岩规模相对较小，呈岩株状。灰绿色、黄绿色，半自形结构，块状构造，主要矿物为橄榄石、辉石、磁铁矿，局部见铬铁矿。岩石具强蛇纹石化、透闪石化、滑石化、伊丁石化（图3-4）。

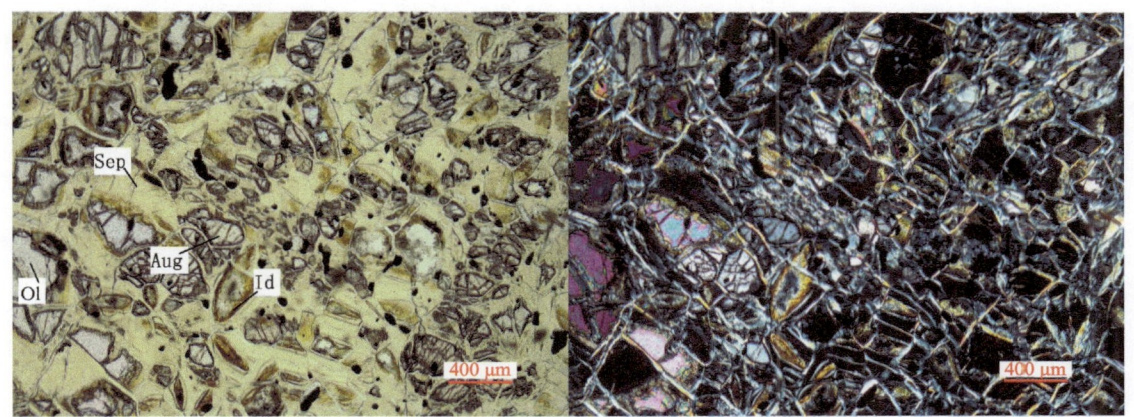

图 3-4　蛇纹石化伊丁石化辉橄岩（左-单偏光；右-正交偏光）
Ol-橄榄石；Aug-普通辉石；Sep-蛇纹石；Id-伊丁石

Peters 等（2005）根据不同的地质形成环境将马达加斯加镍（钴铜）矿确定了几种类型：①与科马提岩岩浆有关的铜镍硫化物型；②岩浆硫化物矿脉型；③基性—超基性侵入岩浆镍硫化物型；④风化壳型（红土型）。

下面重点介绍马达加斯加两类主要的镍（钴铜）矿床。

第三节　矿床实例分析

一、红土型（硅酸盐型）镍（钴）矿——Ambatovy 红土型镍（钴）矿

该类型矿床位于马达加斯加首都 Antananarivo 以东约 180km 处的 Ambatovy 镇，属于 Ambatovy 风化壳型镍钴矿，亦称 Ambatovy 红土型镍（钴）矿。地理坐标为南纬 16°08′—18°42′，东经 47°48′—48°06′。

Ambatovy 红土型镍（钴）矿分布在 Tsaratanana 杂岩体 Beforona 绿岩带内，该绿岩带形成于与莫桑比克洋板块俯冲作用相关的弧后陆内裂谷内，总体展布方向近南北向，与区域主体构造线方向一致，绿岩带中层状镁铁质—超镁铁质杂岩体发育，时代为 787Ma，并有花岗岩和碱性杂岩体侵入（图3-5）。

区内出露地层为前寒武纪角闪质混合变质杂岩系上段，是一套绿岩建造，绿岩带下部为镁铁质—长英质麻粒岩和片麻岩，包括复杂的太古宙基底岩石和 3.2~2.4Ga 的英云闪长质片麻岩。

区内广泛分布中新元古代含镍镁铁质侵入岩，岩体规模一般在几平方千米至十几平方千米之间，多呈顺层侵入体产出，岩石呈中粗粒结构，块状构造，围岩为太古宙片麻岩类，在岩体顶部及边部地层中捕掳体发育。侵入岩类型以橄榄辉长岩、紫苏橄榄岩、二辉橄榄岩为主。岩石普遍发育次闪石化、蛇纹石化，并伴有镍、钴、铂、钯矿化。蚀变的镁铁质岩石经地表氧化、淋滤、次生富集可形成规模较大的红土型镍钴矿床——Ambatovy 风化壳型镍钴矿。Ambatovy 红土型镍（钴）矿在晚白垩世 Ambatovy-Analamay 超镁铁质杂岩内形成，其时代为 90Ma（Melluso 等，2005）。

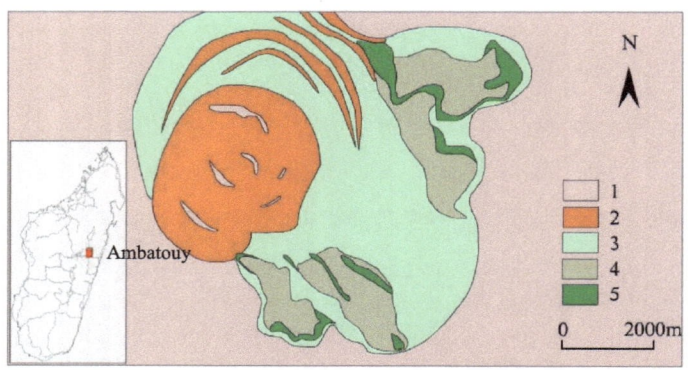

图 3-5 Ambatovy 红土型镍(钴)矿矿区地质简图
1. 碱长片麻岩;2. 正长岩;3. 辉长岩;4. 辉石岩;5. 橄榄岩、二辉橄榄岩

二、铜镍硫化物型镍矿

马达加斯加铜镍硫化物型镍矿产地有 7 处,Ambatondrazaka(安巴通德拉扎卡)Bemainty 镍矿床为其代表。该矿床位于 Ambatondrazaka 市南东约 19km,矿体呈透镜状赋存于 Traratanana 岩席 Beforona 绿岩带镁铁-超镁铁质杂岩体内辉石橄榄岩内(图 3-6),具强烈的蛇纹石化、滑石化、透闪石化、伊丁石化、碳酸岩化。

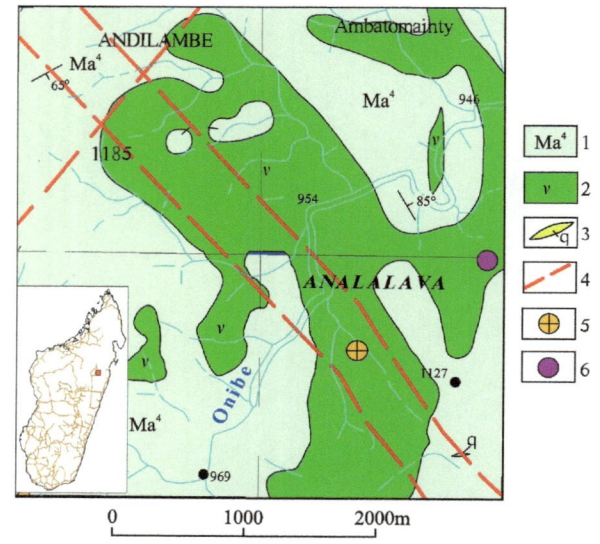

图 3-6 镍矿区区域地质图(邵俭波等,2008)
1. Manampotsy 组:石英岩夹薄层黑云斜长片麻岩、夕线碱长片麻岩;2. 辉长岩、辉石岩、辉石橄榄岩、橄榄辉长岩;3. 石英脉;4. 断层、推测断层;5. 金矿点;6. 镍矿点

(一)地质特征

1. 地层

区域内出露新元古代 Manampotsy 组 Ma^4 地层,主要岩性为石英岩、长石石英岩夹夕线碱长片麻

岩、黑云斜长片麻岩(图 3-7)及黑云斜长角闪片麻岩。

1) 石英岩

粒状变晶结构,条带状构造,矿物成分主要由石英、长石、磁铁矿等组成。石英:他形粒状,粒径 0.5～1.0mm,含量 70%～75%。长石:以斜长石为主,他形粒状,粒径 0.5～1.0mm,含量 10%～15%。磁铁矿等金属矿物:他形粒状,粒径 0.5～1.0mm,少数粒径 0.05～0.2mm,含量 5%～15%,少部分被氧化为褐铁矿。

2) 黑云斜长片麻岩

黑云斜长片麻岩为鳞片粒状变晶结构,片麻状构造,矿物成分主要由斜长石、黑云母、石英和少量的碱性长石、磁铁矿等组成。斜长石:半自形板状、粒状,粒径 0.5～1.0mm,含量 60%～65%。具钠长双晶和卡钠复合双晶。石英:他形粒状,粒径 0.5～1.0mm,含量 20%～25%。黑云母:鳞片状,粒径 0.1～0.5mm,含量 10%～15%,定向分布明显。碱性长石:主要为微斜长石,他形粒状,粒径 0.3～0.5mm,含量 3%～5%,局部与石英呈交代蠕英结构。副矿物:磁铁矿、磷灰石。

3) 夕线碱长片麻岩

他形粒状变晶结构,片麻状构造。矿物成分主要由碱性长石、夕线石、石英和少量的斜长石、普通角闪石、黑云母、磁铁矿等组成。碱性长石主要由条纹长石和少量的正长石、微斜长石组成。条纹长石为他形粒状,粒径 0.5～2.5mm,含量 50%～55%,具条纹结构,主晶为正长石,客晶为钠长石,条纹宽度为 0.02～0.03mm,约占条纹长石的 30%;偶见反条纹长石,即主晶为斜长石,客晶为微斜长石。夕线石:自形—半自形针状、长柱状,长度 0.5～2.5mm,定向分布于长石与石英间隙中,含量 5%～15%。石英:他形粒状,粒径 0.5～2.5mm,含量 30%～35%,少数嵌布于条纹长石中。斜长石:他形粒状,粒径 0.5～1.0mm,含量 1%～2%,具钠长双晶及卡钠复合双晶。黑云母:半自形片状,粒径 0.3～0.5mm,含量 2%以下。磁铁矿等金属矿物:他形粒状,粒径 0.5～1.5mm,含量 2%～3%。偶见锆石。

2. 岩浆岩

区内岩浆岩为镁铁—超镁铁质杂岩体,岩体呈带状北西向展布,主体岩相是辉长岩,次为辉石橄榄岩(图 3-8)、橄榄岩。辉石橄榄岩呈小的岩株状产出,具强烈的蛇纹石化、滑石化、透闪石化、伊丁石化。辉石橄榄岩是含矿母岩。

1) 辉长岩

辉长岩为灰白色—灰绿色,半自形粒状结构或辉长结构,块状构造,矿物成分主要由普通辉石、斜长石、磁铁矿和少量的普通角闪石、黑云母等组成。普通辉石:淡紫褐色—淡绿色,具多色性,半自形—他形短柱状、粒状,粒径 1.0～4.0mm,含量 40%～45%。局部具普通角闪石反应边结构。常见聚片双晶,局部双晶弯曲。斜长石:他形—半自形粒状、板状,粒径 1.0～4.0mm,含量 50%～55%。具有聚片双晶和肖钠双晶,双晶带细密,局部双晶弯曲。磁铁矿:他形粒状,粒径 0.2～1.0mm,含量 3%～5%。普通角闪石:半自形柱状,粒径 0.1～0.2mm,含量 1%～2%。黑云母:鳞片状,粒径 0.1～0.2mm,含量 1%～2%。

2) 辉石橄榄岩

辉石橄榄岩因受强烈蚀变作用,交代残余结构和网脉状构造特别普遍,矿物成分主要由橄榄石、辉石、磁铁矿、蛇纹石、透闪石、滑石和伊丁石等组成。橄榄石:被蛇纹石交代为他形粒状,粒径 0.2～1.0mm,含量 30%～35%,周边偶见滑石化、伊丁石化。辉石:被蛇纹石交代为他形粒状、不规则粒状,粒径 0.2～3.0mm,含量 10%～15%。磁铁矿等金属矿物:他形粒状,粒径 0.1～0.3mm,含量 2%～

3%,主要分布于蛇纹石中。

常见网脉状蛇纹石化(图3-8)及透闪石化。蛇纹石:叶片状、纤维状集合体,含量45%～50%。滑石:呈纤维状分布于橄榄石周边,很少。透闪石:呈细脉状分布于蛇纹石中及辉石中,含量2%～3%。伊丁石化:呈纤维状分布于橄榄石周边或将橄榄石全部交代分布于蛇纹石中,含量0.5%。

图3-7 黑云斜长片麻岩(片麻状构造)

图3-8 蛇纹石化辉石橄榄岩(交代残余结构)

3. 构造

区内构造以脆性断裂构造为主,构造线呈北西向。

(二)土壤异常特征

工作组在该区进行了1:10000土壤测量0.56km²,采集土壤样品136件,通过数据的整理分析,圈出2处综合异常(图3-9),其中北侧Ni、Co、Cu、TFe$_2$O$_3$综合异常面积0.045km²,最高值Ni为796.03×10^{-6},Co为207.87×10^{-6},Cu为197.06×10^{-6},TFe$_2$O$_3$为28.59×10^{-2};南侧Ni、Co、TFe$_2$O$_3$异常面积0.06km²,最高值Ni为4 726.31×10^{-6},Co为267.41×10^{-6},TFe$_2$O$_3$为36.35×10^{-2}。

(三)矿体特征

矿体产在辉石橄榄岩中,呈透镜状、脉状,长约220m,最宽处约100m,向两端逐渐尖灭。矿体走向120°～300°,倾向北东30°,倾角45°。矿体上盘为辉长岩,矿体下盘为辉石橄榄岩。有2条探槽和17个浅井控制,地表连续刻槽采样,化学分析结果镍最高品位4.85%。一般1%～2%。地表次生富集现象明显。镍钴集中富集在暗镍蛇纹石和磁铁矿中。经研究认为该类矿石矿化强度与蚀变强度正相关,一般而言,规模小的岩体蚀变强,镍钴品位较高,为1%～2%。

但是规模偏小,而规模较大岩体蚀变相对较弱,含Ni多在0.4%～0.8%之间,只有经过地表次生富集(硅酸镍转变成氧化物)直至形成红土型镍矿才能被利用。

(四)矿石结构构造及矿石类型

矿石具变余粒状结构、交代结构、交代残余结构(图3-8),网脉状构造(图3-10)。主要矿石矿物为暗镍蛇纹石(图3-11、图3-12)、镍矾、翠镍矿。脉石矿物:蛇纹石、橄榄石、辉石、滑石、磁铁矿等。矿石工业类型为:硅酸镍矿石。铁镁质岩石受区域变质作用、中低温热液交代作用形成暗镍蛇纹石,又在地表环境下,经风化作用、水解作用,使含镍矿物发生化学淋滤再沉淀富集形成硅酸镍矿石。

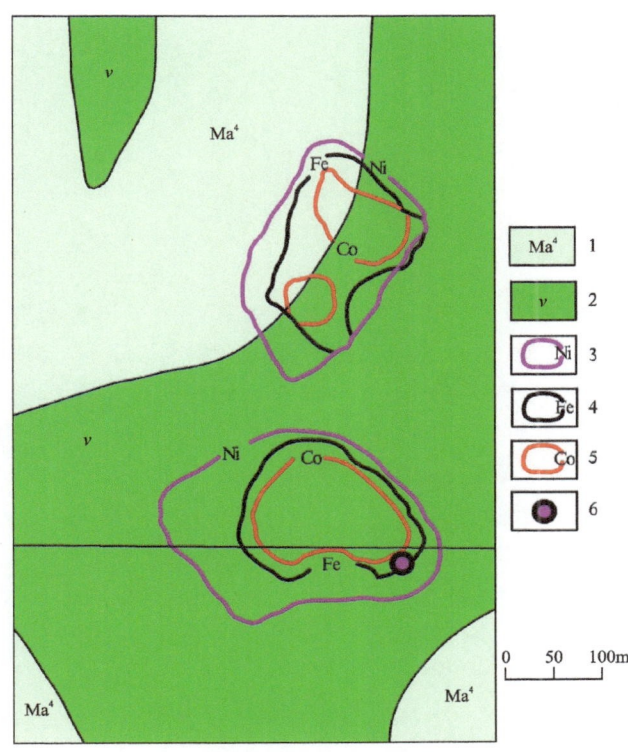

图 3-9 镍矿点土壤综合异常图

1.石英岩夹薄层黑云斜长片麻岩、夕线碱长片麻岩;2.辉长岩、辉石岩、辉橄岩、橄榄辉长岩;
3.Ni 异常下限;4.Co 异常下限;5.Fe 异常下限;6.镍矿点

图 3-10 网脉状碳酸岩化蛇纹石化辉长岩

图 3-11 脉状暗镍蛇纹石(Gani)于蚀变辉橄岩中

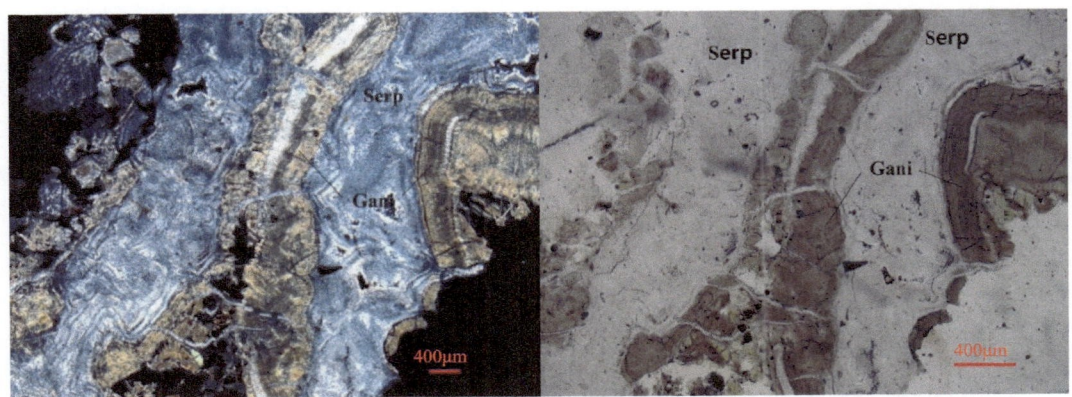

图 3-12 皮壳状暗镍蛇纹石(Gani)分布于蛇纹岩(Serp)中(左-正交偏光;右-单偏光)

第四节 资源远景分析

一、风化壳型镍钴矿矿床潜力

Ambatovy风化壳型镍钴矿是目前马达加斯加21处镍矿产地中勘查程度最高、开发规模最大的矿床。矿化发育于基性—超基性岩体之上的红土层中,分布面积约28km²,矿体赋存在红土中的B及C层上部,厚10~100m。已探明镍金属工业储量140余万t,镍平均品位1.04%,伴生钴品位0.09%。低品位(表外)资源量300余万t。含矿原岩为镁铁质—超镁铁质杂岩体,主要为正长岩、辉长岩、辉石岩和橄榄岩,开采对象地表红土层矿体,厚度2~15m。

该矿床始于20世纪50年代由法国地质工作者开展勘查。1972年、1995—1998年美国Genim、Phelps-Dodge等公司又相继在此开展工作,最终由加拿大Dynatec公司于2003年完成勘探,查明镍、钴矿石资源储量分别为12 500万t、1000万t。2007年Dynatec公司被加拿大Sherritt公司收购及日本、韩国等企业入股后,Ambatovy矿山及配套的冶炼厂建设正式启动。Ambatovy镍钴矿2012年10月建成,总投资约50亿美元。由加拿大谢立特国际公司(Sherritt International Corp)、日本住友商事株式会社(Sumitomo Corp)、韩国资源公司(Korea Resources)和加拿大艾森兰万灵公司(SNC-Lavalin)组成的Ambatovy镍矿公司经营(各占股40%、27.5%、27.5%和5%),设计年产金属镍6万t,钴0.56万t,生产年限29年。

Ambatovy镍钴矿厂在2019年4月—6月产量为9000t(中国金融信息网2019年08月02日15:21)。

二、铜镍硫化物型镍矿资源潜力

马达加斯加铜镍硫化物型镍矿主要产于Tsaratanana杂岩体中的新太古代镁铁质—超镁铁质和新元古代中基性岩浆中。

Ambatondrazaka Bemainty镍矿床产于强蛇纹石化、碳酸盐化超镁铁质岩石中,品位较高,地表多见薄层状赭石层淋滤蛇纹岩层、新鲜蛇纹岩层矿体,深部可能存在绿高岭石化蛇纹岩层。查明镍资源储量2.1万t(黄国平等,2014)。

红土型(风化壳型)和铜镍硫化物型镍矿(床)点均受控于新元古代Imorona-Itsindro基性—超基性岩套,该类型岩套分布广、规模大、侵位深、岩浆后期热液蚀变发育,深部极具有找矿前景。采用地、物、化最便捷有效手段,极有望找到规模较大的红土型镍矿和原生铜镍矿床。

第四章 铜及多金属矿

第一节 概 述

马达加斯加铜、铅、锌等多金属矿产分布在其岛的东北部、中部和西南部。在《马达加斯加共和国1:100万地质与成矿预测解释与说明》(Tucker et al,2012)中确认具铜矿化潜力的主要地区是：①北部Daraina地区；②中东部Antasabe—Ankera地区；③中南部Itremo地区；④Mahajanga盆地白垩纪玄武岩分布区；⑤南部Vohibory地区。铅锌矿主要潜力区为Analalava—Ambilobe、Sambirano—Sahantaha、Tsaratanana、Kelifely和Itremo地区。铜、铅、锌等多金属矿产分布如图4-1所示。截至目前还没有可供开采的有规模的铜矿床。

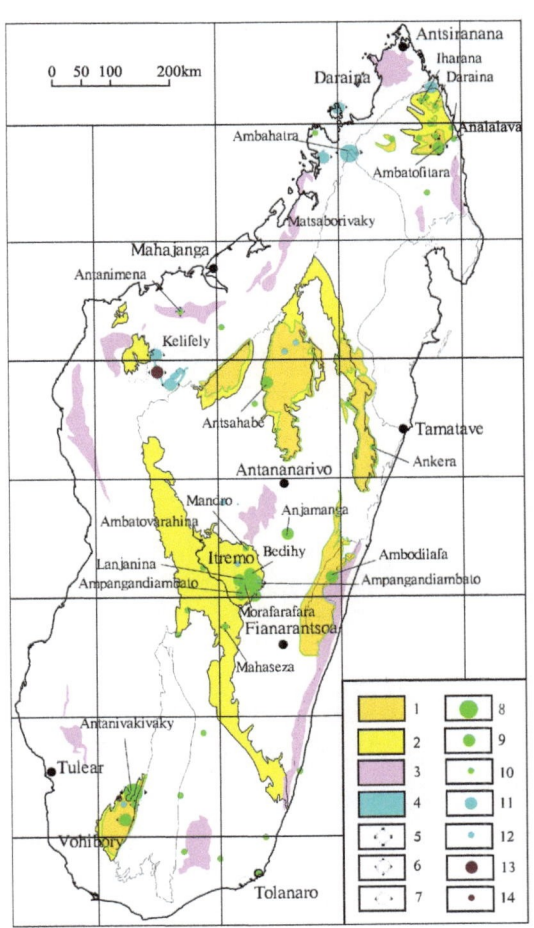

图 4-1 马达加斯加铜多金属成矿潜力图(Tucker et al, 2012)

1.铜矿成矿区；2.铜矿潜力区；3.与玄武岩成因有关的铜矿潜力区；4.铅矿潜力区；5.岩浆岩型矿床；6.夕卡岩型矿床；7.海相火山岩型矿床；8.中型Cu矿；9.小型Cu矿；10.Cu矿点；11.小型Pb矿；12.Pb矿点；13.小型Zn矿；14.Zn矿点

第二节 成矿地质背景及成因类型

通过对已知铜矿点资料收集、整理和综合研究认为,具有成矿地质背景的构造单元有 Ikalamavony 地块、Itremo 岩席、Tsaratanana 杂岩体、Vohibory 地块、Antongil-Masora 地块、Bemarivo 地块。

一、Ikalamavony 地块

1. 地层

Ikalamavony 地块为古元古代—中元古代地层。

1) 混合岩化辉石片麻岩

混合岩化辉石片麻岩原岩可能是安山质火山碎屑岩,经区域变质形成副片麻岩,矿物成分为角闪石、辉石、石英和长石等,后期经过混合岩化而成。

2) 磁铁透辉片麻岩(钙硅酸盐)

磁铁透辉片麻岩分布于 Ikalamavony 地块的南部和东部边缘,分布面积约占该地块 5%。岩石具中—粗粒变晶结构,片麻状构造,矿物成分主要有透辉石、斜方辉石、斜长石、石英和方柱石,局部有角闪石和方解石,次生矿物有绢云母、绿泥石、阳起石及磁铁矿、黄铁矿。

3) 斜片麻岩

斜片麻岩为中—细粒变晶结构,富含 Al 和 Fe,包括斜长石、石英、钾长石、黑云母、夕线石和石榴子石,偶见堇青石。

4) 大理岩和钙硅酸岩

大理岩和钙硅酸岩在 Ikalamavony 地块以西有明显出露,与片麻岩、角闪岩互层。大理岩和硅酸钙岩石大多为块状构造,中—粗粒变晶结构。矿物成分由方解石、白云石、角闪石或斜方辉石和斜长石组成。该大理岩是该地区形成夕卡岩型铜矿床的必备条件之一。

5) 角闪片麻岩

除角闪石片麻岩包括角闪岩夹层外,常见有石英岩、不纯大理岩、石英长石片麻岩夹层,还有绿帘斜长角闪片麻岩(矿物组合为角闪石+斜长石+绿帘石+石英)。角闪片麻岩基本上由角闪石(±黑云母)和斜长石矿物组成,在北部局部含有石榴子石、浅绿色斜方辉石、角闪石和斜长石。该组地层覆盖了 Ikalamavony 地块约 10% 的面积。

6) 石英岩

石英岩可划分为 Vavarivotra 石英岩和 Analafotsy 石英岩两部分,二者之间存在一些差异。Vavarivotra 石英岩结构均匀,细—中粒变晶结构,定向不明显,局部具有褶皱线理,富含石英,并且 SiO_2 的质量分数为 93%~97%,其他主要氧化物是 Al_2O_3(质量分数 2%~3%)、FeO(质量分数 0.5%~

3.0%)和 K_2O(质量分数 0.5%～1.0%)。除石英外,局部见白云母和电气石。Analafctsy 石英岩厚达数千米,但地层不连续。这种岩石以石英为主,其次包括钾长石、斜长石、白云母、黑云母以及钛铁矿和磁铁矿等,多见变余砾状结构,串珠状构造(图 4-2),局部保存的卵石形态表明该岩层来自未成熟的沉积砂砾岩。该地层覆盖面积约占 Ikalamavony 地块面积的 1%。

图 4-2 变余砾状结构,串珠状构造

2. 岩浆岩

区内岩浆岩属于 Dabolava 岩套,这些岩石年龄在 1035～990Ma 之间。Dabolava 岩套由钙碱性岩石系列组成,侵入岩体从辉石岩到花岗岩,但以辉长岩和花岗闪长岩—英云闪长岩为主。因此,可以识别出两个子岩套,它们分别是由辉石岩—辉长岩±辉石片麻岩组成的基性岩和酸性更强的花岗闪长岩—英云闪长岩±花岗岩片麻岩组成的 Ambatomiefy 型岩体。

1) 英云闪长岩和花岗岩

Dabolava 岩套的酸性岩石位于 Ikalamavony 地块的西北部 Dabolava—Miandrivazo—Betrondro 地区,由花岗闪长岩和花岗岩组成,深灰色,中粒结构(常为等粒)。斜长石、钾长石和石英是该酸性岩的主要矿物,黑云母和角闪石少量,辉石很少,副矿物为锆石、磷灰石、磁铁矿和钛铁氧化物。花岗闪长岩也是该区夕卡岩型铜矿床必备条件之一。

2) 辉石岩和辉长岩

Dabolava 岩套超基性岩浆岩经常出现在 Ikalamavony 地块的西北部,这里除了发育大型的 Vongoa 岩体外,还形成了小的、孤立的岩株,组成范围从闪长岩到辉石岩,但大多数是辉长岩。辉石、倍拉长石、角闪石是主要矿物,滑石和钙长石很少见。

二、Itremo 岩席

Itremo 岩席包括白云质大理岩、千枚岩和片麻岩、石英岩和长石石英岩,地层年代与 Ikalamavony 构造单元相同。

1) 白云质大理岩

白云质大理岩存在于 Itremo 岩席(组)的地层顶部,可以划分层状白色大理岩和浅褐色大理岩两个主要相。该组地层是夕卡岩型铜矿床重要条件之一。

2）千枚岩和片麻岩

千枚岩和片麻岩原岩主要由细粒的闪长岩和粉砂岩组成，当变质程度较高时，则变质为片岩和变粒岩或片麻岩，前者矿物以黑云母—白云母为主，后者以石英、长石为主。当变质程度较低时，形成千枚岩、粉砂岩和细粒砂岩层，其中可能会出现平行或相交的线理。在西部变质程度较高，观察到可含石榴子石的片麻岩和细粒的二云千枚岩。

3）石英岩和长石石英岩

Itremo组的石英岩和长石石英岩是均匀的，夹有一些黏土层，有时厚度很大。石英岩和长石石英岩粒度分选中等—非常好，且通常为中粒砂状变晶结构。很多主要的沉积结构被保存为薄层状、波浪状皱纹和相交的沙丘形态。团块可以压扁或拉长，基质中石英重结晶为中等粒状结构。厚度通常为2～3m。

三、Tsaratanana杂岩体

Tsaratanana杂岩体由Bekodoka绿岩带、Maevatanana绿岩带、Andriamena绿岩带和Beforona绿岩带组成，与铜矿床关系最密切的为Beforona绿岩带。Beforona绿岩带是4条绿岩带中最东侧的一条，也是最为狭长的一条，南北长大于500km，宽大于70km。后期逆冲叠加到Antananarivo地块之上。

1. 地层

Beforona绿岩带主要为花岗质混合岩、斜长角闪岩、眼球状钾长片麻岩、斜长角闪片麻岩、角闪黑云斜长片麻岩、黑云二长片麻岩。变形强烈的含硫化物长英质岩石，受晚期岩基状辉长岩、斜长岩侵入。岩石年代学表明，其中的角闪黑云斜长片麻岩和角闪辉长质片麻岩形成于2.5Ga左右。

2. 构造

Beforona绿岩带构造位置位于Alaotra裂谷，为典型的裂谷环境成矿。铜矿化带主要赋存于Ankitsika复式辉长岩体中。断裂主要有近北西向、北北西向、北东向及近南北向4组，其中近北西向为区内主要断裂。

1）断裂

Antsahabe-Beforona断裂带延长超过400km，为区域内规模较大且具有重要地质意义的断裂构造带。起始位置为北Antsahab，经Alaotra湖东部，向西南延伸至Beforona地区变为近南北向，断裂带整体呈波状展布。区域地质资料显示该断裂带为张性断裂，在地貌学上体现为山地与丘陵的分界线。该断裂对Alaotra湖周边平原地区以及Didy盆地的发育造成影响，而且分布于断裂带两侧区域的岩性也表现出较大差异。区域构造研究表明，Beforona绿岩带南段岩石叶理倾向西或南西，倾角由Beforona镇的50°～75°，向该段东部边缘迅速减少到5°～20°。

2）褶皱

Beforona绿岩带发育北北西向复式背斜构造，褶皱枢纽沿混合岩体中轴线呈北西向展布，背斜核部则主要由基性岩和超基性岩组成。

3. 侵入岩

1）新太古代岩浆岩

在 Beforona 绿岩带南部见有黑云母花岗闪长岩和角闪辉长岩，分别侵入于似层状片麻岩中，其 U-Pb 测年分别为 (2517 ± 2) Ma 和 (2494 ± 3) Ma。

2）新元古代岩浆岩

新元古代岩浆岩为 Itsindro 型镁铁质—超镁铁质。岩石类型有斜方辉橄岩、二辉橄榄岩、辉石岩、辉长岩等。多期次岩浆热液活动为成矿作用提供了物质、热动力和流体成分。该 Beforona 绿岩带已发现的 Ankera 铜矿点就产在辉长岩中。

四、Vohibory 地块

Vohibory 地块是新元古代早期海相沉积地层，在 0.64Ga 之前被增生到 Androyen-Anosyen 地块之上。Vohibory 地块由偏碱性玄武岩和不同旋回中基—中酸性火山岩以及一系列海陆相沉积岩组成。不同沉积岩石伴随着一系列的 TTG（英云闪长岩-奥长花岗岩-花岗闪长岩）花岗岩类的侵入。

五、Antongil-Masora 地块

1. 地层

Antongil-Masora 地块地层为 Vohilava-Nosilovo 组，分布于该地块南部。东部与 Maha 组接触，西部与 Manamposty 组的副片麻岩和石英岩接触。该地块地层主要由斜长角闪岩、片岩和片麻岩组成。

1）斜长角闪岩

地层厚达 20m。它们主要分布在 Sahandrabo 河的中部。主要矿物为角闪石、斜长石和黑云母，其次为石榴子石。该单元包括含角闪石的钙硅酸盐片麻岩，它们通常形成细层状分布，在 Sahandrabo 河中段的 Maha 河上游可以看到这些细层。

2）片岩和片麻岩

片岩和片麻岩主要为云母片岩和碱长片麻岩。云母片岩由黑云母、白云母、石榴子石、蓝晶石和夕线石以及次生矿物组成。碱长片麻岩变质程度较高，其特征是普遍含蓝晶石和夕线石，且特别丰富，尤其是在 Vohilava 和 Ampasimazava 附近，那里的蓝晶石白云母片岩厚度可长达 1～5m，蓝晶石晶体长度 2～5cm。

2. 侵入岩

Antongil-Masora 地块，也称为 Antongil-Maosra 克拉通，是马达加斯加前寒武纪地盾的古老单元，由层状和云雾状的混合岩组成（Nosy-Boraha 岩套）。该区由花岗闪长岩、奥长花岗岩、英云闪长岩（TTG）组成，年龄为 3.3～3.1Ga，同位素 Nd/Sr 表明年轻岩浆起源于地幔。

六、Bemarivo 地块

1. 地层

Bemarivo 地块地层为 Sambirano-Sahantaha 组,由麻粒岩相—角闪岩相的沉积变质片岩和片麻岩序列组成。该组年龄小于 1750 Ma(最年轻的石英岩中碎屑锆石的年龄),大于 750 Ma(Antsirabe Suite 年龄)。岩石组合包括石英岩(中粗粒石英岩、白云母石英岩、长石石英岩)、角闪岩、大理岩和钙硅酸盐岩、片岩和片麻岩(主要由黑云母、石榴子石、夕线石、堇青石和钾长石组成)、斜长片麻岩、石墨片岩、含石墨石榴子石片麻岩、黑云母石英片岩和云母长石石英岩。

2. 侵入岩

1) 北 Antsirabe 岩套

该岩套位于 Bemarivo 带南部的 Sambirano-Sahantaha 单元,为钙碱性侵入岩。锆石 U-Pb 年龄(SHRIMP)在 (746 ± 4) Ma 和 (758 ± 5) Ma 之间,形成于新元古代。

该岩套的组成有辉长石、闪长岩、方钠石正长岩、花岗闪长岩和花岗岩。根据它们在区域范围内的岩性、成分和分布,该序列细分为 3 个单元。

(1)超基性岩:出露面积很小,为角闪石岩岩体,偶见辉石岩。角闪石岩由 90%~95% 的角闪石组成,其次斜长石和不透明矿物。角闪石岩多退变质为深色的透闪石-阳起石岩,这两种矿物占岩石的 50%,伴有绿泥石。辉石岩由大于 95% 的辉石及少量的橄榄石和不透明矿物组成。颜色从褐色到深绿色,粗粒结构,块状构造。辉石岩和角闪石岩通常微弱变形。

(2)基性—中性—酸性—碱性侵入岩:主要是闪长岩和花岗闪长岩,出现在 Bemarivo 带的东南部 Sambirano-Sahantaha。在 Ampanefana 村有大量的微弱变形辉长岩与闪长岩及少量含霓辉正长岩。

(3)片麻状花岗岩:为北 Antsirabe 岩套的最大部分,是 Bemarivo 地块的重要组成部分。原花岗岩、花岗闪长岩和石英闪长岩变质组成各异的片麻岩,特别是铁镁铝矿物(黑云母和角闪石)的数量变化很大。大量的正片麻岩样品提供的锆石 U-Pb 年龄为 (755 ± 6) Ma。

2) Manambato 岩套

该岩套为二云母花岗岩,代表了晚期岩浆活动,侵入 Bemarivo 地块北部岩体并使它们变形,证明了这是岩浆晚期作用形成。

(1)Manakana 型的二云母花岗岩是 Jourde Ampanefena-Tsaratanana 杂岩体的一部分,为等粒花岗岩。

(2)Bevoay 型的二云母花岗岩矿物主要由石英(最多 60%)、钾长石(约 50%)、白云母(5%~10%)组成,其次为黑云母、绿泥石和不透明矿物。U-Pb 锆石方法(SHRIMP)获得的最年轻的侵入体年龄为 (708 ± 8) Ma。

此外,马达加斯加中生代火山岩,其中带状或环形玄武岩喷发也是铜矿形成的有利地质背景,含铜火山热液为铜矿形成提供有利条件。

综合分析马达加斯加存在 3 种成因类型铜矿:①夕卡岩型铜矿床,主要分布在中南部 Fianarantsoa 省 Ambositra 区和 Ikalamavony 区;②岩浆热液型铜矿床,主要分布在东北部 Antsiranana 省 Vohimar 区;③火山热液蚀变岩型铜矿床,主要分布在北部 Antsiranana 省 Daraina 区和西北部 Mahajanga 省 Maintirano 区。

第三节 矿床实例分析

一、火山热液蚀变岩型铜矿床

该矿类型主要位于马达加斯加西北部，隶属 Mahajanga 省 Maintirano 区管辖。

1. Maintirano 铜矿床

矿区面积 65km²。该矿床主要产于玄武岩裂隙中，呈脉状或细网脉状，其矿脉厚为 0.5~1.5cm。矿石为角砾结构。矿石矿物由自然铜、黄铜矿和孔雀石组成；脉石矿物由石英、方解石等组成。自然铜颗粒极微细状。孔雀石沿玄武岩裂隙呈填充细脉状、浸染状、胶状。由现场拣块取样分析结果可知，Cu 品位为 3.5%（王洪波等，2013）。

2. Antanimena 铜矿点

Antanimena 铜矿点在马达加斯加西部 Soalala 地区，位于 Mahavavy 河流和 Andranomavo 河流之间。在球泡玄武岩熔岩流层中发现几个铜矿点，矿化发生在沸石中，为硅孔雀石或孔雀石化。Andriambe 区，矿化于球泡玄武岩碎裂的沸石脉之中。Antanimavo 区，与砂岩接触的球泡玄武岩中含有孔雀石，在北西 290°方向的细脉中，倾角北东 15°。Ambararata-Antanambazaha-Ampanahy-Kiranomena-Ambatomainty 区，孔雀石、赤铜矿、硅孔雀石沿断裂面分散或集中。矿床成因为玄武岩期后热液充填交代型铜矿。

二、夕卡岩型铜矿床

该矿床主要分布于 Ikalamavony 地块中元古代 Ikalamavony 群地层与新元古代 Ambalavao 岩套接触带内以及 Vohibory 地块新元古代 Linta 群大理岩与新元古代 Marasavoa 岩套接触带内。铜矿床或矿点有 Ambatofinandrahana、Anosivola、Bevalaha、Betaly、Ianapera、Besakoa。以 Ambatofinandrahana 铜矿床和 Anosivola 铜矿床为例逐一介绍。

（一）Ambatofinandrahana 铜矿床

Ambatofinandrahana 铜矿床位于马达加斯加中南部，地理坐标为东经 20°30′29″，南纬 46°58′35″。隶属 Fianarantsoa 省 Ambositra 区。

1. 区域地质特征

1）地层

(1) 前寒武纪页岩-硅质岩-泥岩系列：云母大理岩、片岩、云母片岩、硅质岩或石英岩。该系列近南北向展布，是该区主要地层之一。云母大理岩厚 50~60m，走向 45°~310°。

（2）前寒武纪 Graphite 混合质长英麻粒岩杂岩系 Ambatolampy 组：云母片岩、石墨片麻岩、混合岩，分布于区内东南部（图4-3）。

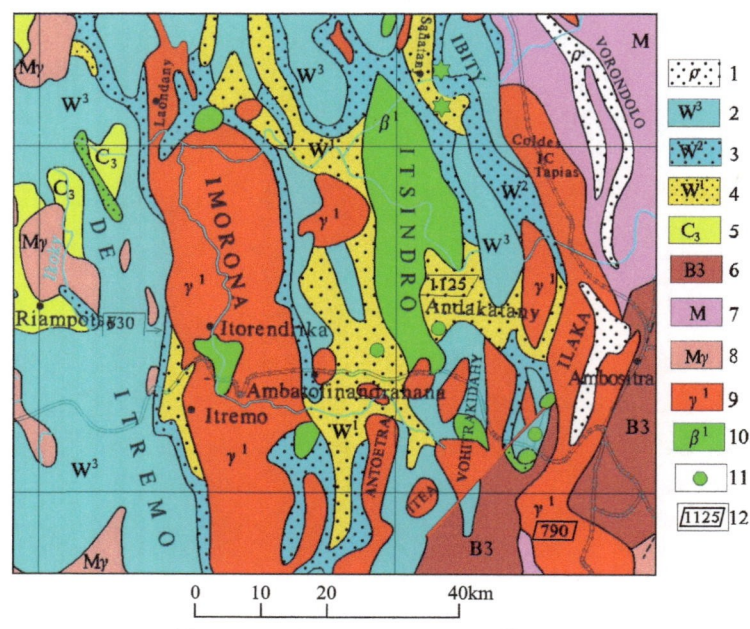

图4-3　Ambatofinandrahana 区域地质图

1.含盐盆地；2.石英岩；3.片岩、云母片岩；4.云母大理岩；5.Amboromposy 组：片麻岩、角闪石岩、云母大理岩；6.Ambatolampy 组：云母片岩、云墨片麻岩；7.混合岩；8.花岗质混合岩、二长花岗岩；9.花岗岩；10.玄武岩、拉斑玄武岩、硅铝质火山岩；11.铜矿点；12.同位素年龄

2）岩浆岩

矿区岩浆岩由古生代花岗岩、花岗质混合岩、二长花岗岩和中生代玄武岩—拉斑玄武岩、硅铝质火山岩组成。

3）构造

（1）褶皱。褶皱轴方向北西350°，通过 Andakatany 的山脊，该褶皱西翼为一系列向西倾斜的单斜构造，走向北东—南西，北西倾斜，倾角50°～80°。Jamet 铜矿处于一个同步褶皱内。

（2）断裂。断裂沿40°～60°展布，形成一系列的横切和斜切裂隙。主矿脉受北西290°方向断裂控制。

2. 矿床特征

矿床由多个铜矿点组成，弧形分布，与碳酸盐岩和花岗岩接触带一致。整体北东45°展布，每个矿点均有多条矿体，矿体宽0.3～0.8m（图4-4），地表出露延长50～300m 不等。

据现场拣块取样分析结果，Cu 品位为1.35%～24.92%。矿床分布于大理岩或云母大理岩与二长花岗岩接触带或其附近，为典型的夕卡岩型矿床。矿石颜色暗绿色、灰绿色，新鲜面黄绿色、蓝绿色；矿石组构为不等粒状结构，浸染状—块状构造；矿石矿物以孔雀石、蓝铜矿、黄铜矿、辉铜矿、硅孔雀石、方铅矿、斑铜矿为主，其次为方黄铜矿、黄铁矿、铜蓝、辉钼矿、磁铁矿、辉钴矿、磁黄铁矿、镍黄铁矿等（图4-5）；脉石矿物为方解石、硅灰石、石英、温石棉等。

图 4-4 碳酸盐岩和花岗岩接触带铜矿体

图 4-5 铜矿石

(二)Anosivola 铜矿床

1. 概述

1)地理位置

Anosinola 铜矿床位于首都 Antananarivo 南部约 400km 处，Fianarantsoa 省 Ikalamavony 区 Mangidy 镇。工作区面积 100km²（图 4-6）。

2)历史发展和前期成果

20 世纪 40 年代，在 Anosivola 山岭西侧坑道内，发现 Au 品位高达 3×10^{-6} 的样品。1924 年法国进行了小规模采矿，从一次开采中获得黄金 60kg。

1953 年马达加斯加地质调查局在区域内发现 Au-Cu-Ag-Pb 组合异常。2007 年地质调查中采集 23 个岩石样品和 4 个重砂样品，平均品位：Au 152×10^{-6}，Ag 128×10^{-6}，Cu 3.7%。2011—2012 年在河床底部及二级阶地采集 112 样品，又在南西方向采集 464 个土壤样品。发现有一个土壤样品 Cu 的品位 267×10^{-6}，Au 的品位 3.15×10^{-6}。2012 年第二季度至第三季度及后续工作发现了 Au-Cu 的找矿标志，发现 Au-Cu 矿化带长度大于 2000m，最高品位：Cu 34%，Au 30.6×10^{-6}。2013 年对 Anosivola 地区完成了详细的地质填图，在地表发现了一条宽 50cm 石英脉：Cu 的品位 0.21%，Au 的品位 23.96×10^{-6}，Ag 的品位 10×10^{-6}。探槽中见宽 3.0m 的矿体，Cu 的品位 0.74%，Au 的品位 1.34×10^{-6}，Mo 的品位 448×10^{-6}。在 Ambalavao 地区 684 个土壤样本和 7 个岩石样本中，得到了 Cu 平均品位 0.18%。初步确定了该地区的铜金的找矿潜力。

2. 矿区地质特征

Anosivola 矿区处于 Ikalamavony 构造单元中部，划分 4 个工作区，各矿区地质特征如图 4-7 所示。

1)地层

矿区地层为中新元古界 Vohibory 系 Amborompsy 组，与附近 Itremo 岩席地层相似。由大理岩、

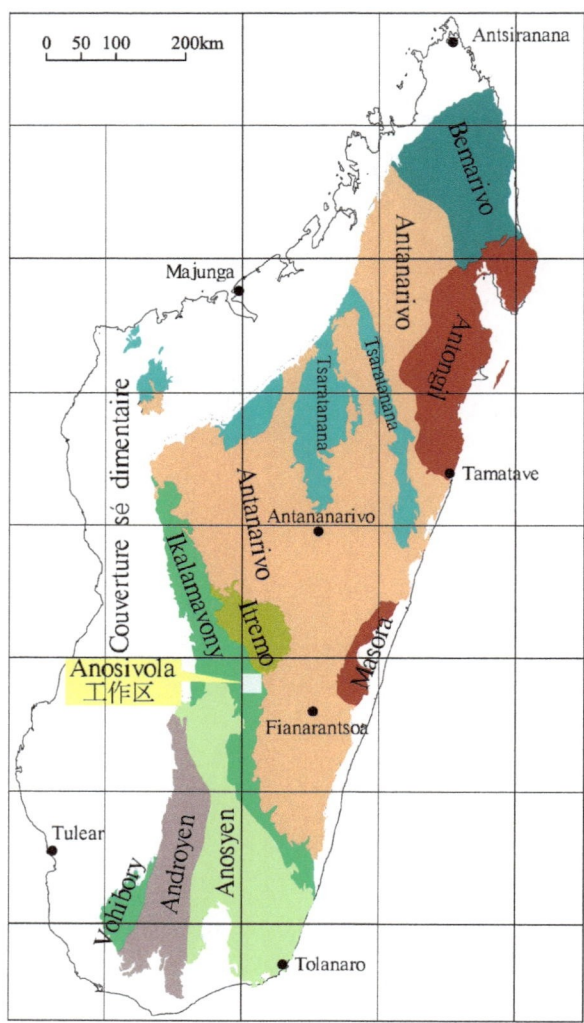

图 4-6 Anosinola 铜矿区位置图

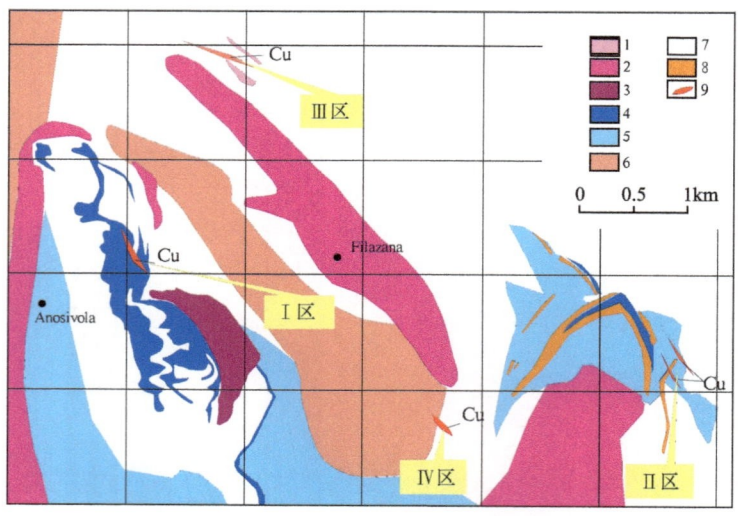

图 4-7 Anosinola 铜矿区地质图

1.伟晶岩；2.花岗岩；3.闪长岩；4.大理岩；5.云母片岩；6.混合岩；
7.花岗质片麻岩；8.副片麻岩；9.铜矿体

云母片岩、角闪岩、铁镁质片麻岩、花岗片麻岩、副片麻岩和混合岩等组成,是一套变质的火山-沉积岩。上部为大理岩地层,下部为云母片岩,具有较强的叶理构造和褶皱变形,以及富含明显的夕线石条带。通过填图手段进一步证实含铜地层为角闪岩、片麻岩(铁镁质片麻岩和花岗质片麻岩),两者是过渡性的接触关系,变质程度从角闪岩相到麻粒岩相。

2) 岩浆岩

矿区岩浆岩主要由新元古代晚期的中酸性侵入体(花岗岩、闪长岩、花岗闪长岩)组成,花岗岩广泛分布。岩体单元为 Migmatite。前寒武纪地层被一套岩体(Dabolava)侵入(1.0Ga),820~760Ma 再次受到另一阶段一套岩体(Imorona-Itsindro)的侵入,即从碱性到钙碱性岩体侵入(是否与俯冲有关,仍然有争议)。570~520 Ma 再次受到的似斑状花岗岩侵入的影响(Collins,2006),岩浆期后形成铜金硫化物石英脉。似斑状花岗岩为岩墙产出,斑晶为钾长石,粒径达 15cm。伟晶岩广泛分布,与似斑状花岗岩具有密切关系,含有大量黑云母和黑色电气石。

3) 构造

受两个主要剪切带的控制,东部剪切带为北东—南东向构造控制,西部 Ranotsara 剪切带为北西-南东向构造控制。这些 Panafricains 剪切带为流体循环和矿化提供空间。

3. 矿床地质特征

4 个工作区的矿床地质特征见表 4-1。

表 4-1 矿床地质特征表

编号	矿体规模/m		产状/(°)	Cu 品位/%	矿石矿物
	长度	宽度			
Ⅰ		0.1~1.0	NW320~330	1.03~7.12	黄铜矿、孔雀石、方铅矿、黄铁矿、赤铁矿等
Ⅱ		0.6~9.2	NW320~330	1.90~12.37	孔雀石、黄铜矿、斑铜矿等
Ⅲ	推测 500	0.3~7.3	NWW290~300	0.54~14.38	孔雀石、蓝铜矿、黄铜矿等
Ⅳ		1.0~6.5	NW330~340	0.49~2.27	孔雀石、黄铜矿等

1) Ⅰ区

Ⅰ区位于 Anosivolo 村以北的旧矿山。地层由沉积变质片麻岩、大理岩组成,岩体由花岗岩、似斑状花岗岩组成。沿大理岩裂隙被伟晶岩脉和石英脉侵入,并带有含矿热液,形成含矿石英脉或石英细脉(图 4-8)。矿体宽度 10~100cm。矿石成分为黄铜矿、孔雀石、方铅矿、黄铁矿、赤铁矿等;脉石成分为石英、长石、方解石等。

另见石英细脉(转石),其中 Cu 的品位 1.03%、Au 的品位 7.71×10^{-6};孔雀石化石英脉,Cu 的品位 3.73%、Au 的品位 2.09×10^{-6}。Anosivolo 丘陵红土下的砂砾岩层中赋存次生金。通过对工作区的详细踏勘,覆盖面积为 $0.625km^2$,Anosivolo 山脚下的红土厚度大于 20m,砂砾层厚度可达到 3m 以上。在 Raketsa 河沿岸,人们发现一个新的砂金矿。金矿区位于 Anosivolo 村东南部,2011 年在 Mandrovia 村和 Anosivola 村附近又发现残积型砂金。

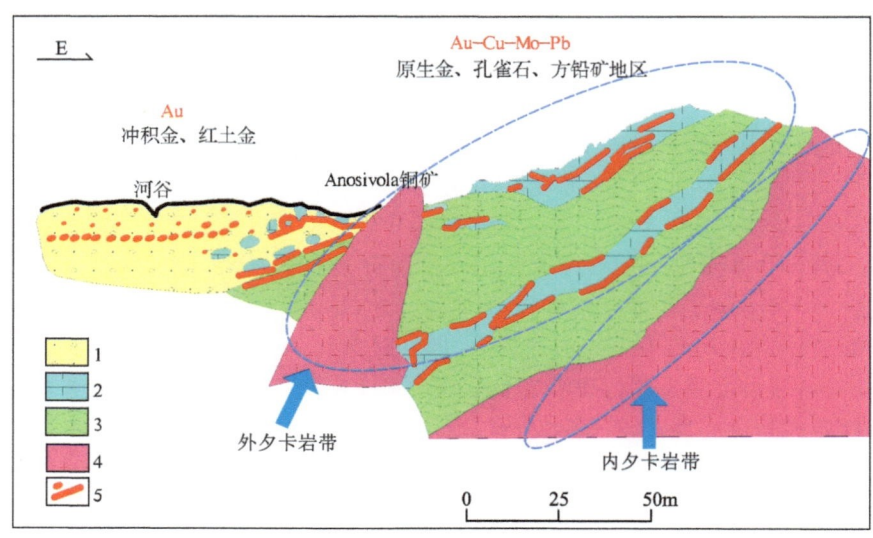

图 4-8 Anosinola 铜矿区地质剖面图

1.现代河流砂砾、黏土；2.大理岩；3.副片麻岩；4.花岗岩；5.Cu+Au 矿体

2013 年在该区进行了槽探和钻探勘探工程，投入钻探工作量 138.55m。发现铜矿体厚度 4.0m，最高品位 7.12%（表 4-2）。

表 4-2 钻孔样品测试结果

孔号	样品编号	样品深度/m	厚度/m	Au/×10⁻⁶	Ag/×10⁻⁶	Cu/%	Pb/×10⁻⁶	Zn/×10⁻⁶
ANDH-04	47101	1.85~5.85	4.0	0.035	6.3	7.12	7	36.0
	47102	5.85~9.85	4.0	0.007	4.1	1.71	5	57.0
	47103	9.85~12.05	2.2	0.005	1.7	0.45	6	69.0
ANDH-03	47104	1.55~2.95	1.4	0.001	0.6	0.05	3	16.0
	47105	13.45~15.45	2.0	×	×	0.03	3	18.0
	47106	15.45~17.45	2.0	×	×	0.02	2	24.0
	47107	17.45~19.45	2.0	×	×	0.02	4	19.5

注：×代表低于检出限。

2）Ⅱ区

Ⅱ区位于 Ambalavao 村东 Kellanitse 山。该区地层岩石为片麻岩、大理岩和含金属硫化物的斜长角闪岩。

侵入岩为花岗岩，分布于 Ambalavao 东山坡。铜矿化发生在大理岩薄层内，推测是接触交代作用结果。含矿热液通过片麻岩、大理石与花岗岩接触带交代而成。矿体矿石矿物为孔雀石、黄铜矿、斑铜矿等矿物（图 4-9）。矿体厚 0.6~9.2m，Cu 最高品位 12.37%，Au 最高品位 8.05×10^{-6}（表 4-3）。

3）Ⅲ区

Ⅲ区位于 Fllazana 村的北部，地层为互层状片麻岩、斜长角闪岩，产状近于直立。岩体为花岗闪长岩或闪长岩，分布在 Anosivolo 山的东北下坡。矿化发生在镁铁质片麻岩、斜长角闪片麻岩、角闪岩和侵入岩接触带中。孔雀石沿片麻岩的片理缝隙中分布。位于 Filazana 西部山顶的花岗闪长岩具孔雀石化

图 4-9　Ⅱ区铜矿现场

表 4-3　槽探矿体测试结果表

矿段编号	矿体厚度/m	分析结果		
		Cu/%	Au/$\times 10^{-6}$	Ag/$\times 10^{-6}$
Ⅰ	6.0	1.90	0.54	12.9
Ⅱ	2.6	4.48	4.50	
	1.5	2.93	8.05	
Ⅲ	3.4	2.13	0.44	
	6.0	2.06	2.21	14.9
	0.6	11.98	1.94	
Ⅳ	3.2	12.37	1.20	
	9.2	2.07	1.14	17.99

特征。铜矿体主要赋存于大理岩中(图 4-10)。矿体走向北西西,长达 500m,平均厚度 2.10m。Cu 品位最高可达 14.38%,Au 品位最大值为 0.43×10^{-6}(表 4-4)。矿石矿物为孔雀石、蓝铜矿、黄铜矿等。

4) Ⅳ区

Ⅳ区位于 Filazana 村东平原南部,地层为大量的镁铁质片麻岩、斜长角闪岩,走向 160°。岩体为花岗岩、花岗闪长岩或闪长岩侵入体,近南北向展布。矿化发生在片麻岩和侵入岩接触带中,在片麻岩和片岩的裂缝中发生强烈的孔雀石化(图 4-11)。槽探矿体测试结果如表 4-5 所示。Cu 品位最高可达 2.61%,Au 品位最高值为 0.45×10^{-6}。

图 4-10　Ⅲ区孔雀石化大理岩

表 4-4　槽探矿体测试结果表

矿段编号	矿体厚度/m	分析结果		
		Cu/%	Au/×10⁻⁶	Ag/×10⁻⁶
Ⅰ	7.3	8.76	0.08	10.72
	3.3	6.34	0.01	
	4.0	10.76	0.13	
	0.3	12.37	0.07	
	0.3	4.08	0.06	
	0.7	9.47	0.05	
	1.6	10.14	0.22	
	1.7	14.38	0.43	
	1.0	9.76	0.14	
	1.3	11.19	0.12	
	1.0	9.60	0.05	
	3.0	7.10	0.42	7.10
Ⅱ	4.0	7.17	45.28	125.20
	1.2	0.26	0.02	
Ⅲ	4.0	1.85	0.07	
	1.5	1.44	0.08	

图 4-11　Ⅳ区现场及孔雀石化铜矿石

表 4-5　槽探矿体测试结果表

矿段编号	矿体厚度/m	分析结果		
		Cu/%	Au/$\times 10^{-6}$	Ag/$\times 10^{-6}$
Ⅰ	1.5	2.27	0.01	60.7
	3.5	1.49	0.03	9.0
	1.5	0.72	0.10	
	1.5	2.61	0.45	
	1.0	0.55	0.06	
Ⅱ	1.1	1.72	0.06	
Ⅲ	6.5	0.49	0.02	10.0
	5.5	2.27	0.01	60.7
	1.0	0.54	0.09	

4. 关于成矿模式的讨论

1) 夕卡岩型

含矿热液流体在单一的大理岩裂隙中形成强烈的温度梯度循环流体,驱使含矿热液形成小规模的交代矿体。这种类型的夕卡岩可以在区域变质或接触交代作用期间完成,与花岗闪长岩侵入及交代作用有关。该事件伴随着北南向区域剪切带活动,尤其是东西向断层和高温流体的作用,大理岩被侵入交代形成夕卡岩,生成石榴子石(钙铝榴石-钙铁榴石系列)和辉石(透辉石-钙铁辉石系列)。矿物成分主要有石榴子石、透辉石、硅灰石、绿帘石、阳起石、绿泥石、石英,有时还有符山石、方柱石;矿石矿物有孔雀石、蓝铜矿、方铅矿和其他含铜、铅、锌、钼、银和金矿物。此夕卡岩在 Anosivola 山上形成小型铜(金)矿床——富含金和铜的孔雀石石英脉。

2) 热液型

发生在夕卡岩化后的 CO_2 或 H_2O 等流体第二次或多次脉动循环,热液交代以及矿石矿物的重结晶。矿石中黄铜矿、孔雀石显示出细脉状形态及分散状形态分布,它也可能在夕卡岩化事件期间形成。

三、岩浆热液型铜矿床

岩浆热液型铜矿床(或矿点)主要分布于东北部 Vohemar 地区和南部 Vohibory 地区。东北部有 Milanoa、Analalava、Ambohijanahary、Mantsaborivaky、Ambatofitatra 矿床(或矿点);南部有 Besatrana-Bevalaha、Betaly、Ianapera、Besakoa 矿床(或矿点)。

下面主要介绍 Daraina 地区的 Milanoa 铜矿点,Vohemar 地区铜矿点和 Vohibory 地区铜矿点。

(一)Milanoa 铜矿点

Milanoa 铜矿点位于马达加斯加东北部,产于 Daraina 铜矿远景区内(图 4-12)。20 世纪 60 年代,法国人在 Daraina 地区开展 1:10 万地质填图过程中发现众多的铜矿点,Milanoa 铜矿点便是其中之一。同期,法国人对该地区进行矿产勘探,但是形成的地质资料大部分已被法国人带走或散失。

1. 区域地质

1)地层

Milanoa 铜矿点地层主要由前寒武纪片麻岩和混合岩组成。①Daraina 组:绿帘石化角闪岩、绿帘石岩、片麻岩。②Andriba 组:含石墨混合片麻岩。③混合岩:黑云角闪条带状混合岩、辉石二长混合花岗岩、花岗质混合岩。

2)岩浆岩

Milanoa 铜矿点岩浆岩由前寒武纪花岗闪长岩、花岗质混合岩、二长花岗岩和中生代辉长岩组成。

3)火山岩

Milanoa 铜矿点火山岩由晚中生代玄武岩、拉斑玄武岩、硅铝质火山岩、流纹岩、粗面岩和中新生代玄武岩、拉斑玄武岩组成。

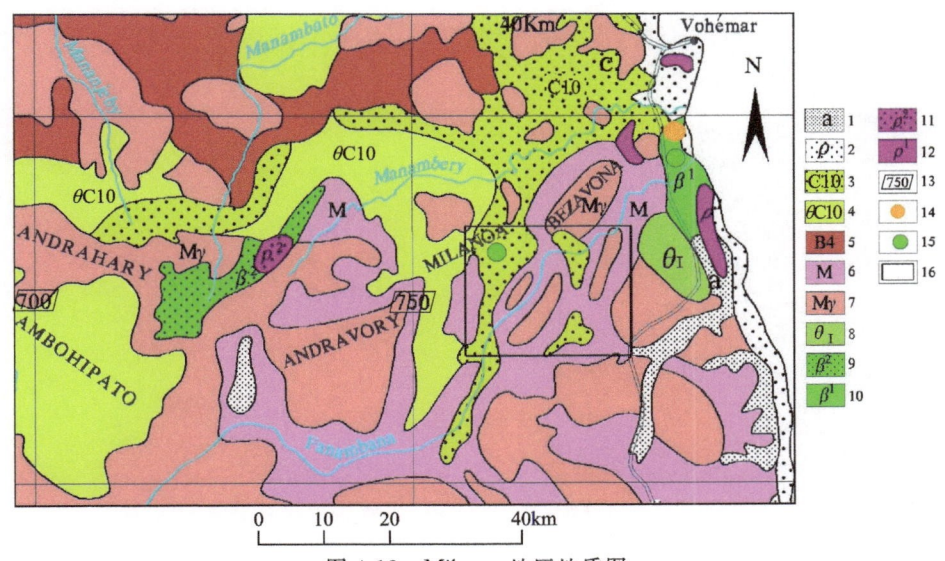

图 4-12 Milanoa 地区地质图

1.沙滩冲积地；2.含盐盆地；3.Daraina 组：角闪岩、片麻岩；4.花岗闪长岩；5.Andriba 组：含石墨混合片麻岩；6.混合岩；7.花岗质混合岩；8.辉长岩；9.玄武岩、拉斑玄武岩；10.拉斑玄武岩、硅铝质火山岩；11.流纹岩、粗面岩；12.粗面岩、流纹岩；13.同位素年龄(Ma)；14.金矿点；15.铜矿点；16.工作区

4)构造

Milanoa 铜矿点构造以北北西向为主，控制着区域前寒武纪地层及中生代基性岩体的分布。北东向构造控制着中生代基性—酸性、碱性火山岩的分布。

2.矿床地质特征

Milanoa 铜矿点是在法国殖民时期发现的，并采取地表填图和坑探工程(图 4-13a)勘探，坑道深度约 30m。近矿围岩为辉绿岩，呈岩墙状，出露宽度达 30m，北北西向展布。围岩蚀变为硅化、绿泥石化、纤闪石化、绿帘石化、碳酸盐化、葡萄石化等。

辉绿岩(图 4-13b)：新鲜面灰绿色，细粒结构、斑状结构，辉绿结构，块状构造。斑晶占岩石成分总含量的 15%～20%，主要由辉石和斜长石组成。辉石为半自形—自形短柱状，粒径在 0.5～2mm 之间，含量占斑晶含量的 70%～75%；斜长石为半自形—自形板柱状，粒径在 0.5～2.0mm 之间，含量占斑晶含量的 25%～30%。斑晶中矿物已发生不同程度的蚀变，其中辉石多已发生次闪石化(阳闪石和透闪石)，局部绿泥石化；而斜长石多发生葡萄石化。基质呈灰绿色，且表现为隐晶质结构，基质占岩石成分总含量的 70%～75%。同样基质也发生有较强的蚀变，多表现为绿泥石化。

1)矿体特征

岩浆期后含矿热液沿辉绿岩构造裂隙充填交代呈脉状构造(图 4-13c)。矿体向西陡倾，地表出露宽度达 20～25cm，由于没有相关资料，对矿体的长度和延深不详。通过野外实地观察，铜矿化具有分带性，无论在平面上还是剖面上，中心部位为致密块状富矿体(图 4-13d)，向外依次为稠密—中等浸染状较贫矿体、稀疏浸染状贫矿体。

Milanoa 已知铜矿点的分布情况如图 4-14 所示。从已知的众多铜矿点和几十年前的开采遗迹可以判定，各铜矿体不仅成矿背景一致，而且有密切的成因联系，为复脉型矿脉，深部矿体具有潜力。

图 4-13 Milanoa 铜矿点

a. 法国殖民时期的坑探工程（洞口宽 2m）；b. 含矿围岩：辉绿岩；c. 脉状构造；d. 块状铜矿石

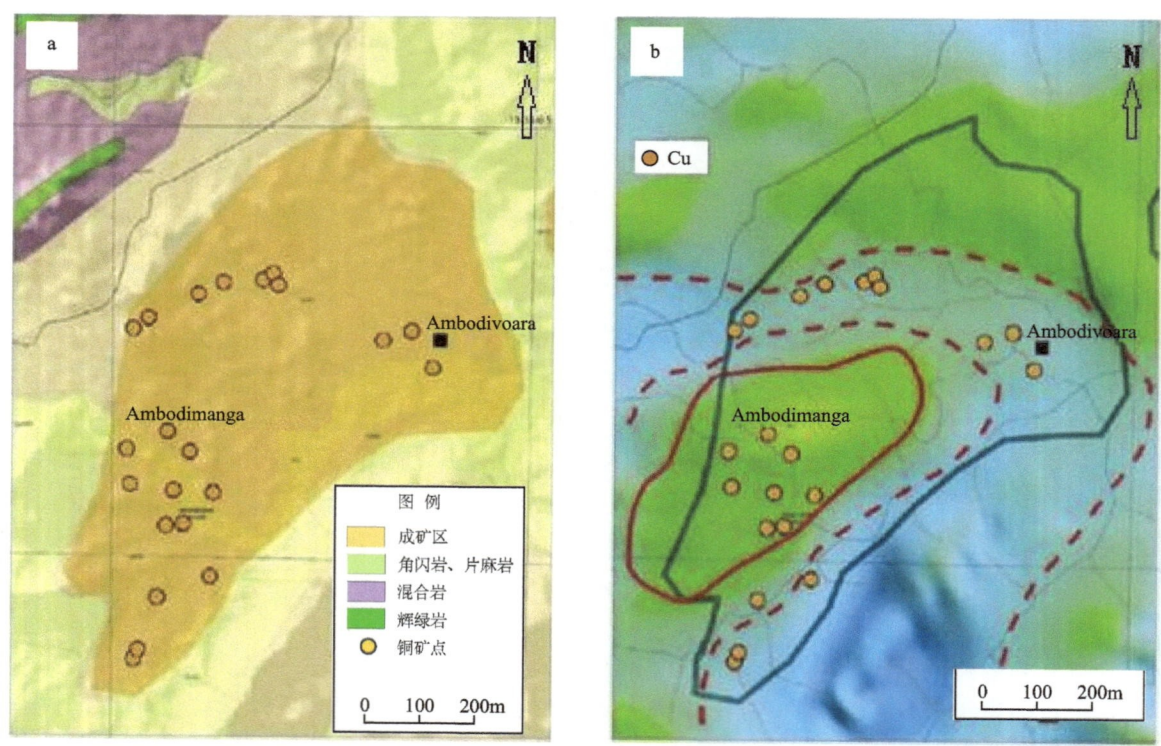

图 4-14 Milanoa 铜矿点分布图

a. Milanoa 铜矿点地质图；b. 重砂异常图

2)矿石结构和构造

矿石的结构主要为自形—他形粒状结构。从矿体由中心向外,矿石构造由致密块状到浸染状构造。岩浆早期热液作用形成的为块状构造,岩浆后期热液作用形成的为细脉—浸染状构造。

3)矿石矿物成分

矿石矿物的成分比较复杂,金属硫化物主要由辉铜矿、黄铜矿、磁黄铁矿、黄铁矿、镍黄铁矿等组成。金属氧化物由孔雀石、褐铁矿、赤铁矿等组成。脉石矿物主要有辉石、角闪石、方解石、绿泥石、阳起石及其各类的蚀变矿物。

(二)Vohemar 地区铜矿点

Vohemar 地区主要有 Analalava、Ambohijanahary、Mantsaborivaky 和 Ambatofitatra 铜矿点(表 4-6)。

表 4-6 Vohemar 地区主要铜矿点地质特征

铜矿点	Analalava	Ambohijanahary	Mantsaborivaky	Ambatofitatra
地理位置	位于 Vohemar 南部 30km	位于 Vohemar 南部 14km	位于 Antananarive 北东 1304km	位于 Vohemar 南部 60km
围岩特征	细粒辉长岩、含钾长石中粒辉长岩、苏长岩和斜长岩	细粒辉长岩和含有钾长石的中粒辉长岩	岩体:晚期花岗岩(520Ma),钙碱性杂岩体(715Ma)。Metavolcano 沉积地层:Daraina 群 739~719Ma,Milanoa 群 760~720Ma	花岗岩、花岗闪长岩、辉长岩;紫苏花岗岩
构造	受 300°和 10°方向断裂控制的断裂组:80°~110°;10°~25°;40°~160°	300°~330°方向断裂构造	复杂构造:①脆性变形与南东东-北西西和北北东-南南西方向裂隙、断裂、褶皱与南东方向褶皱轴;②剪切构造	160°和 80°方向区域断裂
成矿条件	铜集中分布在与辉绿岩侵入有关的石英脉中:①铜在辉长岩内再富集;②白垩系—第三系构造带内形成稠密浸染状矿化	①构造事件;②辉长岩侵入	①辉长岩侵入;②变质;③构造事件和成矿热液	①构造事件;②花岗岩侵入

续表 4-6

铜矿点	Analalava	Ambohijanahary	Mantsaborivaky	Ambatofitatra
矿石特征	Analalava 辉长岩 300°方向的矿化带内 9 处铜矿点,变质程度较低或未变质。 矿石矿物由斑铜矿、辉铜矿、铜蓝、孔雀石和蓝铜矿组成;铜矿中心和周围磁黄铁矿呈带状分布;黄铜矿与 Fe-Co 密切相关。 化学分析:Cu 品位 1%～2.5%;Ni 品位 0.05%～0.1%;Co 品位(400～650)×10^{-6}	黄铜矿、辉铜矿(含钡石英脉)	在辉绿岩中铜重新富集,块状构造,极少有绿帘石脉石矿物。 矿石矿物:黄铜矿、斑铜矿、辉铜矿、孔雀石、蓝铜矿、铜橄榄石、赤铁矿	黄铜矿与磁铁矿有关,Cu 品位 1.4%
成因类型	透镜状,沿 10°方向分布。 两种推测: ①黄铜矿-铁氧化物与基性岩体有关; ②融离作用	①黄铜矿浸染在辉长岩中; ②labradoric 玄武岩中的透镜状含钡石英脉,年龄为白垩系,沿 300°～330°方向展布	①含铜热液浸染于辉绿岩中; ②火山成因块状硫化物型:Chypre 型或 Messina 型。 矿体脉状或透镜状	黄铜矿以浸染状的形式分布;黄铜矿及铁氧化矿床与基性岩群有关;沿 300°方向展布

(三)Vohibory 地区铜矿点

Vohibory 地区被称为一个巨大的含铜省,其中大部分位于 Vohiposa-Vohimavy 弧形花岗岩-片麻岩的外部边界上,在前寒武纪角闪岩(Besatrana)中以石英脉或含铜气液的形式沉积。沿 Ianapera 盆地的西缘 Besatrana-Bevalaha 断层分布。地层主要陆相红色黏土砂岩,产状一般为水平和倾角 30°。

Ianapera 盆地发现铜矿点 20 处,Vohibory 地区铜矿点有 11 处,主要 4 个铜矿点特征如下(表 4-7)。

表 4-7　Vohibory 地区内主要 4 个铜矿点特征

描述区域	前寒武纪结晶基底			
	Besatrana- Bevalaha	Betaly	Ianapera	Besakoa
地理位置	Sakoa 煤田北北东 26km	在 Sakoa 东南部: $x=240.7$km; $y=246.9$km	Antananarivo 以南 1280km	在 Ianapera 东南方向直线 25km 的准平原地区
围岩特征	岩浆岩:变火山岩;花岗质片麻岩;Vohiposa 花岗质片麻岩。 地层(上部)为大理岩;石英岩,在 Bevalaha 较为广泛;角闪岩,主要的铜矿化地层;云母片岩,零星分布。 角闪石相中主导地位斜长角闪岩内具有浸染状铜矿化。 北部岩石由石榴子石石墨变粒岩组成	结晶片岩; 云母大理岩; 片麻岩; 蛇纹岩	岩浆岩: 花岗岩、混合岩带。 副片麻岩相: 变粒岩、云母大理岩、角闪岩	地层:变粒岩;角闪岩;大理岩;石英岩(是该地区矿化层位,地表富含褐铁矿化和铁帽,深部有重要的硫化物矿带);云母片岩

续表 4-7

描述区域	前寒武纪结晶基底			
	Besatrana-Bevalaha	Betaly	Ianapera	Besakoa
构造	在 Bevalaha,为 40°～60°的直立褶皱。在 Besatrana,石英脉走向 300°～320°、340°～30°	与 Bevalaha 一致	平卧褶皱和断裂	斜歪褶皱,倾角大于 45°
成矿作用	在韧性构造带中,矿化受剪切带控制,与富含黑云母、夕线石的 Al-Mg 片麻岩关系密切;火山活动	与 Besatrana 和 Bevalaha 相同的成矿构造	矿化集中,沿紧密褶皱、平卧褶皱、断裂、剪切带中	矿化集中在褶皱中
矿化特征	表生为辉铜矿、孔雀石-蓝铜矿矿化,深部为黄铜矿化。Beseva-Vohibory 记录了大量的 Au、Cu 和相关（Zn-Ag）矿化点,品位分别为：Cu 0.70%、Zn 1.1%、Au 0.50×10^{-6} 和 Ag 21×10^{-6}。Bevalaha 的 Cu:品位为 2.2%～5.75%,储量 1400t。Besatrana 的 Cu:品位为 1%～33.50%,储量 6000t。粗粒石英脉铜矿化一般较低,沿剪切带较高	辉铜矿、斑铜矿、孔雀石、蓝铜矿、黄铜矿。矿化的石英脉和角闪辉石片麻岩围岩产状一致	矿化以细脉、团块、浸染状的形式出现。黄铜矿、斑铜矿、黄铁矿、辉铜矿和浸染孔雀石及蓝铜矿。矿石矿物较低(约 1%)	①Cu:1%～29.5%,储量 5000t；② 富含 Cu、Zn、Ag、Au；③大量的 Au、Cu 和 Zn、Ag 矿化有关；④Beseva-Vohibory:Cu 品位 0.70%、Zn 品位 1.1%、Au 品位 0.50×10^{-6}、Ag 品位 21×10^{-6}
矿体特征	气液成因:石英脉呈透镜状,拉长、扁平状,穿插在角闪岩中。含铜矿脉横切围岩,走向 280°～300°,斜切 Beseva 的褶皱轴。顶板由闪长质片麻岩组成,石英脉脉壁由黑云母带形成。有一个方解石脉,侵入在剪切带。与地层平行或正交断裂内形成细脉铜矿化构造角砾岩	角闪辉石岩体中成矿,形成透镜状石英脉	浸染状矿床类型:低品位、储量低	断裂带成矿低含量、低储量
成因说明	①石英脉型和气液型含铜网脉与花岗岩有关,并出现在剪切带中；②具有浸染硫化物的大面积的石榴黑云辉石角闪石片麻岩,但品位都很低；③Besshi 火山块状硫化物型			

第四节 资源潜力分析和存在问题

　　从上述的调查和成矿地质背景分析，Ikalamavony 构造单元、Tsaratanana 杂岩体的 Beforona 绿岩带、Bemarivo 带和沿西海岸分布的中生代基性火山岩都具有较大的寻找铜矿潜力。特别是还没有查明含铜矿化与区域上（深部）成矿地质背景（大理岩地层、中酸性侵入岩体、基性岩体、火山岩）的成因联系，需要继续扩大找矿远景。通过对已知铜矿点进一步分析研究，采用地质、物探、地球化学测量、遥感等手段进行地质勘查，尤其在 Ikalamavony 构造单元内有望发现大型夕卡岩型铜矿床，在 Milanoa 铜矿区深部也有望发现小—中型热液型铜矿床。

　　本次野外工作仓促，仅进行了 3 处铜矿点调查，缺乏对全区的区域地质、成矿地质背景和对已知矿床特征深刻认识，有待进一步研究和探索。

第五章 铬铁矿

第一节 概 述

马达加斯加铬铁矿主要分布于中北部 Andriamena、北 Befandriana、Ambodiriana(北 Toamasina)地区,西北部北 Belobaka、Maevatanana 和东北部 Beforona 绿岩带北端等地区也有少量分布。已发现矿床或矿点 25 处。铬铁矿化点 46 处(图 5-1)。其中 Andriamena 地区是最大的铬铁矿产地,为 Andriamena 铬铁矿田,大型矿床分别为 Ankazotaolana 铬铁矿床、Bemanevika 铬铁矿床、Telomita 铬铁矿床和 Bemavo 铬铁矿床,资源量占马达加斯加总资源量的 70% 以上,而且矿石质量好,铬铁比值较高。

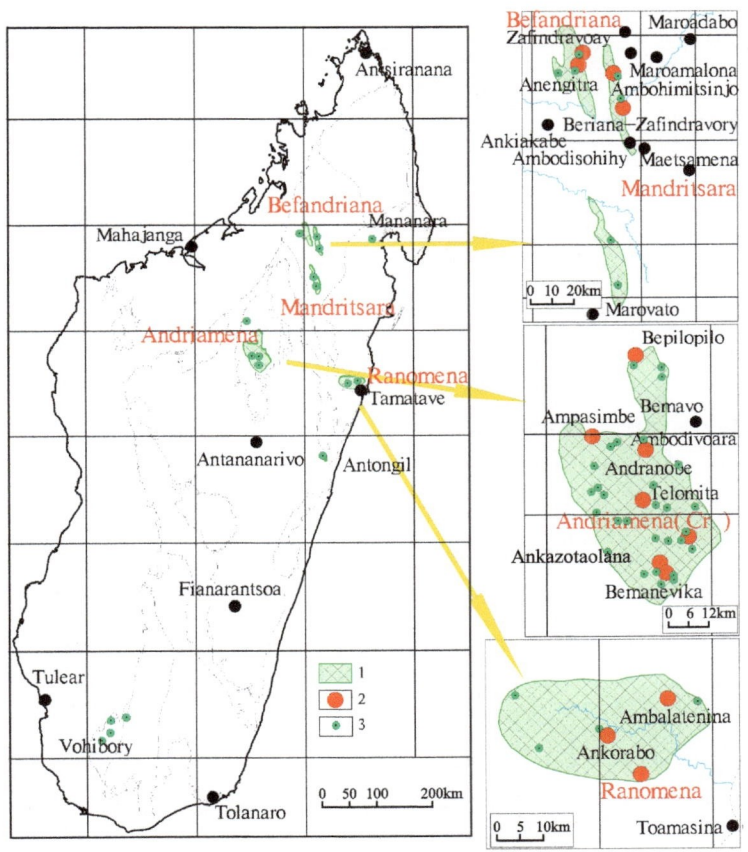

图 5-1 马达加斯加主要铬铁矿分布区图(Tucker et al, 2012)
1.铬铁成矿潜力区;2.铬铁矿床或铬铁矿点;3.铬铁矿化点

矿体赋存于新太古代—寒武纪的基性—超基性侵入体中,赋矿岩体为橄榄岩、斜方辉岩或角闪岩(正变质),原生脉石矿物相为斜方辉石、橄榄石、少量的斜长石、钛铁矿、金红石、磁黄铁矿和镍黄铁矿。次生矿物组合由蛇纹岩、滑石、铬绿泥石、透闪石-阳起石和磁铁矿组成(表 5-1)。变质作用和蚀变作用对所有铬铁矿都有不同程度的影响,但从未完全抹掉它们的主要特征。

表 5-1　铬铁矿赋矿岩相和矿物相

地区	主体岩石	矿物组合			
		硅酸盐矿物	氧化物	硫化物	铂族元素
Andriamena	富 Mg 蛇纹石化橄榄岩(800~770Ma),厚度约 120m,赋存于辉石岩、蛇纹岩和滑石岩的层间隔层	橄榄石、顽火辉石、透闪石、浅闪石、金云母、滑石、磷灰石	金红石、钛铁矿	镍黄铁矿、磁黄铁矿	稀少
Befandriana	辉石伟晶岩和纯橄榄岩夹层或方辉橄榄岩,在 Anengitra 地区为橄榄岩	橄榄石、顽火辉石、透闪石、绿泥石	钛铁矿	镍黄铁矿	非常稀少
Ranomena	蚀变辉石岩透镜体/方辉橄榄岩	橄榄石、顽火辉石、透闪石、金云母、滑石、蛇纹石、石英、绿泥石	磁铁矿、金红石、钛铁矿	黄铜矿、镍黄铁矿、磁黄铁矿	丰富
Antanimbary	角闪岩鞘(正变质岩)	绿泥石、浅闪石、顽火辉石、钠长石、黑云母、滑石、榍石	钛铁矿、金红石	磁黄铁矿	—
Belobaka	基性—超基性岩体,以角闪片麻岩和角闪岩为特征	橄榄石、顽火辉石、铁顽火辉石、普通角闪石、绿泥石、滑石、蛇纹石	磁铁矿、钛铁矿、金红石	—	—

马达加斯加是世界铬铁矿生产小国,2009 年在世界铬铁矿生产国中排名第 15 位。马达加斯加政府对 Andriamena 铬铁矿的勘查工作最早开始于 1921 年,结束于 1960 年前后,主要由法国公司先后进行地表填图、磁测、重测和钻探等工作。法国殖民期间 Andriamena 铬铁矿老采场由法国人开采。马达加斯加独立后,Andriamena 铬铁矿由马达加斯加政府接管,目前由马达加斯加 Kraoma 矿业公司经营,开采时间近 60 年,有若干个露天采场。矿区查明铬铁矿资源储量近 300 万 t,Bemavo 采矿坑最大垂直深度已超 230m。Ankazotaolana 矿床因资源枯竭于 2007 年闭坑关闭后,生产转移到 Bemanevika 矿床。

目前铬铁矿产量最大的 Bemanevika 和 Ankazotaolana 矿床,它们的开采深度只有 100 多米。因为深部工作不够,这两个矿坑目前处于停产状态。目前马达加斯加铬铁矿受露采方式制约,只对地表或浅部进行挖掘,而且重液选矿对矿石入选品位要求较高。

上述原因大大限制了当地公司对铬铁矿的开发利用能力和规模。近年来,中国一些矿业企业和地勘单位也涉足该区 Bemanvo 铬铁矿的勘查,取得了一些较好找矿成果。

本章重点介绍 Andriamena 铬铁矿田地质特征。

第二节　Andriamena 地区的地质背景

Andriamena 铬铁矿产于 Tsaratanana 杂岩体上和 Betsimisaraka 蛇绿混杂岩带镁铁—超镁铁质杂岩体中(图 5-2),绿岩带呈近南北方向展布,宽约 30km,长近 100km。

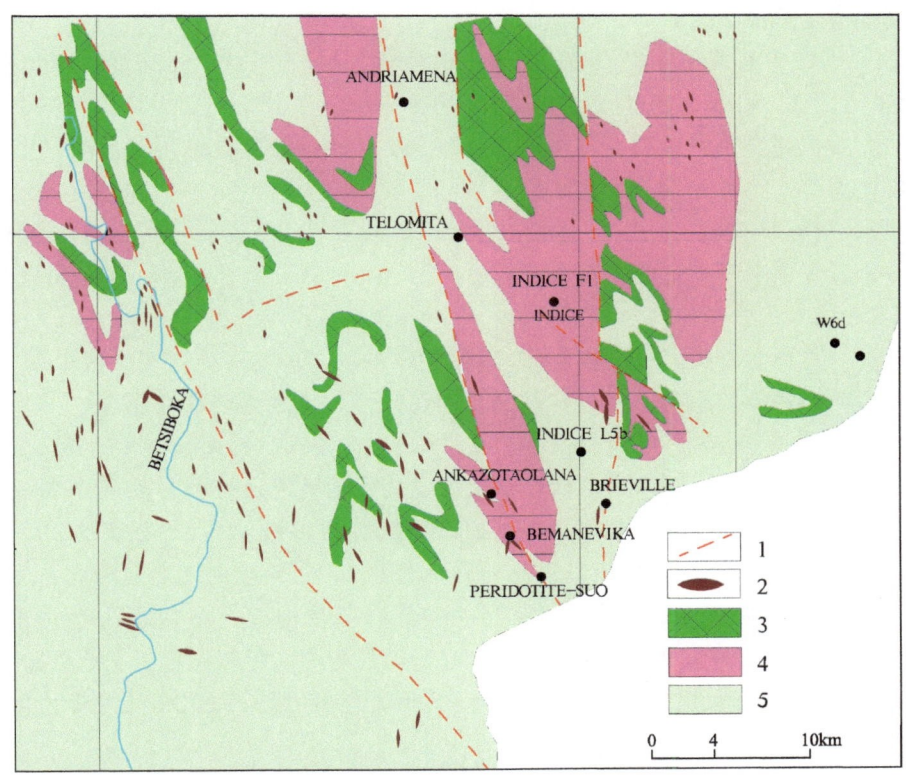

图 5-2 Andriamena 铬铁矿区地质图
1.断裂带；2.超镁铁质岩；3.变质辉长岩；4.紫苏花岗岩；5.正片麻岩-混合岩

一、地层

Andriamena 铬铁矿位于马达加斯加的前寒武纪结晶基底，属于 Antananarivo 构造单元 Tsaratanana 杂岩体的 Andriamena 绿岩带。Andriamena 绿岩带变质程度为高角闪岩—麻粒岩相，变质作用强度由南向北有减弱的趋势，伴随有不同程度的混合岩化。本区主要出露地层为太古宙—古元古代 Andriamena 群基性变质岩系，岩性主要为黑云角闪斜长片麻岩、石榴子石片麻岩、黑云角闪片麻岩、似层状（含石榴子石）紫苏花岗岩、条带状花岗混合岩、磁铁石英岩、变辉长岩（混合岩化）、滑石透闪片岩、绿泥石化绿帘石化蚀变岩。

Andriamena 绿岩带的形成经历了连续 3 次构造-变质事件（Collins，2006）。

(1)古元古代(2500～2450Ma)基性岩体受超高温(UHT)的变质作用到蓝片岩相(1050℃/1150MPa)。

(2)新元古代构造运动(800～600Ma)前，冈瓦纳古陆形成时，强烈的构造运动使之高度变质，在泛非构造运动期间受到改造，温压条件为 800～900℃/700MPa，600～760℃/600～800MPa，变质程度属麻粒岩相。

(3)寒武纪(530～500Ma)构造变质事件温压条件为 550～600℃/450～550MPa，伴随着超基性岩浆侵入。

二、岩浆岩

区内岩浆岩是前寒武纪结晶基底的主要组成部分，出露部分主要岩性有玄武质熔岩、紫苏花岗岩、二长花岗岩及基性—超基性侵入岩体。

玄武质熔岩呈似层状覆盖于花岗岩、混合岩及片麻岩之上，与下伏太古宙变质岩呈角度不整合接触，主要分布于矿区西侧。花岗岩包括紫苏花岗岩、混合花岗岩和二长花岗岩，呈南北向条带状分布在矿区的东西两侧。二长花岗岩呈透镜状岩株形态分布在矿区北部的变质岩系中，形成于750～550Ma。

紫苏花岗岩为前寒武纪古花岗岩，变质程度为麻粒岩相，呈淡紫色，中—细粒变晶结构，片麻状构造，由不规则毫米级紫苏辉石、石榴子石、斜长石（25％＜An＜50％）、正长石、石英和金云母等矿物组成。紫苏辉石和金云母镶嵌于长石或长石和石英的矿物之间分布。局部还有一些花岗岩及其相关的伟晶岩贯入。

区内出露基性岩主要有辉长岩和苏长岩（以辉长岩分布较广，主要分布在矿区中部（图 5-2），形成时代为 2500Ma（Collins，2006）。超基性岩体包括早期超基性岩体和后期超基性岩体。

超镁铁质纯橄榄岩、橄榄岩、辉橄岩是铬铁矿赋矿母岩（含铬铁矿的超镁铁质透镜体）。超基性岩后期均蚀变为蛇纹岩、滑石岩和皂石岩，超基性岩与太古宙变质岩呈侵入接触关系，受泛非造山运动影响，赋矿母岩与太古宙变质岩一同发生强烈形变，在强应变带内，岩体被拉伸，长宽比达 10～40，拉伸方向同围岩叶理一致。而在低应变带内，赋矿母岩成分分带明显，从内到外由纯橄榄岩向斜方辉橄岩、二辉橄榄岩、橄榄二辉岩到辉石岩变化，个别保存完好的还具有环带构造。在 Ankazotaolana、Bemanevika 矿区进行地质测量发现，矿区具有超镁铁透镜体的内带、辉长岩中间带和花岗闪长岩外带现象。

内带→外带的岩石组合为：超镁铁质岩（内核）→辉长岩（中间带）→闪长岩（外带内侧）→花岗闪长岩（外带）。

1. 内核

内核由超镁铁质岩—超基性岩杂岩体组成，也是铬铁矿赋矿母岩，为橄榄岩（纯橄榄岩和方辉橄榄岩）和辉石岩（滑石和蛇纹石为主）。

纯橄榄岩和方辉橄榄岩：在 Bemanevika 铬矿床中属于最原始超基性岩体。橄榄岩几乎全部蛇纹石化，地表全部风化形成了赭色土壤。在非常松软的土壤中，残留大量的方辉橄榄岩碎块。Harzburgite（法国地质学者）在 Ankazotaolana 铬矿中发现，方辉橄榄岩具有两种粒径不同的相，即细粒方辉橄榄岩和中—粗粒的方辉橄榄岩。该岩石由镁橄榄石（91％＜Fo＜95％）、顽火辉石（81％＜En＜91％）和少量的绿色角闪石（分布在橄榄石矿物间隙中）、透闪石、磁铁矿和黑云母等组成，75％＜w(MgO)＜89％。辉石岩为块状斜方辉岩，顽火辉石（87％＜En＜89％），硅灰石（29％＜Wo＜50％），斜长岩（94％＜An＜98％），40％＜w(MgO)＜75％。铬铁矿化是含铬硅酸盐在橄榄石和辉石间隙通过不同比例沉积所致，通常以分散或以海绵陨铁状的形式出现。

2. 中间带

中间带岩石组合单一，岩性为辉长岩。辉长岩按颜色划分为浅色辉长岩和暗色辉长岩，等粒—不等粒结构，条带状构造，矿物由辉石、斜长石、硅灰石、金云母、角闪石和铬铁矿等组成。浅色辉长岩，32％＜w(MgO)＜47％，镁铁质矿物由普通辉石、硅灰石（29.21％＜Wo＜36.74％）组成。暗色辉长岩，47％＜w(MgO)＜60％，镁铁质矿物由透辉石、硅灰石（40.20％＜Wo＜48.94％）组成。辉石间隙为板条状的基性斜长石，拉长石（52％＜An＜69％），钡长石（72％＜An＜89％），钙长石（91％＜An＜94％）。辉石矿物周边为细小颗粒的绿色角闪石矿物——次闪石化。

铬铁矿与蚀变硅酸盐矿物（如滑石、蛇纹石）交替平行排列组成的条带状铬铁矿石，这种矿石与韵律层相似,通常发育在块状铬铁矿石的边缘及其附近。而豆(瘤)状铬铁矿石是已蚀变成滑石或蛇纹石的原生硅酸盐矿物颗粒,呈卵形或椭圆形散布于铬铁矿矿石基质中,使岩石呈现斑驳的外观特征。这种豆(瘤)近于平行排列成不明显的层状。

3. 外带

外带由中—酸性岩侵入体组成,岩体为闪长岩、花岗闪长岩。局部出露很薄,平均厚度60m,在Ankazotaolana地区出露总宽度为500m。

外带外侧为花岗闪长岩。花岗闪长岩为灰白色,中—细粒结构,由浅色斜长石($25\% < An < 50\%$)、石英、绿色角闪石、黑云母、钛铁矿和磁铁矿组成。外带内侧为闪长岩,它与花岗闪长岩的区别是组成矿物中没有石英,并含有辉石矿物残留及分散状铬铁矿和磁铁矿。

三、构造

本区构造主要表现为在前寒武纪变质岩系中的紧密变形构造,形成复合向斜紧密褶曲,褶皱枢纽总体呈南北向展布。区内褶皱和断裂构造与区域构造线总体走向一致,向斜轴部主要由片麻岩及混合岩组成,而背斜核部主要由镁铁质—超镁铁质岩组成。断裂构造主要发育有北西向、北东向和北北东向3组断裂,其中以北东向—北北东向断裂形成时间较晚,规模较大。镁铁质—超镁铁质岩体沿着近南北方向的3个绿岩带(Betsiboka河西绿岩带、中部构造带和Betsiboka河东绿岩带)近平行分布。

第三节　Andriamena铬铁矿床地质特征

一、矿体形态与产状

矿体形态类型大致分两种(表5-2):一种为层状、似层状铬铁矿,矿体产在岩体内部,规模较大且与母岩界线清晰;另一种矿体呈扁豆状、豆荚状、透镜状、囊状(徐国富等,2013),呈岩脉(或岩墙)且断续分布。矿体与围岩界线一般很清晰,肉眼即可分出矿体与围岩的明确界线。矿体产状较稳定,靠近构造带或卷入构造带中的矿体,由于受强烈挤压作用和矿体就位方式共同影响,特别是在强应变带内,形成断续条带状。矿体大小与超基性岩体规模正相关,铬铁矿体直接顶底板为橄榄岩、滑石岩或透闪石岩(原超基性岩石蚀变),破碎带中有时可能还有其他岩性,如混合岩、片麻岩、磁铁石英岩、片岩等。近矿围岩由矿体向外依次为橄榄岩、斜方辉岩、辉长岩(苏长岩)、片麻岩。依其空间分布和产出特点,分南部和北部铬铁矿群,其中北部铬铁矿群宽约1000m,长约1400m,倾向东为主,倾角65°～87°,有时近于直立,单个铬铁矿层长度115～500m,厚度0.4～15m,延深50余米;南部铬铁矿群长约1200m,向南延入邻矿区,宽约500m,倾向西为主,倾角45°～75°,单个铬铁矿层长度100～300m,厚度0.5～3.5m,控制延深30余米。

表 5-2　马达加斯加 Andriamena 铬铁矿床地质特征表

矿床名称	形态特征	围岩岩性	分布地区	品位/%	Cr₂O₃储量/万 t	储量级别	矿石资源潜力/万 t
Ampasimbe	扁豆状	超基性岩	Andriamena 北部	20～31	2～3	推测	10
Sansnom	扁豆状	辉石岩与斜长岩	Andriamena 北部	30～40	2～3	推测	8
Andranobe	扁豆状（共6个）	斜方辉岩	Andriamena 北部	39.5	6	探明	15
Ankazotaolana	层状、透镜状	辉石岩、橄榄岩、辉长岩	Andriamena 南部	40.7	170	探明	431
Bemanevika	层状、扁豆状	辉石岩、斜方辉岩	Andriamena 南部	39.5	95	探明	344
Andriamena	层状、扁豆状	辉石岩、斜方辉岩	Andriamena	30～39	16	探明	48
Bemavo	层状、扁豆状	辉石岩、斜方辉岩	Andriamena 北部	19～56	197	334	600
Anengitra	扁豆状（共3个）	辉石岩	Befandriana	50～40	6	推测	13
Zafindravoay（Beriana）	扁豆状（共7个）	辉石岩	Befandriana	50～40	15	推测	33
Ankorabe	扁豆状	辉石岩	Ranomena 西北部		1～3	推测	5
Ranomena	扁豆状	辉石岩	Ranomena	36.2	6	推测	16
Bepilopilo	扁豆状	滑石岩	Andriamena 北部	30.18	1.2	推测	4
合计					约 520		1527

二、铬铁矿成因类型

根据铬铁矿及控矿围岩特征，认为马达加斯加 Andriamena 铬铁矿为两种成因类型（李俊锋等，2016）。

1. 岩浆早期分异型矿床

此类成因的铬铁矿体主要分布在矿区中南部地区，矿体产于变辉橄岩内侧或近侧，块状、瘤状、豆状、透镜状构造。铬铁矿层与围岩界线清楚,产状较协调一致,与围岩(多为蚀变蛇纹石、滑石或皂石)同步褶曲,表明铬铁矿体与超基性岩浆同步形成。超基性岩浆冷凝时,随着温度的逐渐下降,超镁铁质矿物依次从岩浆中晶出。晶出过程中由于铬铁矿、磁铁矿等相对密度大的矿物在岩浆中逐渐下沉,相对密度小的矿物在岩浆中相对上浮,岩浆发生了分异,铬铁矿等重矿物相对集中形成块状矿体(图 5-3d)和豆状构造(图 5-3e),为早期岩浆分异矿床。此类铬铁矿一般品位较富。

2. 岩浆晚期矿床

随着橄榄石等硅酸盐矿物的大量晶出,铬铁矿等金属组分在残余岩浆中相对富集,形成的含铬铁矿残余岩浆就地充填在硅酸盐矿物的粒间,形成似层状构造(图 5-3f)。在地质构造比较活动的条件下,由于受构造应力的作用,含矿残余岩浆可被挤入岩体的原生构造裂隙或附近围岩的构造裂隙中,形成贯入式矿体,形成脉状矿体(图 5-3g)。成矿作用发生于岩浆作用晚期,故所形成的矿床被称为晚期岩浆矿床。晚期岩浆矿床大多数是由岩浆结晶分异末期所聚集的残余含矿岩浆在原地冷凝结晶而成。此类铬铁矿相对较贫乏。

三、矿石结构和构造

铬铁矿矿石呈自形、半自形等轴等粒结构,晶体粒度多在 0.15~0.6 mm 之间,晶粒内部普遍较为洁净。致密块状构造、块状构造、浸染状(稠密浸染状和中等稠密浸染状)、似层状构造、脉状构造,少量条带状、豆(瘤)状构造。

显微镜下观察自形铬铁矿有立方体、四六面体和八面体 3 种类型。自形—半自形铬铁矿在滑石化橄榄岩、辉长岩中呈浸染状分布(图 5-3a,图 5-3b),构成一个矿物连续体。在橄榄石晶体中呈包含结构,在橄榄石矿物之间以及在黄绿色的斜方辉石边部,铬铁矿大量沉淀呈共结边结构,大多数铬铁矿(≥60%)与橄榄石矿物共生。由于硅酸盐矿物结晶较早,晶形比较完整,金属矿物大多充填于硅酸盐矿物(以辉石为主)晶粒间呈他形产出,形成典型的海绵陨铁结构(图 5-3c)。

图 5-3 铬矿石组构

a. 自形粒状铬铁矿(Chr)充填于蚀变硅酸盐透闪石(Tr)中;b. 半自形粒状铬铁矿充填于蚀变硅酸盐滑石(Tc)和斜长石(Pl)中;c. 海绵陨铁结构[铬铁矿呈海绵陨铁状充填于辉石(Pr)中];
d. 块状构造;e. 豆状构造;f. 条带状构造;g. 脉状构造

与铬铁矿共生的主要硅酸盐矿物除橄榄石或辉石外,其他矿物是滑石、金云母、方解石。大颗粒自形铬铁矿晶体之间的空隙被小的他形铬铁矿矿物及更少见的滑石、金云母等小颗粒他形矿物充填。

半自形的铬铁矿主要形成于辉长岩中,铬铁矿呈细条带状(图5-3f),它们通常被拉伸和拉长,与条带的伸长方向一致。他形铬铁矿的主要成岩作用在沉积岩体的原生构造裂隙或沿附近围岩的构造裂隙中形成,间隙被小颗粒状斜方辉石、斜长石($35\% < xAn < 50\%$)、金云母、绿色角闪石和绿泥石矿物充填。

四、矿石成分

1. 矿物成分

矿石矿物:铬铁矿、磁铁矿、钛铁矿、磁黄铁矿、镍黄铁矿、黄铜矿、铬尖晶石及少量铂族元素矿物。
脉石矿物:滑石、绿泥石、角闪石、蛇纹石、阳起石、透闪石、辉石、橄榄石、斜长石等。

2. 化学成分

表5-3、表5-4总结了Andriamena铬铁矿床中含铬铁矿岩石电子显微探针分析结果及各岩石中的铬铁矿化学特征。辉长岩中的铬铁矿Cr/Fe=1.53,斜长岩中的铬铁矿Cr/Fe=2.20,斜方辉岩中的铬铁矿Cr/Fe为2.5~3.2,皂石中的铬铁矿Cr/Fe=1.56~3.72,方辉橄榄岩中的铬铁矿Cr/Fe为1.2~2.98。XCr=Cr/(Cr+Al)范围在0.45~0.73之间,XFe=Fe^{2+}/(Fe^{2+}+Mg)范围在0.13~0.87之间。各氧化物的质量分数:Cr_2O_3为34.3%~38.6%,FeO为19.49%~20.48%,Al_2O_3为22.05%~27.6%,TiO_2很低,总是小于0.12%。斜方辉岩的特征是高Mg、Fe,XMg为0.52~0.87,各氧化物的质量分数:MgO为12.0%~19.56%,FeO为5.22%~17.81%,Al_2O_3为14.65%~19.43%,Cr_2O_3为45.93%~52.8%。

Ankazotaolana矿和Bemanevika矿的铬铁矿化学性质十分相似,组成成分广泛。XCr=0.50~0.70,XFe=0.35~0.65。各氧化物的质量分数:Cr_2O_3为46.5%~53.2%,FeO为12%~23%,Al_2O_3一般为16.5%~18.5%,TiO_2很低,在0.20%以下。在Bemanevika铬铁矿中,各氧化物的质量分数:Cr_2O_3为52.5%~53.5%,FeO约13%,Al_2O_3为16%~17%,TiO_2再次低于0.20%。斜方辉岩的特征为高XMg=0.96,各氧化物的质量分数:SiO_2为57.4%~58.4%,MgO为36.2%~37.5%,FeO从不高于3.1%,Al_2O_3为0.7%~1.3%,Cr_2O_3为0.35%~0.50%(Grieco et al,2013)。

3. 微量元素特征

从铬铁矿石微量元素特征表(表5-5)和微量元素蛛网图上(图5-4)看出,铬矿石及辉长岩围岩中V、Ni、Zn、Sr、Zr、Ba的含量很高,围岩中Sr、Zr、Ba的含量更高,曲线基本一致,可以说明铬铁矿与基性—超基性橄长岩、辉长岩有关。铬铁矿中Be、Cu、Rb、Y、Cs明显亏损。

表5-3 不同岩性中铬铁矿电子显微探针分析

类型	187 方辉橄榄岩	ANK04-48 方辉橄榄岩	BM04-5 斜方辉岩	BM04-5 斜方辉岩	Tel04-1 斜方辉岩	L5b04-3 斜方辉岩	ANK04-16 斜长岩	ANK04-20 斜长岩	ANK04-9 皂石岩	ANK05-55 辉长岩
SiO_2	0.11	0.02	0.02	0.02	0	0.03	0.43	0	0	0.01
TiO_2	0.12	0.16	0.19	0.12	0.21	0.17	0.11	0.04	0.09	0.21
Al_2O_3	27.61	22.05	19.43	16.01	15.41	14.65	13.24	15.63	14.98	12.42
Cr_2O_3	34.37	38.61	45.93	51.45	52.80	52.77	52.13	52.20	45.37	48.92
Fe_2O_3	7.70	9.17	9.86	4.93	2.84	3.29	2.79	1.90	6.53	5.85
V_2O_3	0	0.11	0.10	0.06	0.19	0.03	0.16	0.06	0.11	0.10
FeO	19.49	20.48	5.22	12.60	15.85	17.81	22.39	21.35	27.01	29.82
MnO	0.40	0.34	0.18	0.28	0.29	0.45	0.34	0.31	0.34	0.42
MgO	11.08	9.72	19.56	14.11	12.00	10.53	7.74	8.33	4.31	2.55
ZnO	0	0.01	0	0	0	0	0	0	0.13	0.10
NiO	0	0.15	0.01	0.08	0.03	0.11	0	0.14	0	0.08
总计	100.88	100.82	100.50	99.66	99.62	99.84	99.33	99.96	98.87	100.48
Si^{4+}	0	0	0	0	0	0	0.01	0	0	0.01
Ti^{4+}	0	0	0	0	0.01	0	0	0	0	0
Al^{3+}	0.99	0.81	0.68	0.59	0.58	0.56	0.52	0.60	0.60	0.50
Cr^{3+}	0.82	0.96	1.08	1.28	1.34	1.35	1.37	1.35	1.22	1.33
Fe^{3+}	0.18	0.22	0.22	0.12	0.07	0.08	0.07	0.05	0.17	0.15
V^{3+}	0	0	0	0	0	0	0	0	0	0
Fe^{2+}	0.49	0.54	0.13	0.33	0.42	0.48	0.62	0.58	0.77	0.86
Mn^{2+}	0.01	0.01	0	0.01	0.01	0.01	0.01	0.01	0.01	0.01
Mg^{2+}	0.50	0.45	0.87	0.66	0.57	0.51	0.38	0.41	0.22	0.13
Ni^{2+}	0	0	0	0	0	0	0	0	0	0
总计	2.99	2.99	2.98	2.99	3.00	2.99	2.98	3.00	2.99	2.99
XMg	0.51	0.45	0.87	0.67	0.58	0.52	0.38	0.41	0.22	0.13
XCr	0.45	0.54	0.61	0.68	0.70	0.71	0.72	0.69	0.67	0.73
XFe	0.49	0.55	0.13	0.33	0.42	0.48	0.62	0.59	0.78	0.87

注：氧化物含量（质量分数）单位为%；$Si^{4+} \sim Mg^{2+}$值为各阴离子占位数；$XMg = Mg/(Mg+Fe^{2+})$，$XCr = Cr/(Cr+Al)$，$XFe = Fe^{2+}/(Fe^{2+}+Mg)$（X：质量标准）。

表 5-4 各岩石中的铬铁矿化学特征

赋矿岩性	铬铁矿组构	相关的硅酸盐	化学成分	矿石矿物成分
辉长岩	半自形晶、条带状	斜长石（36%＜An＜44%）辉石—普通角闪石—绿泥石	$Al_{0.5} Cr_{1.3} Fe^{3+}_{0.15} Fe_{0.8} Mg_{0.1} Mn_{0.01} Ti_{0.005} V_{0.003}$	$Chr_{0.5} - Her_{0.24} - MgChr_{0.1}$
皂石岩	自形晶、块状	滑石—金云母	$Al_{0.5\sim 0.6} Cr_{1.3} Fe^{3+}_{0.15} Fe_{0.7} Mg_{0.2} Mn_{0.01} Ti_{0.001} V_{0.003}$	$Chr_{0.4} - Her_{0.28} - MgChr_{0.1}$
斜长岩	自形晶、块状	普通角闪石—方解石—斜长石（An=42%；52%＜An＜64%；83%＜An＜89%；91%＜An＜94%）	$Al_{0.5\sim 0.6} Cr_{1.3} Fe^{3+}_{0.05} Fe_{0.6} Mg_{0.3} Mn_{0.01} Ti_{0.001} V_{0.005}$	$MgChr_{0.37} - Chr_{0.3} - Her_{0.3}$ $MgChr_{0.37} - Chr_{0.3} - Her_{0.2}$
斜长岩	自形晶、浸染状	普通角闪石—金云母—斜长石（59%＜An＜70%和72%＜An＜89%）	$Al_{0.6} Cr_{1.3} Fe^{3+}_{0.039} Fe_{0.5} Mg_{0.4} Mn_{0.009} Ti_{0.03}$	$MgChr_{0.4} - Her_{0.3} - Chr_{0.2}$
斜方辉岩	自形晶、海绵陨铁	普通角闪石—金云母—方解石	$Al_{0.5} Cr_{1.3} Fe^{3+}_{0.04} Fe_{0.4} Mg_{0.5} Mn_{0.009} Ti_{0.002} V_{0.004}$	$MgChr_{0.5} - Her_{0.2} - Chr_{0.1}$
斜方辉岩	自形晶、块状	斜方辉石—金云母—滑石	$Al_{0.5} Cr_{1.3} Fe^{3+}_{0.09} Fe_{0.3} Mg_{0.6} Mn_{0.005} Ti_{0.003} V_{0.003}$	$MgChr_{0.6} - Her_{0.2} - MgChr_{0.03}$
辉橄岩	自形晶、浸染状	橄榄石—斜方辉石—蛇纹石—普通角闪石	$Al_{0.9} Cr_{0.9} Fe^{3+}_{0.1} Fe_{0.5} Mg_{0.5} Mn_{0.009} Ti_{0.003} V_{0.003}$	$MgChr_{0.45} - Her_{0.3}$

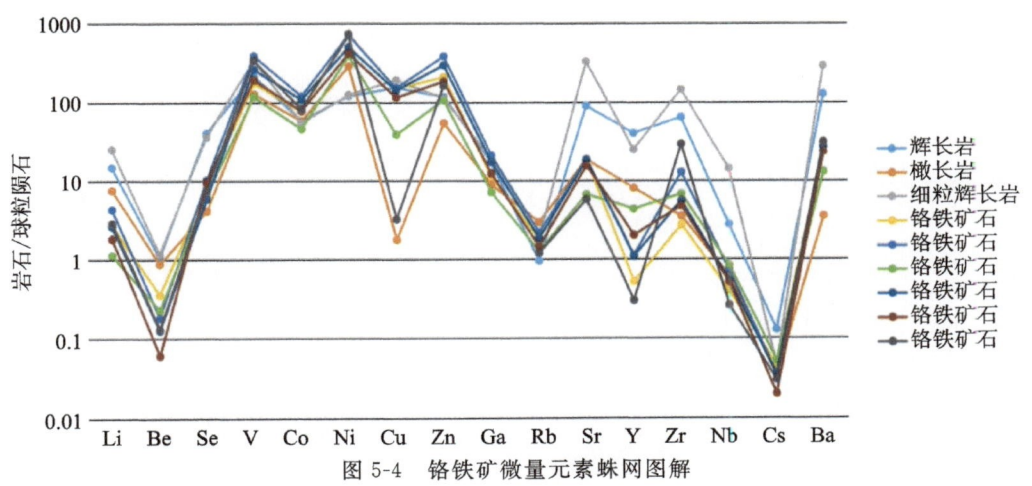

图 5-4 铬铁矿微量元素蛛网图解

4. 稀土元素特征

通过对 9 个样品的稀土化学分析(表 5-6),可以看出铬铁矿石稀土元素含量极低,基性岩体含量较高。铬铁矿石稀土元素总量 ΣREE 仅 9.74×10^{-6},明显低于地壳平均值(146.8×10^{-6}),LREE/HREE 值为 4.60,较低,$(La/Yb)_N$ 值为 7.76,Eu 明显亏损,δEu 值为 0.30,δCe 值为 6.42,Ce 属轻富集,在稀土元素配分模式图上(图 5-5),轻稀土元素轻微富集,重稀土元素轻微亏损。

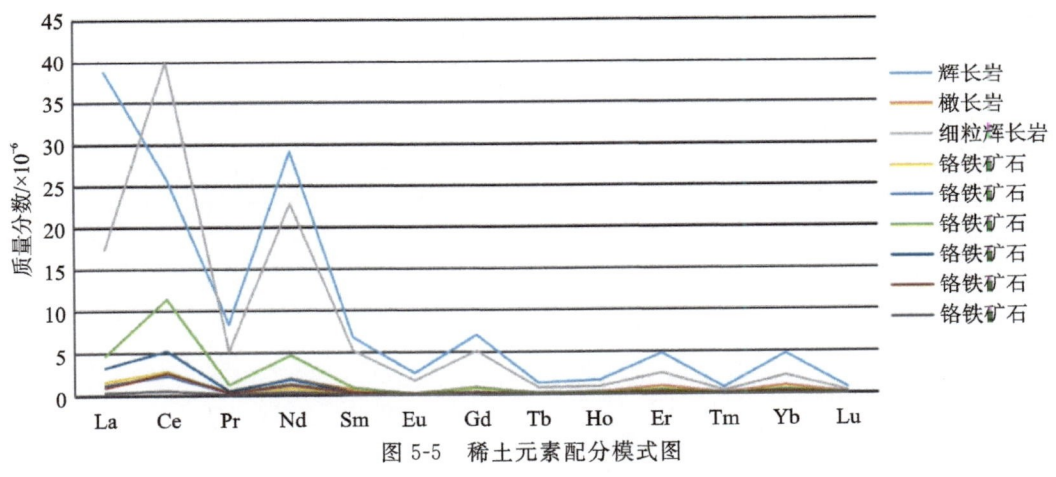

图 5-5 稀土元素配分模式图

五、围岩蚀变

铬铁矿主要产于超基性岩浆中,超基性岩蚀变分布最广泛且强烈。Andriamena 铬矿田围岩蚀变强烈且类型较多,尤其以蛇纹石化蚀变最为发育,其次为滑石化、透闪石化和阳起石化、黑云母(金云母)化、碳酸盐化和绿泥石化。

(1)蛇纹石化:蚀变现象十分普遍,蛇纹石以浅黄绿色叶蛇纹石最为常见(图 5-6),次为鳞蛇纹石、纤维蛇纹石。主要发育于橄榄岩、纯橄榄岩、斜方辉橄岩、二辉橄榄岩等岩石的外侧,并常形成蛇纹石岩体,铬铁矿残留于蛇纹岩中,两者接触界线清晰。主要为自变质产物,蛇纹石化基性矿物交代顺序为先

表 5-5 铬铁矿区岩石微量元素特征表

单位：$\times 10^{-6}$

样品编号	样品名称	采样点	Li	Be	Sc	V	Co	Ni	Cu	Zn	Ga	Rb	Sr	Y	Zr	Nb	Cs	Ba
Za1-4-1	辉长岩	铬铁矿区	15.00	1.060	41.10	217.00	58.50	121.00	155.00	117.00	17.40	0.97	91.40	41.10	65.50	2.820	0.130	12.900
Za1-1-7	橄长岩	铬铁矿区	7.67	0.880	4.20	128.00	58.70	291.00	1.79	54.80	9.05	2.99	18.90	8.22	3.56	0.620	0.034	3.580
Za1-1-9	细粒辉长岩	铬铁矿区	25.30	1.170	36.50	343.00	55.50	124.00	191.00	111.00	19.00	1.88	330.00	25.00	144.00	14.300	0.046	293.000
Za1-1-1	铬铁矿石	铬铁矿区	2.70	0.355	8.26	176.00	76.90	748.00	150.00	211.00	11.40	1.82	19.10	0.53	2.77	0.401	0.045	27.300
Za1-2-1	铬铁矿石	铬铁矿区	4.37	0.182	10.40	393.00	120.00	733.00	152.00	388.00	21.50	2.22	19.00	1.14	13.10	0.737	0.035	27.100
Za1-3-1	铬铁矿石	铬铁矿区	1.14	0.228	6.80	117.00	46.70	400.00	39.40	107.00	7.26	1.28	6.81	4.45	6.89	0.848	0.053	13.300
Za1-5-3	铬铁矿石	铬铁矿区	2.62	0.126	5.97	265.00	108.00	510.00	142.00	299.00	17.60	1.87	18.40	1.11	5.61	0.538	0.036	27.300
Za1-Ex-2	铬铁矿石	铬铁矿区	1.84	0.061	9.60	192.00	77.70	421.00	115.00	184.00	12.50	1.46	15.70	2.04	4.81	0.512	0.020	23.600
1-2-1	铬铁矿石	铬铁矿区	2.86	0.130	7.41	339.70	81.90	714.42	3.24	162.20	—	1.20	5.80	0.30	29.20	0.260	0.030	31.100

表 5-6 铬铁矿区岩石稀土元素丰度表

单位：$\times 10^{-6}$

样品编号	样品名称	La	Ce	Pr	Nd	Sm	Eu	Gd	Tb	Ho	Er	Tm	Yb	Lu
Za1-4-1	辉长岩	38.800	26.00	8.390	29.200	6.840	2.540	7.040	1.340	1.660	4.770	0.720	4.730	0.690
Za1-1-7	橄长岩	0.990	2.660	0.400	1.920	0.660	0.130	0.840	0.180	0.300	0.930	0.140	0.960	0.140
Za1-1-9	细粒辉长岩	17.400	39.900	5.100	22.800	5.220	1.640	5.100	0.770	0.900	2.450	0.350	2.140	0.310
Za1-1-1	铬铁矿石	1.660	2.890	0.250	0.821	0.129	0.019	0.111	0.016	0.017	0.050	0.007	0.042	<0.002
Za1-2-1	铬铁矿石	1.240	2.340	0.267	1.120	0.249	0.017	0.188	0.033	0.036	0.099	0.023	0.119	0.009
Za1-3-1	铬铁矿石	4.710	11.400	1.250	4.720	0.842	0.073	0.761	0.144	0.175	0.494	0.077	0.507	0.064
Za1-5-3	铬铁矿石	3.300	5.250	0.508	1.890	0.281	0.020	0.255	0.039	0.035	0.103	0.023	0.107	0.013
Za1-Ex-2	铬铁矿石	0.985	2.670	0.307	1.250	0.292	0.050	0.237	0.049	0.067	0.220	0.043	0.264	0.034
1-2-1	铬铁矿石	0.310	0.540	0.080	0.330	0.050	0.010	0.050	0.010	0.010	0.030	0.010	0.060	0.010

自变质交代橄榄石,然后交代斜方辉石、单斜辉石和角闪石。交代程度与 MgO 含量相关,MgO 越高,交代越彻底,MgO 低的矿物多为残留。

(2) 滑石化:此类蚀变各矿区分布不一样,也较为局限,主要发育于镁质含量较高超基性岩中,呈脉状产出。此外在铬铁矿体的顶部或矿体内常见的滑石化蚀变岩,也是超基性岩中橄榄石、斜方辉石常见的一种热液蚀变类型。它是蛇纹石进一步蚀变的反应,同时是带入 SiO_2,带出 MgO 过程。滑石化与铬铁矿成矿关系比较密切,滑石呈灰白色,细粒鳞片状。

(3) 透闪石化和阳起石化:此类蚀变在矿区分布较广泛,主要发育于镁铁质基性—超基性岩外侧,根据交代辉石种类分为两种:① 当交代原矿物为含镁高的斜方辉石类时,蚀变产物为透闪石,呈浅蓝色针状、放射状集合体分布(图 5-7),属于与铬铁矿呈正相关性的蚀变;② 当交代原矿物为高铁的单斜辉石类时,蚀变产物为阳起石,呈深蓝色针状、放射状集合体分布(图 5-8),属于与磁铁矿呈正相关性的蚀变。

(4) 黑云母(金云母)化:此类蚀变仅分布于铬铁矿体的两侧且蚀变范围十分有限,并有次生加大现象,常见巨片晶集合体(图 5-9)。这类蚀变与铬铁矿有一定的关系。

图 5-6 蛇纹石化斜方辉橄岩

υσ-含铬铁矿斜方辉橄岩;Sep-蛇纹石

图 5-7 放射状透闪石集合体

图 5-8 放射状阳起石集合体

图 5-9 黑云母化粗粒辉长岩

Bi-黑云母;Pl-斜长石

(5) 碳酸盐化:此类蚀变在矿区广泛分布,主要发育于基性岩中,呈粒状集合体弥散于斜长岩中,广泛交代原岩长石类矿物。该蚀变与成矿关系不大。

(6) 绿泥石化:此类蚀变相对较为广泛,主要分布于基性—超基性岩及构造破碎带裂隙中,多呈弥散、细小纤维状、束状集合交代辉石、角闪石、黑云母或不规则网脉状充填于岩石裂隙中。该蚀变主要为暗色矿物退变质蚀变的产物,与成矿无关。

矿体围岩蚀变类型繁多,形态各异,具有分带性。围岩蚀变是热液活动的重要标志,其中蛇纹石化、滑石化、透闪石化可作为间接找矿标志。

六、铬铁矿测年结果

相关学者对铬铁矿进行新的岩石学研究，野外采集和实验室选定一套岩石样品对其同位素年代学数据进行分析，对锆石中的 U-Pb，铬铁矿中的 Re-Os、Rb-Sr、Nd-Sm 进行测定。在 Andriamena 单元中，第一阶段铬铁矿来自古地壳岩浆（约 3300Ma），Re-Os 年龄（TRD 年龄）在 3304～3274Ma 之间，来自地幔软流层；第二阶段以大量的镁铁质—超镁铁质侵入为代表，在 Mesoarchean 地区，大约 2900Ma（Sm-Nd 等时线）；第三阶段岩浆事件发生在古元古代，建立了一个主要的基性岩浆组合［U-Pb 锆石定年为 2477±3Ma 和 2472±4Ma］。

2016 年中国地质科学院矿产资源研究所对 Andriamena 铬铁矿区中的 Bemavo 矿区（段）的铬铁矿成矿年龄进行了测定（李鹏等，2017）。在 Bemavo 矿区东部铬铁矿体中共采集两件样品，分别为 BM-Pb1——强风化铬铁矿化基性岩，BM-2——含铬铁矿二辉岩。对 BM-Pb1 样品 19 颗锆石的 19 个晶域进行 U-Pb 定年和 18 颗锆石 Hf 同位素分析，对 BM-2 样品 20 颗锆石的 21 个晶域进行 U-Pb 定年和 19 颗锆石进行 Hf 同位素分析。通过对比区域背景资料和前人研究结果，结合本次实验结果的分析，基本可以厘定 Bemavo 矿区赋矿基性岩的形成时代。根据强风化铬铁矿化基性岩样品（BM-Pb1）中锆石的 U-Pb 年龄推断该基性岩形成于（786±11）Ma，即新元古代。它所记录的年龄［(720±7)Ma］可能代表了新元古代持续岩浆活动导致的已固结岩体局部重结晶。根据含铬铁矿二辉岩样品（BM-2）中锆石的 U-Pb 年龄推断该基性岩形成于（818±11）Ma，与上述强风化铬铁矿化基性岩的结果相近。马达加斯加铬铁矿成因类型为岩浆分异型矿床，与超基性岩体近同时形成，岩体的成岩年龄即成矿年龄。需要特别注意的是，两件样品中捕获锆石的 U-Pb 年龄还记录了 Bemavo 矿区所处的太古宙基底（Tsaratanana 杂岩体）经历至少 4 次构造热事件，时限分别为 2149Ma、2291～2281Ma、2095Ma 和 890Ma（图 5-10）。

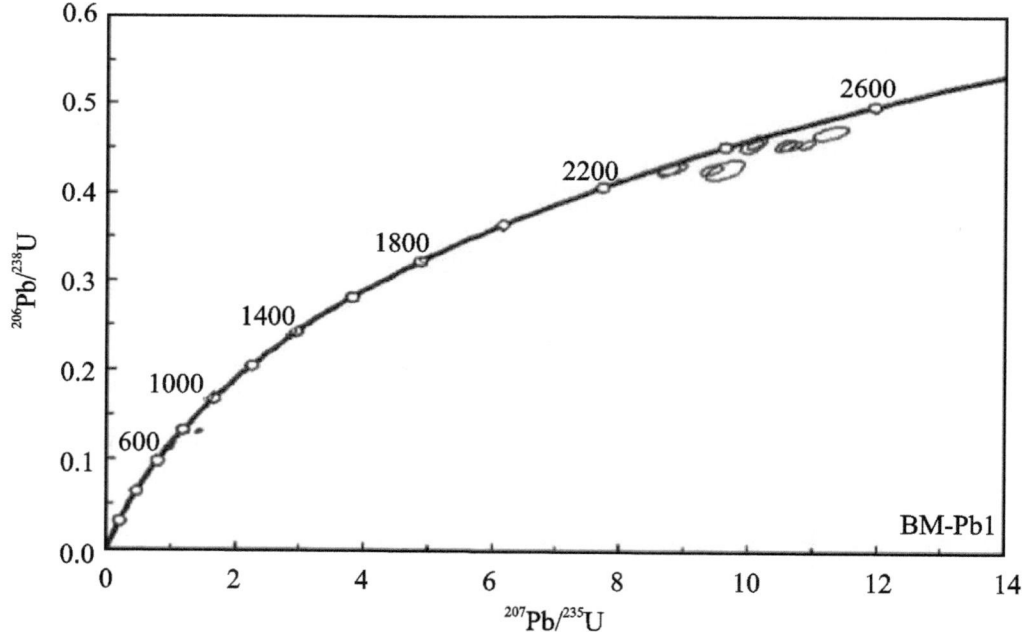

图 5-10　Bemanvo 矿段样品锆石 U-Pb 年龄谐和图（李鹏等，2017）

第四节 其他地区铬铁矿床地质特征

一、Befandriana 铬铁矿

1. 概述

Befandriana 铬铁矿田位于马达加斯加北部 Beforona-Alaotra 带 Sonia 河北部,在 Befandriana 和 Bas Androna 之间。该矿田有许多小型铬铁矿和矿点。铬铁矿与角闪岩和辉石岩透镜体产于北北西向夕线石-石榴子石-石墨片岩、石英岩和大理岩带内。Zavindravoy 矿床和 Anengitra 矿床是该矿田最大的矿床,在 Ankotondambo 和 Andrafiabe 发现了两个小铬铁矿。

在 Zavindravoy 矿床,铬铁矿从 4 个不同的地方开采,自北到南为 Dymitriak、BC、Delgrange 和 Cortes,铬铁矿透镜体残留于红土中。Zavindrovay 的露天 BC 矿的边缘由一个红土化辉石伟晶岩组成,具有均匀浸染状的铬铁矿(粒径约 2mm)。残余辉石和铬铁矿形成网状结构,见于采坑西部。在辉石伟晶中有针状的阳起石岩,斜长石假象,呈簇状,直径可达 5cm。矿区北壁露头完全红土化。残留结构表明,北壁大部分可能为辉石伟晶岩,层间可能为纯橄榄岩或方辉橄榄岩。采坑 Dymitriak 位于采坑 BC 北北东方向 0.5 km 处,其特征是主岩红土化,由粗粒等粒辉石岩和辉石伟晶岩组成。在矿体的西侧超镁铁质岩与花岗岩混合岩的接触。矿床多处具有石英-钾长石-黑云母辉长岩脉和小的伟晶岩体横切。

Befandriana 铬铁矿透镜体宽度在 10m 以上,存在于蛇纹岩和橄榄岩中。自形结构,块状构造、浸染状构造。在 Anengitra、Zavindravoy 矿床西南约 5km 处,铬铁矿主要开采于 500m×200m 蛇纹石化橄榄岩体中,附近的红土中富含铬铁矿。铬铁矿赋存在由多种不同岩石类型组成的强风化或红土化的辉长伟晶岩、辉石岩和斜长二辉橄榄岩中。

脉石矿物以橄榄石为主,少量蛇纹石和次闪石。金属矿物有钛铁矿、镍黄铁矿和少量的磁铁矿。

2. 岩石化学

铬铁矿的化学特征是 XMg 在 0.53~0.64 之间。XCr 在 0.75~0.80 之间。此外,Cr_2O_3 质量分数高,可达 61.43%,从不低于 53.01%,TiO_2 从不超过 0.21%,Al_2O_3 的范围在 9.80%~13.16%之间(表 5-7)。

斜方辉岩中 XMg 与 Andriamena 相似,SiO_2 质量分数在 56.13%~58.85%之间,Al_2O_3 低于 Andriamena,显示在 0.23%~0.70%之间,Cr_2O_3 显著高于 Andriamena(1.40%~3.54%),FeO 在 2.40%~2.83%之间。

表 5-7 Befandriana 铬铁矿、斜方辉石电子微探针分析

类型	铬铁矿					斜方辉岩				
	1	2	3	4	5	6	7	8	9	10
SiO_2						58.76	58.85	58.81	56.43	56.13
TiO_2	0.20	0.18	0.15	0.21	0.16	0.06	0.08	0.02	0.04	0.08

续表 5-7

类型	铬铁矿					斜方辉岩				
	1	2	3	4	5	6	7	8	9	10
Al_2O_3	13.12	12.78	12.78	13.16	9.80	0.23	0.28	0.27	0.70	0.42
Cr_2O_3	58.5	53.01	53.01	57.44	61.43	1.40	1.53	1.29	3.54	1.85
Fe_2O_3	0	2.39	2.39	2.33	1.97	0	0	0	0	0
FeO	15.47	16.59	16.59	13.53	14.91	2.48	2.40	2.63	2.83	2.48
MnO	0.05	0.23	0.23	0.14	0.09	0.09	0.05	0.10	0.10	0.08
NiO	0.09	0.08	0.08	0.12	0.16	0.11	0.12	0.12	0.10	0.12
MgO	11.39	10.39	10.39	13.50	12.32	38.29	37.51	37.88	37.51	36.41
CaO						0.07	0.07	0.14	0.07	0.06
总计	98.82	95.65	95.62	100.43	100.84	101.49	100.89	101.26	101.32	97.63
Si^{4+}						1.97	1.98	1.97	1.91	1.96
Ti^{4+}	0	0	0	0.01	0	0	0	0	0	0
Al^{3+}	0.50	0.51	0.51	0.49	0.37	0.01	0.01	0.01	0.03	0.02
Cr^{3+}	1.51	1.42	1.42	1.44	1.57	0.04	0.04	0.03	0.09	0.05
Fe^{3+}	0	0.06	0.06	0.06	0.05	0	0	0	0	0
Fe^{2+}	0.42	0.47	0.47	0.36	0.40	0.07	0.07	0.07	0.08	0.07
Mn^{2+}	0	0.01	0.01	0	0	0	0	0	0	0
Ni^{2+}	0	0	0	0	0	0	0	0	0	0
Mg^{2+}	0.55	0.52	0.52	0.64	0.59	1.91	1.88	1.90	1.90	1.89
XCr	0.78	0.75	0.75	0.80	0.80	0.36	0.36	0.30	0.53	0.42
XFe^{2+}	0.43	0.47	0.47	0.36	0.40	0.04	0.04	0.04	0.04	0.04
XMg	0.57	0.53	0.53	0.64	0.60	0.96	0.96	0.96	0.96	0.96

注：氧化物含量（质量分数）单位为%；$Si^{4+} \sim Mg^{2+}$值为各阳离子占位数；$XMg=Mg/(Mg+Fe^{2+})$，$XCr=Cr/(Cr+Al)$ $XFe^{2+}=Fe^{2+}/(Fe^{2+}+Mg)$（X：质量标准）。

二、北 Toamasina 铬铁矿

1. 概述

北 Toamasina 铬铁矿位于 Antananarivo 地块东部 Anaboriana-Manampotsy 带内。该带主要由富石墨片岩组成，但夹带着镁铁质和超镁铁质岩体，这些岩体是铬铁矿的宿主。

北 Toamasina 铬铁矿区由几个铬铁矿体组成，分布在约 800km² 的区域内，其中大部分来自冲积铬铁矿。唯一广泛的铬铁矿矿床出现在 Ranomena 露天矿，铬铁矿以透镜体的形式出现在蚀变的辉石岩/褐铁矿透镜体中（Grieco et al，2012）。

Ranomena 铬铁矿大部分为块状，Cr_2O_3 质量分数达 60%～85%，呈海绵陨铁结构，陨铁相为铬铁矿，陨铁间含有硅酸盐。铬铁矿粒颗粒大小可达 1mm。铬铁矿晶体通常是自形的，有的是半自形，有一个雏级铬铁矿核和铁铬铁矿边缘，自形包裹在硅酸盐中。硅酸盐由原生斜方辉石和次闪石、蛇纹石、绿泥石和滑石组成。磁铁矿是最常见的副矿物，其次是钛铁矿、金红石、锆石、黄铜矿、斑铜矿、镍黄铁矿和黝铜矿。铁铬铁矿蚀变仅限于少数样品，其中也存在铬绿泥石，通常只影响一小部分铬铁矿颗粒。原生硅酸盐和副矿物的夹杂物是常见的。铬铁矿晶粒内的孔隙率可高达 20%，是判断蚀变铬铁矿晶粒的一种特征。大部分铬铁矿颗粒呈现脆性断裂的，断裂常被后期磁铁矿充填。Ranomena 铬铁矿的一个独特特征是它们富含铂族矿物，显示出丰富的矿物学组合，包括硫化物、铂金和砷化物（Grieco et al, 2012）。

2. 岩石化学

铬铁矿中 Cr_2O_3 质量分数很低，最高达 45.95%。FeO 质量分数很高，在 21.50%～22.12% 之间。Fe_2O_3 质量分数在 8.4%～13.9% 之间。MgO 质量分数很低，低于 12%，低至 7.57%。Al_2O_3 质量分数变化很大，最低和最高限值分别为 11.68% 和 14.93%。TiO_2 质量分数在 0.43%～0.54% 之间（表5-8）。

斜方辉岩 XMg 在 0.06～0.07 之间。SiO_2 低于 58%（56.94%～57.81%）。Al_2O_3 和 Cr_2O_3 质量分数与 Andriamena 中类似，分别在 0.84%～1.23% 和 0.33%～0.51% 之间。FeO 质量分数在 4.70%～5.49% 之间，明显高于 Andriamena 和 Befandriana。

表 5-8 北 Toamasina 地区铬铁矿、斜方辉石电子微探针分析

类型	铬铁矿					斜方辉岩			
	1	2	3	4	5	6	7	8	9
SiO_2						57.46	56.97	57.81	56.94
TiO_2	0.54	0.50	0.53	0.43	0.46	0.12	0.07	0.10	0.10
Al_2O_3	11.93	11.68	14.93	14.06	14.68	0.94	1.23	0.95	0.84
Cr_2O_3	43.38	43.75	39.37	45.95	45.41	0.39	0.38	0.33	0.51
Fe_2O_3	13.94	13.87	14.61	8.39	8.41	0	0.42	0.71	0.39
FeO	21.76	22.12	21.50	22.00	21.76	5.49	5.00	4.70	5.03
MnO	0.42	0.38	0.37	0.50	0.42	0.23	0.26	0.33	0.23
NiO	0.11	0.05	0.12	0.09	0.10	0.11	0.10	0.05	0.06
MgO	7.78	7.57	8.23	7.62	7.94	35.79	35.44	35.67	35.51
CaO						0.17	0.17	0.15	0.15
总计	99.86	99.92	99.66	99.04	99.18	100.70	100.04	100.80	99.76
Si^{4+}						1.96	1.96	1.97	1.96
Ti^{4+}	0.01	0.01	0.01	0.01	0.01	0.	0	0	0
Al^{3+}	0.47	0.46	0.58	0.55	0.57	0.04	0.05	0.04	0.03
Cr^{3+}	1.15	1.16	1.03	1.21	1.19	0.01	0.01	0.01	0.01

续表 5-8

类型	铬铁矿					斜方辉岩			
	1	2	3	4	5	6	7	8	9
Fe^{3+}	0.35	0.35	0.36	0.21	0.21	0	0.01	0.02	0.01
Fe^{2+}	0.61	0.62	0.59	0.61	0.60	0.16	0.14	0.13	0.13
Mn^{2+}	0.01	0.01	0.01	0.01	0.01	0.01	0.01	0.01	0.01
Ni^{2+}	0	0	0	0	0	1.82	1.82	1.81	1.81
Mg^{2+}	0.39	0.38	0.41	0.38	0.39	0.01	0.01	0.01	0.01
XCr	0.71	0.72	0.64	0.69	0.68	0.20	0.17	0.20	0.25
XFe^{2+}	0.61	0.62	0.59	0.62	0.61	0.94	0.93	0.93	0.93
XMg	0.39	0.38	0.41	0.38	0.39	0.06	0.07	0.07	0.07

注:氧化物含量(质量分数)单位为%;$Si^{4+} \sim Mg^{2+}$ 值为各阳离子占位数;$XMg = Mg/(Mg+Fe^{2+})$,$XCr = Cr/(Cr+Al)$,$XFe^{2+} = Fe^{2+}/(Fe^{2+}+Mg)$(X:质量标准)。

三、北 Belobaka 铬铁矿

1. 概述

北 Belobaka 地区的铬铁矿位于 Antananarivo 地区西部。矿体在 Ananosibe 村东南 2.5km (Belobaka 以北 6km)被发现,铬铁矿赋存冲积物中。

Antananarivo 域的岩石组合由新太古代麻粒岩和高角闪岩相条件下变质和部分熔融的太古宙正片麻岩和副片麻岩组成。新元古代至寒武纪造山作用导致大量岩浆侵入整个 Antananarivo 克拉通 Tsaratanana 板块。岩石主要为含黑云母和角闪石的混合岩,并有由闪长岩、辉长岩、辉石岩和正角闪岩组成的基性—超基性岩石侵入。铬铁矿主岩为基性—超基性岩体,以角闪片麻岩和角闪岩为特征。

铬铁矿颗粒主要为自形晶,很少出现铁铬铁矿初始蚀变。硅酸盐脉石主要由原生斜方辉石和次生滑石、蛇纹石、绿泥石和角闪石组成。常见钛相矿物(金红石和钛铁矿),也可见磁铁矿。

2. 岩石化学

铬铁矿的组成极为均匀,但在不同露头之间略有不同。主要的差异在于 Cr_2O_3 和 Al_2O_3 的差异,每个矿体 Cr_2O_3 和 Al_2O_3 的差异不超过 2.0%,但由于不同矿体之间的差异,Cr_2O_3 和 Al_2O_3 的总范围为 38.01%~47.23% 和 12.01%~16.89%。其他元素与矿体之间没有系统差异,FeO 质量分数为 25.40%~28.36%,Fe_2O_3 质量分数为 6.95%~11.27%,MgO 质量分数为 3.87%~5.93%,TiO_2 质量分数的范围在 0.41%~0.63%之间(表 5-9)。

斜方辉岩的 XMg 值为 0~0.08,SiO_2 质量分数为 55.36%~56.13%,Al_2O_3 质量分数较低(0.26%~0.94%),FeO 质量分数高于 Andriamena、Befandriana 和北 Tomasina(7.72%~9.93%)

表 5-9 北 Belobaka 地区铬铁矿、斜方辉石电子微探针分析

类型	铬铁矿					斜方辉岩				
	1	2	3	4	5	6	7	8	9	10
SiO_2						55.76	55.44	56.13	55.70	55.36
TiO_2	0.53	0.41	0.48	0.55	0.63	0.03	0.04	0.01	0.04	0.10
Al_2O_3	12.01	16.89	15.32	13.74	12.71	0.26	0.52	0.41	0.45	0.94
Cr_2O_3	46.13	38.01	45.34	46.68	47.23	0.08	0.09	0.16	0.10	0.46
Fe_2O_3	9.45	11.27	6.95	7.49	7.81	1.84	1.54	1.82	1.51	1.02
FeO	27.04	28.36	25.50	25.40	25.40	8.08	9.93	7.72	8.50	9.39
MnO	0.19	0.36	0.17	0.20	0.20	0.19	0.23	0.23	0.23	0.22
NiO						0.15	0.13	0.41	0.19	0.21
MgO	4.46	3.87	5.93	5.85	5.80	32.66	31.37	32.83	32.30	31.65
总计	99.81	99.17	99.69	99.91	99.78	99.05	99.29	99.72	99.02	99.35
Si^{4+}						1.97	1.97	1.97	1.97	1.98
Ti^{4+}	0.01	0.01	0.01	0.01	0.02	0	0	0	0	0
Al^{3+}	0.48	0.67	0.60	0.54	0.51	0.01	0.02	0.02	0.02	0.04
Cr^{3+}	1.25	1.02	1.20	1.24	1.26	0	0	0	0	0.01
Fe^{3+}	0.24	0.29	0.17	0.19	0.20	0.05	0.04	0.05	0.04	0.03
Fe^{2+}	0.77	0.80	0.71	0.71	0.72	0.24	0.29	0.23	0.25	0.28
Mn^{2+}	0.01	0.01	0	0.01	0.01	0.01	0.01	0.01	0.01	0.01
Ni^{2+}						1.72	1.66	1.71	1.70	1.67
Mg^{2+}	0.23	0.20	0.30	0.29	0.29	0.01	0	0.02	0.01	0.01
XCr	0.72	0.60	0.67	0.70	0.71	0	0	0	0	0.20
XFe^{2+}	0.77	0.80	0.70	0.71	0.71	0.96	1.00	0.92	0.96	0.97
XMg	0.23	0.20	0.30	0.29	0.29	0.04	0	0.08	0.04	0.03

注：氧化物含量（质量分数）单位为%；$Si^{4+} \sim Mg^{2+}$ 值为各阳离子占位数；$XMg = Mg/(Mg+Fe^{2+})$，$XCr = Cr/(Cr+Al)$，$XFe^{2+} = Fe^{2+}/(Fe^{2+}+Mg)$（X：质量标准）。

四、Antanimbary 铬铁矿

1. 概述

Antanimbary 铬铁矿出露于 Maevatanana 带内，区内存在大量的镁铁质/超镁铁质岩体透镜体，包括滑石片岩、蛇纹岩、角闪岩（正变质）、放射状透闪石岩和超镁铁质岩体。

含铬层位与辉长岩的主导组构一致，透镜体长 10～200m，厚 1.5～20m。块状构造，铬铁矿含量超过

70%,高达90%,并有海绵陨铁结构。由于Cr_2O_3质量分数低,Cr/Fe值很低,矿石块状,但未被开发。

铬铁矿颗粒完全蚀变为铁铬铁矿,颗粒大小在0.1~0.5mm之间,自形粒状结构,具有破碎的核和多孔的边缘,并被封闭在硅酸盐脉石中。脉石主要由斜绿泥石—透绿泥石、少量透闪石-阳起石和罕见的滑石组成。原生脉石主要为斜方辉石、钠长石和黑云母,以包裹体形式为主。钛相矿物常见,由金红石、钛铁矿和钛磁铁矿组成。次生磁铁矿以分散的小颗粒形式存在于脉石中。铬铁矿晶体(孤立的或聚集体)即使完全改变为铁铬铁矿仍保持变余组构。晶核发生轻微的环带,受更强的蚀变影响,被多孔铁氧体蚀变包围。

2. 岩石化学

铬铁矿的Cr_2O_3质量分数很低,从不超过43%。FeO质量分数较高,在29.60%~32.08%之间。Fe_2O_3质量分数从不低于7.58%,高达29.67%。MgO质量分数极低,最高才2.04%。Al_2O_3质量分数变化剧烈,最低和最高限值分别为3.39%和16.40%。TiO_2质量分数变化很大,但一般都很高,在0.35%~1.27%之间。

Antanimbary中斜方辉岩的XMg值在0.70~0.73之间,SiO_2质量分数为56.11%~56.73%。Al_2O_3质量分数为0.31%~1.12%。FeO质量分数为15.31%~16.99%。MnO质量分数在0.38%~0.51%之间,MgO质量分数在22.59%~23.97%之间,是铬铁矿中较低的(表5-10)。

表5-10 Antanimbary地区铬铁矿、斜方辉石电子微探针分析(Grieco et al, 2013)

类型	铬铁矿					斜方辉岩				
	1	2	3	4	5	6	7	8	9	10
SiO_2						56.11	56.73	56.41	56.28	56.51
TiO_2	1.06	0.35	0.69	1.27	0.47	0.09	0.04	0	0.06	0
Al_2O_3	3.39	16.40	6.78	13.93	11.91	1.12	0.51	0.98	0.31	0.84
Cr_2O_3	33.73	41.23	38.09	35.59	42.99	0.28	0.09	0.17	0.37	0.13
Fe_2O_3	29.67	7.58	21.72	14.64	11.92	0	0	0	0	0
FeO	29.60	32.08	30.01	31.60	31.63	16.41	15.79	15.86	16.99	15.31
MnO	0.40	0.35	0.93	0.73	0.53	0.43	0.49	0.38	0.51	0.40
NiO						0.50	0.69	1.01	0.66	0.48
MgO	2.04	1.51	1.55	1.72	1.49	22.62	23.53	23.07	22.59	23.97
CaO						0.13	0.02	0.06	0	0.04
总计	99.89	99.50	99.77	99.48	100.94	97.69	97.89	97.94	97.77	97.68
Si^{4+}						2.11	2.12	2.11	2.12	2.11
Ti^{4+}	0.03	0.01	0.02	0.03	0.01	0	0	0	0	0
Al^{3+}	0.15	0.66	0.29	0.57	0.49	0.05	0.02	0.04	0.01	0.04
Cr^{3+}	0.98	1.12	1.09	0.98	1.18	0.01	0	0.01	0.01	0
Fe^{3+}	0.82	0.20	0.59	0.38	0.31	0	0	0	0	0
Fe^{2+}	0.91	0.92	0.90	0.92	0.92	0.52	0.49	0.50	0.54	0.48

续表 5-10

类型	铬铁矿					斜方辉岩				
	1	2	3	4	5	6	7	8	9	10
Mn^{2+}	0.01	0.01	0.03	0.02	0.02	0.01	0.02	0.01	0.02	0.01
Ni^{2+}						0.02	0.03	0.04	0.03	0.02
Mg^{2+}	0.11	0.08	0.08	0.09	0.08	1.27	1.31	1.29	1.27	1.33
XCr	0.87	0.63	0.79	0.63	0.71	0.17	0	0.20	0.50	0.00
XFe^{2+}	0.89	0.92	0.92	0.91	0.92	0.29	0.27	0.28	0.30	0.27
XMg	0.11	0.08	0.08	0.09	0.08	0.71	0.73	0.72	0.70	0.73

注：氧化物含量（质量分数）单位为%；$Si^{4+}\sim Mg^{2+}$值为各阳离子占位数；$XMg=Mg/(Mg+Fe^{2+})$，$XCr=Cr/(Cr+Al)$，$XFe^{2+}=Fe^{2+}/(Fe^{2+}+Mg)$（X：质量标准）。

第五节 资源储量分析

已发现铬铁矿床或矿点 25 处。其中 Andriamana 铬铁矿带资源潜力巨大，外围地区分布有 Bemanevika、Anderomena、Bemanvo 等矿区（段），构成面积约 80km² 的铬铁矿矿田，在此范围内分布有似层状、透镜状矿体近 200 个。矿石品位 Cr_2O_3 质量分数在 25%～55% 之间，Cr/Fe≥2.2。

一、Ankazotaolana 铬铁矿

Ankazotaolana 铬铁矿透镜体赋存于蛇纹石化的富镁橄榄岩中，层状、扁豆状。矿体 10 余条，长 50～800m，单个透镜体的厚度在 10～20m 之间，总厚度约为 40m。由辉石岩、绢石岩、蛇纹岩和滑石岩组成的狭窄隔层隔开。Cr_2O_3 品位 30%～39%（李林，2018），原始总储量估计为 431 万 t，估计 Cr_2O_3 储量 143 万 t。

二、Bemavo 铬铁矿

目前在 Bemavo 铬铁矿矿区共圈定铬铁矿体 36 个，10 个隐伏矿体，26 个表生矿。其总体走向北北西和近南北向，与近南北展布的超镁铁质杂岩体较为协调一致，倾向以北东东—东为主，局部倾向南西西，倾角较陡，一般为 62°～87°，局部反倾。矿体形态以似层状、透镜状为主（图 5-11），其次有扁豆状、囊状、串珠状、刀状、棱角状及不规则条带状等（周建新等，2013）。空间分布具有成群成带，分段集中分布特点。规模大小不一，单个矿体沿走向与倾斜方向延伸不长且不稳定，长 100～1122m，厚度 0.50～10.80m，最厚 20.64m，深部延长 145m，且不连续。Cr_2O_3 品位 19.73%～44.45%，平均品位 32.82%，$Cr_2O_3/FeO=2.37$，属冶金型铬铁矿石。2011 年江西省地质矿产勘查开发局九一二大队对 Andriamena 地区铬铁矿进行勘查，于 2012 年提交 Bemavo 矿区矿石资源储量（334）600 余万 t（晏结义和卢建华，2012）（表 5-11），Cr_2O_3 资源量 197 万 t。

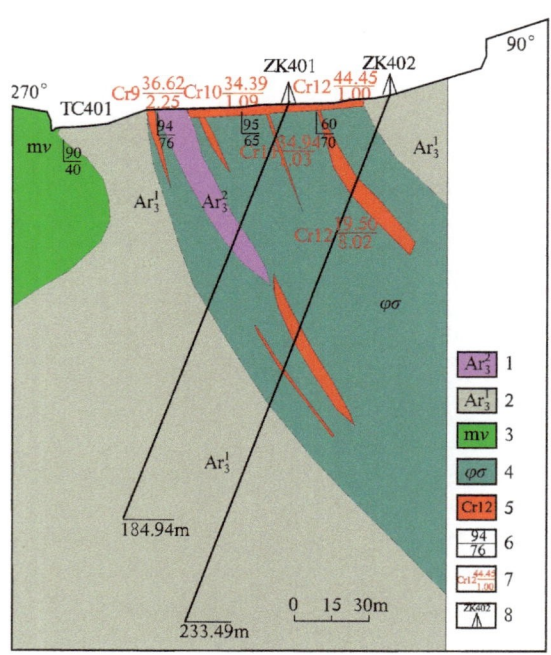

图 5-11　马达加斯加 Bemavo 铬铁矿 4 号勘探线剖面图（修改自曾建辉等，2015）
1.Andriamena 上段：紫苏花岗岩；2.Andriamena 下段：片麻岩；3.变辉长岩；4.含铬铁矿超基性岩体；5.铬铁矿矿体及编号；6.产状：$\dfrac{倾向(°)}{倾角(°)}$；7.铬矿体：$\dfrac{品位(\%)}{厚度(m)}$；8.钻孔位置及编号

表 5-11　Bemavo 矿区资源量表（曾建辉等，2015）

矿体编号	勘探线	矿体形态	产状	矿体断续长度/m	矿体厚度/m	Cr_2O_3平均品位/%	矿石资源量$(d=3.8)$/t
Cr1	9-12	似层状、透镜状、串珠状	85°∠78°	1 122.80	0.86	33.70	631 403
Cr2	7-10	似层状、透镜状、串珠状	100°∠65°～110°∠87°	584.05	2.10	31.27	417 179
Cr3	5-13	似层状、透镜状	70°∠78°～89°∠85°	138.20	0.79	33.23	8787
Cr4	5-13	似层状、透镜状	85°∠75°	394.40	0.73	34.59	66 130
Cr5	5-11	似层状、透镜状、条带状	85°∠65°	338.80	0.40～3.50	56.52	133 696
Cr6	7-12	似层状、透镜状、条带状	85°∠65°～100°∠70°，255°∠78°	814.90	0.80～1.60	38.27～42.22	464 080
Cr7	0-5	似层状、透镜状、条带状	265°∠57°	218.68	1.40	49.38	38 990
Cr8	1-4	似层状、透镜状	85°∠65°	245.20	2.26	41.08	79 132
Cr9	3-8	似层状、透镜状、串珠状	85°∠75°	473.93	5.25	34.46	686 738
Cr10	7-8	似层状、透镜状	92°∠70°	578.53	2.53～10.80	39.13	1 305 959
Cr11	0-6	透镜状	95°∠65°	200.00	0.50～0.66	34.78	13 977
Cr12	0-8	似层状、透镜状、串珠状	92°∠62°	400.97	0.80～4.01	21.77	224 718
Cr13	15-29	似层状、透镜状、串珠状	260°∠60°	200.00	1.36	41.78	31 681

续表 5-11

矿体编号	勘探线	矿体形态	产状	矿体断续长度/m	矿体厚度/m	Cr_2O_3平均品位/%	矿石资源量($d=3.8$)/t
Cr14	15-29	似层状、透镜状、串珠状	235°∠45°	270.00	1.18	45.68	50 097
Cr15	15-29	似层状、透镜状、串珠状	235°∠85°	270.00	0.72	41.40	30 568
Cr16	15-29	似层状、透镜状、串珠状	286°∠45°	270.70	1.89	32.76	80 657
Cr17	15-29	似层状、透镜状、串珠状	286°∠85°	485.54	1.26	42.44	172 991
Cr18	15-29	似层状、透镜状、串珠状	240°∠70°	200.00	2.50	28.77	58 238
Cr19	27-39	透镜状、条带状	80°∠87°	100.00	1.49	40.58	8677
Cr20	6-10	透镜状	90°∠63°~115°∠84°	200.00	2.96	22.53	68 953
Cr21	6-10	透镜状	90°∠63°	200.00	4.36	25.92	101 566
Cr22	6-10	透镜状	90°∠84°	200.00	1.97	32.93	45 891
Cr23	6-10	透镜状	115°∠63°	200.00	2.59	20.88	60 334
Cr24	6-10	透镜状	115°∠84°	200.00	0.68	34.30	15 841
Gr25	29-39	似层状、透镜状、串珠状	100°∠80°	447.97	9.96	38.55	1 164 020
Cr26	66-72	透镜状、串珠状	78°∠70°~85°∠80°	200.00	1.80	14.24	41 931
合计					2.34	32.82	6 000 000

三、Bemanevika 铬铁矿

矿体百余条,长 100~1200m,厚 2~25m,延深 120m(图 5-12),Cr_2O_3 品位 19.73%~44.45%,查明 Cr_2O_3 储量 95 万 t。从 Bemanevika 矿区在 800~950m 标高区间已探明(开采)铬铁矿矿石资源量 344 万 t(表 5-12),年产量约 10 万 t,主要生产铬精粉和粗矿并出口中国,预计保有资源储量可维持矿山开采 5~7a。

四、其他地区铬铁矿

(1)北 Befandriana 矿石储量近百万 t,矿石 Cr/Fe 为 2.6~2.9。

(2)Andriamena 铬矿田 Telomita 矿床为 73 万 t。

(3)Ambatondelazaka 地区铬铁矿分布于 Tsaratanana 杂岩体 Beforona 绿岩带中。Ambatondrazaka 市南西约 12km 处,圈出矿体 3 个,走向北西,倾向北东,倾角 45°,长 50~100m,厚 0.4~1.2m,Cr_2O_3 品位 10.30%~48.32%。此外,初步调查表明,该区部分超基性岩中铬铁矿含量达 80%,粒径一般为 0.2~0.7mm,Cr_2O_3/FeO=1.8~3.2,显示出较好的找矿前景。

(4)Mananara、Mandritsara、Ranomena、Antongil、Vohibory 也少量分布铬铁矿,但矿石质量较上述稍差,Cr/Fe 为 1.5 左右。

目前已有资料数据统计,Andriamena、Befandriana 和 Ranomena 3 个成矿田 Cr_2O_3 总储量约 520 万 t,矿石资源潜力 1527 万 t(表 5-2)。

已有的资料表明,全岛已探明的冶金用铬铁矿石资源量超过了 2.10 亿 t,Cr_2O_3 品位>35%,其矿石远景资源量可达到 10 亿 t。

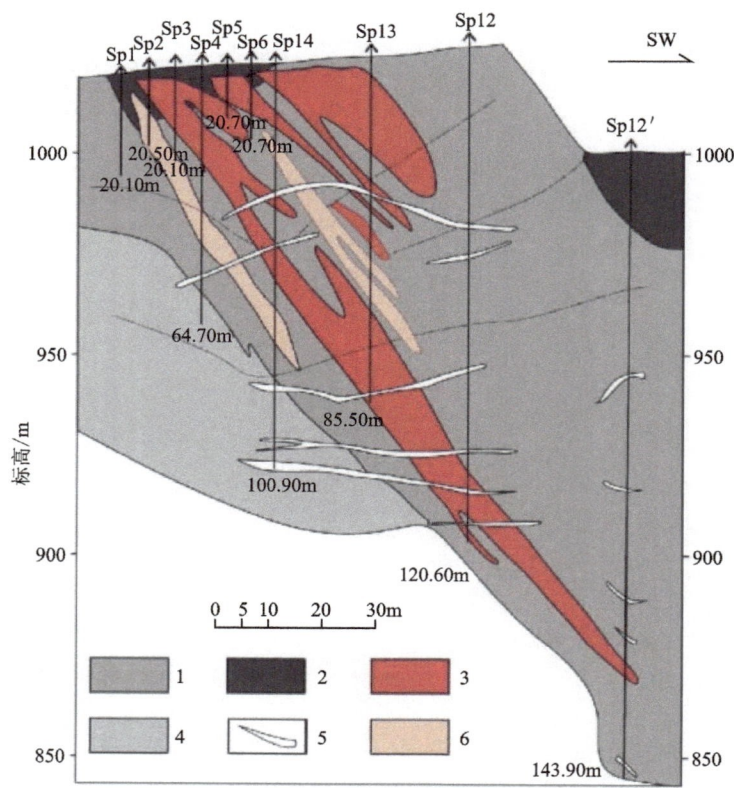

图 5-12 Bemanevika 铬铁矿矿体剖面图(李林,2018)
1.辉石岩;2.包裹体;3.富铬铁矿体;4.橄榄岩;5.脉岩;6.贫铬铁矿体

表 5-12 Bemanevika 矿区资源量表

层位(海拔)/m	Cr/Fe	品位/%	资源量($d=3.8$)/t
955~940	2.39	40.04	318 700
940~920	2.46	39.37	432 660
920~900	2.46	40.83	473 290
900~880	2.48	39.62	551 885
880~860	2.6	38.26	460 370
860~840	2.53	39.29	314 070
840~820	2.37	38.12	449 540
820~800	2.56	39.72	438 860
总量	2.48	39.41	3 439 375

第六章 铁 矿

第一节 概 述

马达加斯加铁矿资源潜力巨大,分布广泛,主要分布于中南部、东北部和西北部地区。已发现2处超大型矿床,分别为西海岸Soalala沉积变质型铁矿和Ambatondrazaka岩浆分凝型钒钛磁铁矿。此外,马达加斯加还有28处中型铁矿、33处小型铁矿,铁矿点150处以上(图6-1)。已探明的Scalala铁矿矿石平均品位TFe35.3%,矿石资源量达3.8亿t。Ambatondrazaka钒钛磁铁矿矿石平均品位TFe30.1%,矿石资源量达9.31亿t。虽然有极为丰富的铁矿资源,截至目前,马达加斯加仍没有一处铁矿床进行开采、选矿和冶炼。

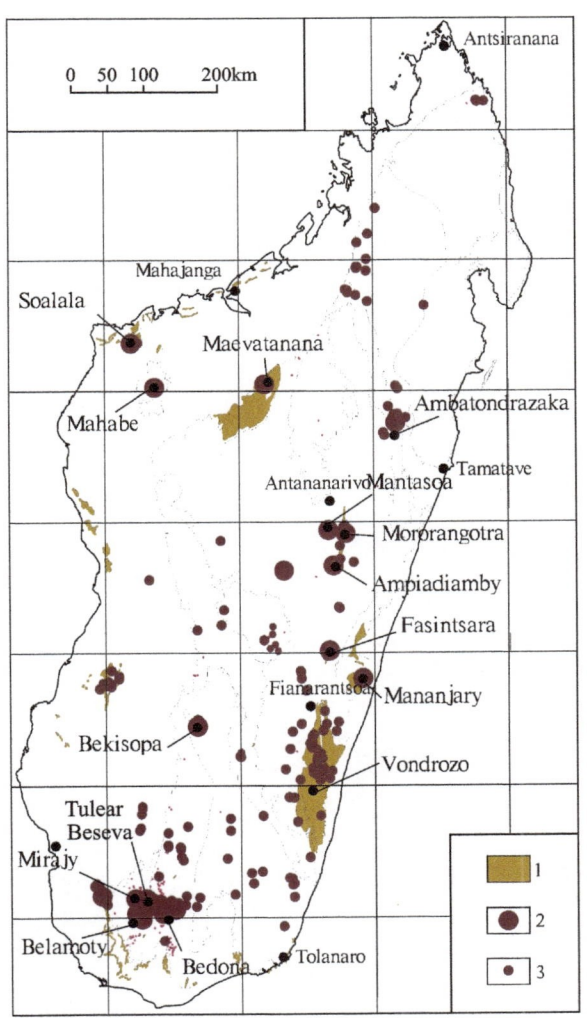

图6-1 马达加斯加铁矿资源潜力分布图(Tucker et al, 2012)
1.铁矿潜力区;2.铁矿点;3.铁矿化点

第二节 成矿地质背景及成因类型

马达加斯加铁矿主要产于 Antananarivo 地块及 Tsaratanana 杂岩体中的 Bekodoka、Maevatanana、Beforona 3 条绿岩带上沉积变质地层与基性岩体内和 Androyen 地块沉积变质地层中。

一、地层

1. Antananarivo 地块

Antananarivo 地块东南 Vondrozo 地区的 Ambatolampy 群地层与铁矿关系密切,地层岩性为磁铁石英岩、镁铁质片麻岩、角闪岩、石墨片岩和石墨片麻岩等。原始沉积物经历了多期次构造事件,变形变质和部分熔融,形成多元化地层。此外,Vondrozo 地区还分布着穹隆形的花岗岩、条痕状混合岩和云雾状混合花岗岩等各种混合岩和混合花岗岩。

1) 斜长片麻岩和磁铁石英岩

(1) 斜长片麻岩:灰色,由石英、长石、黑云母、角闪石和少量的白云母、石榴子石等组成,变质程度达角闪岩相,夹有黑云母片岩、石英岩等。在整个变质过程中,石墨均有零星分布,局部形成石墨斜长片麻岩。

(2) 磁铁石英岩:富含石英、磁铁矿和石榴子石,其中单晶磁铁矿粒度可以达到几厘米。石榴子石通常伴随磁铁矿,但也可以占主导地位。这些磁铁石英岩很少见有角闪石(辉石或直闪石)包裹体。以磁铁石英岩为主的地层分布面积连续数平方千米,厚达几米,被解释为 BIF 型。

2) 斜长角闪岩

斜长角闪岩呈不连续透镜状,连续厚度小于 100m,可能是不同时期变形与区域变质作用导致。粒状变晶结构,块状—片麻状构造。此外还有零星分布的透闪石片岩、阳起透闪石片岩、透辉片麻岩和透辉磁铁片麻岩等。

3) 石墨片岩和石墨片麻岩

石墨片岩和石墨片麻岩为 Ambatolampy 群南延一部分,分布在斜长片麻岩和磁铁石英岩地层中,并且作为 Ambatolampy 群的一部分单独列出。

石墨片麻岩:中—细粒变晶结构,矿物成分由丰富的石英、斜长石、钾长石、黑云母及石榴子石、夕线石、白云母和石墨组成。石英含量 50% 以上,长石含量 30%~40%。随着黑云母(有时是白云母)数量的增加,岩石变为石墨片岩。

2. 新太古代 Tsaratanana 杂岩体

Tsaratanana 杂岩体地层由大量的正、副片麻岩组成,包括黑云母-角闪斜长片麻岩、斜长片麻岩和磁铁石英岩等。该杂岩体(2.7~2.5Ga)有 4 条近平行绿岩带分布在 Antananarivo 地块北缘。遥感解译 Tsaratanana 杂岩体中识别出 3 个岩性单元。

1）基性片麻岩

基性片麻岩由角闪石、黑云母、斜长石和石英等组成，含量变化范围很大，矿物排列方式从片麻状到块状不等夹有角闪岩透镜体。有时会出现黑云斜长片麻岩。

2）副片麻岩

副片麻岩由斜长石、黑云母、石英矿物组成。粒度通常以厘米至分米的比例混杂在一起，交替分布有深色角闪岩和黑云母岩以及长石石英岩。

3）磁铁石英岩

这些岩石仅占Tsaratanana杂岩体的一小部分。常见富含磁铁石英岩，纯石英岩很少见。磁铁石英岩常有或多或少黑云母，为BIF型变质作用产物。

3. Androyen地块

1）Mangoky群（组）

Mangoky群（组）由正长片麻岩、石英岩、含石墨透辉片麻岩、大理岩、含石榴黑云片麻岩、含石墨黑云夕线片麻岩组成。

2）Imaloto群（组）

Imaloto群（组）由石榴夕线斜长片麻岩、夕线斜长片麻岩组成。

3）Tranomaro群（组）

Tranomaro群（组）包括以下两类岩石。

（1）黑云石榴角闪质片麻状混合岩：片麻状构造、条带状构造，矿物成分由石英、长石、黑云母、石榴子石、角闪石等组成，是高变质程度的混合岩。

（2）条带状夕线磁铁堇青片麻岩：中粒变晶结构，片麻状构造，矿物成分由斜长石、钾长石、石英、堇青石（25%～50%）、夕线石、黑云母、钛铁矿和磁铁矿（3%～10%）等组成，偶见尖晶石包裹体，通常不含石榴子石。当有石榴子石或夕线石时，它们会被磁铁矿或堇青石呈冠状包围。该地层是形成铁矿的主要矿源层，原岩为一系列碎屑沉积岩石。

二、岩浆岩

与铁矿成因有关岩体主要分布在Antananarivo地块Imorona-Itsindro岩套内。

Imorona-Itsindro岩套分布于马达加斯加中部前寒武纪地区（Antananarivo区域），此外在Itremo子域和Ikalamavony区域也广泛分布，在Anosyen区域和Masora区域有少量分布。Imorona-Itsindro岩套年龄数据在820～760Ma之间（Tucker et al,2012）。它总体上显示出组成上的双峰态，从而可以定义两个子岩套。Imorona型花岗岩类为碱长花岗岩—石英正长岩，Itsindro型基性岩类为橄榄辉长岩—辉长岩和苏长岩，该基性岩类与铁矿资源密切相关。在Manampotsy群的石墨片麻岩中发现石英二长岩—二长花岗岩岩体，称为Brickaville型岩体或Brickaville型片麻岩。岩体序列具有变质线理和角闪石、粉红色石榴子石晶体。

1. 超基性序列

该序列包括辉橄岩,辉石岩和橄榄岩,分布在 Antananarivo 区域和 Masora 子域,为小型辉石岩和橄榄岩超基性岩体,呈透镜状,分布很少。在 Ambodilafa 地区,超基性岩体侵入并穿过 Masora 子域。在 Antananarivo 地区 Manampotsy 群中也分布相关的超基性岩,包括橄榄辉石岩、辉橄岩和橄榄岩。这些岩石中一部分已经转化为蛇纹岩,滑石岩和透闪石岩。

2. 基性岩序列

该序列包括辉长岩、磁铁辉长岩、橄榄辉长岩,但苏长岩是主要的变种,为 Itsindro 型序列。

该序列基性侵入岩体主要分布在 Tsaratanana 杂岩体内,在 Beforona 绿岩带南部 Ambatondrazaka 地区,岩体呈岩床状、岩墙状、岩株状等产出,岩体出露最大面积 517.4 km^2。马达加斯加最大岩浆岩型钒钛磁铁矿就产于该绿岩带的基性岩体中。

这些深灰色至黑色的辉长岩岩体,矿物组合包含斜长石(40%~50%)和不同含量的角闪石、斜方辉石、单斜辉石、黑云母和极少橄榄石。副矿物是磷灰石、榍石、磁铁矿和钛铁矿。辉长岩通常是中—粗粒结构,但也有似斑状结构,斑晶为角闪石和单斜辉石。

化学组分平均质量分数 SiO_2 为 47%~52%,Al_2O_3 为 13%~16% 和 FeO 为 11%~15%。其他氧化物的丰度较低,其中 CaO 为 6%~12%,MgO 为 3%~8%,Na_2O 为 2%~4% 和 K_2O 为 0.3%~3.3%。这些岩石中化学成分通常是变化的,并且与碱性和亚碱性辉长岩成分相似。

3. 石榴角闪片麻岩(正片麻岩)

该岩性段在 Manampotsy 群内被认为是 Brickaville 片麻岩。Brickaville 片麻岩的原岩在 Manampotsy 群中是侵入性的,对应于 Imorona-Itsindro 岩套,被确定为该岩套的独立单元。

Brickaville 片麻岩是一种中—粗粒片麻状花岗质混合岩,条带状构造,由长英质脉体和基体组成,基体由中—粗粒角闪石、石榴子石、黑云母和不透明矿物组成。当片麻岩的外观是粗粒时,酸性脉体将扩散注入角闪岩基体中,导致棕红色石榴子石在两个阶段均有生长。石榴子石还可以独立地出现在粒状线理中,最高含量达 15%。角闪片麻岩含有同期变质产物,也含有后期侵入产物。

根据上述成矿地质背景及工作成果总结,认为马达加斯加铁矿类型主要为沉积变质型铁矿(BIF)和岩浆型钒钛磁铁矿。

第三节 矿床实例分析

一、新太古代沉积变质铁矿床(BIF)

马达加斯加全境 2/3 面积是前寒武纪变质地层,沉积变质铁矿主要分布在其中北部绿岩带(Bekodoka、Maevatanana)、中部 Mantasoa—Ambositra—Fianarantsoa 一带和东海岸 Mananjary—Vondrozo 地区,矿体以磁铁石英岩和磁铁透闪斜长片麻岩为主,变质程度为角闪岩相,成矿时代为 2.6Ga 年左右,规模一般中—大型,矿石全铁品位在 30% 以上,矿体成群呈带分布,含矿带延长几十到几百千米。

1. Soalala 铁矿

1) 矿区地质背景

Soalala 沉积变质型铁矿位于马达加斯加西北部 Mahajanga 的 Ambohipaky 地区,处于 Antananarivo 构造单元北部 Tsaratanana 杂岩体 Bekodoka 绿岩带中。该绿岩带由新太古代(3.3～2.5Ga)镁铁质片麻岩、英云闪长岩、含磁铁矿超镁铁质岩石和变质泥质岩组成(图 6-2),是提供铁、金等成矿元素重要的物质来源。矿体围岩一般为正片麻岩和变质基性岩,变质程度达角闪岩相,主要矿物为石英+斜长石+石榴子石+角闪石+黑云母,少见白云母、十字石、夕线石。黑云母和角闪石强烈拉伸,形成构造叶理。根据围岩中稳定的变质矿物组合(黑云母-石榴子石、夕线石+白云母、十字石+石英等)判断变质条件为 550～600℃,压力为 4～5kbar($1kbar=10^8Pa$)。

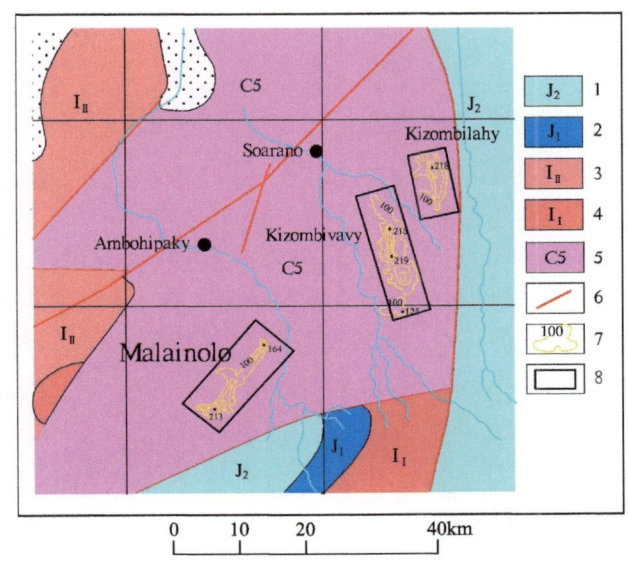

图 6-2 Soalala 铁矿区地质图(刘东宏,2009)

1. 中侏罗统:海陆相碎屑岩为主,其次陆相碎屑岩;2. 下侏罗统:陆相碎屑岩为主,其次海陆相碎屑岩;3. IsaloⅡ群:海相碳酸盐岩为主,其次陆相碎屑岩;4. IsaloⅠ群:陆相碎屑岩为主,其次海相碳酸盐岩;5. Bekodoka 带:磁铁石英岩、磁铁透闪斜长片麻岩;6. 断裂构造;7. 等高线及海拔高度(m);8. 矿区范围

2) 矿体特征

Soalala 铁矿为 3 个矿区或矿段,分别为 Kizombilahy、Kizombivavy 和 Malainolo 3 个矿段(图 6-3)。其中 Kizombilahy 和 Kizombivavy 两矿段铁矿体大致平行,呈北北西—南北走向,间距约 5km;Malainolo 矿段铁矿体呈北东走向。矿床属沉积变质磁铁石英岩型矿床。矿体主要为条带状磁铁透闪斜长片麻岩、磁铁石英岩。矿体一般呈似层状、透镜状夹于前寒武纪变质岩系中,断续延伸几十千米,矿体宽达 100m。矿石呈中粗粒变晶结构,条带状构造、片麻状构造(图 6-4)。矿石矿物主要由磁铁矿等组成,脉石矿物由长石、石英、角闪石(透闪石化)和少量的石榴子石、黑云母和磷灰石组成,磁铁矿和脉石矿物呈条带状相间分布。

根据各矿段铁矿体的规模、形态、产状及矿石成分、组构、质量等特征分述如下(刘东宏,2009)。

(1) Kizombilahy 矿区。矿体沿山脊断续出露,长约 2000m,沿北北西—南北走向呈舒缓波状,地表出露宽度平均约 100m,北端最宽处约 200m。矿体产出形态与地层产状基本一致,大致呈厚层状。倾

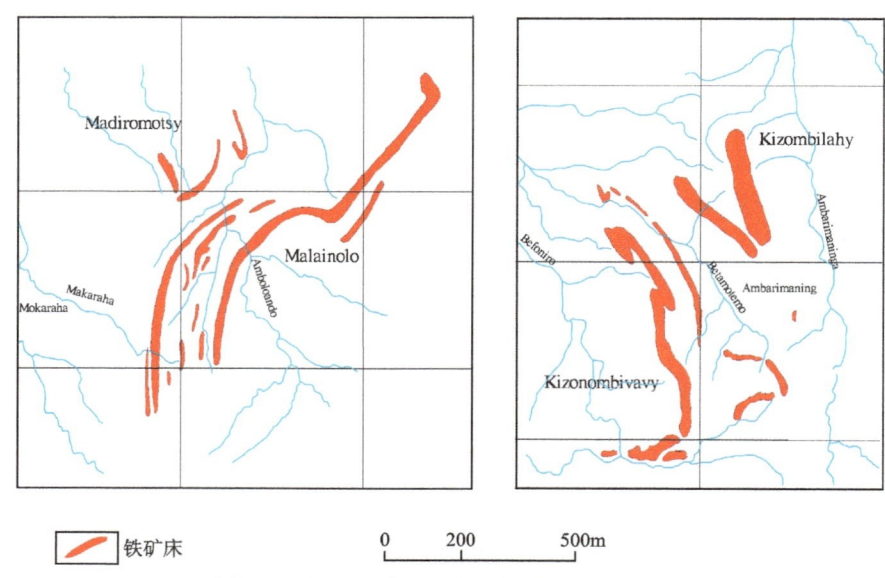

图 6-3 Soalala 铁矿分布示意图(刘东宏,2009)

向西,倾角 50°左右。矿石局部风化强烈,呈多孔、蜂窝状,矿石中裂隙发育,多为硅质、铁质等所胶结充填。

矿石矿物成分主要为磁铁矿、赤铁矿、褐铁矿,呈团块状、结核状、扁豆状、浸染状沿石英粒间定向平行展布,定向构造明显。脉石矿物为石英。矿石结构主要为他形—半自形粒状结构、等粒状变晶结构、鳞片粒状变晶结构和交代熔蚀结构等。矿石构造主要为块状、浸染网脉状、角砾状、条带状等构造。

图 6-4 Soalala 铁矿矿石片麻状构造

矿石实验分析结果见表 6-1。

从分析结果可以看出该铁矿石品位较高,有害物质磷、硫含量较低,矿石质量较好(炼钢用铁矿石

表 6-1 矿石实验分析结果

矿石类型	TFe/%	FeO/%	P/%	S/%	TFe/FeO
微风化矿石	42.1	1.35	0.079	0.008	31.19
半风化矿石	45.7	3.22	0.130	0.024	14.19
强风化矿石	25.0	3.60	0.079	0.008	6.94

P≤0.15%，含S≤0.15%）。

(2) Kizombivavy 矿区。矿体沿山脊断续出露，在山脊顶多呈孤峰状。矿体长约 1800 m，沿北北西—南北走向呈舒缓波状，地表出露宽度平均约 100m，最宽处约 280m，最窄处约 80m。矿体产出形态与地层产状基本一致，大致呈中厚层状产于变质岩中。矿石矿物主要为磁铁矿、赤铁矿、褐铁矿，呈团块状、透镜状、短脉状沿石英粒间大致定向平行展布，定向排列明显。脉石矿物为石英。矿石结构主要为粒状变晶结构、他形—半自形粒状结构、鳞片粒状变晶结构和交代熔蚀结构等。矿石构造主要为块状、浸染网脉状、角砾状、条带状等构造。矿石局部风化强烈，呈多孔、蜂窝状。

该铁矿石主要为石英磁铁矿石，次为含磁铁云母片麻岩。实验室分析结果见表6-2。

表6-2 矿石实验分析结果

矿石类型	TFe/%	FeO/%	P/%	S/%	TFe/FeO
磁铁矿化石英岩	9.8	1.29	0.052	0.048	7.6
含磁铁矿云母片麻岩	41.3	1.29	0.044	0.008	32.02

从分析结果可以看出该铁矿石品位较高，有害物质磷、硫含量较低，矿石质量较好。

(3) Malainolo 矿区。矿体沿山脊断续出露，沿北东走向呈舒缓波状，长约 1800m，地表出露宽度平均约 100m，最宽处约 200 m，最窄处约 20m。矿体产出形态与地层产状基本一致，大致呈中厚层状产于变质岩中。倾向南东，倾角 45°左右。矿石矿物主要为磁铁矿、赤铁矿、褐铁矿，呈团块状、透镜状、细脉状、扁豆状（大小一般 4.5mm×12mm）定向分布。脉石矿物为石英。矿石结构主要为他形—半自形粒状结构、鳞片粒状变晶结构和交代熔蚀结构等。矿石构造主要为块状、浸染网脉状、角砾状、条带状等构造。矿石局部风化强烈，呈多孔、蜂窝状，矿石中裂隙发育，多为硅质、铁质等所胶结充填。

铁矿石属石英磁铁矿矿石，实验分析结果见表6-3。

表6-3 矿石实验分析结果

矿石类型	TFe/%	FeO/%	P/%	S/%	TFe/FeO
微风化矿石	46.60	14.92	0.065	0.016	3.12

从分析结果可以看出该铁矿石品位较高，属磁铁矿和赤铁矿混合矿石（TFe/FeO＞2.7），有害物质磷、硫含量较低，矿石质量较好。

3) 地球物理异常特征

从平面特征上看：本区磁异常总体形态呈带状，自西向东，其走向由北东→近东西→北西变化，在磁异常走向发生明显变化的地段，异常强度增强、范围变大，明显反映磁异常与构造活动有关。在中部地段，异常展布形态变化较大，可能与该地段构造活动较强有关。因磁异常总体形态为带状，反映磁性体几何形态总体为板状特征。

从剖面特征上看，本区磁异常强度较大（一般大于 1000nT、最大 3000nT），异常形态表现为延伸较大的强磁性板状体异常特征。从钻孔控制深度看，本区钻孔控制深度一般均大于 150m，磁铁矿向下还有延伸，说明异常特征与地质情况基本吻合。

本区磁异常延伸长度大于 9km，异常宽度 100～700m。从钻孔剖面资料看，铁矿化体呈倾斜板状体特征，矿化体厚度 35～286m，异常特征与工程揭露铁矿化体基本吻合。

综上所述，Soalala 矿床矿体厚度大、形态简单，内部结构稳定，从矿区已施工的共 10 000 多米钻孔工作量情况来看，往深部有磁铁矿化变富的趋势。该区找矿信息明显，地磁异常成果显示区内找矿空间较大,3个矿段均有较好磁异常地段未进行工程控制。通过系统地质勘查工作,对未验证的磁异常加强验证,同时对已有工程控制的矿体和矿化带进一步加强边部和深部的工程控制,可以发现新的矿体,进一步扩大找矿资源前景,提高已知矿体的资源储量。

4) 储量估算

Soalala 铁矿目前被武汉钢铁(集团)公司获得了勘探权和开采权,2011 年进行补充勘探。Soalala 铁矿 3 个主要矿体资源量见表 6-4。

表 6-4 Soalala 铁矿矿体资源量表

铁矿矿体	Kizombivavy	Kizombilahy	Malainolo
延长/m	1600	3500	5000
精确长度/m	1600	2700	
钻孔控制厚度/m	110	70~80	100
推测厚度/m	110	80~100	
倾角	近垂直	近垂直	近垂直
推测深度/m	200	150	150
资源量/万 t	12 320	11 340	14 358
TFe/%	36	35	35
铁金属量/万 t	4435	3969	5025
密度/(t·m^{-3})	3.5	3.5	3.5

Soalala 沉积变质型铁矿是马达加斯加现已发现 9 处铁矿产地中勘查程度最高的铁矿类型。2009 年武汉钢铁(集团)公司、广东广新外贸集团有限公司和香港锦兴国际控股有限公司联合收购 Soalala 铁矿矿权(各占股 42%、38% 和 20%),委托河南省有色地矿局第三地质大队在以往工作基础上开展了进一步勘查工作,估算铁矿资源量约 6 亿 t。

2. 其他 BIF 铁矿

1) Andranomena 地区 BIF 铁矿

该矿床位于马达加斯加中北部的 Andranomena 地区,是沈阳地调中心于 2006—2009 年通过 1:5 万水系沉积物测量、地质简测和异常查证等工作发现并评价。通过对该矿床外围矿体追索发现,矿体断续延长约 30km。矿权区内远景矿石资源量超过 1700 万 t(334)。

(1)地质特征。区内出露新太古代绿岩带沉积变质地层,主要岩石类型为石英岩、长石石英岩、黑云二辉斜长片麻岩、透辉角闪斜长片麻岩、二辉斜长片麻岩、透辉斜长片麻岩,地层总体走向北西向。

(2)矿体特征。矿体呈层状产出,走向上较稳定,总体走向315°,北部矿体走向北西向(图 6-5),主矿体沿走向断续出露 6.5km,倾向北东倾角 50°~70°,矿体出露最宽处 20 余米,最窄处 2m,一般 5~10m,受变质变形及后期岩浆岩侵入影响,沿走向有间断。含矿岩石为磁铁角闪斜长片麻岩和磁铁石英岩,矿石具中粗粒他形粒状变晶结构、变余粒状结构,条带状构造、块状构造、片麻状构造(图 6-6)。

矿石矿物主要由磁铁矿、赤铁矿、针铁矿(表生)组成,以磁铁矿为主,含量达 35% 以上。脉石矿物主要为石英、角闪石、黑云母、斜长石、钾长石等。全铁品位 30%~40%,最高可达 42.38%。

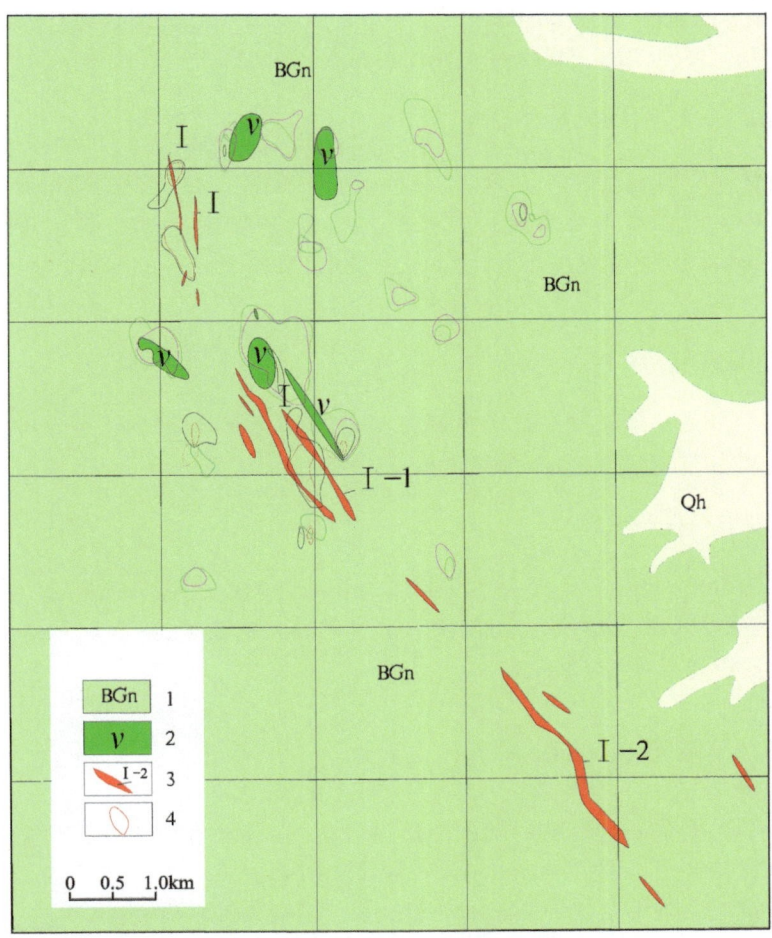

图 6-5　Andranomena 北部 BIF 铁矿矿区综合地质图
1.二辉斜长片麻岩夹磁铁石英岩;2.辉长岩;3.铁矿体;4.Fe 土壤异常

图 6-6　BIF 铁矿露头

2) Vondrozo 地区 BIF 铁矿

航空地球物理数据显示该区地层中存在非常强的正磁异常。Vondrozo 地区的铁矿分布广泛,属浅海环境的被动大陆边缘或典型的陆前盆地序列硅质碎屑沉积,矿体为磁铁石英岩,断断续续延长 13km,厚 20~40m。Ambohimahavony、Ampiadiamby 矿体 Fe_2O_3 平均品位估计达 60%(?),储量大于 3000 万 t。

Fasintsara 地区，从深部到地表 Fe_2O_3 品位从 36.7% 降低到 33.4% 和 31.3%，总资源量估计超过 1 亿 t，其中有 3000 万 t 品位为 36%（BGS-USGS-GLW，2008）。

3）Maevatanana 地区 BIF 铁矿

Maevatanana 地区 BIF 铁矿层与 Vondrozo 地区磁铁石英岩具有许多相似特征，前者地质背景（绿岩带）与 Soalala-Mahabe 的磁铁石英岩进行对比极为相似。Maevatanana 磁铁石英岩的厚度通常为 1～2m，在 Andrafiamadinika 附近厚度可达 20m。据报道，有两个 Tsimahabeomby 矿石样品的 Fe_2O_3 品位为 55.4%～56.4%。

4）Mantasoa 地区 BIF 铁矿

Mantasoa(Marorangotra)地区铁矿体由磁铁石英岩组成，经历强烈的次生演化形成块状磁铁矿和肾状赤铁矿体。矿化带长度超过 3200m，宽度 720m。最高 Fe_2O_3 品位为 65%，资源量大于 250 万 t。

5）Mananjary 地区 BIF 铁矿

Mananjary 铁矿化带长 1800m 以上，平均厚度 300m。矿体位于 Masora 构造单元的片麻岩和混合花岗岩中，它可能代表了 Vohilava 组的火山沉积。矿石矿物为磁铁矿、赤铁矿和褐铁矿等铁氧化物，平均品位 37.7%，铁矿石资源量为 9450 万 t。

二、新元古代沉积变质锰铁矿床

该类型铁矿是马达加斯加一种特殊的沉积变质型铁矿，在我国境内未找到可对比的矿床类型。新元古代沉积变质锰铁矿床主要分布在 Antanarivo 地块 Manampotsy 群中，矿床岩石单元中含有大量的石墨片麻岩和磁铁片麻岩。典型矿床是 Ambatondrazaka 含锰条带状磁铁矿。

该矿床于 2006—2009 年由沈阳地调中心通过 1∶5 万水系沉积物测量、地质简测和异常查证等工作发现并评价，估算远景资源量 1.8 亿 t。

1. 成矿地质背景

1）地层

Ambatondrazaka 含锰条带状磁铁矿赋存于 Manampotsy 群中，区内主要出露新元古代 Manampotsy 群 Ma^2 地层，以浅色片麻岩为主，岩性为透辉斜长片麻岩、透辉二长片麻岩、黑云斜长片麻岩、黑云二长片麻岩夹磁铁石英岩、黑云碱长片麻岩夹透辉石大理岩、斜长角闪岩、麻粒岩、榴辉岩、条带状混合岩、石英岩、含锰磁铁石英岩。锰铁矿就赋存于透辉斜长片麻岩或黑云二长片麻岩中（图 6-7）。

南西部为透辉碱长片麻岩，北西向展布，倾向北东，倾角 65～80°。北东部为长英质斜长角闪条带状混合岩、斜长角闪岩。

（1）透辉斜长片麻岩：为该矿区锰铁矿体主要围岩，出露宽度达 2200m，与黑云二长片麻岩中相间或互层状分布（图 6-8）。柱粒变晶结构，片麻状构造，矿物成分由斜长石、透辉石、石英和少量的磁铁矿、榍石等组成。斜长石：他形粒状，$d=0.5～3.0mm$，含量 45%～50%，聚片双晶及卡钠复合双晶发育。石英：他形粒状，$d=1.0～3.0mm$，含量 25%～30%。透辉石：他形-半自形粒状、柱状，$d=0.5～1.5mm$，含量 20%～25%。副矿物：榍石、磁铁矿。

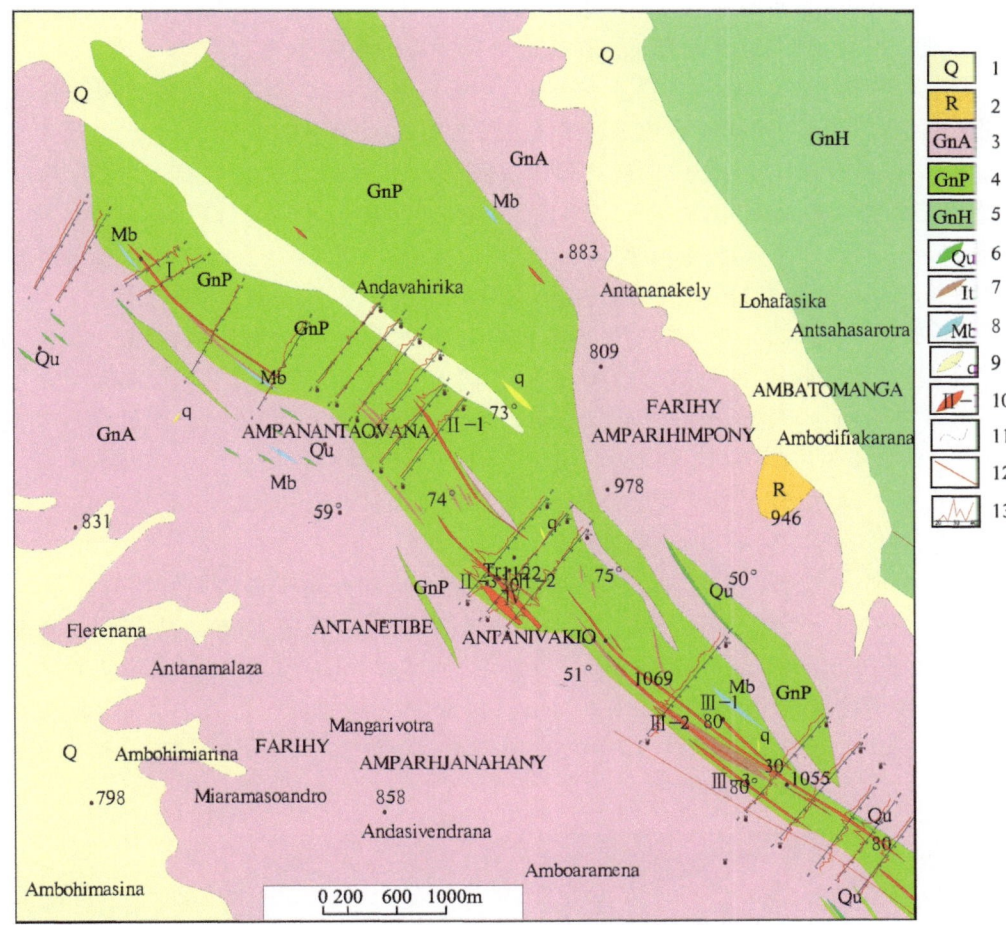

图 6-7 Ambatondrazaka 地区锰铁矿床综合地质图

1.冲洪积层；2.第三纪砂砾岩；3.碱长片麻岩；4.斜长片麻岩；5.角闪片麻岩；6.石英岩；7.磁铁石英岩；8.透辉大理岩；9.石英脉；10.铁锰矿体及编号；11.地质界线；12.性质不明断层；13.磁测剖面

图 6-8 （透辉）斜长片麻岩（GnP）与（黑云）二长片麻岩（GnAP）相间分布

(2) 黑云二长片麻岩：分布特征与透辉斜长片麻岩相似，出露宽度达 200m。鳞片粒状变晶结构，片麻状构造，矿物成分由斜长石、碱性长石、石英、黑云母和少量的角闪石、磁铁矿等组成。斜长石：他形—半自形粒状、板状，$d=0.5\sim2.0$mm，含量 35%～40%，可见聚片双晶，局部被细脉状碱性长石交代。碱性长石：由正长石、微斜长石、条纹长石组成。正长石：他形粒状，$d=0.5\sim1.5$mm，含量 15%～20%。斜长石：他形粒状，$d=0.5\sim1.0$mm，含量约 10%，格子双晶发育。条纹长石：他形粒状，$d=0.5\sim1.5$mm，含量约 5%，条纹呈蠕虫状，由钠长石组成，条纹宽 0.03～0.06mm。石英：他形粒状，$d=0.5\sim1.0$mm，含量 20%～25%。黑云母：鳞片状，$d=0.5\sim1.0$mm，含量 10%～15%。普通角闪石：半自形柱状，$d=0.2\sim0.5$mm，含量约 1%。磁铁矿：他形粒状，$d=0.2\sim0.5$mm，含量约 1%。

(3) 角闪(黑云)斜长片麻岩：与透辉斜长片麻岩为渐变关系，主要分布于构造强烈地段。鳞片粒状变晶结构(图 6-9)，片麻状构造，矿物成分由斜长石、角闪石、黑云母、石英和少量的碱性长石、磁铁矿等组成。斜长石：半自形板状、粒状，$d=0.5\sim1.0$mm，含量 60%～65%。具钠长双晶和卡钠复合双晶。石英：他形粒状，$d=0.5\sim1.0$mm，含量 20%～25%。黑云母：鳞片状，$d=0.1\sim0.5$mm，含量 10%～15%，定向分布明显。碱性长石：主要为微斜长石，他形粒状，$d=0.3\sim0.5$mm，含量 3%～5%。局部与石英呈交代蠕英结构。副矿物：磁铁矿、磷灰石。

(4) 碱长透辉大理岩或透辉方柱大理岩：分布较少，呈透镜状分布于透辉斜长片麻岩及黑云二长片麻岩中，出露宽度 5～10m。沿北西向展布。粒状镶嵌变晶结构，块状构造，矿物成分由方解石、透辉石、方柱石和少量的黑云母、石英等组成(图 6-10)。方解石：他形粒状，$d=1.0\sim4.0$mm，含量 75%～80%。透辉石：他形—半自形粒状、柱状，$d=0.3\sim0.5$mm，含量 10%～15%。方柱石：他形粒状，$d=0.3\sim0.5$mm，含量 3%～5%。黑云母：鳞片状，$d=0.3\sim0.5$mm，含量 2%～3%。石英：他形粒状，$d=0.3\sim0.5$mm，含量 1%～2%。副矿物：磁铁矿。

图 6-9　角闪斜长片麻岩　　　　　　　　　图 6-10　碱长透辉大理岩

Hbl-普通角闪石；Pl-斜长石　　　　　　　　Cal-方解石；Di-透辉石；Af-碱性长石

(5) 磁铁石英岩(图 6-11)：呈透镜状、扁豆状、条带状与透辉斜长片麻岩、黑云斜长片麻岩互层。厚度最宽达 20m，长度达 600m。当锰铁品位达到工业品位时即为锰铁矿体。

石榴磁铁石英岩：粒状变晶结构，条带状构造，矿物成分主要由石英、磁铁矿、石榴子石、软锰矿、硬锰矿等组成(图 6-12)。石英：他形粒状，$d=0.5\sim1.0$mm，含量 60%～65%。磁铁矿等金属矿物：他形粒状，$d=0.5\sim1.0$mm，少数 $d=0.05\sim0.2$mm，含量 35%～40%，少部分被氧化为褐铁矿。

(6) 石英岩：为薄层状、透镜状，出露宽度一般 8～9m，最宽达 20m。产状 45°∠55°。中粗粒变晶结构，块状构造，矿物成分由石英和少量的磁铁矿等组成。石英：他形粒状，$d=1.0\sim3.0$mm，彼此镶嵌，含量 95%～99%。磁铁矿等金属矿物：他形粒状，$d=0.5\sim1.0$mm，含量小于 5%。

图 6-11 磁铁石英岩
Qz-石英;Mag-磁铁矿

图 6-12 石榴磁铁石英岩
Gar-石榴子石;Qz-石英;Mag-磁铁矿

(7)斜长角闪岩:分布于区内北东,呈残留状于混合岩中。粒状镶嵌变晶结构,块状构造,矿物成分由普通角闪石、斜长石和少量的辉石、榍石、磁铁矿等组成。普通角闪石:绿色、黄绿色,他形粒状,$d=0.5\sim5.0\text{mm}$,含量 60%～65%。斜长石:他形粒状,$d=0.5\sim1.0\text{mm}$,含量 30%～35%,钠长双晶和卡钠复合双晶发育,与普通角闪石呈三边结构(粒状镶嵌结构)。辉石:他形粒状,$d=0.5\sim1.0\text{mm}$,含量 2%～3%。榍石:半自形粒状,$d=0.5\sim1.0\text{mm}$,含量约 3%。磁铁矿:半自形粒状,$d=0.2\sim0.5\text{mm}$,含量约 1%。

(8)麻粒岩:分布于区内北部,呈残留状于混合岩中。柱粒变晶结构,片麻状构造,矿物成分由斜长石、透辉石、石英和少量的磁铁矿、榍石等组成。斜长石:他形粒状,$d=0.5\sim3.0\text{mm}$,含量 45%～50%。聚片双晶及卡钠复合双晶发育。石英:他形粒状,$d=1.0\sim3.0\text{mm}$,含量 25%～30%。透辉石:他形—半自形粒状、柱状,$d=0.5\sim1.5\text{mm}$,含量 20%～25%。副矿物:榍石、磁铁矿。

(9)榴辉岩(图 6-13):分布于区内北部,呈残留状于混合岩中。粒状变晶结构,条带状构造,矿物成分主要由石榴子石、绿辉石、石英、纤闪石、磁铁矿等组成。石榴子石:淡红褐色,他形粒状,$d=0.15\sim0.3\text{mm}$,含量约 45%。绿辉石:淡绿色,他形粒状,$d=0.15\sim0.6\text{mm}$,含量 20%～35%,局部可见金红石包体,粒边缘偶见纤闪石化。石英:他形粒状,$d=0.1\sim0.5\text{mm}$,含量 10%～40%,局部不均匀消光。磁铁矿等金属矿物:他形粒状,$d=0.1\sim0.3\text{mm}$,少数 $d=0.05\sim0.1\text{mm}$,含量 5%～10%,少部分被氧化为褐铁矿。纤闪石:纤维状,沿绿辉石颗粒边缘分布,含量 1%～2%。

图 6-13 榴辉岩(左-单偏光;右-正交偏光)
Gar-石榴子石;Om-绿辉石;Qz-石英;Mag-磁铁矿

（10）长英质斜长角闪条带状混合岩（图6-14）：分布于区内北东，混合岩中脉体为长英质，基体为斜长角闪片麻岩。基体为柱粒变晶结构，片麻状构造，矿物成分由普通角闪石、斜长石和少量的辉石、黑云母等组成。普通角闪石：浅黄绿色—黄绿色，半自形柱状，$d=1.0\sim2.0$mm，含量45%～50%。定向分布较明显。斜长石：半自形板状、粒状，$d=0.5\sim1.0$mm，含量45%～50%，卡钠复合双晶发育。辉石：主要为透辉石，半自形粒状，$d=0.5\sim1.0$mm，含量4%～5%。黑云母：鳞片状，长条状，长度约4.0mm，含量1%。副矿物：磷灰石。

图6-14 透镜—条带状混合岩
基体为基性火山岩，被花岗质脉体贯入形成透镜状、条带状构造

2）侵入岩

区内岩浆岩为前寒武纪碱长花岗岩（?），经过区域变质、热动力、构造应力等作用，变质程度达到角闪岩相，岩性为透辉碱长片麻岩。另外区内花岗伟晶岩、石英脉极其发育。

（1）片麻状碱长花岗岩：主要分布在区内南西部，呈北西向延长，片麻理产状一般为50°∠55°（图6-15），与透辉斜长片麻岩相互关系。早期的基性或中基性火山岩（已经变质为透辉斜长片麻岩）被后期的碱长花岗岩（已经变质为透辉碱长片麻岩）斜切片麻理侵入，继承原来的变质作用，其片麻理与围岩一致。另有晚期碱长花岗岩呈细脉状侵入于前两者中，没有发生变质作用（图6-15）。

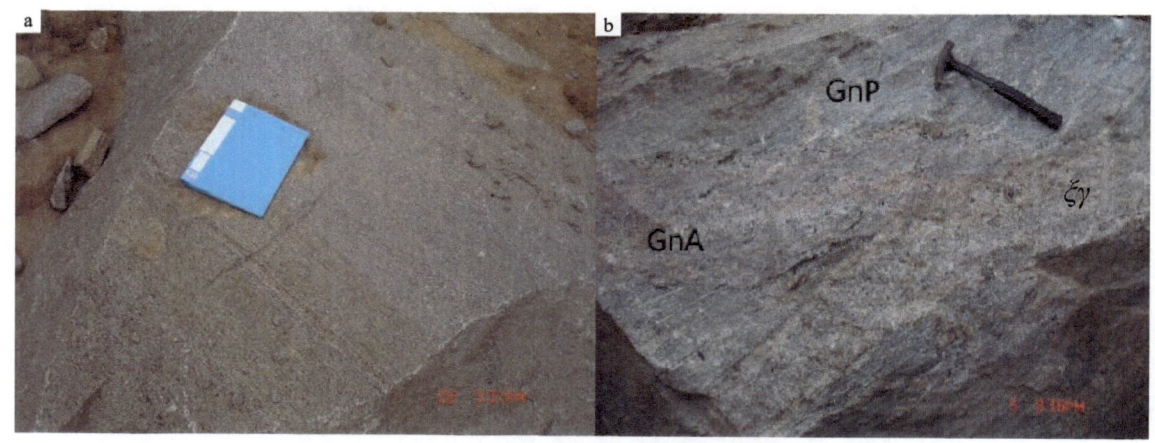

图6-15 碱长花岗岩及其侵入关系
a. 片麻状碱长花岗岩；b.（透辉）斜长片麻岩（GnP）与（透辉）碱长片麻岩（GnA）及后期的碱性花岗岩脉（ξγ）的接触关系

碱长花岗岩：柱粒状变晶结构，片麻状构造，矿物成分由碱性长石、石英、透辉石和少量的斜长石、普通角闪石、黑云母、磁铁矿等组成。碱性长石主要由条纹长石和少量的正长石、微斜长石组成。条纹长石：他形粒状，$d=1.0\sim4.0$mm，含量50%～55%，具条纹结构，主晶为正长石，客晶为钠长石，条纹宽度

为 0.02～0.03mm,约占条纹长石的 30%。正长石:他形粒状,d=1.0～2.0mm,含量 3%～5%。微斜长石:他形粒状,d=0.5～1.0mm,含量极少。石英:他形粒状,d=0.3～1.5mm,含量 30%～35%,少数嵌布于条纹长石中。透辉石:半自形柱粒状,d=0.2～1.0mm,含量 5%～7%。斜长石:他形粒状,d=0.5～1.0mm,含量 2%～3%,具钠长双晶及卡钠复合双晶。普通角闪石:半自形粒状、柱状,d=0.3～1.0mm,含量 1%～2%,半定向分布。黑云母:半自形片状,d=0.3～1.5mm,含量 5%～6%,定向分布。磁铁矿等金属矿物,他形粒状,d=0.5～1.5mm,含量 2%～3%。少见独居石。

(2)花岗伟晶岩:以近东西向为主,少部分北西向,呈脉状,出露宽度 0.5～7.0m;具中粗粒伟晶结构、文象结构,块状构造;矿物成分由碱性长石、石英和少量的云母组成,局部见有电气石,偶见宝石级碧玺。

(3)石英脉:以近北西向为主,少见东西向,呈脉状,出露宽度 0.3～5.0m;具中粗粒结构,块状构造;矿物成分由石英组成,局部见有绿柱石,未达宝石级。

3) 构造

区内断裂构造十分发育,主体构造线方向为北西—北北西向,仅有少量的北东和东西向断裂,轴向北北西的紧闭褶皱发育。岩石变形强烈,原地层遭到强烈的褶皱、挤压、破碎、断裂、错断、倒转形成片状构造、片麻状构造、变余层理构造、背斜构造(图 6-16)、香肠构造和窗棂构造等。部分锰铁矿体呈透镜状或扁豆状残留于破碎带中,形成"M"形构造。构造产状倾向总体北东,倾角 70°～85°。

(1)北西或北北西向的平行状复背斜构造,即 Ambohitsimanampelana 构造,岩石变形强烈,原地层遭到强烈的褶皱、挤压、破碎、断裂、错断、倒转形成片状构造、片麻状构造、香肠构造和窗棂构造等。部分锰铁矿体透镜状或扁豆状残留于破碎带中,形成"S"或"M"形构造(图 6-17)。构造产状倾向总体北东,倾角 70°～85°。

图 6-16 锰铁矿的背斜构造

图 6-17 磁铁石英岩或铁锰矿体赋存于强烈的"M"形褶皱构造带中

(2)北东或北东东向的脆性断裂带。一般规模较小,分布局限。多分布于北东向沟谷中,对地层、矿体产生很小的错断、位移。

4) 变质作用

根据区内变质岩中的矿物组合,可将其划分为 3 个变质相,角闪岩相、麻粒岩相和榴辉岩相,以角闪岩相为主,局部可达麻粒岩相。

(1)角闪岩相矿物组合:①透辉石+碱性长石+石英;②透辉石+普通角闪石+斜长石+石英+石榴子石。以出现特征变质矿物普通角闪石、碱性长石等为标志。

(2)麻粒岩相矿物组合:①紫苏辉石+透辉石+石榴子石+普通角闪石;②夕线石+碱性长石+石

榴子石。分别以出现特征变质矿物紫苏辉石和透辉石、夕线石和碱性长石为标志。角闪岩相与麻粒岩相不具有叠加变质的特点,二者应为同期次的过渡关系。

(3)榴辉岩相矿物组合:绿辉石+石榴子石+石英+磁铁矿。以出现特征变质矿物绿辉石、石榴子石为标志。

5)物探异常特征

在勘查区内已知锰铁矿体出露地段做了1:10000磁法测量,由于地势复杂,多见陡峭冲沟,采用切合实际有效的剖面磁测,采用网度200m×20m。完成地面磁测剖面33条,总长26.6km。

由于测区位于南半球低纬度地区,地磁场相对北半球为反向磁化。对磁测异常采用实地勘查,大致确定了异常形态,分布规律,且异常分布与锰铁矿体分布相吻合。

通过地面磁法工作,基本圈定了该区磁异常范围和异常形态。异常总体走向北西—南东,断续延长约5~6km,主要分布在侧区中部8~22剖面线之间,最高磁场强度T=35 369.4nT。异常剖面曲线呈尖、窄峰值现象,两侧大部伴有负磁场,显示延深有限薄板状矿体互层的磁场特征。异常经实地勘查,见有多处锰铁矿体露头。根据本区地质情况,结合磁异常特征,推断解释为在该区磁异常带上断续分布多条锰铁矿体,矿体宽度较窄,延深有限。

2. 矿体地质特征

1)矿体特征

该铁矿床由3个矿段组成,主要有7条矿体。矿体共同特征是:矿体都呈北西向延伸,总体走向310°。Ⅰ、Ⅱ矿段矿体倾向北东,倾角30°~80°不等;Ⅲ矿段倾向南西,倾角较陡,一般80°左右。矿体规模不等,呈条带状、扁豆状,透镜状,个别矿体有分支复合现象。矿体与围岩界线基本清楚,局部极不规则。现将各矿体特征分述如下(表6-5)。

表6-5 锰铁矿矿体特征一览表

矿体编号	长度/m	矿体走向/(°)	矿体平均厚度/m	矿石品位/%		工程方位/(°)	矿体倾向/(°)	矿体倾角/(°)	矿体厚度/m	资源量/万t(密度3.59t/m³)
				TFe	Mn					
Ⅰ-1	1330	330	4.1	28.45	17.00	70	走向140	90	3.7	651
				25.94	9.61	30	80	35	3.6	
						60	60	60	5.0	
Ⅱ-1	1390	320	7.5	35.93	0.06	70	230	50	1.5	1300
				36.47	0.11	40	60	80	4.2	
				27.94	4.07	24	走向114	90	4.6	
				28.39	6.32				20.0	
Ⅱ-2	1160	322	30.0	33.31	6.45	40	40	30	13.8	3623
				31.85	9.50	75	走向150	90	46.2	
Ⅱ-3	400	316	88.9	34.23	10.50	75	走向150	90	88.9	1276

续表 6-5

矿体编号	长度/m	矿体走向/(°)	矿体平均厚度/m	矿石品位/%		工程方位/(°)	矿体倾向/(°)	矿体倾角/(°)	矿体厚度/m	资源量/万 t (密度 3.59t/m³)
				TFe	Mn					
Ⅲ-1	3500	304	8.9	27.00	4.12	60	235	85	1.7	9785
				23.78	6.75	55	220	85	18.6	
				27.14	4.00	28	210	21	1.7	
				30.29	2.13	30	220	85	13.6	
Ⅲ-2	1500	300	4.3	23.78	9.57	55	220	85	3.7	868
				27.73	2.82		250	40	5.0	
Ⅲ-3	1000	300	5.9	26.43	1.89	30	220	85	1.9	529
				33.16	6.94		55	80	10.0	
合计										18 032

(2) Ⅰ-1 号矿体。该矿体分布于矿区西北部山脊北东侧，控制工程 TC1、TC18 和观测点 2D004（图 6-18）。共圈出 1 条主矿体和 3 条单工程控制矿体，总体走向呈北西向，似层状产出。地表矿体倾向北东，倾角一般 60°～80°，局部直立。最大长度 1330m，厚度 3～5m，平均水平厚度 4.1m。厚度变化系数为 1.93%。矿体平均品位 TFe27.70%、MFe3.89%、Mn13.3%。在该矿体南东端西侧见两条近平行条带状矿体，出露宽度分别为 1.3m、1.9m，品位 TFe26.97%、MFe30.15%、Mn18.39%。

(2) Ⅱ-1 号矿体。该矿体分布于矿区中部山脊北东侧，分支复合状。矿体长度最长达 1390m，最宽 21m。厚度变化系数为 71.86%。矿体平均品位 TFe32.18%、MFe19.73%。总体走向也呈北西向，倾向 55°，倾角 80°～85°（图 6-19）。

图 6-18 Ⅰ-1 号锰铁矿体
（宽 4.6m，走向 140°，近于直立）

图 6-19 Ⅱ-1 号锰铁矿体

(3)Ⅱ-2号矿体。该矿体分布于矿区中部山脊,分支复合状,北西向延伸,倾向50°、倾角80°。该矿体出露长度1160m,水平厚度最宽46.2m,平均宽30m。厚度变化系数为81.53%。矿体TFe品位最高42.9%,Mn最高46.79%。矿体平均品位TFe32.58%、Mn7.97%。在该矿体北东端,分别见有3条平行条带状矿体,单工程控制,矿体厚度分别为1.2m、2.6m、1.3m,品位分别为TFe33.70%、33.25%、30.57%,Mn8.53%、5.64%、6.71%。

(4)Ⅱ-3号矿体。该矿体位于Ⅱ-2号矿体南西侧约40m,呈条带状。出露宽度88.9m,北西向延伸,地表矿体倾向40°~55°,倾角一般57°~71°。矿体最高品位TFe43.74%、Mn18.67%。矿体平均品位TFe34.23%、Mn10.50%。

(5)Ⅲ-1号矿体(图6-20)。该矿体(组)分布于矿区东南部山脊,似层状,呈北西向延伸,地表矿体倾向55°,倾角一般80°~85°,局部直立。主矿体长度3500m,平均水平厚度8.9m,厚度变化系数为9.35%。矿体平均品位TFe27.05%、MFe21.91%、Mn 4.25%。矿体具有变余交错层理构造和窗棂构造,另外在该矿体上盘和下盘分别见有5条与之平行单工程矿体。

图6-20 Ⅲ-1号条带状含锰磁铁矿矿体露头
a.变余交错层理;b.窗棂构造

(6)Ⅲ-2号矿体。该矿体位于锰铁矿区南西山脊附近,似层状,呈北西向延伸,地表矿体倾向45°~55°,倾角一般50°~75°,局部直立。矿体长度1500m,平均水平厚度4.3m,平均品位TFe25.75%、Mn6.19%。

(7)Ⅲ-3号矿体。该矿体位于Ⅵ号矿体南西,为似层状,呈北西向延伸,地表矿体倾向45°~55°,倾角一般55°~75°。矿体长度1000m,平均水平厚度5.9m,平均品位TFe29.79%、Mn4.41%。

2)矿石物质成分

金属矿物主要为磁铁矿、水锰矿、软锰矿、硬锰矿(图6-21)、褐铁矿、赤铁矿。脉石矿物主要为石英、石榴子石、透辉石、透闪石等。

3)矿石结构构造

半自形—他形粒状结构,自形—半自形砂状碎屑结构,磁铁矿、软锰矿颗粒呈半自形—他形粒状,粒径在0.05~1.0mm之间(图6-22),普遍具褐铁矿化。矿石具有块状构造、条带状构造、浸染状构造。

4)矿石类型

矿石的自然类型主要为条带状、浸染状含锰磁铁石英岩型。

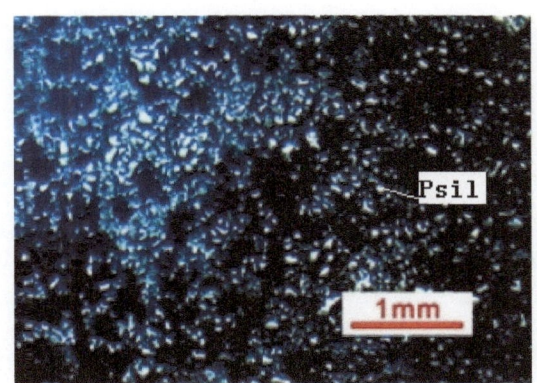
图 6-21 隐晶质豆状硬锰矿(Psil)

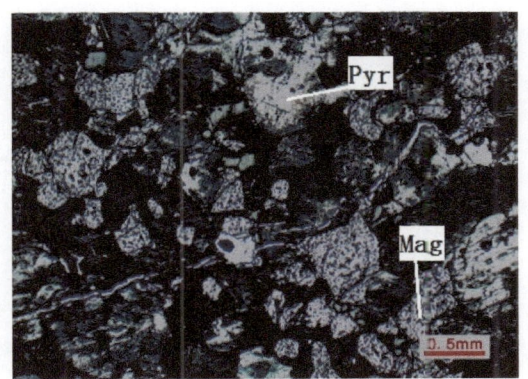
图 6-22 软锰矿(Pyr)和磁铁矿(Mag)呈半自形砂状碎屑结构

3. 资源量估算

鉴于目前该矿的勘查程度偏低,控矿工程以探槽和地质观察点为主,并且工程间距(点距)偏大,根据勘查规范相关规定估算矿石资源量(334)约 1.80 亿 t,TFe5310 万 t(TFe29.51%);锰金属量 1260 万 t(Mn7.02%)。

三、岩浆分凝型钒钛磁铁矿(MVT)

以 Beforona 绿岩带北部 Ambatondrazaka 钒钛磁铁矿为典型矿床,该矿床是沈阳地调中心发现并评价的。

Ambatondrazaka 钒钛磁铁矿产于 Beforona 绿岩带的新元古代镁铁质—超镁铁质杂岩内,含矿岩体为含橄榄辉长岩,属岩浆晚期结晶分凝型铁矿床。矿床规模大、有用组分含量高,可与我国攀枝花钒钛磁铁矿以及河北大庙钒钛磁铁矿对比。目前工作估算远景资源量(334)9.31 亿 t(含 333),伴生钛金属量 6870 万 t,伴生钒金属量 270 万 t。

1. 成矿地质环境

工作区位于马达加斯加北部的 Tsaratanana 杂岩体 Beforona 绿岩带北部。区内镁铁—超镁铁质杂岩体广泛发育,侵入于前寒武纪地层中(图 6-23)。

1)地层

区内出露新元古代 Manampotsy 组 Ma^3 和 Ma^4 地层及第三纪地层。含矿母岩侵入新元古代 Manampotsy 组地层中。

(1)Manampotsy 组 Ma^3 分布在矿区西侧,地层总体走向北西向,倾向北东向,以暗色片麻岩为主,主要岩性为角闪斜长片麻岩、黑云斜长片麻岩、透辉斜长片麻岩、斜长角闪岩、长英质斜长角闪条带状混合岩。

黑云斜长片麻岩:鳞片粒状变晶结构,片麻状构造,矿物成分主要由斜长石、黑云母、石英和少量的碱性长石、磁铁矿等组成。斜长石:半自形板状、粒状,$d=0.5\sim1.0$mm,含量 60%~65%,具钠长双晶和卡钠复合双晶。石英:他形粒状,$d=0.5\sim1.0$mm,含量 20%~25%。黑云母:鳞片状,$d=0.1\sim0.5$mm,含量 10%~15%,定向分布明显。碱性长石:主要为微斜长石,他形粒状,$d=0.3\sim0.5$mm,含

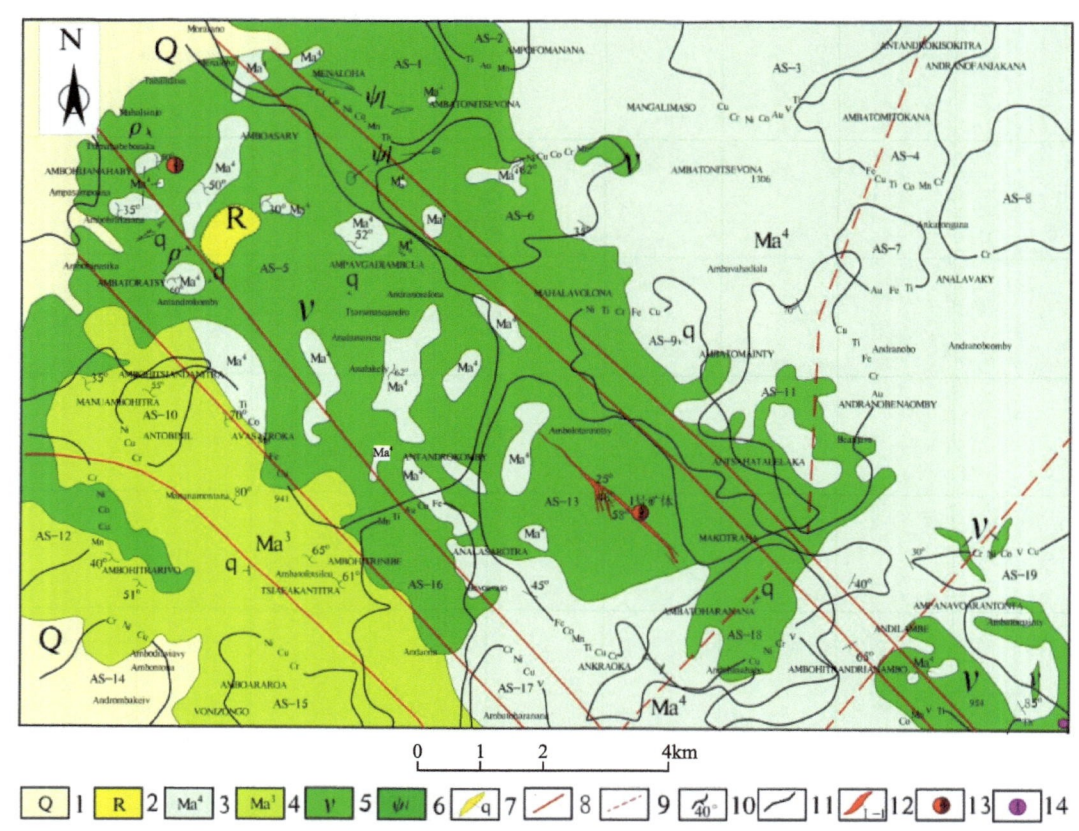

图 6-23　钒钛磁铁矿区综合地质图(邵俭波等，2008)

1.第四系：冲积层；2.第三系：泥质岩、铁质岩；3.新元古代 Manampotsy 组第四段：石英岩夹黑云斜长片麻岩、夕线碱长片麻岩；4.新元古代 Manampotsy 组第三段：角闪斜长片麻岩、透辉斜长片麻岩、斜长片麻岩、长英质斜长角闪条带状混合岩；5.辉长岩；6.辉石岩；7.石英脉；8.性质不明断层；9.推测断层；10.片麻理产状；11.地质界线；12.铁矿体位置及编号；13.钒钛磁铁矿点及编号；14.镍矿点及编号

量 3%～5%。局部与石英呈交代蠕英结构。副矿物：磁铁矿、磷灰石。

(2)Manampotsy 组上部 Ma^4 分布在矿区中部和东北部，地层总体走向北西向，倾向北东。受构造改造、岩浆侵入影响，地层产状较乱，部分呈孤岛状残留于辉长岩体中，大小不等。主要岩性为石英岩、长石石英岩夹黑云斜长片麻岩、夕线碱长片麻岩。其代表岩石特征如下。

夕线碱长片麻岩：他形粒状变晶结构，片麻状构造，矿物成分由碱性长石、石英、夕线石和少量的斜长石、普通角闪石、黑云母、磁铁矿等组成。碱性长石由条纹长石和少量的正长石、微斜长石组成。条纹长石：他形粒状，$d=1.0～3.0$mm，含量 55%～60%，具条纹结构，主晶为正长石，客晶为钠长石，条纹宽度为 0.02～0.03mm，约占条纹长石的 30%，偶见反条纹长石，即主晶为斜长石，客晶为微斜长石。石英：他形粒状，$d=0.5～3.5$mm，含量 30%～35%，少数嵌布于条纹长石中。夕线石：长柱状、针状、纤维状，长×宽<0.25mm×0.02mm，含量 3%～4%。斜长石：他形粒状，$d=0.5～1.0$mm，含量 1%～2%，具钠长双晶及卡钠复合双晶。黑云母：半自形片状，$d=0.3～0.5$mm，含量 1% 以下。磁铁矿等金属矿物，他形粒状，$d=0.5～1.5$mm，含量 2%～3%。另少见锆石。

黑云碱长片麻岩：鳞片柱粒状变晶结构，片麻状构造，矿物成分主要由碱性长石、石英和少量的斜长石、普通角闪石、黑云母、磁铁矿等组成。碱性长石由条纹长石和少量的正长石、微斜长石组成。条纹长石：他形粒状，$d=1.0～4.0$mm，含量 55%～60%，具条纹结构，主晶为正长石，客晶为钠长石，条纹宽度为 0.02～0.03mm，约占条纹长石的 30%。正长石：他形粒状，$d=1.0～2.0$mm，含量 3%～5%。微斜长石：他形粒状，$d=0.5～1.0$mm，含量极少。石英：他形粒状，$d=0.3～1.5$mm，含量 30%～35%，少数嵌布于条纹长石中。斜长石：他形粒状，$d=0.5\sim1.0$mm，含量2%～3%，具钠长双晶及卡钠复合双晶。普通角闪石：半自形粒状，柱状，$d=0.3\sim1.0$mm，含量1%～2%。半定向分布。黑云母：半自形片状，$d=0.3\sim1.5$mm，含量5%～6%，定向分布。磁铁矿等金属矿物，他形粒状，$d=0.5\sim1.5$mm，含量2%～3%。少见独居石。

石英岩：中粗粒变晶结构，块状构造，矿物成分由石英和少量的磁铁矿等组成。石英：他形粒状，$d=1.0\sim3.0$mm，含量95%～99%，彼此镶嵌。磁铁矿等金属矿物：他形粒状，$d=0.5\sim1.0$mm，含量小于5%。

(3)第三纪地层：分布在矿区北部，辉长岩体之上低洼处，呈孤岛状零星分布，已固结成岩，主要岩性为泥质岩、铁质岩。

2)岩浆岩

含矿母岩为镁铁-超镁铁质杂岩体，受区域深大断裂控制，岩体总体上呈北西-南东向展布，岩体长约12km，宽3～5km。主体岩石为辉长岩，次为辉石岩，矿物粒度粗大，结晶分异较好，韵律结构清晰，岩相分带明显，自上而下为浅色辉长岩－深色含铁辉长岩(矿体)，岩相间为渐变过渡关系，是钒钛磁铁矿的成矿母岩。

(1)辉长岩：灰色、灰白色、灰黑色，半自形粒状结构或辉长结构，块状构造，条带状构造(图6-24)。在矿区的北侧辉长岩体具片麻状构造，矿物成分由普通辉石、斜长石和少量的普通角闪石、磁铁矿等组成。普通辉石：淡紫褐色—淡绿色，具多色性，半自形—他形短柱状、粒状，粒度达8mm，含量55%～60%，局部具普通角闪石反应边结构，常见希列结构。斜长石：他形－半自形粒状、板状，$d=1.0\sim3.0$mm，含量30%～35%，具卡钠复合双晶。普通角闪石：半自形柱状，$d=0.1\sim0.2$mm，含量2%～3%。磁铁矿等金属矿物：他形粒状，$d=0.2\sim1.0$mm，含量5%～7%。

(2)磁铁辉石岩：灰色、灰黑色，斑状结构、半自形粒状结构，块状构造，条带状构造(图6-25)。矿物成分主要由辉石、磁铁矿、钛铁矿、斜长石、磷灰石等组成。辉石：主要为普通辉石，呈淡褐色—淡绿色，弱多色性，半自形短柱状、粒状，$d=0.5\sim2.0$mm，含量60%～65%。磁铁矿、钛磁铁矿等金属矿物为海绵陨铁结构，他形粒状集合体，$d=0.5\sim2.0$mm，含量30%～35%，地表部分被氧化为褐铁矿。磷灰石：半自形柱状，$d=0.1\sim0.3$mm，含量3%～5%，局部达10%左右。

图6-24 辉长岩的条带状构造

图6-25 磁铁辉石岩的条带状构造

(3)橄榄辉长岩：主要位于工区北东侧，与辉长岩体呈相变关系。灰色、灰黑色，半自形粒状结构，块状构造(图6-26)。局部交代残余结构，网脉状构造，矿物成分主要由辉石、斜长石、橄榄石、磁铁矿及其蚀变矿物蛇纹石、透闪石、伊丁石等组成。普通辉石：暗绿色、灰绿色，半自形－他形短柱状、粒状，粒度达5mm，含量50%～55%。斜长石：他形－半自形粒状、板状，$d=1.0\sim3.0$mm，含量30%～35%。普通角闪石：半自形柱状，$d=0.1\sim0.2$mm，含量40%~45%。橄榄石：他形粒状，集合体$d=2\sim5.0$mm，含量3%~5%，多见伊丁石化。磁铁矿等金属矿物：他形粒状，$d=0.1\sim0.3$mm，含量2%~3%。

(4)辉石伟晶岩：主要分布于工区北侧，产于Amborompotsy组的角闪岩以及片麻岩中，呈脉状或透镜状。岩体走向170°，倾向260°，倾角75°~80°。岩体长度大于300m，厚度大于100m。

其矿物成分以辉石为主，辉石晶体从几厘米到十几厘米不等（图6-27），局部由于蚀变出现较多的纤闪石和黏土矿物。另外，区内花岗伟晶岩、石英脉极其发育。

图6-26 橄榄辉长岩的块状构造

图6-27 辉石伟晶岩的伟晶结构

3）构造

区内构造以脆性断裂为主，表现出规模大、活动时间长等特点，有北西和北东向两组断裂，其中北西向断裂构造发育。早期北西向深大断裂Antandrokomby-Andilampany断裂带控制了镁铁质—超镁铁质杂岩体侵入就位、分异成矿，晚期构造对含矿岩体进行了改造，使矿体产状发生变化。

4）地球化学特征

矿区(AS-13)地球化学异常特征值见表6-6。异常呈不规则的椭圆状，长轴方向北西，异常元素主要有Ti、Fe、Co、Mn、Cu、V，套合好，总面积为16.18km²，衬值高，浓度分带明显（图6-28）。

在异常的浓集中心已评价1条钒钛磁铁矿体，宽度几米至近百米。其品位TFe一般在25%~45%之间，最高可达55.19%，TiO₂一般在8.3%~17.8%，最高可达22.79%。根据以上所述的地质、矿产及地化特征分析，初步认为该异常具有如下特点。

(1)异常是由钒钛磁铁矿引起的。

(2)Ti、Fe等成矿元素围绕镁铁—超镁铁质杂岩体分布，且钒钛磁铁矿体就分布在该杂岩体中，说明该杂岩体就是钒钛磁铁矿的成矿母岩。

(3)成矿母岩的Ti、Fe含量明显高出测区平均值，且测区平均值又明显高于地壳克拉克值，说明该杂岩体中的Ti、Fe含量明显偏高，这就为钒钛磁铁矿提供了丰富的矿质来源。

(4)异常形态为不规则的椭圆状，长轴方向为北西，与区内岩体、矿体和构造方向一致，说明北西向构造是主要的控矿构造。

(5)异常由多元素组成，套合好、面积大，平均值和峰值偏高，浓集系数偏大，浓度分带明显，这些都具备大型矿床的一般特征。

(6)异常规模大，强度高，反映了矿床的规模大、品位高的特征。

综上所述，可以看出该异常是与钒钛磁铁矿有关的矿致异常，有较大希望找到大型或特大型钒钛磁铁矿矿床。

表 6-6 钛铁矿 AS-13 异常特征值统计表

元素/氧化物	面积 /km²	异常平均值	峰值	异常下限	NAP 值	峰值/异常下限
Fe_2O_3	12.54	26.65	54.770	15.16	22.04	3.61
Mn	12.49	4 326.40	28 511	1 097.01	49.28	25.99
Ti	16.18	54 272.73	208 387	14 198.06	61.84	14.68
Cu	9.14	78.04	194.000	49.69	14.36	3.90
Co	12.33	64.08	196.000	31.26	25.38	6.27
V	0.64	424.25	574.000	284.80	0.96	2.51

注：NAP 值为一综合参数，是异常富集特征和面积两个指标的综合反映，又称为规格化面金属量；异常平均值、峰值、异常下限：Fe_2O_3 的单位为%，其他元素的单位为 $\times 10^{-6}$。

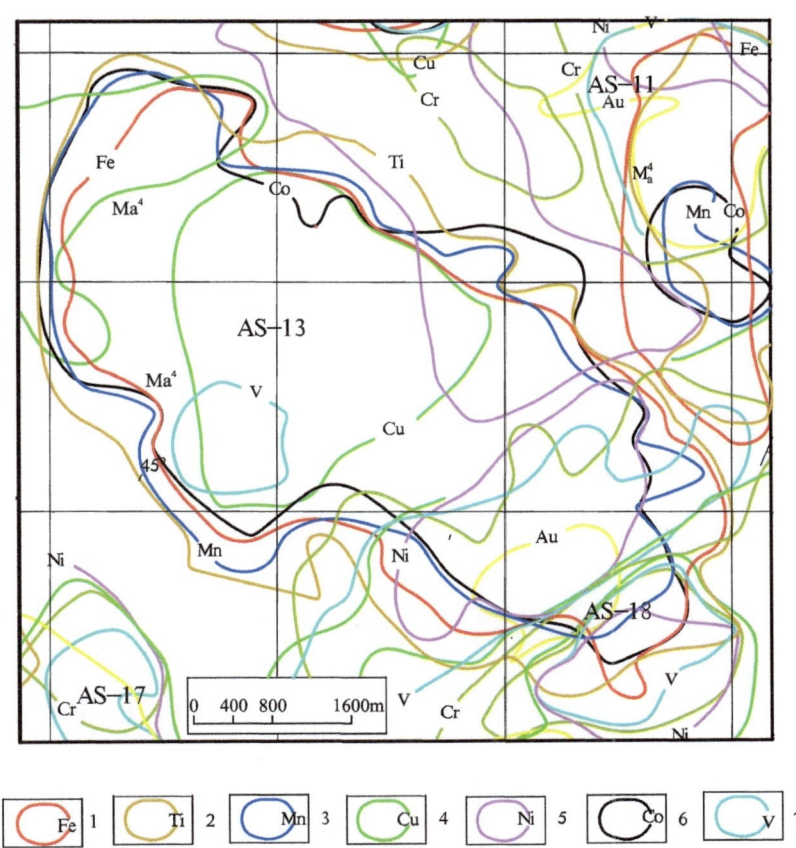

图 6-28 钛铁矿 AS-13 综合异常图（邵俭波等，2008）
1. Fe 异常线；2. Ti 异常线；3. Mn 异常线；4. Cu 异常线；5. Ni 异常线；6. Co 异常线；7. V 异常线

5）物探异常特征

通过地面 500m×20m、200m×10m 网度磁法测量，以 1000nT 等值线圈出主要磁异常 11 处，编号分别为Ⅰ-A-M1、Ⅰ-A-M2、Ⅰ-B-M1、Ⅰ-B-M2、Ⅰ-C-M1、Ⅰ-C-M2、Ⅱ-A-M1、Ⅱ-A-M2、Ⅱ-B-M1、Ⅱ-B-M2、Ⅱ-C-M1。大于 2000nT 异常有 6 处，主要分布在Ⅰ-B、Ⅰ-C、Ⅱ-B 矿段，编号分别为Ⅰ-B-T1、Ⅰ-C-T1、Ⅰ-C-T2、Ⅱ-B-T1、Ⅱ-B-T2、Ⅱ-B-T3（表 6-7）。异常总体形态比较规整连续（图 6-29），走向北西，断续延长约 10km。磁异常范围完全落在镁铁—超镁铁质杂岩体中，并与 AS-13 号异常完全吻合。测区中南部磁异常规模较大且异常值大，在Ⅰ-C-M1、Ⅰ-C-M2 发现钛铁矿体，矿体长达 3800m，平均宽度

表 6-7 钛铁矿地磁异常特征一览表

矿段编号	500nT		1000nT		2000nT	
	异常形态	异常长度/m	异常编号	异常规模/m×m	异常编号	异常规模/m×m
Ⅰ-A	纺锤形	1500	M1	650×250		
			M2	400×20		
Ⅰ-B	主体呈带状,中段异常增宽1600～1800m	5200	M1	850×80	T1	350×20
			M2	2550×(40～280)		
Ⅰ-C	主体呈带状	4800	M1	3000×(50～500)	T1	850×(30～250)
			M2	2200×(150～750)	T2	950×(20～200)
Ⅱ-A	主体呈带状	1600	M1	600×100		
			M2	600×20		
Ⅱ-B	主体呈带状	4200	M1	2350×(550～1450)	T1	400×160
			M2	1000×(200～380)	T2	800×(40～80)
					T3	550×(20～40)
Ⅱ-C	主体呈带状	2000	M1	1320×(80～120)		

19.3m。测区北部磁异常规模较小且杂乱,推断由地表浅部呈脉状贯入的高品位钒钛磁铁矿体引起的。

现将测区主要高磁异常特征说明如下。

(1)Ⅰ-C-M1异常带位于测区东南1～15剖面线之间,异常带总体走向北西,呈"S"形展布,长度约3000m。异常带中部为主体,分布在5～11剖面线之间,长约1500m,宽400～500m,走向北北西。异常带东西两翼狭长,走向北西。西翼长约800m,宽20～80m。东翼长约600m,宽10～30m。在异常带内平行1000nT等值线有大的矿体出露。

(2)Ⅰ-C-M2异常带位于测区东南9～19剖面线之间,1000nT等值线圈出形态较规则的带状异常。异常带总体走向北西,长约2000m,宽150～700m。

异常带北西段幅值较低,ΔT极大值1362nT,平均宽约160m,形成一个扁豆状低缓异常。异常带东段等值线宽缓,1000 nT等值线宽200～700m,地磁场幅值也偏高,2000nT以上异常长度大于800m,宽20～200m,ΔT极大值4444nT。经实地勘查,在TC01-2以及15～16剖面线间见有钒钛磁铁矿富矿体露头,与2000nT异常吻合。

(3)Ⅱ-B异常带位于测区西南,异常带北西段幅值较低,1000nT等值线圈出2个形态较规则的带状异常。异常带总体走向北西,长达4200m,宽150～550m。

Ⅱ-B-M1呈哑铃形,1000 nT等值线圈出异常带长2350m,宽200～500m,ΔT极大值2965nT。Ⅱ-B-M2异常带呈带状,1000 nT等值线圈出异常带长1000m,最宽380m,ΔT极大值2 907.6nT。经实地勘查,在高异常区地表虽然没有见到钒钛磁铁矿矿体露头,但是极有可能在深部有大型或超大型隐伏钒钛磁铁矿体。

2.矿体地质

本区根据地质与物化探异常特征初步划分2个成矿带,6个矿化段,编号为Ⅰ-A、Ⅰ-B、Ⅰ-C、Ⅱ-A、Ⅱ-B、Ⅱ-C。目前发现钛铁矿体分布于Ⅰ-C矿段。

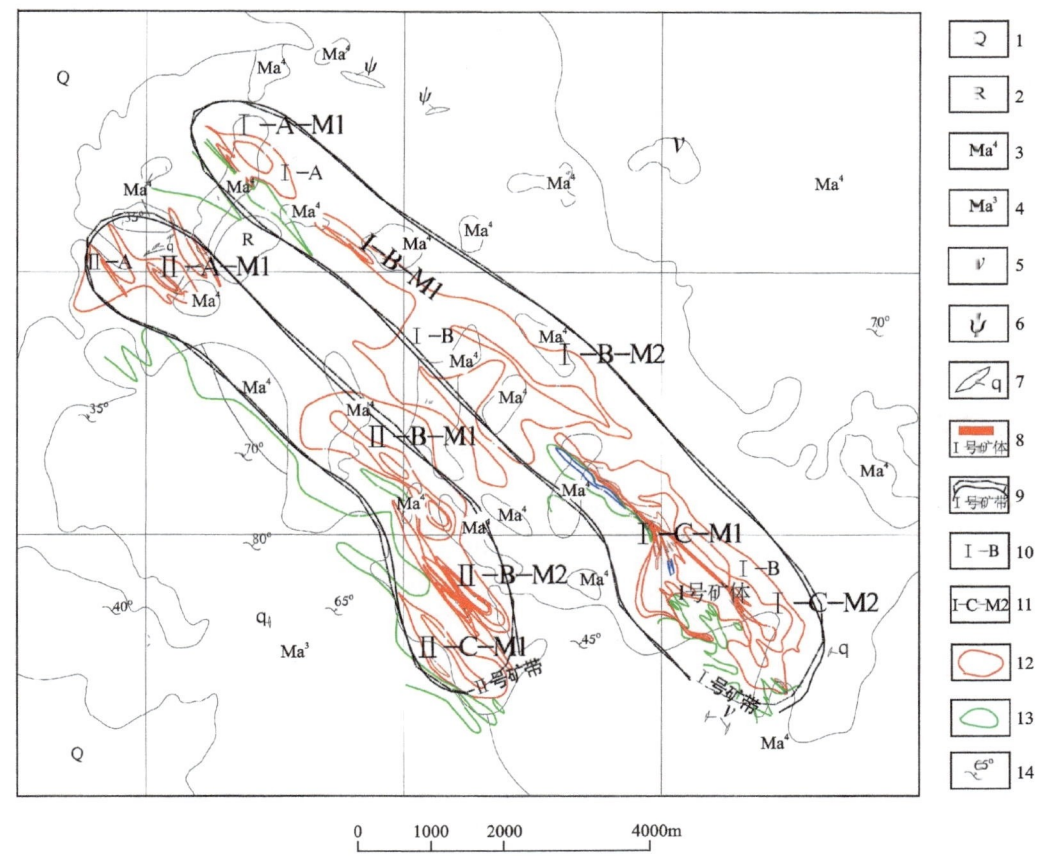

图 6-29 钛铁矿区高磁异常 ΔT 平面等值线图(邵俭波等,2008)

1.第四纪冲积层;2.第三纪泥岩、铁质岩;3.新元古代 Manampotsy 组四段;4.新元古代 Manampotsy 组三段;5.辉长岩;6.辉石岩;7.石英脉;8.钛铁矿体位置及编号;9.成矿带位置及编号;10.矿段位置及编号;11.高磁异常位置及编号;12.高磁正异常等值线;13.高磁负异常等值线;14.片麻理产状

1)矿体特征

矿区内目前有工程控制的主矿体1处,编号分别为Ⅰ、Ⅰ-1、Ⅰ-2号矿体,分布在Ⅰ-C-M1及Ⅰ-C-M2磁异常内,矿体产于镁铁—超镁铁质杂岩体辉长岩岩相中。

Ⅰ号矿体呈似层状产出(图 6-30),总体走向 315°,倾向 40°~50°,倾角 45°~55°。地表控制长度 2800m,根据磁异常外推 3800m,出露厚度 6.0~42.3m,平均厚度 19.3m。矿体品位 TFe 最高 54.37%,一般 25%~40%,TiO_2 7.91%~20.28%,平均品位 TFe 29.76%,TiO_2 12.1%。矿体中段厚度变大且向南侧有 2 个帚状分支矿体,Ⅰ-1、Ⅰ-2 分支矿体走向偏南,延伸稳定,控制长度分别为 340m、347m,矿体地表控制宽分别为 12.2m 和 26.9m(表 6-8)。Ⅰ-1 分支矿体有磁铁辉长岩夹层,夹层厚度 7m。

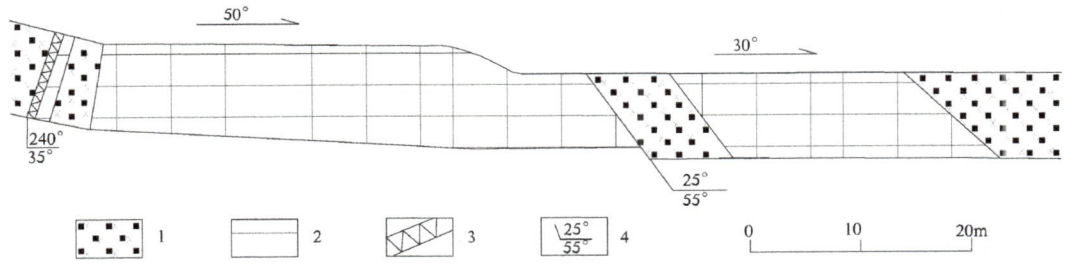

图 6-30 钒钛磁铁矿Ⅰ号矿体素描图

1.磁铁辉长岩;2.铁矿体;3.石英脉;4.产状

表6-8 矿体特征一览表

矿体编号	长度/m	总体走向/(°)	控制工程	工程品位/%		工程方位/(°)	矿体倾向/(°)	矿体倾角/(°)	样长/m	真厚度/m	矿体平均厚度/m
				TFe	TiO$_2$						
Ⅰ	2800	305	TC02-4	25.43	8.46	32	45	50	6.0	4.5	19.3
			TC02-3	27.73	10.32	45	45	55	10.3	8.5	
			TC02-2	26.45	10.34	70	38	52	28.0	18.7	
			TC6-1	29.89	8.67	28	38	55	23.0	15.4	
			TC02-1	25.72	15.15	55	42	60	42.3	36.0	
			TC01-2	39.81	16.79	45	42	60	37.7	32.6	
			TC15-1	33.32	14.98	46	62	56	24.4	19.4	
Ⅰ-1	650	340	TC6-1	29.89	8.67	28	38	55	23.0	15.4	12.2
			TC9-1	44.41	6.87	72	67	60	20.0	17.3	
			TC10-1	47.00	19.10	80	67	58	4.8	4.0	
Ⅰ-2	380	347	TC6-1	29.07	9.01	42	76	75	52.7	42.2	26.9
			TC8-1	31.0	8.84	75	75	40	18.0	11.6	

2)矿石质量

矿石结构主要有海绵陨铁结构(图6-31)、半自形粒状结构、共结结构(图6-32),矿石构造主要有块状构造(图6-33)、浸染状构造、条带状构造。

 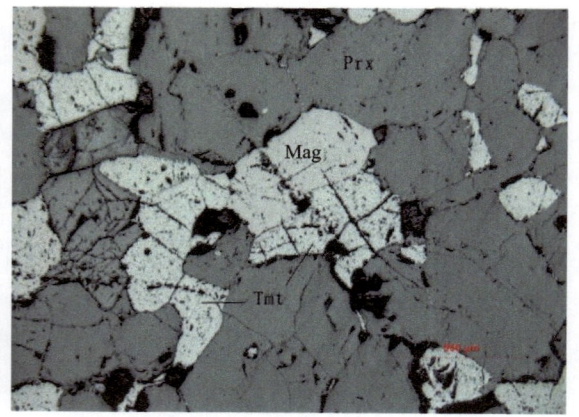

图6-31 海绵陨铁结构　　　　　　图6-32 磁铁矿(Mag)与钛磁铁矿(Tmt)共结状充
Mag-Ⅱ-磁铁-钛铁矿;Pr-辉石　　　　　　　填于辉石(Prx)间隙中

矿石矿物有磁铁矿、钛磁铁矿、钛铁矿,少量钛铁晶石和黄铁矿。磁铁矿:半自形晶—他形晶粒状,粒径0.01～0.02mm,灰白色(棕色调),均质性,反色率21%,与钛铁矿呈粒状镶嵌结构,部分呈乳浊状分布于脉石矿物中。钛磁铁矿:半自形粒状,粒径0.1～0.5mm,含量10%～15%,钛铁晶石晶片固熔体非常发育,常见板条状钛铁矿嵌晶,一部分颗粒赤铁矿化,呈或磁铁矿假象。钛铁矿:半自形板状,粒

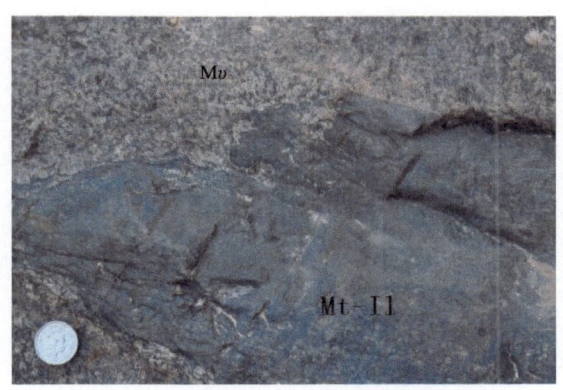

图 6-33 岩浆分凝型钒钛磁铁矿矿体的块状构造

Mv:磁铁辉长岩;Mt-Il-磁铁矿-钛铁矿

径 0.1~1.0mm,灰白色、呈棕色带粉色调,双色弱,非均质性清楚,反色率 16%~18%,含量 15%~20%,与钛磁铁矿为镶嵌状,少数呈长板状嵌布于钛磁铁矿中以及呈针状定向分布于脉石矿物中。钛铁晶石:呈晶片状分布于钛磁铁矿中,晶片宽小于 0.005mm,为格状和板状固熔体分解结构,含量小于 1.0%。赤铁矿:微细网格状于钛磁铁矿中或呈磁铁矿假象,网格宽小于 0.005mm,含量小于 1.0%。

脉石矿物有斜方辉石、单斜辉石、角闪石、斜长石等。普通辉石:淡褐色—淡绿色,弱多色性,半自形短柱状、粒状,粒径 1.0~4.0mm,含量 45%~50%,常见普通角闪石反应边、希列结构、聚片双晶。透辉石:淡绿色,半自形他形粒状,粒径 0.3~0.5mm,含量 5%~7%,多嵌布于普通辉石中。紫苏辉石:紫褐色,半自形柱状,粒径 0.5~3.5mm,含量 20%~25%。普通角闪石:半自形粒状,粒径 0.03~0.5mm,含量 20%~25%,部分呈辉石反应边,部分由辉石次生而成。斜长石:他形—半自形粒状、板状,粒径 1.0~3.0mm,含量 30%~35%。具有卡钠复合双晶。

钒钛磁铁矿主要矿物化学成分见表 6-9。

表 6-9 钒钛磁铁矿主要矿物化学成分质量分数

单位:%

矿物	SiO$_2$	MgO	CaO	Al$_2$O$_3$	Na$_2$O	TiO$_2$	FeO
磁铁矿						0.99~3.45	85.66~91.08
钛铁矿						47.96~51.08	45.83~51.60
黄铁矿							44.75~46.37
斜方辉石	47.59~52.10	13.09~22.28	0.41~1.34	0.88~1.88			22.15~34.33
单斜辉石	47.52~51.93	12.49~14.40	16.57~22.49	2.37~3.90			9.95~13.66
角闪石	40.75~45.29	8.51~11.08	3.67~10.91	9.31~14.18			16.47~27.53
斜长石	56.33~59.41		5.92~8.62	24.91~27.16	7.22~8.32		
石榴子石	37.63~38.15	2.47~3.86	5.30~7.67	19.53~20.71			27.68~30.07

3)矿石的化学成分

(1)有用组分:Fe、Ti、V。从试验测试结果看,矿石中的 Fe、Ti、V 主要赋存于磁铁矿、钛铁矿中,如测试样品的 TFe 29.37%,其中 MFe 14.45%、TiO$_2$ 13.63%、V 1643.5×10^{-6}。少部分 Fe 含于黄铁矿、辉石、角闪石、石榴子石矿物中。

(2) 有害组分。主要有 Cu、Pb、Zn、S、P 等,含量甚微,在 $0.051 \times 10^{-6} \sim 334.6 \times 10^{-6}$ 之间(表6-10)。

表6-10 原矿化学多项分析结果表

项目	TFe	TiO$_2$	V*	FeO	Cu*	Zn*	Pb*	SiO$_2$	Al$_2$O$_3$	CaO	MgO	S	P
含量/%	29.37	13.63	1 643.5	20.55	60.60	334.6	4.86	43.06	6.05	4.07	9.8	0.051	0.274

注:* 单位为 $\times 10^{-6}$。

4) 矿石类型

矿石自然类型为钛铁矿石;按矿石结构及构造可分为稠密浸染状矿石、致密块状矿石。

5) 矿体围岩及夹石

矿体的近矿围岩主要为中粗粒辉长岩,具有条带状构造(图6-34),铁质条带宽1~2cm,矿体与围岩界线多数清楚,少部分呈渐变过渡关系。

最大夹石出现在 TC9-1 氧化矿体内(图6-35),控制宽度 7.0m。所谓夹石也就是含铁略低于边界品位的磁铁辉长岩或含磁铁辉长岩。

图6-34 钛铁矿矿体条带状构造

图6-35 钛铁矿地表氧化矿体

3. 矿床成因及找矿标志

含矿岩体受区域深大断裂控制,为典型的岩浆岩型钒钛磁铁矿床,含矿母岩为镁铁—超镁铁质杂岩体,可以同我国攀枝花钒钛磁铁矿对比。根据成矿特征可分为两种成因类型。

1) 岩浆晚期分凝型矿床

矿体呈层状产出,矿石具典型的海绵陨铁结构,块状构造、浸染状构造,矿石矿物主要由钛磁铁矿、磁铁矿、钛铁矿组成,并伴有钒等多种有益元素,矿体与围岩界线呈渐变关系。

2) 岩浆晚期贯入式矿床

矿体产于含磁铁辉长岩体内部,呈脉状、细脉状产出,矿石呈半自形粒状结构,稠密浸染状构造,矿石矿物主要由钛磁铁矿、磁铁矿、钛铁矿组成,矿石中有用矿物颗粒粗大,出现钛铁晶石、磷灰石及少量硫化物,矿体与围岩界线清晰。

4. 资源量

1) 333 级资源量

依据地表槽探工程控制的矿体长度、探槽揭露的矿体宽度、矿体倾角以及探槽方向与矿体走向间夹角等参数,用算数平均法计算资源量。参加估算的矿体有 1、1-1、1-2 三个矿体,详见矿体特征一览表(表 6-11)。估算的蕴藏经济资源量(333)为 15 147.6 万 t。

矿区的平均品位:TFe 30.1%、TiO_2 12.3%、V_2O_5 0.29%(V 为选矿实验样品品位)。

TFe 金属量:15 147.6×30.1%=4 559.4 万 t;伴生钛金属量:15 147.6×12.3%×0.6=1 117.9 万 t;伴生 V_2O_5 金属量:15 147.6×0.29%≈43.93 万 t。

表 6-11 333 级钛铁矿资源量估算结果

矿段编号	矿体编号	长度/m	推测深度/m	矿体平均厚度/m	矿体平均品位/%		储量(资源量)/万 t		密度/(g·cm^{-3})
					TFe	TiO_2	333	334	
I-C	1	2800	750	19.3	29.76	12.1	14 347.6		3.54
		3800	1000	20				26 904	
I-C	1-1	650	162.5	12.2	40.4	11.55	456.2		3.54
		1100	500	20				3894	
I-C	1-2	380	95	26.9	30.0	21.8	343.8		3.54
		1800	500	50				15 930	

2) 334 级资源量

估算主要是根据 1000 nT 地磁异常的规模和强度,推断矿体的长度与异常长度相同,挂断矿体延伸为异常长度的 1/5,推断矿体厚度为主异常平均宽度的 1/5。

参加估算的异常有 6 个:I-A-M1、I-B-M1、I-B-M2、II-A-M1、II-B-M1、II-C-M1。估算的矿区远景矿石资源量(334):93 186.2 万 t(含 333)。

TFe 金属量:93 186.2×30.1%=28 049 万 t;伴生钛金属量:93 186.2×12.3%×0.6=6 877.14 万 t;伴生 V_2O_5 金属量:93 186.2×0.29%=270.2 万 t(表 6-12)。

表 6-12 334 级钛铁矿资源量估算结果

矿段编号	异常编号	长度/m	推测深度/m	异常平均宽度/m	推测厚度/m	储量(资源量)/万 t		密度/(g·cm^{-3})
						333	334	
I-A	I-A-M1	650	130	250	50		1 495.7	3.54
I-B	I-B-M1	850	170	80	16		818.4	3.54
	I-B-M2	2550	510	160	32		14 732.1	3.54
II-A	II-A-M1	600	120	100	20		509.8	3.54
II-B	II-B-M1	2350	470	350	70		27 369.5	3.54
II-C	II-C-M1	1320	164	100	20		1 532.7	3.54

四、中生代海相沉积型赤铁矿矿床

中生代海相沉积型赤铁矿矿床大致平行于西海岸线分布,岩性为铁质砂岩(图6-36),产状平缓,延伸稳定,长几千米至几十千米,厚度5~10m,目估Fe_2O_3品位30%以上。矿石呈中细粒砂质结构,块状构造、肾状构造(图6-37)。大类相似于我国的宁乡式铁矿,但碳酸盐类矿物含量很低,矿石致密坚硬,脉石矿物以硅质为主,目前尚无勘查开发利用方面的报道,如可利用,资源储量可观。

图6-36 铁质砂岩野外露头

图6-37 赤铁矿矿体肾状构造

五、其他类型铁矿

马达加斯加还有与不同时代岩浆活动有关的伟晶岩型和夕卡岩型铁矿、第三纪胶结砾岩型铁矿,其资源潜力有必要进一步研究评价。

第四节 资源潜力分析

根据以上对马达加斯加铁矿资料整理和已有的工作成果总结,推测马达加斯加铁矿资源远景巨大。在已知马达加斯加北部Tsaratanana杂岩体上的4条绿岩带发现超大型BIF型和岩浆分异型铁矿床各1处,在Antananarivo地块南部Vondrozo等地区发现中小型铁矿床5处。已探求沉积变质型334级矿石储量约38 018万t,333+334 TFe金属量约13 429万t;岩浆分凝型334级矿石储量约93 168万t,333+334 TFe金属量约28 049万t。

经资料整理,马达加斯加北部绿岩带的面积达31 494km²,分布大量的含铁沉积建造和基性—超基性镁铁质岩石,蕴藏着巨大的铁矿资源。基性—超基性侵入岩总面积达1951km²以上,最大侵入岩体侵入面积517.4km²以上。目前发现的超大型钒钛磁铁矿矿床产于Beforona绿岩带内,基性—超基性岩体侵入面积仅43km²。在相同的成矿地质背景条件下,同一条绿岩带内的其他基性—超基性侵入岩体,通过地质方法、物探方法、化探方法、遥感方法极有可能找到类似的大型或超大型(钒)钛磁铁矿矿床。用同样勘查手段在北部绿岩带和Antananarivo地块内同样找到储量可观的沉积变质型铁矿床。

第七章　钛铁矿、锆石、金红石砂矿

第一节　概　述

马达加斯加钛铁矿、锆石、金红石等砂矿主要分布于北东部 Toamasina(Tamatave)和南东部 Tolanaro 地区的东海岸带,西海岸及内陆河有少量分布。现已发现大小矿产地 130 处,其中大型砂矿 10 处、中型砂矿 4 处,见钛铁矿砂矿资源潜力分布图(图 7-1)。该国钛铁矿砂矿勘查开发主要集中在东海岸北部 Toamasina 和南部 Tolanaro 地区。

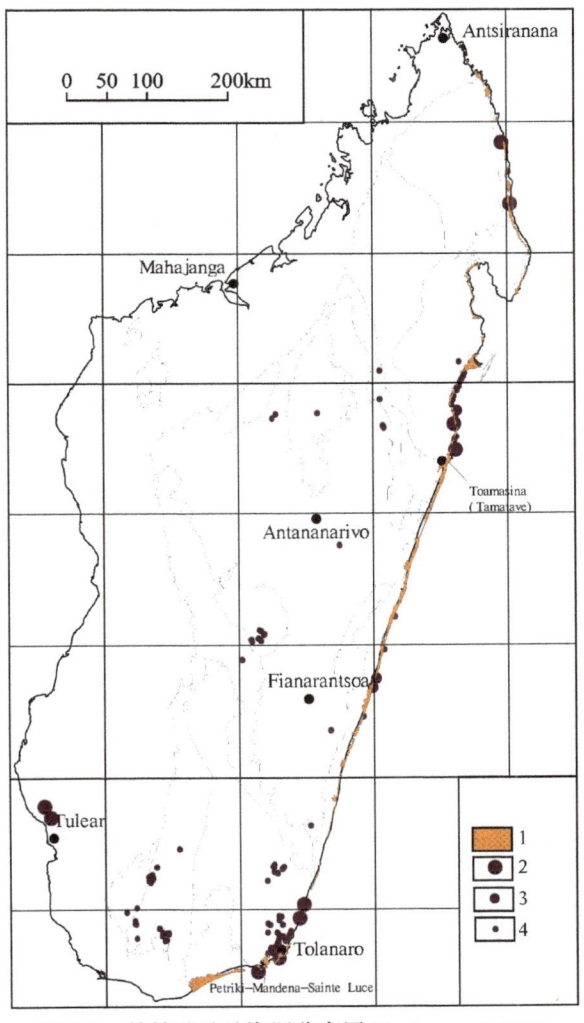

图 7-1　钛铁矿砂矿资源分布图(Tucker et al,2012)
1.砂矿有利区;2.大型钛铁矿砂矿;3.中型钛铁矿砂矿;4.小型钛铁矿砂矿

第二节 成矿地质背景及成因类型

滨海砂矿的形成必须有丰富的陆源物质来源、气候条件、优越的水动力条件、地貌类型、海岸稳定状况、沉积机理等综合因素相互作用,总的来说,成矿条件是极为复杂的。

一、重砂矿物陆源——成矿母岩或矿源层

马达加斯加砂矿为多源成矿,来源如下。

(1) Antananarivo 地块(包括 Tsaratanana 4 个绿岩带),为古老地盾,基性—超基性侵入岩大面积分布,并富含钛铁矿、磁铁矿、金红石、锆石、铌钽铁矿等重矿物。

(2) Antongil-Masora 地块,为富含重矿物的太古宙 TTG(英云闪长岩+奥长花岗岩+花岗闪长岩) Dharwar 古老岩体。

(3) Anosyen-Androyen 地块和 Bemarivo 带,包括富含镁铁质片麻岩地层。

二、地质作用

1. 内动力作用

马达加斯加前寒武纪地盾自古生代以来,地壳长期处于相对稳定、缓慢抬升阶段。区域性的面型剥蚀可以不断地提供丰富的物质来源,为成矿提供了良好的宏观条件。但由于不同地区地质构造活动及岩浆演化的历史发展不同,矿源岩类型及物质组合各异,在滨海不同岸段及其内陆河流形成不同的砂矿床。

2. 外动力作用

外动力作用是自然条件下使矿源体中的有用矿物从岩石中分离、剥蚀、搬运、分选、富集成矿的重要因素。

1) 气候因素

马达加斯加海岸带处于南回归线以北,属热带气候。自晚渐新世以来,长期处于湿热、多雨的气候环境,极利于风化作用。主要分布在山地、丘陵、台地地貌中的各类硅酸盐类岩石,形成了巨厚的风化壳。其中化学性质稳定的钛铁矿、磁铁矿、金红石、锆石等重矿物易于分离,为动力搬运提供成矿物质。

2) 水动力因素

(1) 河流是陆源矿源岩中碎屑物质搬运的重要动力。马达加斯加河流分布密集,切割深、坡降大、水动力强,对重矿物的搬运极为有利。马达加斯加每条河流的入海口,都形成了规模不等的冲积扇,进而形成规模不等的砂矿床或砂矿点。

(2) 洋流是海洋重要的水动力(形成海浪、潮流、岸流、环流),具有搬运和分选作用,其综合作用结果形成滨海砂工业矿床(李恺等,2009)。

此外,地貌条件和沉积机理也是砂矿成矿必备条件之一。

第三节 矿床实例分析

一、Toamasina 地区砂矿

Toamasina 地区钛铁矿为滨海砂矿,分布面积约 81.25km²,自北向南包括 Antanambao Bitavolo-Anjahambe、Manakatafana、Ampasimandrorona-Soanierana-Ivongo、Soanierana-Ivongo Andrangazaha 4 个矿区。马达加斯加东部沿海新生代砂矿资源储量巨大,成因类型简单。有用组分钛铁矿、磁铁矿、金红石、锆石,主要来源于新元古代古老岩系和超铁镁质岩浆岩。滨海海砂中钛铁矿、磁铁矿含量一般 10%~25%,局部地段磁性矿物含量超过 50%,估计海砂中钛铁矿总量数十亿吨。此外含有锆石、金红石等稀有分散元素砂矿资源。

自北向南整个钛铁砂矿区,含钛铁矿 6.000%~32.527%、锆石 0.151%~1.682%、金红石 0.042%~0.182%。估算砂矿资源量 3600 万 t,钛铁矿 411 万 t,锆石 30.5 万 t,金红石 1.76 万 t。

1. Antanambao Bitavolo-Anjahambe 海砂矿

该矿区位于 Toamasina 北部约 150km 处,地处 Fenoarivo Atsinanana 至 Soanierana-Ivongo 两市之间。矿区长约 9.0km,宽约 1.0km,面积约 9.0km²,沿海岸线成长条状展布(图 7-2)。矿区分为 A1、A2、B 三个矿段,各矿段的矿化特征和矿石质量均有其各自特点。

1) A1 矿段

在 A1 矿段 12 个浅井工程中共采重砂样品 27 件,其中 24 件样品钛铁矿和锆石均达工业品位。矿体中钛铁矿品位在 0.85%~24.75% 之间,平均品位约 6.422%,约是我国同类砂矿工业品位(0.89%)的 7.22 倍。锆石品位在 0.0443%~1.1626% 之间,平均品位约 0.313%,约是我国同类砂矿工业品位(0.06%)的 5.22 倍。金红石在 0.0125%~0.2468% 之间,平均品位约 0.067%,未达到独立矿体的圈定品位,作为伴生组分参与资源量估算。

图 7-2 滨海碎屑沉积砂矿

2) A2 矿段

在 A2 矿段 6 个浅井工程中共采重砂样品 12 件,只有 1 件样品未达工业品位。矿体中钛铁矿品位

在 0.422 5%～16.471 4%之间,平均品位约 6.0%,约是我国同类砂矿工业品位的 6.7 倍。锆石品位在 0.061 5%～0.749 2%之间,平均品位约 0.22%,约是我国同类砂矿工业品位的 3.7 倍。金红石变化于 0.032 7%～0.106 2%之间,平均品位约 0.063%,未达到独立矿体的圈定品位,作为伴生组分参与资源量估算。一般说来,同一工程中自上而下,有用组分的含量有变低的趋势。同一剖面上自海边至陆地,有用组分的含量有增高的趋势。

3) B 矿段

在 B 矿段 17 个浅井取的 47 件样品中,有 43 个样品达工业品位。钛铁矿品位在 0.833 8%～35.000 0%之间,平均品位约 8.282%,约是我国同类砂矿工业品位的 9.3 倍。锆石品位在 0.032 1%～1.720 0%之间,平均品位约 0.406%,约是我国同类砂矿工业品位的 6.8 倍。金红石品位在 0.004 6%～0.324 3%之间,平均品位约 0.069%,未达到独立矿体的圈定品位,作为伴生组分参与资源量估算。

Antanambao Bitavolo-Anjahambe 矿区共求得 333 级资源量如表 7-1 所示,其中钛铁矿 32.863 1 万 t、锆石 1.54 万 t、金红石 0.34 万 t。参与储量估算的块段共有 10 个,3 个矿段的资源量如下。A2 矿段(以Ⅰ块段为主)333 级资源量:钛铁矿 0.967 6 万 t,锆石 0.035 万 t,金红石 0.01 万 t。A1 矿段(Ⅱ-Ⅷ块段)333 级资源量:钛铁矿 14.10 万 t,锆石 0.71 万 t,金红石 0.11 万 t。B 矿段(Ⅸ-Ⅹ块段)333 级资源量:钛铁矿 17.79 万 t,锆石 0.79 万 t,金红石 0.21 万 t。

表 7-1 Antanambao Bitavolo-Anjahambe 海滨砂矿区资源量估算表

块段编号	块段长度/m	体积/m³	矿石量/t	品位/%			矿物资源储量/t		
				钛铁矿	锆石	金红石	钛铁矿	锆石	金红石
Ⅰ	380	94 559.2	159 805	6.055	0.220	0.062	9676	351.5	99.8
Ⅱ	183	16 438.89	27 781	4.999	0.283	0.084	1388	78.6	23.2
Ⅲ	181	39 188.31	66 228	5.729	301.700	0.072	3794	209.8	47.9
Ⅳ	219	89 194.32	150 738	9.165	0.397	0.071	13 814	598.4	107.5
Ⅴ	290	118 900.00	200 941	14.990	0.800	0.114	30 120	1 607.2	229.2
Ⅵ	490	279 922.3	473 068	14.601	0.756	0.116	69 073	3 574.7	547.5
Ⅶ	290	81 811.9	138 262	12.180	0.543	0.098	16 840	750.7	135.4
Ⅷ	285	71 395.35	120 658	5.002	0.249	0.040	6034	300.9	48.8
Ⅸ	2400	898 800.00	1 518 972	9.274	0.406	0.125	140 865	6 173.2	1 892.7
Ⅹ	660	237 303.00	401 042	9.231	0.435	0.065	37 021	1 745.6	262.4
合计		1 927 513.27	3 257 495	91.226	305.789	0.847	328 625	15 390.6	3 394.4

注:以上各矿物资源量为 333 级,平均密度为 1.69t/m³。

2. Manakatafana 矿区

该矿区紧临 Anjahambe 地区北侧,长约 2.0km,宽约 1.0km,面积约 2.0km²。

Manakatafana 矿区 4 个浅井工程共采重砂样品 11 件,所有样品的钛铁矿和锆石均达工业品位。矿体中钛铁矿品位在 19.949%～47.557%之间,平均品位约 32.527%,约是我国同类砂矿工业品位的 36.55 倍。锆石品位在 1.060%～2.387%间,平均品位约 1.682%,是我国同类砂矿工业品位的 28.03 倍。金红石品位在 0.045 2%～0.426 0%间,平均品位约 0.18%,也达到独立矿体的圈定品位,是我国同类砂矿工业品位(0.12%)的1.5倍。本区砂矿中有用组分含量最高,砂矿质量最好。

估算砂矿资源量560万t、钛铁矿181万t、锆石9.3万t、金红石1.0万t。

3. Ampasimandrorona-Soanierana-Ivongo 矿区

该矿区紧临Soanierana-Ivongo以南,因受勘查证范围的限制,勘查区域长约1.5km,宽约1.0km,面积约1.5km²。

该矿区仅施工了一个浅井工程,对矿石质量进行初步了解,共采取了重砂样品3件,所有样品的钛铁矿和锆石均达工业品位。矿体中钛铁矿品位在3.749%～26.857%间,平均品位约9.136%,约是我国同类砂矿工业品位的10.26倍。锆石品位在0.132 4%～0.850 0%之间,平均品位约0.328%,约是我国同类砂矿工业品位的5.46倍。金红石品位在0.044 3%～0.237 0%之间,平均品位约0.104%,未达到独立矿床的圈定品位,作为伴生组分参与资源量估算。

估算砂矿资源量390万t、钛铁矿35万t、锆石1.2万t、金红石0.4万t。

4. Soanierana-Ivongo-Andrangazaha 矿区

该矿区位于Soanierana-Ivongo与Andrangazaha之间,与Soanierana-Ivongo、Andrangazaha均隔河相望,长约8.5km,宽约1.0km,面积约8.5km²。

该矿区共施工了3个浅井工程,共采取了重砂样品6件,共有4个钛铁矿和两个锆石样品的含量达到独立圈定矿体的工业品位。钛铁矿品位变化于1.113%～6.680%之间,平均品位约3.543%,约是我国同类砂矿工业品位的3.98倍。锆石品位变化于0.047 3%～0.327 6%之间,平均品位约0.15%,是我国同类砂矿工业品位的2.5倍。金红石变化于0.024 1%～0.090 4%之间,平均品位约0.042%,未达到独立矿体的圈定品位,作为伴生组分参与资源量估算。初步了解表明,该矿区的矿石中有用组分含量,在所有调查区中最低,本区矿石质量较差。

估算砂矿资源量2230万t、钛铁矿79万t、锆石3.3万t、金红石0.9万t。

该矿区由Rio Tinto Alcan下属的QMM公司与马达加斯加政府合作开发(各占股80%、20%),投资8.5亿美元,钛铁矿开发项目(For Dauphin)于2009年启动,当年生产钛铁矿16万t,2010年达28.7万t,设计年产钛铁矿75万t,锆石和金红石40万t,矿山服务年限40年,产品主要通过海运运至加拿大。

2010年11月,由广东广新矿业资源集团有限公司与深圳零七股份有限公司组成的合资公司——马达加斯加大陆矿业有限公司获得采矿权(各占股52%、48%),矿权面积8982km²,矿区北起Antanabao Bitavola,南至Manantenina,全长850km。

二、Tolanaro 地区砂矿

(1)在Petriki-Mandena-Sainte Luce地区,砂矿最大厚度为18m,沿着海岸线覆盖60km²,重矿物含量5%～10%,探明重矿物储量约5000万t(Tucker et al,2012)。

(2)Ambovombe地区,砂矿分布面积约100km²,含钛铁矿13.298%～14.250%、锆石1.434%～1.525%。估算资源量:钛铁矿6700万t,锆石300万t(Tucker et al,2012)。

QMM公司在1986—1990年对横跨Manajary—Tolanaro北部宽5～10km东海岸平原进行了勘测,2000年通过预可行性研究,评估当地砂矿可采年限60年,年产75万t钛铁矿(TiO₂60%)和25 000t锆石。此外,Toliara砂金有限公司(TSSARL)在西南部Tulear北海岸进行了广泛的砂矿勘探工作,预计当地每年可生产40万t钛铁矿和4.3万t锆石和金红石(Tucker et al,2012)。

第四节　砂矿资源潜力

马达加斯加重要砂矿矿产地位于东海岸北部 Tamatave 地区至南部 Tolanaro 地区，南北跨度大，矿带长约 850km。目前仅对东海岸 9 个矿区 12 处矿床进行了勘查，已探明砂矿矿物（钛铁矿＋金红石＋锆石）储量（333＋334）仅 34 万 t，全区远景资源量达 7750 万 t。目前，仍有很多砂矿远景区需要进一步勘查，远景资源量有望达 1 亿 t 以上。

此外，在西海岸 Maintirano、Belo(Tsiribihina)、Antongo 地区均已发现钛铁矿砂矿点，且这 3 个地区又是西海岸三大主要河流的入海口，巨大的冲积扇可汇聚大量的重矿物，通过搬运、分选、沉积，形成砂矿。内陆 Mananjary、Faraony、Mananara、Manampanihy、Menarandra 的几条大河流中下游河床、河漫滩或Ⅱ、Ⅲ级阶地也已发现很多砂矿矿点。因此，西海岸和内陆河流砂矿资源仍具有巨大潜力。

第八章　稀有金属系列矿产——锂、铍、铌、钽、锆铪矿

第一节　概　述

基于马达加斯加独特的地质条件，全岛伟晶岩极其发育，已发现伟晶岩脉群200余处。伟晶岩型锂、铍、铌、钽、锆铪等矿点或矿床星罗棋布。除伟晶岩型铍、铌、钽、锆铪矿床外，砂岩型矿床或矿点也有产出，以绿柱石、锆英石、铌钽铁矿等矿物为主。规模较大的伟晶岩主要分布Ampandramaika—Malakalina、Ampanobe、Ankazobe、Antsampanana、Tsaratanana及Ambatofinandrahana等地区，而Betafo—Antsirabe和Miandrivazo等地区的规模要小一些。据统计，铍矿点239处，铌钽中型矿床1处，铌钽矿点24处（图8-1）。

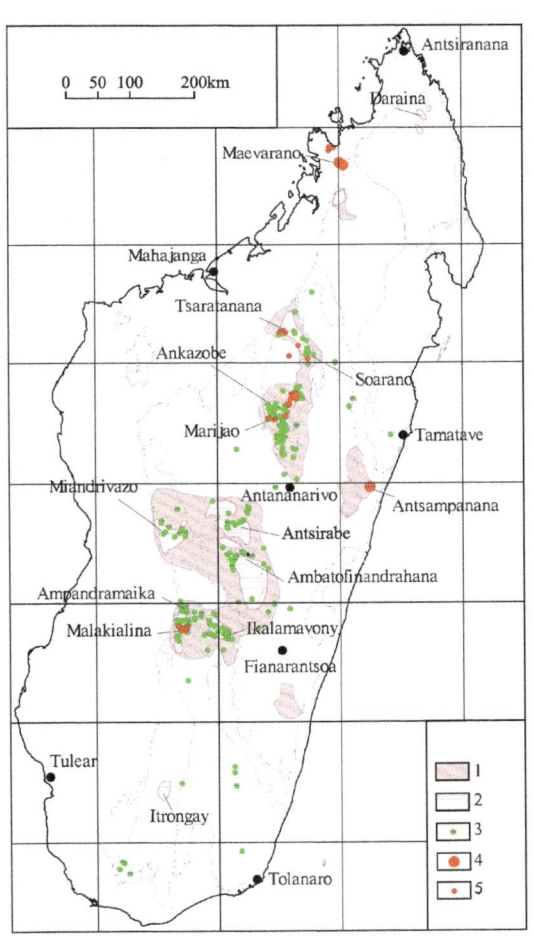

图8-1　锂、铍、铌钽等伟晶岩矿产分布图（Tucker et al，2012）
1.伟晶岩成矿远景区；2.伟晶岩成矿预测区；3.铍矿点；4.中型铌钽铁矿床；5.铌钽铁矿点

第二节 成矿地质背景及矿带划分

马达加斯加稀有金属系列矿产主要分布于 Antananarivo 地块和 Ikalamavony 地块。围岩为 Androyen 岩系和 Anosyen 岩系、石墨岩系、角闪辉石片麻岩系,由一套深变质岩组成,其岩性以花岗质混合岩、角砾状混合岩、黑云片麻岩为主,其次有斜长角闪岩、黑云母大理岩、云母片岩、变粒岩及火成岩杂岩等组成。

一、成矿带划分

自 2009 年起,沈阳地调中心开始对马达加斯加伟晶岩型锂、铍、铌、钽进行研究评价工作,根据含绿柱石花岗伟晶岩脉(墙)出露集中程度或已发现绿柱石(铍)矿点(矿化点)的分布从北向南划分为 4 个矿带。

1. Antsakoa – Soarano 矿带

该矿带长约 70km,宽约 25km,呈 315°方向展布的狭长带状,面积约 1750km。

矿带内的花岗伟晶岩脉(墙)群由多条岩脉构成,发现矿点 10 余处,以铍、铌矿化为特征。伟晶岩脉有 3 组走向,以近北西向为主体,个别为近南北或北东走向。围岩主要为角闪质混合岩,另见少量花岗质小型侵入体出露。

2. Marijao – Androfia 矿带

该矿带长约 50km,宽约 20km,面积约 1000km²。

矿带内伟晶岩脉(墙)总体沿 45°方向展布,花岗伟晶岩以铍矿化为特征,发现矿点(矿化点)数处,脉体走向北东—北北东。围岩与北区 Antsakoa – Soarano 相似,伟晶岩带西侧出露大面积混合花岗岩。

3. Manampana – Begabona 矿带

该矿带近南北向带状展布,由数条伟晶岩脉组成,矿带长约 50km,宽约 5km,面积约 250km。

矿带内伟晶岩脉(墙)走向北西 330°至近南北,倾角近直立,多由钾长石单矿物构成脉体,块状石英脉与钾长石脉相伴产出,局部可见石英脉斜切钾长石脉或与钾长石脉保持一定距离。钾长石脉的钾长石晶体长 10~100cm,自形程度高,脉体边部偶见鳞片状、块状白云母或黑色电气石;块状石英脉内石英多为乳白色或无色,块径多大于 30cm,脉体边部偶见黑色电气石,绿柱石主要赋存在两种脉体复合部位。村民主要以两种共存脉体为挖掘对象,目标矿物是绿柱石。伟晶岩近矿围岩主要为黑云(二云)长英片岩,该围岩产状:倾向 270°~300°,倾角 40°~60°。

4. Malakialina – Ampandramaika – Ikalamavony 矿带

该矿带为三角形区域,简称 MAI 地区(图 8-2)。区域由一套深变质岩组成,其岩性以花岗质混合岩、角砾状混合岩、黑云片麻岩为主,混合岩化作用强烈。伟晶岩在空间上与混合岩化关系密切。

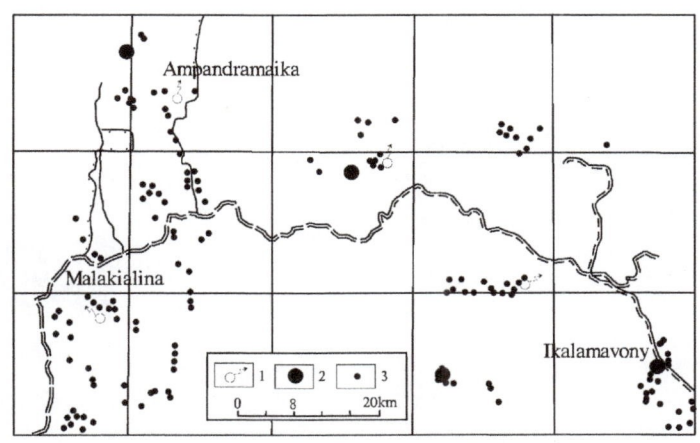

图 8-2　MAI 地区伟晶岩矿点分布图
1.铌钽矿矿带；2.三分带伟晶岩；3.其他伟晶岩

二、伟晶岩特征

根据矿物共生组合和分带特征，马达加斯加伟晶岩可分为 3 个类别。

1. 三分带伟晶岩

伟晶岩脉体长 100～300m，宽 20～40m，一般与围岩呈不整合状侵入接触关系，具三分带（内核、中间带和外缘带）。内核主要由块状石英和巨晶条纹长石组成（图 8-3），有时为单质石英核。石英可呈指状插入到中间带，一般呈白色或粉色，偶尔为烟熏色。中间带通常较薄，由石英、条纹长石、钠长石、绿柱石、钛铁矿和掌状或书状白云母组成（图 8-4）。矿物粒度粗大，由几十厘米至 100cm，有的矿物体积达 8.0m³，主要分布在内核与中间带相接处。伴有多种稀少的副矿物，如沥青铀矿、铌钽矿、球泡铋矿等。外缘带厚度不等，矿物由书状白云母、石榴子石、磁铁矿、钛铁矿、细粒状绿柱石、铌钽矿组成，粒状、文象结构，有时含有黑电气石。部分边缘分带富含电气石，且晶洞内常见电气石化。

图 8-3　碱长伟晶岩
Pe-条纹长石

图 8-4　花岗伟晶岩
Qz-石英；Ms-白云母

在内核和中间带的过渡带生长分米到米级的绿柱石（图 8-5），马达加斯加已经发现的最大绿柱石重量达 32.0t（Tucker et al，2012）。在 A4 坑道内仍可见到直径达 1.0m、长约 1.5m 的绿柱石晶柱残留和直径超过1.0m、长度超过7.0m的绿柱石晶体印模(图8-6)。含绿柱石伟晶岩多伴有铌钽铁矿，铌钽铁矿晶体粗大，呈脉状或囊状产出，单个矿囊最大可产铌钽铁矿3t。外缘带产有少量小绿柱石、铌钽矿和黑电气石。

图 8-5　绿柱石晶体

图 8-6　花岗伟晶岩中绿柱石印模

2. 二分带伟晶岩

伟晶岩脉体划分内、外两带或两带并列，长20~100m，厚2~10m，有些地方厚度一致。内带矿物体积较大，粗粒—巨块结构，$d=2\sim80$cm。矿物一般由单质石英、条纹长石、书状白云母和绿柱石组成。石英多为乳白色，偶尔呈粉色，块状；条纹长石粒度粗大，最大长度可达1.0m；绿柱石多赋存于两带接触部位或其一侧，规律尚待统计，晶体大小与长石单晶大小成正比，$d=10\sim80$cm不等，分布不规则。外带相对较薄，矿物由长石、石英组成，呈粒状、文象结构。矿化程度不一、较为分散，含有石榴子石、独居石、钛铁矿和细晶绿柱石。

3. 无分带伟晶岩

伟晶岩脉体一般长20~200m，厚1~40m。粗粒、文象结构，矿物由石英、正长石、白云母和少量的绿柱石等组成，局部含有钛铁矿、宝石级绿柱石、含铀矿物。矿化程度不均，局部见大块不规则铌钽矿物，经济意义不大。石英呈乳白色，粗粒—巨粒状；白云母呈书状；绿柱石呈细粒状，偶见粗粒状颗粒。

有关资料表明马达加斯加伟晶岩形成时代跨度大，从元古宙到古生代均有发现，与稀有金属锂、铍、铌、钽的关系有待于进一步研究。

马达加斯加伟晶岩分布广泛，局部相对集中，绿柱石矿物含量1%~5%，并伴生锂、铌、钽等稀有元素。根据成矿地质条件和矿床类型推测伟晶岩型锂、铍、铌、钽等稀有金属矿床不仅在马达加斯加属优势矿产，在全球也具有不容置疑的优势地位。

第三节　矿床实例分析

一、Malakialina 铍、铌钽铁矿

该矿床位于马达加斯加高原中南部，Fianarantsoa省西北部，经Ikalamavony向西至Malakialina。

1. 地质概况

Malakialina 矿区主要分布 Androyen 岩系和 Anosyen 岩系,处于 Itremo 地块中北部,地层自东向西叠加展布,除典型的 Itremo 地块沉积地层外,由一套深变质岩组成。岩性以花岗质混合岩、角砾状混合岩、黑云片麻岩为主,其次有斜长角闪岩、黑云母大理岩、云母片岩、变粒岩等。该岩系同位素年龄约 1.4Ga。区域内混合岩化作用强烈,伟晶岩分布往往与混合岩化在空间上关系密切。

20 世纪 60 年代法国地质工作者对该地区的地质填图和水系重砂测量(比例尺为 1∶25 万),查明区内分布的岩石主要为角闪斜长片麻岩、云母片岩和花岗质伟晶岩,且绿柱石和铌钽铁矿的矿点广泛分布这些岩石。

2. 矿体特征

区内的绿柱石和铌钽铁矿均分布在花岗质伟晶岩中,其中享誉世界的 Malakialina 绿柱石矿床就产于该区的伟晶岩中。法国地质工作者在 Malakialina 矿区对绿柱石和部分含矿伟晶岩作了详查工作,划分出 3 个子矿区,即 AF 矿区、M 矿区和 X 矿区,其中 AF 矿区含有 A4 和 F3 两个伟晶岩。

1) A4 伟晶岩

A4 伟晶岩是马达加斯加绿柱石出产量最大的伟晶岩。法国地质工作者自 1959 年已经开始对该伟晶岩开展了详查工作,证实了这个伟晶岩具有分带性(图 8-7)。

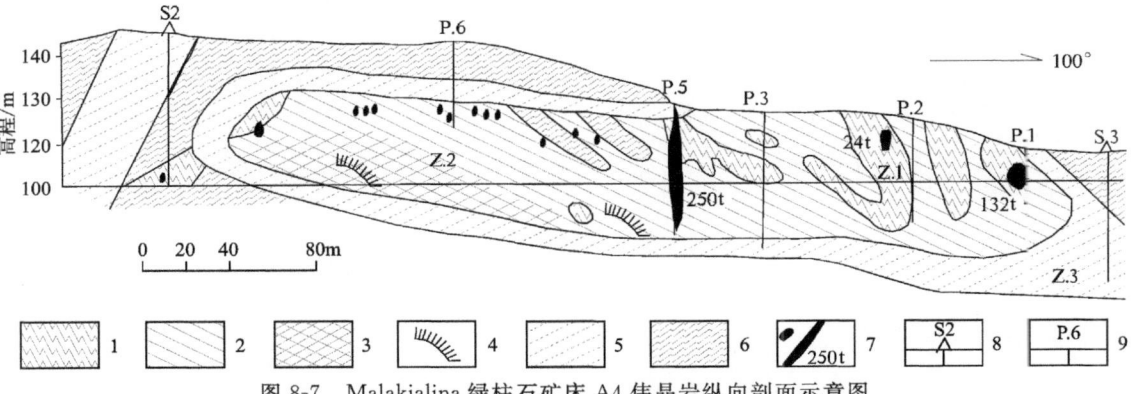

图 8-7 Malakialina 绿柱石矿床 A4 伟晶岩纵向剖面示意图

1. 中心带(Z.1):石英核;2. 中间带(Z.2):条纹长石;3. 中间带(Z.2):白云母、条纹长石;4. 中间带(Z.2):云母;5. 边缘带(Z.3):混合区从里向外为石英、钠长石、微斜长石、电气石、白云母区,石英-钠长石区;6. 围岩:云母片岩;7. 绿柱石矿体(产量 250t);8. 钻孔位置及编号;9. 剖面位置及编号

(1) 电气石化的矿脉壁带:与伟晶岩围岩面一致,富含大量的云母片岩的电气石,在面上形成了电气石岩。

(2) 强矿化的边缘带:为石英和正长石矿物组合,含有中等或大片的白云母晶体。正是在这个带上,白云母为书状集合体或呈数个小斑点状和掌状。该带发现的电气石呈大的独立晶体或是被包裹在白云母中。该带中不含绿柱石。

(3) 含有块状矿石的中间带:被命名为"长石-云母带",由斜长石、石英和云母等矿物组合,主要的特点是含有绿柱石和铌钽铁矿晶体,绿柱石粒度巨大(图 8-5)。铌钽铁矿(图 8-8)自形—半自形板状,粒径 10~30cm,占 2‰~5‰。在这个带中,发现了一些厚十几厘米的白色钠长石条带。

(4) 中心带:确切来讲该带是以石英为主和少量长石、云母组合形成的带,而后者所占比例很小。绿

图 8-8 铌钽铁矿

柱石优先分布在中间石英带的外接触面上,同时在石英带中也发现了一个绿柱石的矿囊。

2)F3 伟晶岩

F3 伟晶岩是马达加斯加绿柱石出产量上百吨的五大伟晶岩之一,其地质研究程度不及 A4 伟晶岩。

3. 矿产资源量

法国地质工作者自 1959 年开始对该区进行详查工作,对 AF 矿区 A4 伟晶岩共施工了 16 个钻孔,孔深 42~92m,探明铍矿资源量达到了中型矿床规模。此后他们在这个伟晶岩里采出了 1843t 绿柱石和 40t 铌钽铁矿,约占探明资源量的 16%,绿柱石的 BeO 平均质量分数为 12%,高者可达 13.5%。

同时,法国地质工作者还对 F3 伟晶岩开展了详查工作,共施工了 10 个钻孔,孔深 38~88m,探明铍矿资源量达到了小型矿床规模。在这个伟晶岩里采出了 401t 绿柱石和数吨铌钽铁矿。

坐落在 Malakialina 矿区的 X 矿区中有 6 个伟晶岩(含 X524、X560)也进行了详查工作(表 8-1)。

表 8-1 Malakialina 矿区伟晶岩特征一览表

序号	矿区	伟晶岩编号	钻孔数	钻孔间距/m	绿柱石资源量/t	铌钽铁矿资源量/t
1	AF 矿区	A4	16	40	11 363.4	1 464.12
2		F3	10	40	5 980.16	316.288
3	M 矿区	M223	9	30	237.6	
4		M227	6	30	82.68	
5		M248	9	25	294	61.2
6	X 矿区	X524	26	40	3 223.8	
7		X560	20	40	21 487.68	4 818.5
8		X574	9	30	760.3	57
9		X578	18	60/100	10 164	809.4
10		X648	17	40	7 067.5	
11		X663	15	40	1872	292.8
合计					62 533.12	7 819.308

其中 X560 伟晶岩共施工了 20 个钻孔,孔深 42~116m,探明铍矿(绿柱石)资源量为整个矿区中最多一个,约 21 500t。达到了中型矿床规模,还有 Malakialina 矿区 4800t 铌钽铁矿。实地考察结果,X 矿区内 6 个已经详查的伟晶岩深部尚未进行开采,其中 X560 伟晶岩还清晰可见法国地质工作者曾准备露天开采的采矿平台。Malakialina 矿区具多种结构含绿柱石伟晶岩,已形成几个大型矿床,其中最大矿体 A4 钻探勘查资源量约 11 000t,年开采量达 3350t。

二、Ampanobe 锆铪矿

Ampanobe 锆铪矿位于马达加斯加中南部 Fianarantsoa 省西部 Ikalamavony 地区、Manantanana 河北侧。

1. 矿床地质特征

Ampanobe 锆铪矿床的地理位置处于 Ikalamavony 构造单元,这一地区主要分布着 Androyen 岩系。该岩系由一套深变质岩组成,其岩性以花岗混合岩、角砾状混合岩、角闪斜长片麻岩为主,夹有斜长角闪岩、黑云大理岩、云母片岩、变粒岩等。在花岗混合岩、角砾状混合岩与角闪斜长片麻岩的接触带上,有较多的花岗伟晶岩分布。锆铪矿床主要产于这些花岗伟晶岩中,其矿石矿物为锆石类。伟晶岩型矿石具伟晶结构、块状构造,矿石结构致密,矿石矿物为铪锆石、锆石及斜锆石等,脉石矿物主要为石英和长石。

2. 品位和资源量

该矿床锆石矿物平均体积占有率为 12.92%~15.39%。经分析,锆石中 ZrO_2 质量分数为 67.5%~71%;伴生有 HfO_2,质量分数为 1.5%~2.75%,平均 2.2%,局部高达 5%。$(Zr、Hf)O_2$ 含量已达到一级品要求。以锆石含 ZrO_2 67% 计,该矿床 ZrO_2 平均品位已达到 8.66%~10.31%(我国对锆矿床的工业指标要求是:边界品位 ZrO_2 为 3%,最低工业品位 ZrO_2 为 8%)。

据法国地质资料,该矿床 8 个矿段的锆石资源量为 248.25 万 t,铪资源量 54 615t。

3. 矿石加工、选冶技术性能

由于锆石粒径粗大,可采用先人工手选,然后重选的选矿工艺回收锆石。经法国地质工作者实验室选矿试验,锆石回收率大于 90%,属易选矿石。

三、Antetezambato 锆矿——岩浆型矿床

Antetezambato 锆矿位于马达加斯加 Tsaratanana 市以南 8km 的 Antetezambato 村。1954—1956 年由法国地质学家在 Tsaratanana 市 Bekapaika 地区发现,并对锆矿资源量进行估算。

1. 地质概况

1)地层

20 世纪 60 年代,法国地质工作者对 Betrandraka 地区进行地质与构造填图(比例尺 1:40000),认

识该地区分布的岩石有石墨岩系、角闪辉石片麻岩系（大部分由碱性火山喷发杂岩体受变质作用）、火成岩杂岩（花岗岩、正长岩、辉长岩）以及玄武岩层。

2）构造

Betrandraka 地区在南部由近南北走向的平行褶皱束组成，褶皱向东弯曲（Kamoreen 背斜，Besakay 向斜）。在 Bemavo 向斜轴线与 Betrandraka 向斜轴线的交会处，发现了具有典型环状岩脉构造的 Betafo 正长辉长岩的杂岩（辉长岩被正长岩环所包围）。

3）岩浆岩

以碱性岩系分布为主，包括正长岩、霞石正长岩、霓辉岩、粗面质次火山岩等。正长岩在 Betsioka 与 Mahajamba 之间形成了一个小型地块，略呈东西走向，侵入 Maevatanana 岩系中含有角闪石的片麻岩以及含有磁铁矿的石英岩。正长岩略有带状条纹，这些带状条纹与其围岩的云母片岩（红土化）的带状条纹总是垂直。正长岩的地表风化壳常转化成富含三水铝石的海绵状红土。

2. 矿产分布

1954 年，马达加斯加地质局的一个工作队在此进行了一次对冲积层的系统勘探。1955—1956 年，BUNIFOM 在 Besakay 地区开展了更为详尽的勘探活动。

在 Antetezambato 正长岩岩套里含有锆矿体。锆矿体赋存于一种典型的岩屑正长岩（注：原文为含异源岩屑次火山岩）内。岩屑正长岩是一种近白色、灰色或者粉红色的粒状次火山岩，其中含有微斜条纹长石以及似长石矿物（霞石最为常见）。

Antetezambato 锆矿是马达加斯加地质局地质学家 Kluiving 在 1956 年底发现的。他在 1959 年 2 月撰写的工程总结报告中指出，锆矿体分布在一个整体为北-南走向，并且产状笔陡的正长岩岩体里。另外，在 Antetezambato 村北边以及西北边的山坡上 $3.0km^2$ 区域的残积层中收获了一些几毫米到几厘米的结晶锆石颗粒。在山的边缘地带以及山脚，还发现了几个矿化度很高的区域（与流水搬运有关）。根据现场的观察，山体被厚厚的红土所覆盖。在这些红土层下面就是含有锆石的正长岩，这些正长岩被称作 Tsaratanana 正长岩岩套，其特点是由紫苏正长岩、似长石辉长岩以及含环斑的正长岩组成。

第四节 资源潜力分析

目前认为，马达加斯加稀有矿产资源，除伟晶岩型矿产外，还有与碱性岩有关的锆矿。

一、Malakialina 地区绿柱石潜力

在该区内蕴藏丰富的绿柱石，大致有两种类型：第一种绿柱石蕴藏于均质伟晶岩中，绿柱石较为分散，含量（1%～5%）低，但质量较好，马达加斯加地质部门曾在该区域西部的多个矿场内进行了细致的研究，结论认为其储量很大。第二种绿柱石与分带明显的伟晶岩有关，在马达加斯加以及世界其他国家，该类绿柱石是工业绿柱石主要来源，也是铍的重要来源。通常该绿柱石形成较大的晶体，适用于手选。绿柱石产状有两种：一种是石英核内（主要是产宝石的石英核）的小棱柱；另一种是长石-石英核（产工业级）内的大棱柱，当长石-石英体积和粒度发生增长时，绿柱石粒度也随之增长，因此成分分带最好的伟晶岩，矿化浓度越高、棱柱越大，矿床的储藏量越大，越易于开采（如 A4、F3）。

法国地质工作者对 Malakialina 绿柱石矿床进行了详查，探明的伟晶岩型铍矿储量累计规模已达到

了大型。其中 A4、F3 这两个矿体虽经掠夺性开采使地表资源殆尽，但深部开采仅限于矿体中段，且深度未超过 35m。实地勘查结果显示，总开采量不足该伟晶岩体总资源量的 1/6，并且两端还可以扩展采矿。除这两个伟晶岩外，其他 9 个伟晶岩虽已进行了详查工作，但均未进行实质性开采，可供开采的绿柱石和铌钽铁矿资源量分别可达 6 万 t 和 7000t，具大型矿床规模。

区内还发现了相当多的绿柱石和铌钽铁矿重砂异常，异常丰度值高，成矿特征明显，有望再找到一个至数个 A4 伟晶岩类型的绿柱石型铍-铌-钽矿床。

二、Antetezambato 锆矿潜力

该矿床中，锆矿石富集部分与矿石贫瘠部分或不含矿石部分交替出现。因此矿体的形态、品位以及分布的研究对于矿床开采十分重要。

由于钻井较浅，法国地质工作者对矿体仅进行了 100m 的深推。矿石的品位是参考钻探的结果，采用平均品位的最小值（1.5×10^{-3}）。矿石资源量计算参数：长度、宽度采用平均值，矿石的平均密度为 2.8t/m³。估算的锆石资源量为 786 240t。但是，由于钻井不深，无法揭示锆的分布规律。

为了进一步了解成矿范围和扩大找矿远景，法国地质专家建议在具有相同地质体（即与 Tsaratanana 正长岩相似的地质体对比）的其他区域开展勘查工作。

(1) 在 X:525～530、Y:1032～1037 之间的 Tsaratanana 区域，面积约 5km²。

(2) 在 X:523～525、Y:10 37～1040 之间的区域，位于 Bekapaika 镇以东 4km，Mahajamba 河穿过其中，在 Mahajamba 桥的下游位置，向北成束状继续延伸，该区域面积约 4.0km²。

法国地质专家指出：尽管 Tsaratanana 正长岩里锆的含量可观，但不能只限于 Antetezambato 区域开展勘查工作，在其他一些的区域里，锆的资源潜力依然很大。

第九章 放射性矿产——铀、钍矿

第一节 概 述

马达加斯加铀、钍矿等放射性矿产资源,主要位于 Ankazobe—Vohombohitra,Ansirabe—Antsire 和 Anosy—Tranomaro 地区(图 9-1)。目前已发现中型矿产地 3 处,小型矿产地 1 处,矿点 219 处。已探明铀储量 3765t,预测铀资源量 2.18 万 t(地球化学块体法计算)。马达加斯加铀矿按成因类型划分主要为沉积变质型、砂岩型、岩浆热液型和伟晶岩型 4 类,其中沉积变质型铀矿主要发育于南部地区,砂岩型分布于中部和西部地区,岩浆热液型和伟晶岩型则分布于中部地区。

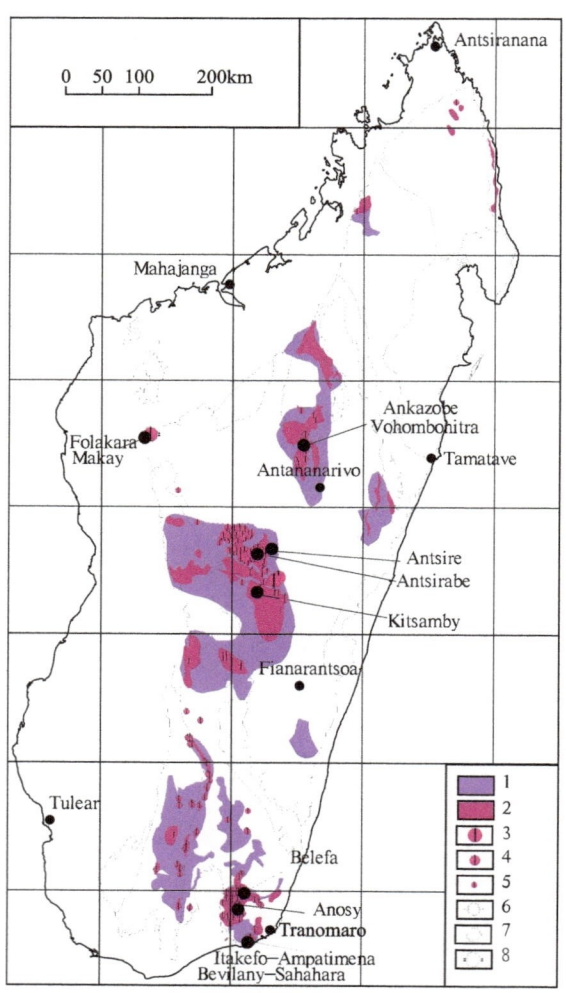

图 9-1 铀、钍矿产潜力分布图(Tucker et al,2012)
1.铀矿成矿远景区;2.铀矿成矿预测区;3.中型铀-钍矿床;4.小型铀-钍矿床;
5.铀-钍矿点;6.沉积变质型;7.伟晶岩型;8.沉积型

第二节　成矿地质背景

马达加斯加铀矿的形成时代主要集中于古元古代、古生代的寒武纪和石炭纪、中生代等几个时间段内，在这几个时间段内形成了相应的铀矿类型。沉积变质型铀矿主要形成于古元古代，岩浆热液型和伟晶岩型铀矿形成于寒武纪—中生代，砂岩型铀矿形成于石炭纪—中生代。

一、古元古代

古元古代是马达加斯加铀矿形成的一个重要时期，形成了沉积变质型铀矿，主要位于Androyen地块和Anosyen地块内，这两个地块是马达加斯加南部前寒武纪地质的重要组成部分，同时也是印度大达尔瓦克拉通（形成于古太古代—中太古代）的延伸部分，而且是马达加斯加四大增生地块之一（其余两个是Vohibory地块和Bemarivo带），这四大地块的加积增生时间晚于大达尔瓦克拉通的形成时间，而Androyen地块和Anosyen地块形成时间为2000~1800Ma（Tucker et al，2012），是在古元古代固结纪（1800~1750Ma）开始在大达尔瓦克拉通上加积增生的。

在Androyen地块和Anosyen地块发生加积增生过程中，发生了大规模的岩浆活动和变质、变形运动，从而形成了大量的花岗质片麻岩或混合岩、花岗岩、变粒岩、辉石岩，而铀矿则主要产于副变质的辉石岩中。古元古代时期发生大规模构造运动的加积增生事件，是铀矿形成必不可少的条件。如产在Tranomaro地区的铀矿经历了3个阶段的构造运动，形成了一系列的北东向、北西向和南北向褶皱构造，以及北东-南西向的断裂构造，特别是褶皱构造发展的第三阶段形成了Tranomaro地层是铀矿的直接含矿围岩，这些构造为成矿物质的活化、富集提供了重要的动力和场所，特别是褶皱构造是铀矿形成必不可少的条件。

二、寒武纪—中生代

寒武纪形成的铀矿主要为伟晶岩型，形成于Antananarivo地块内。在Antananarivo地块中，元古宙变质岩和新太古代基底被两个期次的深成岩切穿：①早新元古代拉伸纪（820~740Ma）时期；②晚新元古代埃迪卡拉纪—早寒武纪（540~520 Ma）时期，二者组合为Imorona-Itsindro岩套。岩套中的成冰纪侵入岩，形成双峰式辉长岩和正长花岗岩组合，而伟晶岩是在正长花岗岩演化晚期形成的，且形成于花岗岩的顶部。寒武纪形成的伟晶岩是成矿物质的主要来源，也是成矿的主要部位。在韧性变形过程中寒武纪的长英质侵入岩（花岗岩）顶部形成的断裂构造十分有利于伟晶岩的形成，伟晶岩上侵到正片麻岩层后受面状构造遮挡而分凝-聚集形成铀矿。由此可见，寒武纪伟晶岩、断裂构造和正片麻岩对铀钍矿成矿意义较大，尤以伟晶岩和断裂构造对成矿的作用最为重要。经过古元古代、寒武纪、石炭纪以来的3个铀矿成矿期后，至中生代形成了马达加斯加最后一个铀矿成矿期，这一时期形成的铀矿成因类型主要为岩浆热液型和伟晶岩型，主要形成于Ikalamavony地块内。

三、石炭纪—中生代

石炭纪—中生代所形成的砂岩型铀矿主要伴随着卡鲁超群地层（其组成由下至上为Sakoa群、Sakamena群和Isalo群）的形成而形成。

第三节　矿床类型及实例分析

一、沉积变质型铀矿

马达加斯加南部沉积变质型铀矿主要产于 Androyen-Anosyen 地块中，由南东向北西依次分布于 Tranomaro、Esira、Ambia、Ampandrandava、Begogo、Vorokafotra、Betraka、Isoanala、Ihosy、Sakeny 等地区。其中 Tranomaro 至 Esira、Betraka 至 Ihosy 是沉积变质型铀矿最为集中的区域，其次为 Ambia、Ampandrandava 至 Vorokafotra 和 Begogo 等区域。代表性矿床为 Tranomaro 铀矿。

1. 区域地质背景

1）地层及岩浆岩

区域结晶基底从下到上可分为 Androyen 系含石墨层系、Vohibory 系以及顶层的 SQD 系三大系。

地质单元从下到上可细分为古太古代花岗岩或混合岩穹隆、太古宙硅铝质岩系（拉努梅纳杂岩）、Tranomaro 组、Ampandrandava 组。Tranomaro 组为 Androyen 系底部岩层，在钙镁质岩系中形成了镁质铀方钍石，是铀矿形成的重要部位。

地层从下到上又细分为 Antsakoamiary 组、Tranomaro 组和 Tsilamaha 组。Tranomaro 组变质程度较高，可达麻粒岩相，混合岩化程度极高，并伴有紫苏花岗岩。该组主要为由大量的含钙镁质矿物、斜长石、方柱石和辉石等组成的副片麻岩，岩层发生了强烈的褶皱弯曲。

根据岩性不同，Tranomaro 组又可分为硅铝质岩系和钙镁质岩系。

硅铝质岩系主要由含石榴子石的变粒岩、花岗岩、混合岩、紫苏花岗岩、含辉石的片麻岩组成。前人研究成果表明，正变粒岩和副变粒岩分别起源于流纹岩和长石砂岩。硅铝质片麻岩则起源于杂基石英砂岩和石英砂岩。花岗岩和紫苏花岗岩主要为浅色岩，由含量不等的石英、斜长石、钾长石与铁镁质矿物以及副矿物（独居石、锆石、磷灰石）等组成。混合岩基体主要为长石、深绿色的辉石和榍石矿物组合，脉体为与正长岩成分相当的物质成分。

钙镁质岩系是一种泥灰质或黏土—泥灰质杂岩，经过变质作用后形成了一种辉石岩-方柱石岩-云母大理岩层状混杂岩，包括方柱辉石岩。这一岩系明显是矿化的载体，所形成的副矿物主要是尖晶石、硅镁石、方柱石、金云母、透辉石、方解石，偶尔会形成萤石、刚玉、磷灰石。云母大理岩有时填充于层理之中，有时甚至会被"包裹"其中或被"消蚀"。辉石岩作为矿化载体，在云母大理岩或者直接在钙镁质建造中率先形成，一般优先选择在变粒岩中形成。

2）构造

Androyen 系受主要造山运动（2600~2420Ma）影响，经历了一系列变质作用（伴有混合岩化），其中时间最为久远的变质作用对 Tranomaro 组地层产生了影响，这一变质作用起源于 Anosyennes 系花岗岩-紫苏花岗岩杂岩，距今约 1145Ma。

在 Tranomaro 组中，发生了 3 个阶段褶皱形成重组：第一阶段形成北西向褶皱轴，发生于 Mahary 和 Andranondambo 之间的鞍部，各层级均有所抬升；第二阶段形成北东向褶皱，主要发生于 Tranomaro 地区以及 Anosyennes 系，横向变化相同；第三阶段形成南北向褶皱，从各个层面上看，这次褶皱作用变形幅度最大，形成了现今的 Tranomaro 地层和 Anosyennes 系。

2. 矿床地质特征

前人通过野外地质调查得到：①矿床周围岩石（建造）为花岗质片麻岩或混合岩、花岗岩、变粒岩；②含有矿化的岩石为辉石岩，辉石岩属 Androyen 地块内中元古代 Tranomaro 组，该组形成时间为 1600～740Ma（Tucker et al,2012）；③铀方钍石矿化形态各异，肉眼可见，呈自形晶或呈浸染状赋存在含矿岩石中。

1）地层及岩浆岩

矿床由较厚的辉石岩岩层构成（图 9-2），岩层长度约为 400m，宽度为 60m，近南北向，倾角近垂直（略偏西向）。矿区还发育有片麻岩，片麻岩和辉石岩的片理均为北北西方向。

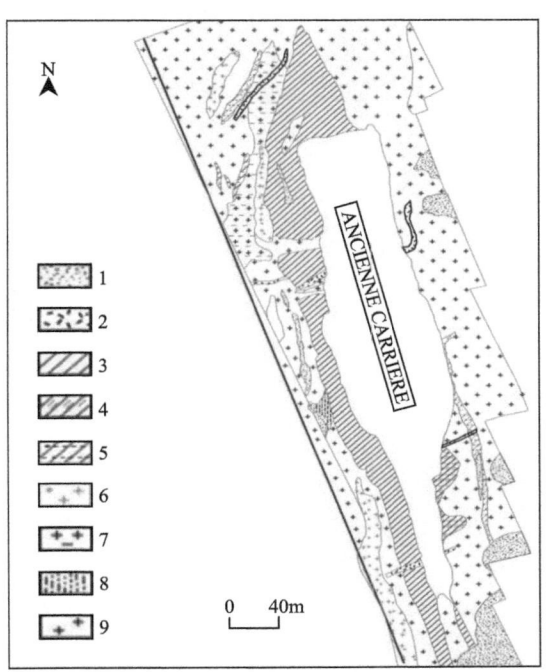

图 9-2　研究区地质图（吴大天等，2018）
1.废石堆；2.玄武岩；3.辉石岩；4.Werneritique 辉石岩；5.辉石片麻岩；6.变粒岩；7.混合花岗岩；8.片麻岩；9.花岗岩

旧采矿场由深绿色和灰绿色的辉石岩构成，辉石岩由粒状的透辉石和金云母和少量榍石组成，金云母呈片状，或者呈较大的晶簇赋存。铀矿体赋存于辉石岩中（图 9-3），铀方钍石矿化呈浸染状赋存。

在该矿区北部，岩石建造是由浅色中细粒变粒岩构成，略具片麻理。副矿物为石榴子石和堇青石。整体走向近南北（350°～355°），倾向西，倾角为 70°。某些含石榴子石与堇青石的变粒岩以及片麻岩分布于矿区中部和南部。矿区东部以浅色花岗质混合岩为主，偶见含辉石的片麻岩或石英脉（极小），其方向和倾角各不相同。在矿区的南部以及西北部地区，长英变粒岩与花岗伟晶岩（近全白的浅色岩）具有片理构造。

花岗岩呈台隆状出露，走向为近南北（340°～360°），倾角近垂直。有时会包含一些含辉石的片麻岩残留体，特别是在西北部地区。在花岗岩建造中，磁铁矿的含量极为丰富。

2）构造

构成研究区的地质建造总体走向为近南北（340°～360°），倾角近直立。断裂（后被填充）的方向通常为北东-南西向，可能是 Tranomaro 地区右旋走滑断层系列的逆断层。

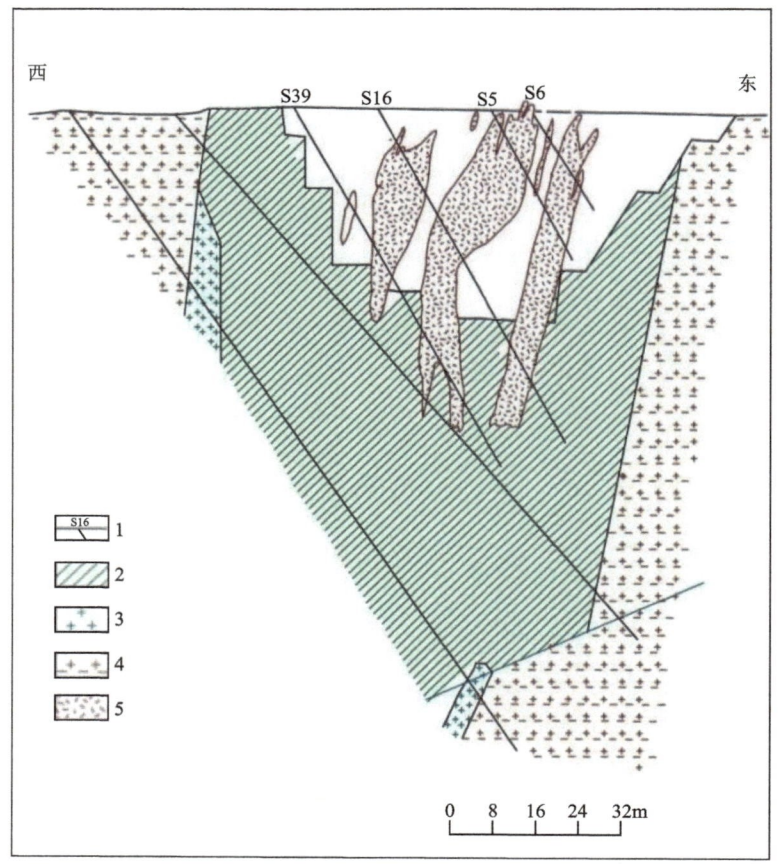

图 9-3　研究区东西方向地质剖面图(吴大天等,2018)
1.钻孔位置及编号；2.辉石岩；3.紫苏花岗岩；4.花岗质片麻岩；5.铀矿体

3) 矿化特征

通过对岩芯的观察和鉴定,铀方钍石仅存在于辉石岩和透辉石岩之中。赋存形式呈浸染状分布(图 9-4),晶体大小甚至能达到几厘米,铀方钍石通常呈结晶较好的立方晶体赋存,与透辉石、尖晶石、方解石等(有时也与金云母)共生。

图 9-4　岩芯中的铀方钍石矿物

从钻孔的平均(算术平均)铀质量分数(表 9-1)可以看出,岩石中铀质量分数可达 4097×10^{-6} 以上。从矿区平均铀质量分数的变化及其分布图(图 9-5)可以看到,矿区北部地区有较强的铀矿富集。

表 9-1　钻孔的平均铀质量分数

钻孔	进尺/m	平均铀质量分数/$\times 10^{-6}$	钻孔	进尺/m	平均铀质量分数/$\times 10^{-6}$
100S	119.00	1 590.000	250S-15E	82.80	1 574.833
100S-20E	80.00	1 032.077	250S-5W	131.00	425.667
10S	170.00	449.000	40S-05W	180.00	664.400
10S-20E	115.00	2 259.111	40S-15E	90.60	687.500
10S-40E	91.20	739.400	40S-35E	88.00	1 259.333
130S-10E	128.00	881.500	50N-40E	103.70	1 020.000
130S-10W	149.00	506.000	50N-60E	73.50	620.600
160S-10E	83.00	774.400	63S-17E	107.20	1 257.125
190S-15W	128.00	796.600	70S-05W	152.00	2 285.000
190S-5E	95.00	1 584.286	70S-35E	71.35	2 630.857
20N-40E	96.30	671.000	WinB5-50E	27.00	4 097.750
220S-5E	83.00	2 594.286			

注:数据来源于 PAMA 数据库。

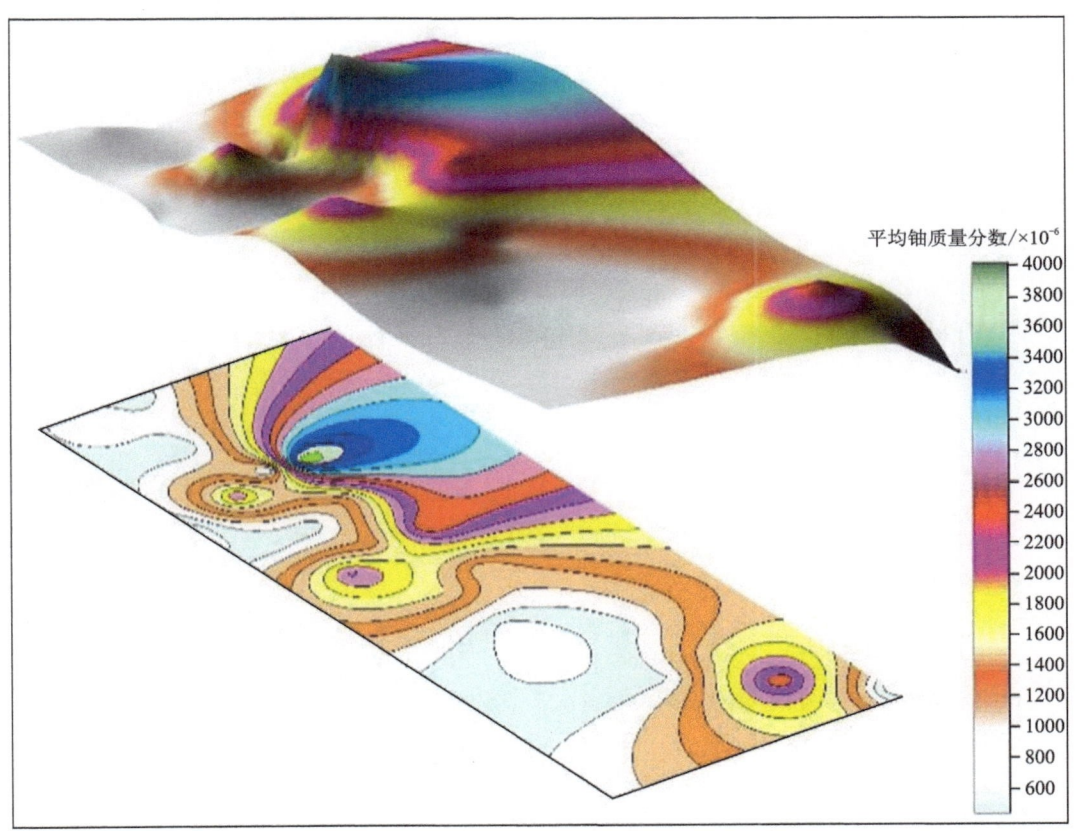

图 9-5　矿区铀平均质量分数的变化及分布图(吴大天等,2018)

Herinirina 对野外采集的岩石样品和铀、钍含量进行了分析,并计算了 U/Th 值(表 9-2),其中辉石岩中的 U/Th 最小值为 1.23,最大值为 25.25。在混合岩中,U/Th 值几乎可以忽略不计(0.49),Th/U 值低于地壳平均比例(Th/U<4)。在相同的辉石岩样品中,每个钻孔的 U/Th 值均在 1 以上。这又一次说明了辉石岩是铀矿的主要物质来源和成矿部位。

表 9-2 岩石样品分析结果表

样品	类型	Th/$\times 10^{-6}$	U/$\times 10^{-6}$	U/Th	Th/U
TR/37R/B6S 50E	辉石岩	470	7050	15.00	0.07
TR/37R/C5S 45E	辉石岩	1750	3170	1.81	0.55
TR/37R/D0S 45E	辉石岩	8510	10 000	1.23	0.85
TR/37R/D8S 38E	辉石岩	396	10 000	25.25	0.04
TR/37R/K8S 38E	混合岩	61.5	30.1	0.49	2.04

4)放射性特征

采用光谱仪和闪烁仪进行地表土壤测量,在放射性扫描之后,发现所记录的花岗岩或伟晶岩建造的放射值较高,这是由风化作用形成的铀方钍石颗粒所致。辉石岩中嵌有大量的铀方钍石晶体(图 9-6),粒度介于几毫米到几厘米之间。经 Geometrics 仪器测量后发现其放射值极高,范围介于 8000~9000cps 之间。由于最主要的放射性异常位于辉石岩中,辉石岩是铀矿化的主要物质来源和含矿围岩。

利用闪烁仪对岩芯进行放射性测量(每 10cm 测量一次),测得矿区放射性背景值为 40cps,岩石中没有铀方钍石矿化的部位均为 40cps,基本保持

图 9-6 铀方钍石晶体

不变。但在辉石岩(B5-50E)中该值可达 9000cps,这与采用光谱仪和闪烁仪进行土壤地表测量结果相吻合,在深部也印证了辉石岩是铀矿的主要物质来源和成矿部位。

3. 矿床成因

Tranomaro 铀矿产于 Tranomaro 组辉石岩中,成矿时代为中元古代。

4. 储量

通过 Tranomaro 铀矿野外地质调查时施工的 23 个钻孔取样分析结果,确定以 300×10^{-6} 为边界品位进行矿体的圈定。

通过 GEOSOFT 软件计算铀矿平均品位为 552×10^{-6}[矿产资源工业要求手册(2014)中铀矿最低工业品位为 500×10^{-6}],计算出矿石量 842 432.4t,铀金属量 465t。

5. 成矿模式

马达加斯加经过了太古宙克拉通以后,进入到了元古宙—早古生代克拉通内活化造山运动阶段。

Anosyennes 系(1145Ma)花岗岩-紫苏花岗岩杂岩侵入,发生广泛的褶皱作用,Tranomaro 组先后形成了北西向褶皱、北东向褶皱以及北南向褶皱 3 个阶段,随着时间的推移,褶皱作用程度越来越强,相应的变质程度也在逐渐加强。Tranomaro 组辉石岩形成于片麻岩和大理岩层当中(图 9-7)。

图 9-7 Tranomaro 铀矿成矿模式
1. Tranomaro 组片麻岩;2. Tranomaro 组大理岩;3. 铀矿化辉石岩

二、岩浆热液型铀矿和伟晶岩型铀矿

岩浆热液型铀矿和伟晶岩型铀矿是马达加斯加中部重要的铀矿成因类型,主要分布于 Antananarivo 构造单元和 Ikalamavony 构造单元内,位于 Arnbohimasina 至 Mahasolo 之间。基底出露 Antananarivo 地块的混合岩,其西部及 Antsirabe 盆地北端(区域的南端)侵入有太古代花岗岩,中部侵入有紫苏花岗岩,北部和东部则发育有 Ambatolampy 组(岩性为云母片岩,云墨片麻岩),但铀矿的产出全部与伟晶岩有关。其代表性矿床有 Ankisabe、Masindray 和 Antsirabe 地区铀矿,主要的含铀矿物为贝塔石(U_3O_8:20%~26%)、黑稀金矿(U_3O_8:4%~10%)、铌钇矿(U_3O_8:3%~26%)、褐钇铌矿(U_3O_8:26%)和铌钛铁铀矿(U_3O_8:10%~15%)。

1. 地质概况

研究区的基岩为新太古代混合质正片麻岩,内含变质沉积岩层序。总体走向为北西-南东,寒武纪时期的长英质侵入体在该地区比较常见。Arnbohimasina 地区的铀矿主要发育于太古宙花岗岩中部或边部的基底混合岩中,这一区域发育有面积广大的伟晶岩田(Arnbohimasina 岩田),与成矿有关的伟晶岩的形成主要与前寒武纪的侵入岩和后构造期(500Ma)Vavavato 花岗岩类等深成岩体关系密切,而且伟晶岩的产出部位一般为岩体的顶部或附近,基底的混合岩和区域上发育的圈闭构造是伟晶岩和矿化形成的有利条件。矿体呈脉状,矿脉的产状与伟晶岩基本相同,石英脉和伟晶岩脉共生,都为北西走向。伟晶岩脉是沿北西向断裂构造上侵而成矿的,伟晶岩产于花岗岩的边部,是花岗岩分异的结果。

产于紫苏花岗岩中及其附近的铀矿与位于 Mahasolo 附近的铀矿成因均为伟晶岩型,伟晶岩是铀矿的直接物质来源。铀矿主要位于太古宙混合岩、紫苏花岗岩以及 Ambatolampy 组的边部,这些部位都是伟晶岩形成的有利部位,同时也是铀矿化发育的部位,伟晶岩的发育程度与铀矿化是相辅相成的。

2. Landraina 铀矿(点)

该铀矿属于 Antsirabe 地区铀矿之一,为铌、钽、铀综合矿产,位于 Antsirabe 南西 40km Landraina

地区。2012年由广东省地质局七〇四地质大队对该矿区(23702、23324、28668、28608矿权)铌、钽、铀矿点进行验证评价(莫桥等,2013)。

1) 矿区地质背景

(1)地层：区内出露的地层为前寒武纪页岩-硅质岩-泥岩系列 Imorona-Itsindro 组的片麻岩和 Itremo 组的大理岩、石英岩和云母石英片岩、石英云母片岩、云母片岩、二云母片岩等。①Imorona-Itsindro 组。该组主要分布于矿区的北东部和南西角,岩性为片麻岩类,呈浅灰色到浅灰白色,花岗变晶结构,片麻状构造。局部有不同程度的混合岩化,从混合岩化最强部位过渡为混合岩。偶见麻粒岩出现于片麻岩中。②Itremo 组。大理岩由白云石大理岩组成,呈白色,粒状变晶结构,块状构造,局部发育半定向构造,主要有北西向和北东向构造面理,局部有糜棱线理和糜棱叶理。片岩主要由云母石英片岩、石英云母片岩、云母片岩和二云母片岩构成,与石英岩相间分布,主要呈浅灰色、浅灰褐色,鳞片(粒状)变晶结构,片状构造,偶见该组内出现角闪石岩夹层。石英岩主要分布于矿区中部、西部、东北角,多呈厚层状,局部可见薄—中厚层状云母石英片岩夹于其中,为浅灰色、浅灰带黄色、浅灰白色、白色,细粒变晶结构,块状构造或半定向—定向构造。

(2)构造：区内褶皱构造和断裂构造均十分发育。①褶皱。主要为向斜构造及其次一级的褶皱。总体均为一向斜构造,轴向北西。向斜构造主要由前寒武纪变质地层组成,核部为 Itremo 组片岩类、石英岩和大理岩,两翼为 Imorona-Itsindro 组片麻岩类。核部地层内部发育轴向北西的次级褶皱。②断裂和剪切带。主要为北西向断裂和剪切带,次为北东向断裂,以及少数的北北东向断裂和近东西向断裂。

(3)岩浆岩：出露一个走向北东的花岗岩体(250～140Ma)。岩性为黑云母花岗岩,局部发生混合岩化,变质程度不高,发生时间不详。

(4)变质作用：主要为中—高级区域变质作用,形成云母片岩和麻粒岩相的一系列变质岩石,其次为钾长石化、钠长石化、硅化、黄铁矿化等后期蚀变作用。

2) 矿(化)体特征

依据地质测量、物化探成果综合研究,全区初步圈定铌-钽-铀矿化体共10个,主要分布于北西向断裂破碎带的伟晶岩中,个别分布于近东西向断裂或大理岩与片岩接触带上,分别为 V1、V2、V3、V4、V5、V6、V7、V8、V9、V10。铌、钽、铀预测资源量见表9-3。

表9-3 Antsirabe Landraina 铌、钽、铀矿资源量预测表

矿化体编号	矿化体长度/m	矿化体平均厚度/m	矿化体推测延深/m	矿石密度/(t·m^{-3})	矿石量/t	矿石品位/%			预测资源量/t		
						Nb$_2$O$_5$	Ta$_2$O$_5$	U	Nb$_2$O$_5$	Ta$_2$O$_5$	U
V1	725	15	130	2.75	3 887 813	0.22	0.036	0.05	8553	1400	1944
V2	650	10	150	2.75	2 681 250	0.22	0.036	0.05	5899	965	1341
V3	825	30	100	2.75	6 806 250	0.22	0.036	0.05	14 974	2450	3403
V4	900	45	90	2.75	10 023 750	0.22	0.036	0.05	22 052	3609	5012
V5	1050	12	120	2.75	4 158 000	0.22	0.036	0.05	9148	1497	2079
V6	350	5	80	2.75	385 000	0.22	0.036	0.05	847	139	193
V7	500	25	110	2.75	3 781 250	0.22	0.036	0.05	8319	1361	1891

续表 9-3

矿化体编号	矿化体长度/m	矿化体平均厚度/m	矿化体推测延深/m	矿石密度/(t·m^{-3})	矿石量/t	矿石品位/%			预测资源量/t		
						Nb_2O_5	Ta_2O_5	U	Nb_2O_5	Ta_2O_5	U
V8	775	8	90	2.75	1 534 500	0.22	0.036	0.05	3376	552	767
V9	325	4	70	2.75	250 250	0.22	0.036	0.05	551	90	125
V10	450	20	50	2.75	1 237 500	0.22	0.036	0.05	2723	446	619
合计					34 745 563				76 442	12 509	17 374

3. 成矿模式

二叠纪—三叠纪期间,马达加斯加海槽中的陆相沉积作用重新开始,并持续到中侏罗世晚期。早白垩世由于裂谷作用,马达加斯加/印度和南极洲/澳大利亚之间发生海底扩张,初始的印度洋形成。到晚白垩世,马达加斯加从印度次大陆变成了非洲板块的一部分,研究区铌、钽、铀矿化即发生于这一时期。随着裂谷作用、海底扩张等一系列构造运动,使得研究区 Imorona-Itsindro 组变质岩中产生一系列北西向断裂,并伴有岩浆侵入活动,随着岩浆晚期由深部上侵的含矿气水溶液交代早期形成的矿物,这种交代作用主要表现在含矿热液中含有大量的碱质挥发分(翟裕生等,2011),这些含碱质的挥发分一方面使得碱质与金属元素形成易溶或易挥发的络合物,另一方面有利于从硅酸盐熔体中分离出低熔组分参与伟晶岩的形成,并且有利于岩浆长期、缓慢的结晶从而形成伟晶岩,最终经过碱交代(钾长化、钠长石化)使成矿元素得以富集而成矿(图 9-8)。

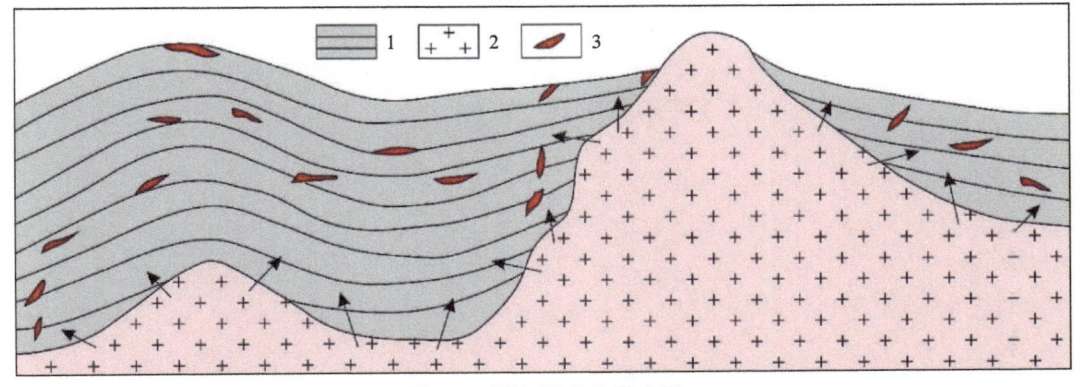

图 9-8 研究区成矿模式图
1. Imorona-Itsindro 组;2. 钾长花岗岩;3. 铌、钽、铀矿化伟晶岩

三、砂岩型铀矿

马达加斯加砂岩型铀矿位于西部和中部地区的中生代和新生代盆地内。西部砂岩型铀矿位于 Morondava 盆地的边部的卡鲁超群 Isalo II 群中,中部砂岩型铀矿位于 Antsirabe 盆地边部的第四纪更新世湖相冲积物中。

1. 区域地质背景

1) 地层

区域地层为卡鲁超群，沉积地层形成时代为古生代晚期（晚石炭世）—中生代中晚期（早白垩世），可划分为以下 3 个岩组，即 Sakoa 群、Sakamena 群和 Isalo 群。这些陆相岩群与非洲卡鲁序列岩石间十分相似，因此，这些地层经常被称为"马达加斯加卡鲁序列"。其中 Isalo 群是铀矿主要含矿围岩。

（1）Sakoa 群。Sakoa 群沉积地层为陆源混积岩、砂砾岩、砂岩、砂岩和泥岩互层、含煤泥岩和灰岩。Sakoa 群底部含煤的冰川期后地层保存了舌羊齿属植物，早二叠纪的长石砂岩和粗砾岩中有兽孔目化石。Vohitolia 灰岩中保存的海洋无脊椎动物石燕属、长身贝属和叠层石等化石说明了 Sakoa 群最上部的地层形成时间为晚二叠纪。

（2）Sakamena 群。Sakamena 群地层不整合沉积于 Sakoa 群地层之上。Sakamena 群地层记录了陆相和半咸海相地层的沉积史，可以分为下、中、上 3 个部分。①Sakamena 群下部为厚层的泥砾岩和粗粒土状砂岩，物源局部来自基底或 Vohitolia 灰岩。②Sakamena 群中部为灰色、瘤状、不含化石的层状泥岩和砂岩，代表了半咸的潟湖相和边缘海相。③Sakamena 群上部为海陆混合相，由交错沉积的白色砂岩红色页岩组成，保存了舌羊齿属—伏脂杉属植物、两栖动物、爬行动物、瓣鳃类和鱼等化石，类似于 Mahajanga 盆地中晚二叠纪—中三叠纪海洋沉积。

（3）Isalo 群。Isalo 群地层比较厚，最初为陆相地层，主要由粗粒砂岩组成。砂岩的形成源于东部的地壳抬升，最终 Isalo 群成为陆相和近海岸相岩石混合的地层单元。Isalo 群通常分为以下 3 个单元，即 Isalo Ⅰ 群、Isalo Ⅱ 群和 Isalo Ⅲ 群。①Isalo Ⅰ 群地层基本上是未固结的白色或灰色长石砂岩，常含交错纹理、硅质节理和杂色页岩透镜体。②Isalo Ⅱ 群包括红层砾岩和砂岩，保存有硅化木和页岩。③Isalo Ⅲ 群是一个厚的海侵层序，为半咸的近岸砂岩和页岩相，向西则成为与 Bemaraha 灰岩层位相对等的沉积岩，后者主要为块状碳酸盐类泥岩、生物碎屑泥粒灰岩和粒状灰岩、海藻黏结灰岩、泥灰岩、鲕粒状灰岩。马达加斯加海槽于侏罗纪期间发生的海侵，形成了 Isalo Ⅲ 群的混合海陆相/Bemaraha 灰岩，也标志着陆相"卡鲁岩系"沉积的结束。

2) 构造

晚石炭世—中侏罗世的正断层切割了由夭折裂谷形成的 Morondava 盆地的基底，并产生一系列的地垒和地堑，由此形成了许多小的次级盆地。在这些小的次级盆地中受克拉通内与裂谷作用有关的脆性变形的强烈影响，沉积了卡鲁超群地层。

2. 铀矿地质特征

产于西部的砂岩型铀矿主要位于 Morondava 盆地东缘 Folakara 和 Makay 附近，铀矿产于卡鲁超群 Isalo Ⅱ 群中，代表性矿床为 Folakara 铀矿和 Makay 铀矿。卡鲁超群 Isalo Ⅱ 群覆于片麻岩之上，地层走向近南北，基本上是未固结的白色或灰色长石砂岩，常含交错纹理和杂色页岩透镜体，砂岩内部充满了铁质结核和沥青。Morondava 盆地形成晚期，沉积了一套陆相和近海岸相沉积岩，即 Isalo Ⅱ 群，在 Isalo Ⅱ 群沉积形成过程中陆源碎屑物质携带铀成矿物质，进而在 Morondava 盆地边缘沉积而形成砂岩型铀矿。

产于中部 Antsirabe 附近的第四纪更新世湖相冲积物中的铀矿，主要位于 Antsirabe 盆地的南端，代表性矿床为 Antsirabe 铀矿，矿床规模较大。冲积地层为细—粗粒砂岩、泥炭和灰色酸性凝灰质岩系，而铀矿主要产于砂岩中，含铀矿物为钡铀云母和钙铀云母。另有一种次生铀矿物填充在土状褐煤或黏土之中。Antsirabe 盆地南部和东部下覆围岩为太古宙混合岩，盆地的西部和北部为更新世—渐新世的玄武岩和拉斑玄武岩。在 Antsirabe 盆地形成过程中，由前寒武纪基底被风化后携带成矿物质在盆地边缘沉积最终形成铀矿。

在马达加斯加砂岩型铀矿中，最为著名的含铀矿床位于 Folakara、Makay、Antsirabe 3 处，它们分布于马达加斯加中部和中西部地区。

1) Folakara 矿床

Folakara 矿床是马达加斯加最知名的矿床之一。它位于马达加斯加的中西部地区，距 Tsiroanomandidy 西部约 150km。根据类别划分，Folakara 矿床是一个被包裹在砂岩之中的铀矿床。

该地区为马达加斯加卡鲁超群的一部分，其组成为 Sakoa 群（底层）、Sakamena 群、Isalo 群。Isalo Ⅱ 型沉积建造在 Folakara 地区占据主导地位，迄今为止所检测到的全部异常均来自 Isalo 群地层。此外，异常均位于砂岩建造中，层内夹淡紫色或灰绿色泥页岩或充满了铁质结核和沥青，常见硅化木岩屑。铀矿化肉眼明显可见，主要位于铁质砂岩层中，有时也赋存在硅化木中。含铀矿物是一种黄绿色矿物，很可能是钒钾铀矿。

2) Makay 矿床

Makay 矿床位于马达加斯加的西南部、Morondava 以东。与 Folakara 矿床类型相似，即该矿床被包裹在砂岩中，Makay 矿床位于 Isalo Ⅱ 型地层中，这种建造为质地松软的砂岩。铀矿化以钒酸盐或钒钾铀矿的形式存在，赋存在砂岩与泥页岩交替堆叠的地层中。

3) Antsirabe 矿床

Antsirabe 矿床距 Antananarivo 南部约 175km，毗邻 7 号国道。Antsirabe 最为重要的矿床位于距其南 11km 的 Vinanikarena 地区，该矿床位于 Antsirabe 盆地的最南端，与 Folakara 矿床类型相同，也是一个被包裹在砂岩中的矿床。沉积层的岩性自下而上分布如下：
(1) 含云母的细粒沉积物：越靠近底层，其颗粒越粗，内含杂乱分布的杂岩。
(2) 细—粗粒交错层理的砂岩：常杂乱分布，内夹黏土团块。
(3) 细粒凝灰质沉积物：内含浮石。
(4) 泥炭：黑色含碳黏土，外观具有油黑光泽。
(5) 灰色酸性凝灰岩：由流纹质和英安质组成。

含铀矿物为磷酸盐或草黄色的钡铀云母、钙铀云母，填充在土状褐煤或黏土之中，这是一种次生铀矿石。这些黄色产物在紫外线灯的照射下会发出一种黄绿色荧光。这种矿物通常赋存在砂岩之中。

3. 成矿模式

Sakoa 群是卡鲁超群的最底层，从晚石炭纪开始至中二叠纪结束，即冈瓦纳古陆裂解的前裂谷阶段，形成了一套硅质沉积。Morondava 盆地基底内的正断层于晚二叠纪—中三叠纪期间再活化，导致 Sakamena 群地层不整合沉积于 Sakoa 群地层之上，形成一套海陆混合相岩石。Isalo Ⅰ 群最初为未固结的白色或灰色长石砂岩的陆相地层，至 Isalo Ⅱ 群成为陆相和近海岸相岩石混合的地层单元，陆源碎屑携带铀质在 Isalo Ⅱ 群沉积成岩过程中形成铀矿（图 9-9），到 Isalo Ⅲ 群又发生了一次海侵，形成了混合海陆相地层。其中 Isalo Ⅱ 群是主要含矿地层。

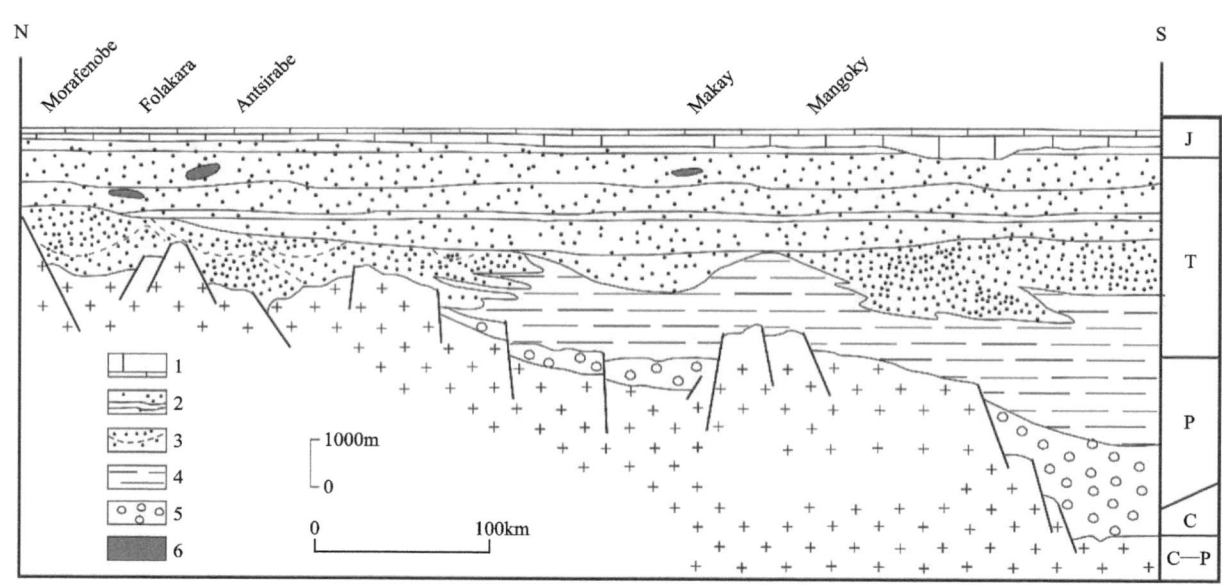

图 9-9 马达加斯加砂岩型铀矿成矿模式图
1. Isalo Ⅲ 群；2. Isalo Ⅱ 群；3. Isalo Ⅰ 群；4. Sakamena 群；5. Sakoa 群；6. 铀矿体

第四节 马达加斯加放射性矿产资源潜力与展望

马达加斯加铀矿资源在空间上主要分布于中部和南部，北方少量分布，一般以砂岩型矿床为主导，其次是沉积变质型和伟晶岩型矿床。砂岩型矿床形成于晚三叠—早白垩世 Isalo Ⅱ 群碎屑岩和新近纪盆地中，形成年龄约 237Ma。伟晶岩型矿床形成于晚古生代，约 500Ma。沉积变质型矿床形成于古元古代副变质钙镁质岩系，形成年龄 1800～1750Ma。马达加斯加已探明的铀矿床共计两百多个，其铀矿储量有待进一步勘查。1953—1959 年，Anosy 地区的矿山生产了 960t 铀矿钙矾石。

一、Antsirabe 周边新近纪湖相沉积盆地资源量评价

Antsirabe 盆地是上新世—更新世湖相盆地，毗邻东部 Ankaratra 地区的新近纪—第四纪火山。新近纪沉积物包括砾岩、砂岩、黏土及泥炭等湖相沉积，夹有不同时期的火山熔岩以及粗面质凝灰岩和火山角砾岩等。Antsirabe 盆地上覆于太古宙基底的混合岩与花岗岩上，其他两个盆地与其具有相似的地质环境，CEA（法国原子与替代能源委员会）对这 3 个盆地均进行了踏勘，得出类似的具有勘探价值的区域不少于 $1000km^2$，其中对 Antsirabe 盆地中 Vinanikarena 地区的一个面积为 $10km^2$ 的区域进行了勘探，施工钻探 11 个钻孔 250m 进尺，发现 3 个铀矿体，获得可靠的铀储量 120t，边界品位为 0.03%，平均品位为 0.085%。

二、马达加斯加西部侏罗纪卡鲁超群地层资源量评价

卡鲁超群沉积地层沿马达加斯加前寒武纪基底西侧南北向连绵延伸 1450 多千米，主要形成于两个明显的沉降盆地中，出露地层的范围介于 Mahajanga 盆地北部 20km 处与 Morondava 盆地北 100km 处之间。卡鲁超群沉积地层的陆相特征明显，卡鲁超群最为有利的成矿层位位于 Isalo Ⅱ 群地层与 Isalo Ⅰ 群地层不整合接触面上。在不整接触面上的三角洲相与河湖相沉积底部，形成不规则、不连续的扁豆

状矿体。从地表的铀矿化分布来看，其中 Morondava 北部被认为具有很高的铀成矿潜力，Tsimiroro 地垒东部则更为有利。在 Morondava 北部地区断断续续地发现钒酸铀与次生矿物矿化，其范围达几十千米。

CEA 在 20 世纪 50 年代对 Folakara 地区以及 Makay 地区局部也进行了地面异常检查，其中包括少量的浅钻。CEA 在 20 世纪 60 年代初通过航空放射性异常检查在 Folakara 地区发现含铀矿带，并对该含铀矿带均进行了详细的沉积学、地球化学研究以及浅钻验证。Isalo Ⅱ 群地层底部，其铀品位介于 0.023% ~ 0.175% 之间。估算 Folakara 地区卡鲁超群地层中有将近 300t 铀矿。

目前推断最有前景的区域包括：①Folakara 地区；②Makay 地区（放射性异常）；③Sakɛo 地区（具有完整的卡鲁超群地层，存在煤矿床）；④Tsimiroro 地垒东部区域；⑤Morondava 盆地北部。

以上 5 处成矿有利区域面积总计超过 2.3 万 km²，建议在卡鲁超群地层区开展大面积铀矿普查工作，预期可发现大中型（5000 ~ 10 000t）铀矿床若干处，预测卡鲁超群铀矿资源储量在 30 000 ~ 50 000t 之间。

三、Fort Dauphin 地区铀方钍石矿床资源潜力

Fort Dauphin 地区方钍石首次发现于 1912 年，1925 年 Lacroix 将其视为稀有的伟晶岩矿物。1947 年 Besairie 在 Sofia 的一个小型金云母矿床中发现了铀方钍石（含铀 14%）。1953 年 Hibon 兄弟从辉石岩矿床的残积层中采收了大量的方钍石。

CEA 自 1946 年起便在马达加斯加积极地开展铀矿调查工作。1954 年，CEA 开始系统性地勘探已发现的铀矿物异常区——Mandrare 流域东部，面积约 4000km²，该地带富含方钍石，并有一百多个铀方钍矿矿点和矿床，包括最重要的铀矿床——Tranomaro 铀矿床。

Tranomaro 铀矿床铀矿化与 Tranomaro 组中含方柱石辉石岩有关，铀方钍石与金云母矿化同时赋存。铀矿床赋存于一个近垂直扁豆状辉石岩体中，露头长近 500m，宽 30 ~ 70m，倾向西，倾角 75°。矿床包括几个垂向的细脉浸染状铀方钍石富矿体，铀方钍石中的铀含量达到 22%，富矿体中的铀方钍石含量为 0.4%，铀矿平均品位为 0.088%。铀方钍石呈浸染状，有时会形成富矿体，赋存在扁豆状辉石岩体中，也会在钙长石中形成包裹体，或者在方解石填充物中形成大的立方晶体（最大可达 7cm）。

Hunting 集团 1977 年开展的航空伽马能谱测量结果表明，在 Fort Dauphin 地区已知矿床的外部存在大量航空放射性异常，但到目前为止，尚未开展异常检查。Fort Dauphin 地区的许多矿床已经被剥蚀形成砂积物，不排除在区域内大面积的盖层之下存在砂积矿床的可能，也不排除在风化壳之下存在原生矿床。

在 IUREP 研究的第一阶段，Fort Dauphin 区域的铀已开采 1200t，保有储量 565t，EAR 级铀资源为 2000t。IUREP 预测铀矿资源量为 4000 ~ 6000t，法国学者预测铀矿资源量为 2000 ~ 5000t。

四、含铀独居石砂矿资源潜力

马达加斯加的含铀独居石主要分布在马达加斯加南东海岸滨海沉积砂矿中，这些砂积矿床散落在 Antete 到 Vangaindrano 约 200km 长的海岸线上。有资料表明，在此区间独居石含量高达 30%，平均约 2.5%，平均铀质量分数为 0.3%。矿体厚度最大达 9m，平均厚 4m。砂矿体平均宽按 200m 估算，铀资源量为 30.24 万 t。

马达加斯加东海岸的中部和北部仍然存在大量的海滨砂积矿床，沿海岸线分布可达 600km，这些地区存在巨大的铀矿潜力。马达加斯加铀矿资源前景广阔，资源量达 37 万 t（表 9-4）。

表 9-4　马达加斯加铀矿资源量表(吴大天等,2018)

序号	矿区名称	分布地区	成因类型	储量/t	资源量/万 t
1	Ankazobe	Antananarivo 北 100km	伟晶岩型	—	0.12
2	Folakara、Makay	马达加斯加西部盆地	砂岩型	300	4.00
3	Betafo	Antsirabe 西北 30km	伟晶岩型	—	0.46
4	Antsirabe 盆地	马达加斯加中部	碎屑岩型	120	0.50
5	Befotaka	Morondava 东南 150km	伟晶岩型	—	0.50
6	Ikalamavony	Fianarantsoa 西北 65km	伟晶岩型	—	0.07
7	Ihosy	Fianarantsoa 西南 130km	沉积变质型	—	0.16
8	Tranomaro	马达加斯加南部	沉积变质型	565	0.90
9	含铀独居石砂矿	马达加斯加东南海岸带	现代冲积型	—	30.24
	合计			985	36.95

第十章 铝土矿

第一节 概 述

马达加斯加铝土矿资源主要分布在北部 Bealanana 和东南部 Farafangana—Manantenina 地区，在中东部 Mantasoa 及 Ambodinonoka 等地有少量分布（图 10-1）。现已发现铝土矿矿产地 15 处，矿床类型均为风化壳型（红土型）。

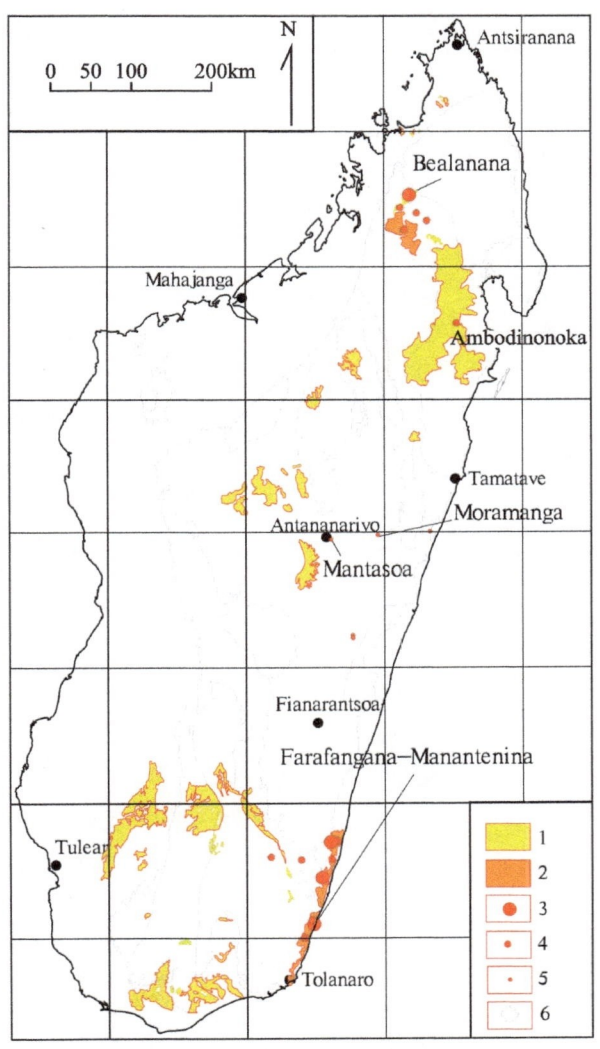

图 10-1　铝土矿资源潜力分布图（Tucker et al，2012）

1.铝土矿潜力区；2.铝土矿分布区；3.大型铝土矿矿床；4.中型铝土矿矿床；5.小型铝土矿矿床；6.风化壳型矿床

第二节 成矿地质背景

按构造单元划分,马达加斯加铝土矿广泛分布于:①Antananarivo 地块北东部和中部的太古宙 BIF、超铁镁质片麻岩和新元古代花岗岩、正长岩风化壳内;②Antongil-Masora 地块西部太古代 TTG 片麻岩风化壳内;③Anosyen-Androyen 地块北部古元古代片麻岩地层风化壳内;④Ikalamavony 地块南东部中元古代片麻岩的风化壳内;⑤新生代玄武岩风化壳中;⑥部分显生宙陆相碎屑岩中。马达加斯加铝土矿均为风化壳型,南部矿床多来自碳质片麻岩的风化(红土化)产物,而西北的铝土矿矿床主要来自新生代玄武岩风化产物。

第三节 矿床实例分析

一、Bealanana 地区铝土矿

1. 地质背景

该地区地质单元为 Antananarivo 地块、Antongil-Masora 地块、Tsaratanana 杂岩体和 Bemarivo 带(图 10-2)。Antananarivo 地块主要由石墨片麻岩、石墨混合岩、云母片岩、混合岩、紫苏花岗岩、含石墨混合片麻岩、黑云角闪片麻岩、绿帘石辉石片麻岩组成。Antongil-Masora 地块由花岗质混合岩、角闪片麻岩等正片麻岩组成,侵入体由花岗闪长岩、英云闪长岩和斜长花岗岩(TTG 年龄 2500Ma)组成。Tsaratanana 杂岩体由富镁铁质片麻岩和片岩组成,岩石类型包括混合岩、斜长角闪岩、角闪石片麻岩、黑云母片麻岩、磁铁石英岩、英云闪长质片麻岩、紫苏花岗岩以及皂石岩和滑石片岩等岩石组成。

2. 矿床特征

1)赋存部位

铝土矿分布在马达加斯加北部 Ankaizina 和 Androna 高地地区,矿带长约 5000m。矿体位于中—酸碱性岩浆岩(二长花岗岩、石英正长岩等酸碱性岩)和片麻岩(黑云辉石片麻岩、斜长角闪片麻岩、角闪二长片麻岩、角闪辉石二长片麻岩)结晶基底之上(图 10-2)。

铝土矿区内地层岩性由结晶基底和第四系盖层构成"二元结构"组合。风化壳自上而下分为 3 层,上层为灰色—红色腐殖土层;中层为铝土矿主要含矿层位,为黄色—浅红色黏土层,分布在山顶及其斜坡上段、平原地形等区域,与上覆的红土层呈渐变过渡关系;下层为半风化层,呈灰白色—白色—黄色—浅红色,由黏土质(高岭石)矿物组成,可见基岩残块、石英等碎屑,与结晶基底直接接触,残块保留有基底原岩的结构、构造或假象,是本区铝土矿体的直接底板。

2)矿体地质特征

(1)矿体形态。铝土矿受地形、地貌因素控制明显,主要沿山脊、残丘的宽缓地带及缓坡分布,总体方向为近南北向。铝土矿的分布产状与地形地貌基本一致,坡角一般 5°~10°。在坡陡处,矿层坡角较

大;在地形平缓处,矿层也较平缓。局部由于受后期地形的剥蚀、改造,矿层产状与地形坡向、坡度有一定差异。

全区铝土矿呈帽状、壳状、似层状、透镜状,近水平及缓倾斜产出。矿体顶、底板与铝土矿矿层在颜色、结构、构造上都呈渐变接触关系。

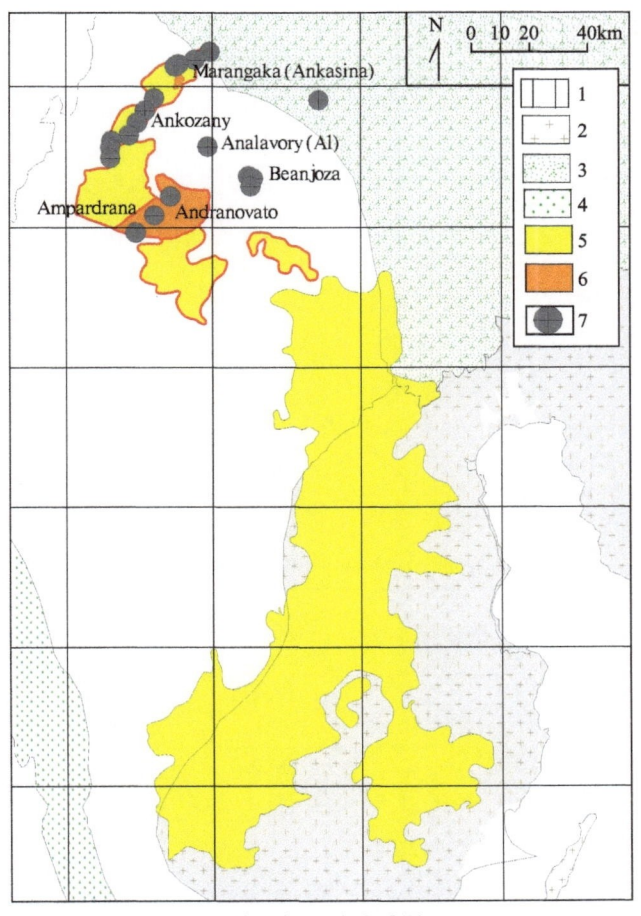

图 10-2 Bealanana 地区铝土矿地质图(Tucker et al, 2012)

1. Antananarivo 地块;2. Antongil-Masora 地块;3. Bemarivo 带;4. Tsaratanana 杂岩体;
5. 铝土矿潜力分布区;6. 铝土矿成矿区;7. 铝土矿矿点

(2)矿体类型。铝土矿层划分为两种类型(庞文进,2019)。①硅铁铝土矿层,即硬壳层,它位于土状铝土矿上部,颜色呈斑杂色,以高铁为特征,主要由硅铁质胶结的团块状结核构成,粒状结构,多孔状(孔内铝核被淋失形成孔洞)、蠕虫状、团块状构造,硅质结核呈暗红色、红色等,介于腐殖层与土状铝土矿层之间,局部相互联结成似层状。②土状铝土矿层,从上至下共划分为 5 个分层:a. 红褐色土状三水铝土矿,多数为鳞片状—鲕状结构,结构较复杂,蜂窝状—结核状构造,岩石坚硬,胶结物为硅、铁质,可见有角砾状、鲕状—豆状铁铝质结核(砾),孔隙发育,空洞主要为长石风化或铝质皮壳风化流失形成的,该分层铝土矿品位较高,品质好,但资源量在全区占比极低;b. 黄色—浅黄色土状三水铝土矿,鳞片—泥质—土状结构,结构疏松易碎,土状—砂状—角砾、砾状构造,主要矿物成分为三水铝石、石英、高岭石、白(水)云母,含少量褐铁矿、针铁矿,矿石成分极不均匀,其中石英颗粒粒径 2~5mm,嵌布在土状三水铝石集合体内;c. 红色、深红色土状三水铝土矿,外观像细砂岩,但结构疏松,泥质胶结,泥质—土状结构,土状—疏散块状构造,偶见层纹状构造,可见鲕状—豆状铁铝质结核(粒径 1~3mm,含量 3%~5%),主要矿物成分为三水铝石、石英、高岭石、白云母,含少量褐铁矿、针铁矿、碳质颗粒,矿石成分不均匀,该分层为品位高、质量较好的铝土矿,是本矿区资源量占比较大的矿石类型之一;d. 红色—浅黄色土状三水铝土矿,泥质—土状结构,结构疏松,泥质胶结,土状—砂土状构造,主要矿物成分为三水铝石、石英、高岭石等,少见三水铝石矿物,呈鲕状—豆状结核,偶见原岩风化残块,该分层铝土矿是本矿区中资源量占比较大的矿石类型;e.杂色铝土矿,微粒结构,偶见鲕状—豆状结构,土状、砂糖状或层纹状构造,主要组分为三水铝石、石英、高岭石、黏土矿物、铁氧化物、水云母等,泥质胶结,松散易碎,其底部有时可见大量云母团块(略呈片麻理构造),可见原岩残块或石英团块,残块风化严重,原岩组构已不可辨认,该分层在矿区内呈小片零散分布。

3) 矿石特征

(1) 矿物成分。主要矿物为三水铝石、一水软铝石、铝针铁矿、高岭石、白云母、石英等,含少量的赤铁矿、褐铁矿、针铁矿,矿物成分极不均匀。

(2) 矿石组构。铝土矿组构复杂,按矿物形态划分有鳞片状—鲕状—豆状—角砾结构、鳞片状—泥质—土状结构、泥质—土状结构、微粒结构、鲕状—豆状结构、海绵状结构、隔板或板状结构。构造类型有蜂窝状—结核状构造、块状构造、土状—砂状—角砾状构造、砾状构造、土状—疏散块状构造、层纹状构造、土状—砂状构造、砂糖状构造和胶状构造。

(3) 化学成分。马达加斯加 Ankaizina 铝土矿化学成分质量分数如表10-1所示。其中 Al_2O_3 平均品位 30%～55%、SiO_2 为 5%～30%、Fe_2O_3 为 4%～10%、TiO_2 为 0.4%～1.1%、CaO 为 0.05%～0.22%。

表10-1 Anaizina 铝土矿成分分析表

矿区	矿井编号	标高/m	铝土矿(黏土)/%	岩矿分析	SiO_2/%	Al_2O_3/%	Fe_2O_3/%	TiO_2/%	H_2O^+/%	H_2O^-/%
I区	1	15～50	23	铝土矿	3.8	57.4	7.0	1.1	29.5	1.2
				黏土	15.3	36.8	21.4	3.0	20.2	3.3
		50～310	38	铝土矿	3.2	58.0	7.7	1.2	29.2	1.3
				黏土	17.6	34.9	23.7	2.5	18.1	2.3
		310～630	53	铝土矿	2.4	56.4	9.4	1.2	29.8	1.0
				黏土	6.3	43.2	23.0	3.2	22.0	2.5
	3	15～50	37	铝土矿	2.2	51.1	17.6	1.1	26.8	0.9
		50～290	26	铝土矿	3.3	43.8	26.1	1.8	24.1	1.2
		290～540	42	铝土矿	2.2	58.0	8.7	1.5	28.3	0.7
	10	45～110	38	铝土矿	5.8	54.8	12.0	0.3	26.8	0.4
		110～175	42	铝土矿	5.2	55.5	10.3	1.0	28.3	0.4
		175～540	47	铝土矿	4.6	58.1	6.5	0.8	29.4	0.8
	18	20～200	32	铝土矿	4.1	51.6	17.5	1.2	23.4	2.3
		200～390	39	铝土矿	4.1	54.8	10.5	1.0	28.7	0.7
	30	50～200	33	铝土矿	3.5	57.5	7.5	1.2	29.4	0.9
				黏土	13.4	39.8	21.7	2.6	20.0	2.5
		200～390	35	铝土矿	2.5	56.8	10.1	1.0	28.8	0.9
				黏土	11.7	39.4	22.5	3.4	20.7	1.7
		50～400	27	铝土矿	5.0	55.7	9.5	1.2	28.2	0.7

续表 10-1

矿区	矿井编号	标高/m	铝土矿（黏土）/%	岩矿分析	SiO_2/%	Al_2O_3/%	Fe_2O_3/%	TiO_2/%	H_2O^+/%	H_2O^-/%
Ⅰ区	12	60~300	26	铝土矿	4.8	54.9	10.0	1.1	28.3	0.9
	28	50~400	40	铝土矿	0.7	52.0	16.0	1.5	28.9	1.0
	31	50~400	38	铝土矿	5.5	56.0	12.0	1.2	23.3	2.0
	32	50~275	37	铝土矿	0.4	54.2	14.2	1.6	29.2	0.8
				黏土	0.8	41.6	27.2	3.2	24.0	1.8
		275~400	47	铝土矿	2.3	41.7	27.2	2.7	23.6	2.1
Ⅱ区	9	200~320	32	铝土矿	4.0	55.0	12.1	0.9	27.6	0.7
	36	60~170	22	铝土矿	4.4	57.2	8.0	1.0	28.9	1.0
				黏土	19.4	35.2	21.1	2.2	18.0	2.5
		170~400	18	铝土矿	3.7	58.1	7.2	1.2	28.0	1.7
				黏土	15.0	41.1	17.9	3.2	19.6	2.3
	40	60~150	27	铝土矿	6.9	54.6	8.6	1.0	28.1	0.7
		150~370	39	铝土矿	3.3	57.8	8.7	1.2	28.6	0.5
	42	75~400	41	铝土矿	2.0	52.1	12.1	1.4	29.4	0.8
				黏土	6.6	40.5	27.2	3.2	20.5	1.3
Ⅳ区	44	65~330	41	铝土矿	3.1	55.0	9.3	1.1	29.5	0.8
				黏土	16.8	33.6	27.0	3.0	17.0	2.2
	49	20~150	50	铝土矿	2.8	56.1	10.1	1.0	28.6	0.6
		150~400	66	铝土矿	3.2	55.0	10.4	0.9	28.3	0.6
	51	60~130	29	铝土矿	3.4	56.4	7.7	1.0	29.7	1.0
				黏土	23.9	34.0	19.2	2.7	16.0	2.9
		130~370	52	铝土矿	3.3	46.7	24.0	0.7	22.4	2.0

二、Farafangana-Manantenina 铝土矿

铝土矿分布在马达加斯加东南部海岸 Fort Dauphin 和 Manakara 之间，南北跨度约 300km，是马达加斯加铝土矿重要成矿区。

1. 地质背景

该地区由 Androyen 岩系、Antananarivo 地块、Anosyen 岩体和 Ikalamavony 火山岩群组成（图 10-3）。Androyen 岩系主要由夕线石-堇青石-石榴子石副片麻岩、花岗片麻岩、混合岩、紫苏花岗岩、石英岩和少量大理岩组成。Anosyen 岩体由辉长岩、正长岩、钾质似层状花岗岩（630Ma）以及偏碱性岩浆侵入岩体（560~530Ma）等组成。Ikalamavony 火山岩群为玄武岩群。

2. 矿床特征

1）赋存部位

该地区具低海岸渗透特点，特别是东南海岸湿热气候条件下，有利于铝土矿的形成。富铝岩石（玄

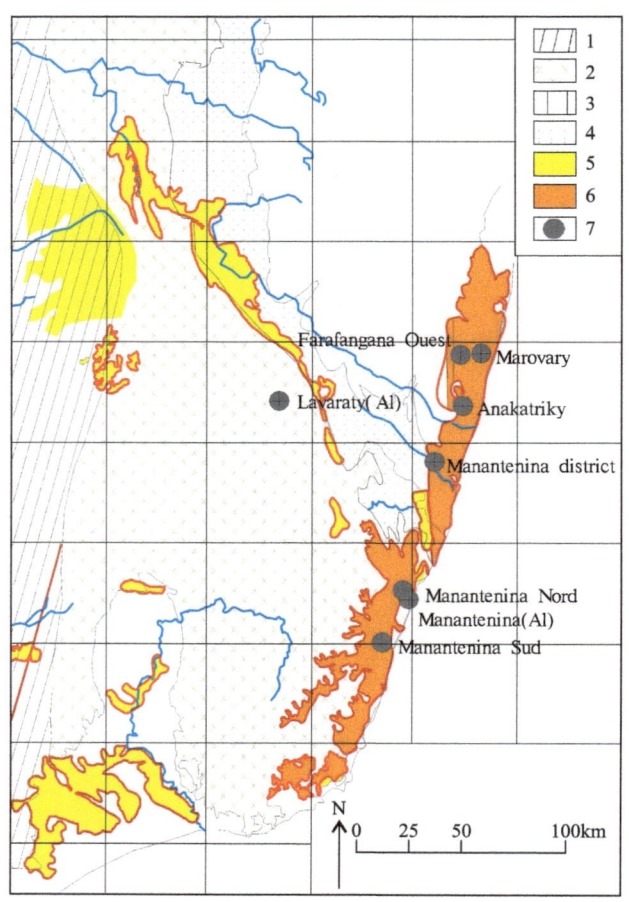

图 10-3　Farafangana—Manantenina 地区铝土矿地质图(Tucker et al, 2012)
1. Androyen 地块；2. Anosyen 地块；3. Antananarivo 地块；4. Ikalamavony 群；
5. 铝土矿潜力分布区；6. 铝土矿成矿区；7. 铝土矿矿点

武岩、辉长岩、正长岩、片麻岩等)经风化、淋滤作用而使铝土矿富集。含矿岩系为硅铝铁风化残积物,由上至下可划分出铁帽、铝土矿、黏土3层。矿体产于含矿岩系的中上部,常呈不规则状覆盖在风化原岩之上或经短距离搬运沉积在低凹处,矿带长千余米到数千米,宽数百米到数千米,厚数米到数十余米。

2) 矿石组构

矿石多呈黄色、棕色、红色、紫色、灰色、砖红色,具泥质、海绵状、隔板或板状结构,致密块状、块状、蜂窝状、结核状、土状、豆状和胶状构造。

3) 矿石成分

(1) 矿物成分主要为三水铝石、一水软铝石、一水硬铝石、高岭石、水铝英石等。
(2) 化学成分详见 Manantenina 铝土矿化学成分分析表(表 10-2)。

表 10-2　Manantenina 铝土矿化学成分分析表

样品编号	采集深度/m	标高/m	Al_2O_3/%	Fe/%	Fe_2O_3/%	K_2O/%	MgO/%	Na_2O/%	SiO_2/%	TiO_2/%	LOI/%
16501	−1.00	24.00	46.34	3.55	5.08	X	0.09	X	23.60	0.28	24.98
16502	−2.00	23.00	46.75	3.68	5.27	X	0.13	0.01	22.58	0.25	25.15

续表 10-2

样品编号	采集深度/m	标高/m	Al_2O_3/%	Fe/%	Fe_2O_3/%	K_2O/%	MgO/%	Na_2O/%	SiO_2/%	TiO_2/%	LOI/%
16503	-1.00	24.00	48.26	9.66	13.81	X	X	X	9.83	0.52	26.88
16504	-1.45	23.55	51.73	8.33	11.91	X	X	X	7.32	0.49	28.31
16505	-1.00	24.00	51.74	1.58	2.26	0.04	0.04	0.02	18.13	0.15	27.47
16506	-2.00	23.00	48.91	1.98	2.83	0.06	0.10	0.03	22.68	0.30	25.66
16507	-1.00	101.00	33.45	6.95	9.93	0.02	0.45	0.02	39.71	0.37	16.26
16508	-2.00	100.00	12.51	4.35	6.23	X	0.33	X	76.41	0.17	5.11
16509	-1.00	37.00	53.80	2.14	3.06	0.02	X	0.02	15.00	0.18	28.41
16511	-1.55	36.45	54.65	1.51	2.16	0.02	X	0.02	14.19	0.16	29.19
16517	-1.00	62.00	41.86	12.89	18.43	X	0.14	0.01	14.63	0.76	23.43
16518	-2.00	61.00	43.41	12.88	18.41	X	0.31	0.02	14.55	0.84	22.93
16519	-1.00	47.00	20.35	8.69	12.43	0.05	0.54	0.02	58.77	0.48	8.22
16529	-1.00	76.00	50.06	1.76	2.51	X	0.03	0.01	19.70	0.25	27.22
16531	-1.20	75.80	53.26	1.76	2.51	X	X	0.01	15.69	0.20	28.73
16533	-2.00	32.00	32.97	2.30	3.29	0.03	0.03	0.02	45.03	0.23	16.91
16534	-0.60	186.40	29.48	3.26	4.67	0.04	0.04	X	49.63	0.31	16.03
16535	-1.00	57.00	35.28	12.76	18.24	X	0.04	X	24.98	0.27	20.99
16556	-1.40	57.60	42.09	3.64	5.21	0.03	0.01	0.02	28.72	0.24	23.24
16557	-0.58	31.42	48.32	3.14	4.49	0.04	0.06	0.02	21.59	0.18	25.49
16558	-1.00	39.00	46.91	1.60	2.29	0.10	X	0.02	24.22	0.25	25.81
16559	-2.00	38.00	43.28	1.62	2.31	0.05	X	X	30.51	0.24	23.30
16561	-1.00	57.00	30.32	6.39	9.13	0.03	X	0.01	42.91	0.41	17.26
16562	-2.00	56.00	41.92	2.02	2.89	0.03	X	0.02	32.63	0.32	22.48
16563	-1.00	63.00	1.14	0.76	1.09	0.01	X	0.03	96.73	0.08	0.39
16565	-1.40	33.60	41.88	1.34	1.92	0.02	X	0.02	32.90	0.08	22.61
16566	-1.00	47.00	39.71	1.38	1.97	0.02	X	X	36.44	0.22	21.39
16567	-1.50	46.50	39.29	1.34	1.91	0.02	X	0.01	37.37	0.21	21.13
16568	-1.00	48.00	49.52	3.79	5.43	X	0.11	0.02	17.36	0.47	27.10
16569	-2.00	47.00	55.13	2.12	3.03	X	0.04	0.03	12.01	0.27	29.80
16571	-3.00	46.00	52.28	2.94	4.20	X	0.16	0.02	15.42	0.38	27.93
16572	-4.00	45.00	52.48	2.15	3.07	X	0.07	0.03	17.11	0.27	27.80
16573	-5.00	44.00	51.93	3.63	5.19	X	0.13	0.02	14.37	0.49	27.70

续表 10-2

样品编号	采集深度/m	标高/m	Al_2O_3/%	Fe/%	Fe_2O_3/%	K_2O/%	MgO/%	Na_2O/%	SiO_2/%	TiO_2/%	LOI/%
16574	−5.70	43.30	47.62	4.36	6.23	X	0.26	0.02	19.70	0.43	25.44
16575	−1.00	65.00	51.17	6.97	9.96	X	0.02	0.02	9.73	0.93	28.03
16576	−2.00	64.00	54.54	2.57	3.68	X	0.05	0.02	12.06	0.30	29.21
16577	−3.00	63.00	52.39	3.27	4.68	X	0.09	0.02	14.53	0.29	27.82
16588	−1.00	30.00	53.46	1.93	2.76	0.04	0.02	0.02	14.46	0.46	28.67
16589	−2.00	29.00	49.88	1.98	2.83	0.08	0.02	0.02	18.93	0.58	27.00
16591	−3.00	28.00	51.74	1.60	2.29	0.02	X	0.01	17.88	0.46	27.55
16592	−4.00	27.00	50.36	1.36	1.95	0.04	X	0.02	21.25	0.36	26.76
16593	−5.00	26.00	52.77	1.27	1.82	0.24	0.02	0.03	16.38	0.65	27.82
16594	−1.00	23.00	48.21	2.82	4.04	0.12	X	0.02	22.28	0.33	25.56
16595	−2.00	22.00	32.44	24.49	35.01	0.02	0.06	0.02	8.40	3.46	19.86
16596	−2.20	21.80	39.63	12.79	18.29	0.03	0.05	X	16.29	3.02	22.28
16597	−1.00	24.00	37.41	4.72	6.75	0.01	0.17	0.02	35.23	0.61	20.14
16598	−2.00	23.00	35.91	5.66	8.09	0.01	0.34	0.02	34.82	0.70	19.40
16599	−1.00	24.00	47.02	5.47	7.82	X	X	0.02	19.00	0.50	25.86
16601	−2.00	23.00	47.03	2.19	3.14	X	0.02	X	22.61	0.19	25.65
16602	−3.00	22.00	48.32	1.95	2.79	X	X	X	23.16	0.19	25.57
16603	−1.00	24.00	52.41	8.81	12.59	X	0.04	X	1.64	2.84	28.81

注：X：低于检测限；LOI：烧失量（Loss on ignition）。

第四节 资源潜力

一、北部地区资源潜力

1. Bealanana 地区

以 Ampandrana 铝土矿为例，矿床位于 Bealanana 镇南西直线距离 31km 处，矿石储量达 10 亿 t（庞文进，2019）（表 10-3）。该矿床共划分为 9 个矿体。其中，最大的Ⅲ号矿体呈纺锤形，南北向长度 13 300m，东西向断断续续宽度分别为 4600m、10 500m、1400m，在全区占比 45.72%；最小的Ⅷ号矿体形状为正方形，边长为 500m，在全区占比 0.35%。矿层的见矿厚度 0.50~29.00m，矿体内部结构简单，无夹层现象。

表 10-3 Ampandrana 矿床矿体特征一览表(庞文进,2019)

矿体编号	分布	大致形态	矿体规模/m		见矿工程数量/个	矿石量/万 t	全区占比/%	备注
			东西向	南北向				
Ⅰ号	西北部	近东西向矩形	2000	1000	14	685.77	0.63	北部矿区
Ⅱ号	西部	南北向梯形	北部 900,南部 5400	7500	306	9 614.55	8.86	
Ⅲ号	中部	纺锤形	北部 4600,中部 10 500,南部 1400	13 300	1714	49 595.81	45.72	
Ⅳ号	东部	靴状	北部 4000,南部 7500	11 900	610	17 565.47	16.19	
Ⅴ号	南部	方形	4600	4900	79	8 773.82	8.06	
Ⅵ号	中北部	倒"L"状	北部 6700,南部 2700	10 800	178	20 493.18	18.89	
Ⅶ号	南部	矩形	1200	900	6	615.79	0.57	南部矿区
Ⅷ号	南部	正方形	500	500	3	383.07	0.35	
Ⅸ号	南部	东西向矩形	1800	900	9	750.91	0.69	
合计						108 478.37	100.00	全区

2. Ankaizina 地区

以 Marangaka、Analavory(Beampoza)矿床为例。

(1)Marangaka 矿床(玄武岩)由 3 个主要矿层组成,面积为 6.5~7.0km^2。Al$_2$O$_3$ 质量分数为 38%,SiO$_2$ 质量分数为 2%,储量大,约 2500 万 t。

(2)Analavory 矿床 Al$_2$O$_3$ 质量分数为 54.5%~55.0%、SiO$_2$ 质量分数为 3.3%、Fe$_2$O$_3$ 质量分数为 11%,储量 400~500 万 t,原岩为火山岩。

3. 其他地区

除了以上两个地区主要的铝土矿层外,还有许多其他公认的铝土矿床位于 Tampoketsa(Ankazobe、Fenoarivo、Kamoro、Beveromay),每个矿床储量介于几十万至几百万 t。

在 Bealanana(Beanjoza、Ambodirafia、Bemanevika 和 Ambatofitaitra),Beanjoza 铝土矿矿床储量 525 万 t。

在首都 Antananarivo 以东 Mantasoa—Tsiazompaniry 地区也发现了重要的铝土矿成矿带。在 Moramanga 地区发现少量的铝土矿。

二、南部地区资源潜力

东南 Mantarina 铝土矿由前寒武纪结晶基底的风化作用形成,Vangaindrano 地区的铝土矿,由白垩纪玄武岩风化形成。Manantenina 铝土矿由富铝岩石,包括前寒武纪地层、岩浆岩及白垩纪玄武岩风化而成,Al$_2$O$_3$ 品位 38%~41%,储量在 1 亿~1.8 亿 t 之间。在 Vangaindrano 北部地区已开发资源约 1 亿 t 铝土矿。在这一地区,铝土矿来自风化玄武岩,显示出低硅高铝,Al$_2$O$_3$ 品位高达 50%,可用铝土矿资源量估计 0.25 亿～0.5 亿 t(Tucker et al,2012)。

除了主要的铝土矿区之外,还有许多其他公认的铝土矿(Ankazobe、Fenoarivo、Kamoro、Beveromay)资源量都在几万到几百万 t 之间。中东南部的 Mantasoa—Tsiazompaniry 地区近年也发现了相当多的铝土矿。在 Antananarivo 以东 100km 处的 Moramanga 地区的冲积层也有小的铝土矿。

据报道,Rio Tinto Alcan 公司 2008 年对马达加斯加东南部 Manantenina 地区的铝土矿进行了勘查,预测资源量 1 亿 t 以上,并计划在矿区建造年产 1.5 亿 t 的氧化铝精炼厂。

总体而言,马达加斯加铝土矿勘查开发程度较低,但资源潜力较大,估计资源量达 13 亿 t(黄国平等,2015)。

第十一章 石墨矿

第一节 概述

马达加斯加石墨矿产资源居非洲首位,为该国主要优势矿种之一,也是世界优质石墨重要产地之一。据美国地质调查局发布的"Mineral Commodity Summaries 2016"报告显示,截至 2015 年底,全球天然石墨累计探明 23 000 万 t(张苏江等,2018)。其中,土耳其石墨储量 9000 万 t;巴西石墨储量 7200 万 t;中国储量 5500 万 t;印度储量 800 万 t;墨西哥石墨储量 310 万 t;马达加斯加石墨储量 94 万 t,列居全球年度储量第六位。至 2019 年,马达加斯加石墨储量达 5000 万 t 以上,预测总资源量 2 亿 t 以上。

马达加斯加石墨矿床分布范围广,纵贯马达加斯加南北 1404km,东西跨度 426km 的范围内(图 11-1)。已发现超大型晶质石墨矿床位于马达加斯加的东部、东南部及南部,石墨矿产潜力分布区面积达 15.36 万 km²,石墨矿床 17 处,矿点(矿化点)大于 51 处(Tucker et al,2012)。

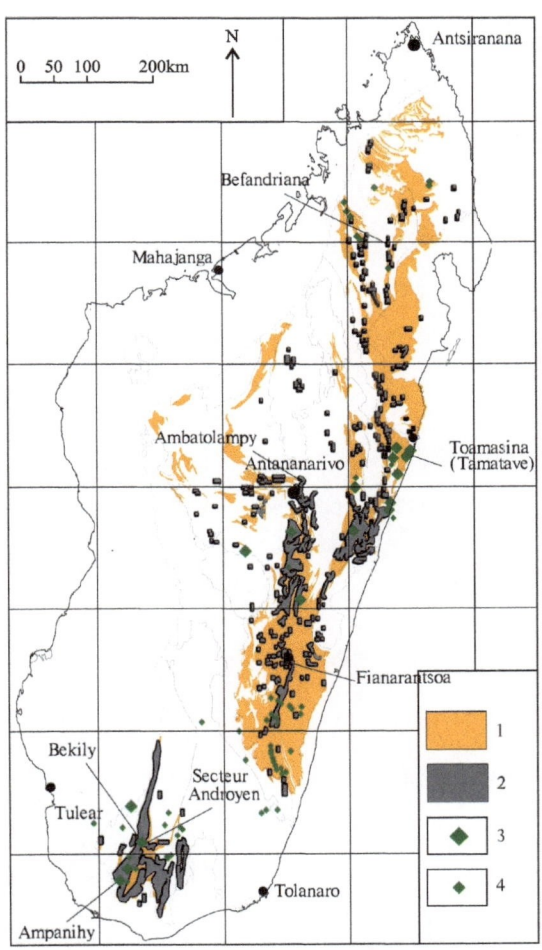

图 11-1 马达加斯加石墨及潜力资源分布图(Tucker et al, 2012)
1.石墨矿产预测区;2.石墨成矿带;3.石墨矿床;4.石墨矿(化)点

晶质石墨矿体均产于太古宙云母片岩和云母片麻岩区,矿体呈层状、似层状、透镜状产出,成群成带分布,单一矿体长度最长可达10km以上,厚度几米到几千米。几乎全部为大片晶质石墨,品位高,固定碳高达30%~40%;厚度均匀,质地纯净柔软,工艺性能良好,易勘探、易开采、易选冶(程飞飞等,2017)。研究认为,马达加斯加石墨矿无论总量和质量均名列世界前茅。

第二节 成矿地质背景

马达加斯加石墨成矿带近南北或北北东向展布,贯穿马达加斯加全岛南北。从南到北、从西到东划分为以下3条石墨成矿带。

一、Bekily-Ampanihy 石墨成矿带

该成矿带主要分布在 Anosyen-Androyen 构造单元,Ampanihy 和 Beraketa 的高应力区域以及形状不规则的区域内(关智程,2018),由古元古代 Androyen 岩系、Graphite 岩系和新元古代 Vohibory 岩系组成。

1. Androyen 岩系

Androyen 岩系主要为 Ampandrandava 组,岩性以副片麻岩、石榴黑云变粒岩、石榴斜长角闪岩为主,其次为长英质片麻岩、辉石岩、云母大理岩、紫苏花岗岩等。

2. Graphite 岩系

Graphite 岩系为 Ampanihy 组,岩性以石榴变粒岩、浅粒岩、含石墨长英麻粒岩、含石墨变粒岩、石墨变粒岩为主。含石墨变粒岩、石墨变粒岩是石墨矿的主要赋矿地层。

3. Vohibory 岩系

(1)Vohibory 组:岩性以浅粒岩、角闪片麻岩、角闪岩为主,夹云母大理岩。
(2)Malakialina 组:岩性以云母片岩、石英岩、云母大理岩为主。
矿带南北长度290km,宽度114km,包括 Ambahita 矿床。

二、Ambatolampy-Fianarantsoa 石墨成矿带

该成矿带主要分布在 Antananarivo 构造单元西侧的 Manampotsy 富含石墨的剪切带中,由古元古代 Graphite 岩系和岩浆岩岩系组成。

1. Graphite 岩系

Graphite 岩系为 Ambatolanmpy 组,岩性由云母片岩和石墨片麻岩等组成。

2. 岩浆岩系

岩浆岩系岩性为混合质花岗岩、二长花岗岩等。

矿带南北长度756km，宽度136km，包括Ambohimandroso矿床、Andasibe-Perinet矿床、Antsirakambo矿床、Marovintsy矿床，也是马达加斯加主要石墨矿床集中地区。

三、Befandriana-Toamasina石墨成矿带

该成矿带主要分布在Antananarivo构造单元东侧的Angavo剪切带和Betsimisaraka缝合带中，由古元古代Graphite岩系、新元古代Vohibory岩系和岩浆岩岩系组成。

1. Graphite岩系

Graphite岩系由Manampotsy组地层（主要由石墨混合片麻岩、石墨片麻岩、含石墨混合岩）和混合花岗岩、混合岩等组成。

2. Vohibory岩系

(1) Ambodirina群：由片麻岩、云母片岩及基性、超基性侵入岩组成。
(2) Beforona群：岩性为角闪质混合岩、角闪岩等。

矿带南北长度702km，宽度117km，包括Toamasina石山矿床、Vohitasara矿床。其中Befandriana-Toamasina石墨成矿带向南延伸与Ambatolampy-Fianarantsoa石墨成矿带合并。现已发现大型或超大型石墨矿床主要分布于南部和东部成矿带上，尚有矿产地17余处，矿点37处（图11-1）。

矿床类型以沉积变质型为主，其次为"变质流体"型矿床。

第三节 矿床实例分析

一、Toamasina石山石墨矿床

矿区坐落在Toamasina西南方向直线距离约35km的Ambinanisaharamy村一带。

(一) 区域地质特征

矿区位于马达加斯加中东部，大地构造上处于印度洋板块和非洲板块的缝合线构造带上，由片麻岩、云母片岩及基性、超基性侵入岩组成，属高压变质带（图11-2）。

1. 地层

矿区内地层出露较为简单，主要为第四系、白垩系、新元古界和古元古界。主要地层岩性如下。

(1) 白垩系：平行海岸线带状分布，为一套海（风）相沉积岩系，主要岩性为中白垩系红色砂岩。

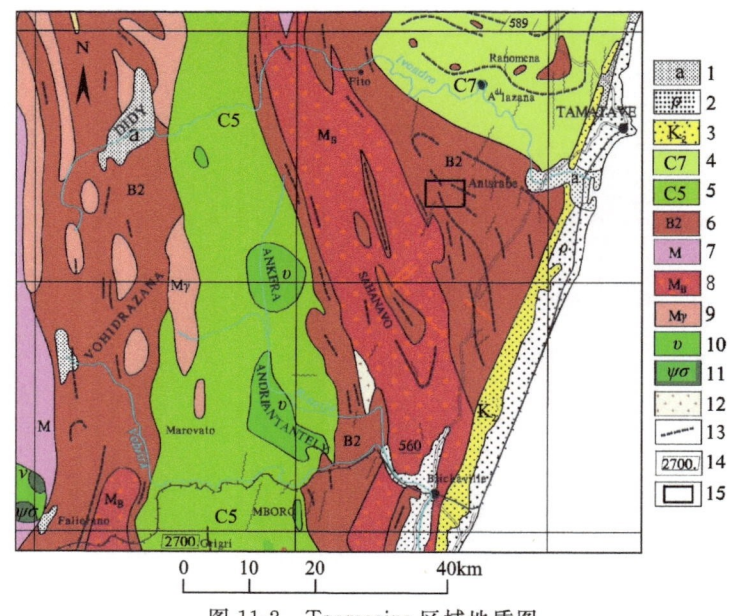

图 11-2 Toamasina 区域地质图

1.沙滩冲积地；2.含盐盆地；3.上白垩统；4.Ambodiriana 群：云母片麻岩、长石质岩石；5.Beforona 群：角闪质混合岩、角闪岩；6.Manampotsy 群：石墨片麻岩、含石墨混合岩；7.混合岩；8.混合花岗岩；9.花岗质混合岩、二长花岗岩；10.辉长岩；11.辉石岩、橄榄岩；12.紫苏花岗岩；13.石墨条带；14.同位素年龄(Ma)；15.石墨矿区

（2）新元古界 Ambodirina 群：为 Vohibory 岩系，由片麻岩、云母片岩及基性、超基性侵入岩组成，出露地层为 C7，岩性为长石质云母片岩。

（3）新元古界 Beforona 群：大面积分布于区域西侧，出露地层为 C5，其岩性为角闪质混合岩、角闪岩。

（4）古元古界：为混合花岗岩，呈带状分布于区域中部。

（5）古元古界 Manampotsy 群：为石墨岩系，大面积分布于区域中部，主要由石墨片麻岩和具有石墨成分的混合岩组成。

2. 构造

矿区内构造形式表现为褶皱构造和断裂构造，以近南北向、北东-南西向构造为主。近南北向构造主要表现形式是古老基底褶皱及与之伴生的断裂构造。

3. 岩浆岩

矿区内岩浆岩较少发育，只在西南部见古生代紫苏花岗岩及辉长岩以岩脉形式侵入，切割了片麻岩岩层。

4. 矿产

矿区内矿产资源较丰富，主要为石墨矿，其次为滨海沉积型锆钛砂矿、金矿等矿产。

(二)矿区地质

1. 地层

矿区内出露地层为石墨混合片麻岩(图11-2)。石墨混合片麻岩(图11-3)分布于整个矿区范围内,为石墨矿的含矿地层,岩层的大致产状为走向190°~260°,倾角35°~60°,从区域地质资料来看,该岩层厚度大于360m。

2. 构造

矿区内构造较发育,主要由矿区西南侧北西向复式向斜及其东北翼的两组北东向平行断裂组成,断裂跨度约5km。该断裂构造为区域褶皱构造伴生的断裂构造。

3. 岩浆岩

矿区内仅出露零星辉长岩脉(图11-4)及辉绿岩脉等小岩脉。

图11-3 混合片麻岩

图11-4 辉长岩(ν)脉

(三)矿床地质特征

1. 石墨矿体的分布及规模

根据现场调查,地表出露的均为风化石墨矿体(V1—V3),石墨矿体受沉积变质作用控制,有一定的层位,产状与围岩产状一致,呈层状、似层状或透镜状,长度一般为200~400m,倾角42°~70°,石墨矿体由密集发育的多层石墨矿层组成(图11-5),总含矿层厚度大于15m,单矿层厚度2~5m,北西向延伸长度约1000m,初步估计矿床规模达大型(陈波和李华彦,2012)。

图 11-5 石墨矿层(陈波和李华彦,2012)
a.V1号矿体;b.透镜状矿层;c.条带状石墨矿脉;d.石墨定向排列

2. 矿石结构和构造

矿石类型为石墨片麻岩。矿石呈鳞片变晶结构、片麻状构造。矿石主要矿物为石墨、石英、长石、夕线石、绢云母,次要矿物为黑云母、白云母等。石墨与绢云母共生,石墨呈钢灰色,鳞片状、聚片状或星散状较均匀分布,粒径一般为 0.05~1.5mm,大的可达 5mm,多呈集合体,具定向构造或浸染状构造,柔软、污手,具滑感,金属光泽(图 11-6),条痕为光亮黑色。

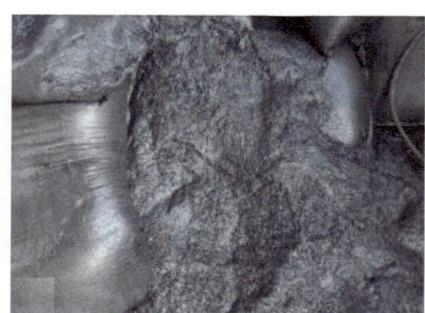

图 11-6 石墨精矿

3. 矿石化学成分

1998 年 10 月 8 日—1999 年 1 月 26 日,法国地质矿产研究所对本矿区西南方向 4km 的 Ambatomitamba 矿区进行了地质勘查,根据部分钻孔含矿层分析结果来看,石墨含量一般为 3%~5%,石墨的碳含量为 60%~70%,矿层厚度大于 12.9m(表 11-1)。

表 11-1 钻孔矿层及品位统计表

钻孔编号	终孔深度/m	矿层位置及化验结果				总矿层厚度/m
		矿层编号	矿层位置/m	石墨含量/%	碳含量/%	
A1	40.10	1	2.00~12.00	2.82~5.45	55.2~78.4	20.00
		2	20.00~30.00	3.03~5.35	53.0~90.0	
A2	25.10	1	6.70~14.00	4.24	81.6~86.8	13.30
		2	16.00~22.00	3.53~6.86	83.8~92.0	

续表 11-1

钻孔编号	终孔深度/m	矿层位置及化验结果				总矿层厚度/m
		矿层编号	矿层位置/m	石墨含量/%	碳含量/%	
A4	32.00	1	0~4.20	2.85~3.46	90.0~91.2	22.00
		2	11.50~29.30	1.81~7.47	71.0~87.0	
A5	19.80	1	0~3.60	2.82~4.84	77.8~84.2	12.90
		2	3.60~10.00	1.21~4.54	76.0~85.8	
		3	12.70~15.60	1.71~2.32	86.2~90.6	
A6	26.35	1	0~4.70	8.46~10.50	64.4~64.6	20.55
		2	7.20~14.70	7.67~11.81	60.6~71.4	
		3	18.00~26.35	2.22~6.06	67.8~77.8	

(四)选矿试验

根据浮选现场(图 11-7)采集的样品分析,地表出露的风化石墨矿石的固定碳含量较低,一般 4.5%~8%,但品位变化稳定,现有选矿厂浮选精矿产品的固定碳含量为 89.98%~93.73%,精矿产品为中碳石墨,矿石可选性较好。

图 11-7 浮选现场

将钻探采集的原矿石破碎成 0.25mm、0.50mm、1.00mm、1.65mm、2.50mm 的 5 次浮选法测试之后,最大的碳含量由 0.25mm 破碎获得(表 11-2)。

表 11-2 各粒级矿石品位分析结果表

破碎筛孔	0.25mm	0.50mm	1.00mm	1.65mm	2.5mm
石墨含量的百分比/%	5.25	6.76	6.96	6.56	6.60
碳含量的百分比/%	78.4	60.4	56.1	58.8	61.6

(五)矿床成因类型及成矿地质条件

1. 矿床成因类型

本区地处马达加斯加 Tamatavo 地区 Ambatomitamba 特大型石墨矿带(床)的中心区,已发现的石墨矿床(点)多达数十个,石墨矿床产于早前寒武纪变质岩系中,该岩系由一套富含石墨高铝的片岩、片麻岩,同时夹有石英岩等副变质岩石组合组成,其原岩为陆源浅海沉积产物,形成于新太古代末—古元古代。石墨矿床呈层状、似层状、透镜状产出,与容矿围岩呈明显的整合接触关系,产于片岩、片麻岩与混合岩的过渡部位,属于典型的区域变质型石墨矿床。

2. 成矿地质条件

成矿物质来源主要是有机碳。成矿可分为 3 个阶段:①沉积阶段,在较稳定的浅海环境中沉积了一套富含有机质的泥(页)岩、粉砂质泥岩、泥灰岩;②区域变质阶段,上述沉积岩在高级变质过程中有机碳发生重结晶作用形成石墨;③混合岩化阶段,部分矿体在混合岩化过程中发生石墨重结晶作用,使石墨片度增大,质量提高。

马达加斯加石墨的母源来自富含碳的沉积岩、富含二氧化碳的变质流体,以及散落的碳质沉积的碳酸盐岩或黏土页岩两种母岩和变质地层中的石墨细脉。在变质流体夹杂的矿物(石英、石榴子石等)中见有碳质包体,说明石墨脉可能是由碳沉淀形成的。

二、Vohitasara 石墨矿床

Vohitasara 石墨矿区位于 Toamasina 区西南约 52km 处,与 Toamasina 石山石墨矿区相距 15km,处于同一条石墨成矿带。

(一)矿区地质

地质构造单元上属于 Antananarivo 地块。区域地质背景与 Toamasina 石山石墨矿很相似。

1. 地层

Vohitasara 石墨矿床赋存于变质沉积单元 Manampotsy 群中。该群主要岩性为黑云角闪片麻岩、石英长石片麻岩及石墨片岩,局部地区常发育混合岩化片麻岩,也可见被伟晶岩侵位。石墨被认为是源于碳质泥质沉积物的变质产物,含石墨片岩和含石墨斜长片麻岩是矿区出露的主要围岩。两种岩石均为鳞片粒状变晶结构,所含矿物基本一致。

(1)含石墨斜长片麻岩:斜长石含量 30%,石英含量 30%,浅色矿物呈条纹状或条带状沿着片理方向断续分布,相对较为集中,以片麻状、皱纹状构造为主。

(2)含石墨片岩:斜长石含量 5%~10%,石英含量 45%~50%,长英质分布相对较为均匀,具有明显的片状构造。

2. 构造

通过对东海岸所见片麻理的观测和统计,得出该地区构造以北东向为主,表现为单斜—复合构造,与地层片麻理走向一致。

3. 岩浆岩

矿区内零星分布基性—酸性侵入岩体,呈岩墙或岩脉产出。辉长岩体或基性岩墙侵入于 Manampotsy 群片麻岩中。见一处露头,为高约 40m,宽约 200m 的岩壁。岩石呈暗绿色,中细粒结构,暗色矿物多为集合体形式分布,局部有不规则斜长伟晶岩和石英脉出现。另外,该区基性岩脉走向为北北东—近南北向。

(二)矿床地质特征

1. 矿化特征

(1)条纹状—条带状石墨(Gph)矿化:产于斜长片麻岩中(图 11-8),风化成土状,残余片麻状构造,片麻理产状为 282°∠51°。条带中石墨鳞片较大,直径为 2~4mm。条带状石墨矿化中的石墨矿脉产状 230°∠36°。另具镜铁矿和褐铁矿化。

图 11-8 条纹状—条带状石墨矿化片麻岩(李文昊,2018)

(2)浸染状石墨矿化:石墨呈片状,均匀分布在长英质岩脉内,颗粒大(图 11-9a),部分在硅质脉体周边格外富集(图 11-9b)。

2. 矿石类型

按矿石的自然类型划分为石墨片岩型、石墨片麻岩型和混合岩化石墨片岩型 3 类(李文昊,2018)。

(1)石墨片岩型:矿石主要为鳞片变晶结构—显微鳞片变晶结构,平行构造或片状构造—皱纹片状构造。

矿石中的有用矿物石墨呈鳞片状沿石英、云母颗粒间定向分布,含量在 5%~20% 之间。主要的脉石矿物是石英、斜长石、绢云母;其他脉石矿物包括白云母、黑云母,微量黄铁矿、褐铁矿、赤铁矿和金红石;副矿物有锆石、磷灰石等。

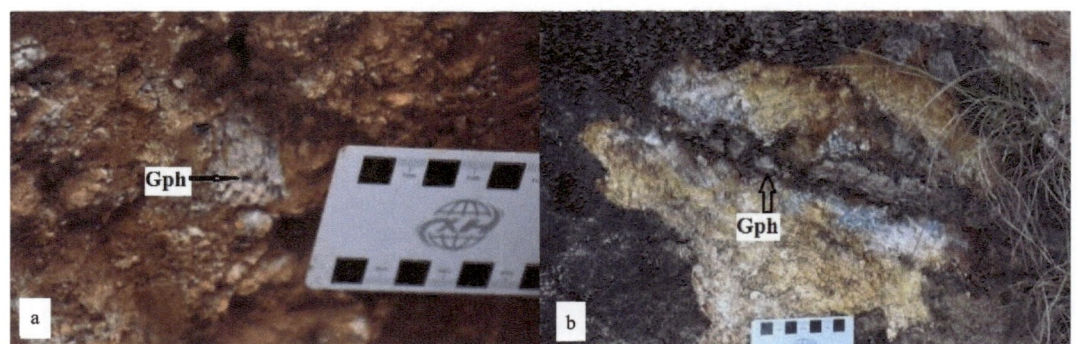

图 11-9 石墨分布形态（李文昊，2018）
a.粒状石墨以浸染状分布；b.石墨富集在硅化脉周围

（2）石墨片麻岩型：矿石主要为鳞片粒状变晶结构，片麻状构造。

（3）混合岩化石墨片岩型：矿石主要有用矿物为石墨，呈鳞片花岗变晶结构，片状构造。有用矿物石墨在矿石中有断续条带状或不规则条带状富集现象，分布不均，含量 5%～8%。主要的脉石矿物是石英、斜长石、绢云母；其他脉石矿物包括白云母、黑云母，微量黄铁矿、褐铁矿、赤铁矿和金红石；副矿物有锆石、磷灰石等。

3. 矿石结构和构造

（1）矿石结构。经过详细的镜下鉴定，Vohitasara 石墨矿床的矿石结构主要为鳞片变晶结构（图 11-10）和包裹结构。

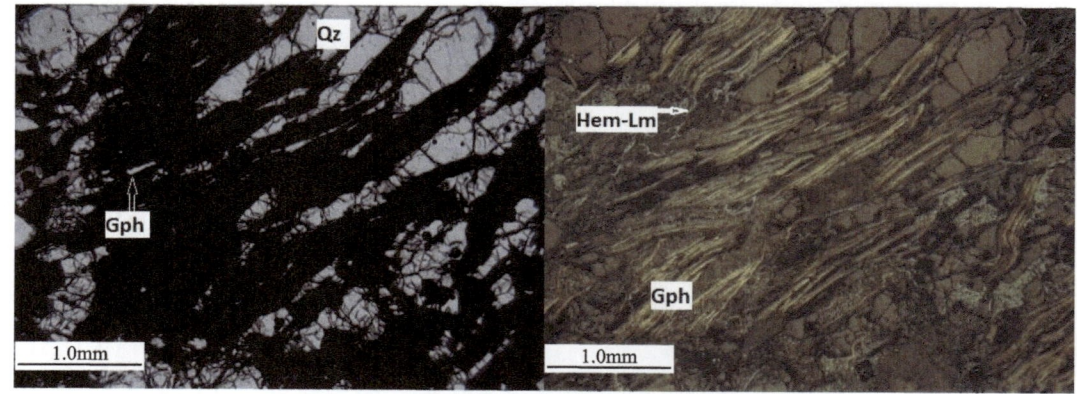

图 11-10 鳞片粒状变晶结构的石墨矿
［片状石墨（Gph）和粒状石英（Qz）定向排列，赤铁矿-褐铁矿（Hem-Lm）沿石墨解理缝充填交代。左为单偏光，右为反射光］

（2）矿石构造。矿石构造以条带状构造和片状构造（图 11-11）为主。

4. 矿石矿物及脉石矿物

Vohitasara 石墨矿床矿石矿物为石墨，脉石矿物主要有石英、黑云母、电气石、赤铁矿-褐铁矿和黏土矿物。

图 11-11　片状构造的石墨矿

[石墨(Gph)呈片状定向排列,赤铁矿-褐铁矿(Hem-Lm)细脉切割了片理。左为单偏光,右为反射光]

5. 矿石的化学成分

(1)矿区主量元素特征见表 11-3。石墨片岩中各氧化物含量(质量分数):SiO_2 为 4.48%～83.64%、Al_2O_3 为 0.24%～2.64%、TiO_2 为 0.05%～1.46%、CaO 为 0.03%～0.09%、MgO 为 0.02%～0.26%、TFe_2O_3 为 0.52%～68.47%。烧失量(LOI)内石墨碳最大,可以看出石墨的大致含量。Al_2O_3 的含量低,CaO、Na_2O、K_2O 含量极低,样品 201A SiO_2 含量达 83.64%,与矿区出现石英脉的现象相吻合。样品 202D、2202E 和 NM7-1 TFe_2O_3 分别为 68.47%、36.17% 和 50.6%,与镜下发现有赤铁矿-褐铁矿细脉充填的现象相吻合。

表 11-3　Vohitasara 石墨矿区各岩类主量元素分析结果表

单位:%

样品号	岩石类型	SiO_2	TiO_2	Al_2O_3	TFe_2O_3	MnO	MgO	CaO	Na_2O	K_2O	P_2O_5	LOI	合计
201A	石墨片岩	83.64	0.21	0.24	0.52	0	0.08	0.09	0.07	0.07	0.09	15.93	100.94
202D	石墨矿石	4.48	0.05	0.76	68.47	0.02	0.02	0.08	0.04	0.07	0.37	9.96	84.32
202E	石墨片岩	42.71	0.23	2.62	36.17	0.01	0.06	0.09	0.03	0.29	0.67	14.11	96.99
NM2-1	石墨矿石	33.02	1.46	25.89	6.85	0.01	0.03	0.05	0.01	0.27	0.05	32.03	99.67
NM4-1	石墨矿石	51.83	1.23	24.36	7.50	0	0.02	0.03	0.03	0.06	0.10	14.42	99.58
NM7-1	石墨片岩	22.70	0.86	11.12	50.60	0.06	0.26	0.04	0.02	0.99	0	12.79	99.40
202B	辉长岩	48.34	3.59	11.72	16.65	0.22	4.75	8.39	2.53	0.67	0.52	1.55	98.93
NM01-1	辉长岩	45.83	4.00	11.11	19.31	0.30	2.35	11.12	1.32	0.78	1.65	1.76	99.53

(2)矿区稀土元素特征见表 11-4 和图 11-12。2 个石墨片岩样品总体上向右倾斜,表现出轻稀土富集,配分模式近似平行,具弱负 Pr 异常和弱负 Eu 异常,反映了相同的形成过程。1 个样品轻稀土和重稀土富集,具明显的负 Eu 异常。矿区辉长岩总体上向右倾斜,轻稀土富集,无负 Eu 异常。

表 11-4 Vohitasara 石墨矿区各岩类稀土元素分析结果表

单位：×10⁻⁶

样品号	岩石类型	La	Ce	Pr	Nd	Sm	Eu	Gd	Tb	Dy	Ho	Er	Tm	Yb	Lu	Y
201A	石墨片岩	39.97	54.10	9.59	35.21	7.00	1.42	7.55	0.90	3.88	0.56	1.49	0.14	0.97	0.15	11.13
202D	石墨矿石	51.88	43.99	8.49	29.89	4.13	1.02	4.03	0.42	1.37	0.18	0.71	0.05	0.37	0.05	4.18
202E	石墨片岩	7.98	15.34	1.89	7.33	1.43	0.18	1.99	0.31	1.90	0.48	1.74	0.27	1.89	0.33	16.24
NM2-1	石墨矿石	78.49	151.10	16.89	60.52	13.91	0.93	8.09	0.93	4.03	0.60	1.21	0.13	0.64	0.08	13.64
NM4-1	石墨矿石	8.97	17.09	1.80	5.93	1.31	0.27	0.88	0.12	0.64	0.12	0.32	0.05	0.38	0.07	1.64
NM7-1	石墨片岩	37.80	71.37	8.49	30.72	6.85	0.56	4.64	0.56	2.47	0.41	1.06	0.17	1.21	0.20	5.48
202B	辉长岩	22.02	53.65	7.76	37.90	10.11	3.23	13.62	1.97	10.80	2.05	5.82	0.74	4.90	0.74	55.43
NM01-1	辉长岩	31.96	80.42	12.04	55.17	16.16	5.40	15.16	2.23	11.94	2.16	5.40	0.69	4.04	0.57	45.90

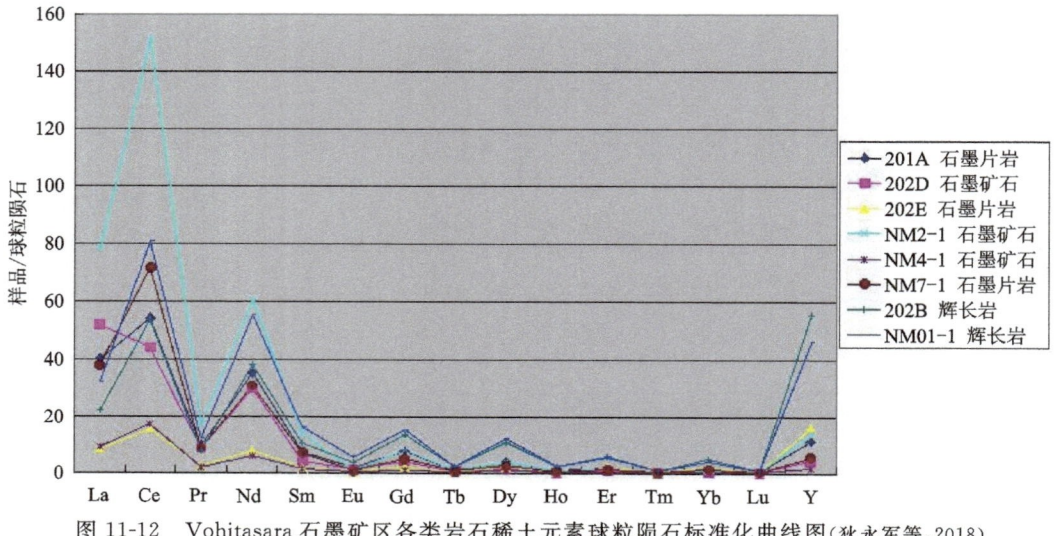

图 11-12 Vohitasara 石墨矿区各类岩石稀土元素球粒陨石标准化曲线图（狄永军等，2018）

（3）矿区微量元素特征见表 11-5。

表 11-5 Vohitasara 石墨矿区各岩类微量元素分析结果表

单位：×10⁻⁶

样品号	岩石类型	Rb	Sr	Ba	Zr	Hf	Th	U	Nb	Ta	V	Cr	Co	Ni	Pb
201A	石墨片岩	4.10	15.96	313.90	110.20	2.46	1.22	1.35	4.82	0.19	101.30	12.18	0.43	3.79	2.21
202D	石墨矿石	0.45	41.34	18.36	6.91	0.15	16.24	6.14	1.05	0.03	16.94	2.03	6.44	7.07	12 082.86
202E	石墨片岩	17.47	2.01	19.90	85.90	2.13	7.12	16.56	3.64	0.35	2380	122.50	1.26	77.02	138.48
202B	辉长岩	15.70	249.60	164.10	365.00	8.28	1.84	0.44	7.24	0.34	435.90	9.32	48.25	41.39	2.25
NM01-1	辉长岩	8.63	660.60	157.90	416.10	13.87	2.24	0.55	33.38	2.07	284.30	4.49	24.19	60.78	1.26
NM2-1	石墨矿石	7.25	12.28	34.05	78.81	3.69	30.00	3.33	24.61	1.60	363.90	199.90	0.35	30.53	37.90
NM4-1	石墨矿石	1.52	0.28	2.70	35.45	1.76	44.12	6.54	24.15	1.68	115.70	129.00	0.41	14.91	11.45
NM7-1	石墨片岩	54.42	2.27	83.75	90.28	4.04	25.88	5.11	22.67	1.45	210.20	367.70	13.43	32.61	38.00

从 Vohitasara 石墨矿区微量元素 MORB(Mid-Ocean-Ridge Basalts,洋中脊玄武岩)标准化配蛛网图上(图 11-13)可以看出,Rb、U、Th、Nb、Ta 亏损,Sr、Ba、V、Pb 富集,可能受后期铁矿化的影响。

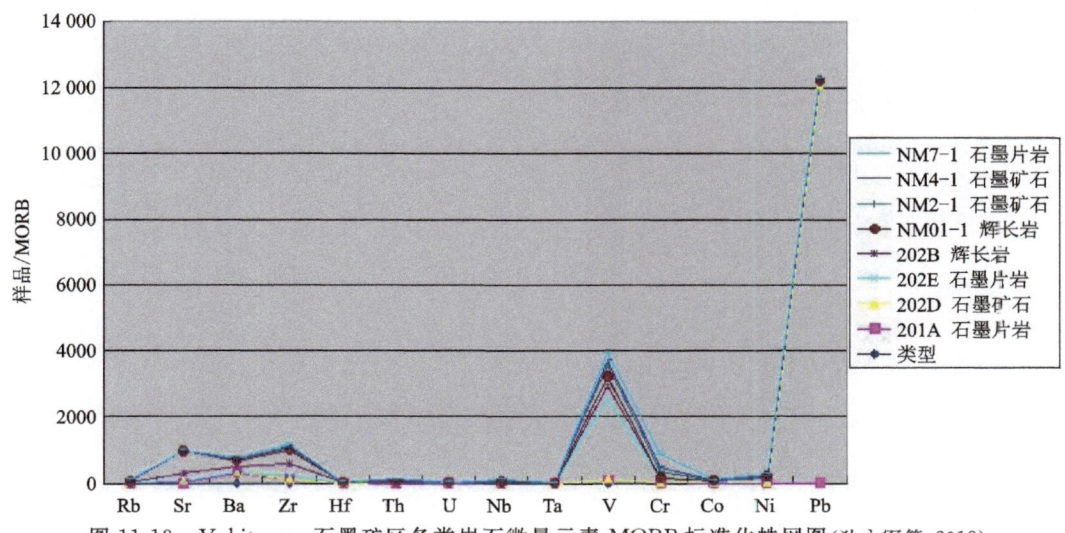

图 11-13　Vohitasara 石墨矿区各类岩石微量元素 MORB 标准化蛛网图(狄永军等,2018)

6. 碳同位素地球化学特征

从表 11-6 和表 11-7 中可以看出,Vohitasara 石墨矿区石墨 $\delta^{13}C(PDB)$ 值变化于 $-21.4‰\sim-23.7‰$ 之间;Vohitasara 石墨矿区石墨矿石中无机碳平均 $\delta^{13}C(PDB)$ 值变化于 $-1.3‰\sim-1.7‰$ 之间。

表 11-6　Vohitasara 石墨矿床石墨碳同位素分析结果

序号	样品号	岩石类型	测试矿物	$\delta^{13}C(PDB)/‰$
1	201A	石墨片岩	石墨	-23.7
2	202D	石墨矿体	石墨	-21.4
3	202E	石墨片岩	石墨	-23.2

表 11-7　Vohitasara 石墨矿床矿石无机碳同位素分析结果

序号	样品号	岩石类型	测试对象	$\delta^{13}C(PDB)/‰$
1	201A	石墨片岩	无机碳	-1.4
2	202D	石墨矿体	无机碳	-1.7
3	202E	石墨片岩	无机碳	-1.3

7. Vohitasara 石墨矿区石墨片岩的测年结果

201A、202D 为含石墨片岩样品,样品中 U 的含量范围为 $249\times10^{-6}\sim2505\times10^{-6}$,平均值为 1009×10^{-6};Th 的含量范围为 $28\times10^{-6}\sim629\times10^{-6}$,平均值为 197×10^{-6};Th/U 值在 $0.01\sim0.78$ 之间,平均比值为 0.4,U 和 Th 含量较高,反映了岩浆锆石的特征。

有效测点中,样品 201A 测得 3 组谐和年龄数据大部分在 $^{206}Pb/^{238}U$-$^{207}Pb/^{235}U$ 谐和图上表现为较好的谐和性，分别为(833±12)Ma～(813±8)Ma、(789±14)Ma～(734±8)Ma 和(691±9)Ma～(644±7)Ma；而 202D 测得的结果中，除上述年龄之外，还测得(1665±18)Ma、(2638±27)Ma 这几组表面年龄。这些年龄可能指示石墨片岩原岩源区的年龄。

三、Antanisoa 石墨矿床

Antanisoa 石墨矿床位于马达加斯加 Ambatolampy 地区，距首都 Antananarivo 南 80 km 处的 Ambohimandroso 镇附近。地质构造单元上属于 Antananarivo 地块。

(一)矿区地质

1. 地层

Antanisoa 石墨矿床赋存于沉积变质单元 Ambatolampy 群中，该群地层总体上主要以云母片岩为主，以东为片麻岩和向混合岩演化(图 11-14)。片岩中普遍含有黑云母、夕线石、石榴子石、电气石和石墨及少量的副矿物。石墨被认为是源自碳泥质沉积物的变质成因。在矿区的北部，见有薄层—厚层石英岩夹层。Ambatolampy 群一般以高磁铁矿含量为特征，从而产生均匀的高磁响应。

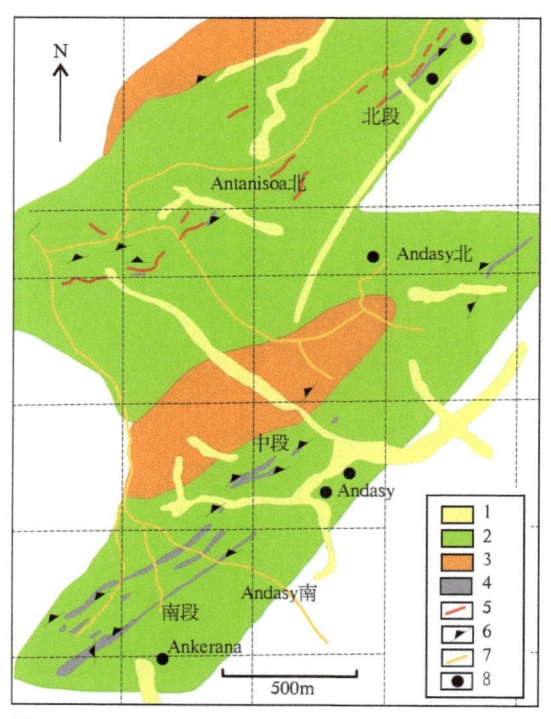

图 11-14 Antanisoa 石墨矿区矿体平面展布示意图
1.第四系沉积物；2.云母片岩；3.混合岩；4.石墨矿体；5.石英脉；6.产状；7.道路；8.村庄

2. 构造

Ambatolampy 地区的变形构造倾向北西，向东收敛的紧闭同斜褶皱。褶皱的两翼被强烈剪切而减薄，转折端则加厚。片理同层理产状一致，向西缓倾，局部变陡(剪切带)。东缘通常以逆冲边界为特征。

Ambatolampy 群层序的片理与地层产状一致，均为北东-南西走向，倾向北西，倾角 22°～40°。

矿区内发现 2 个方向的矿体，走向分别为 150°和 45°。矿区内片岩片理大多发生过褶皱，褶皱的变形较强（图 11-15a），而且产状变化复杂，是多期动力作用叠加的表现。这也包括受局部岩浆形成的岩脉影响，观察到的岩脉内共轭节理（图 11-15b）也说明了这一点。推测该处经历了从片理形成→褶皱→岩脉穿插→岩脉内发生共轭节理的 4 期变形作用（孙振一等，2019）。

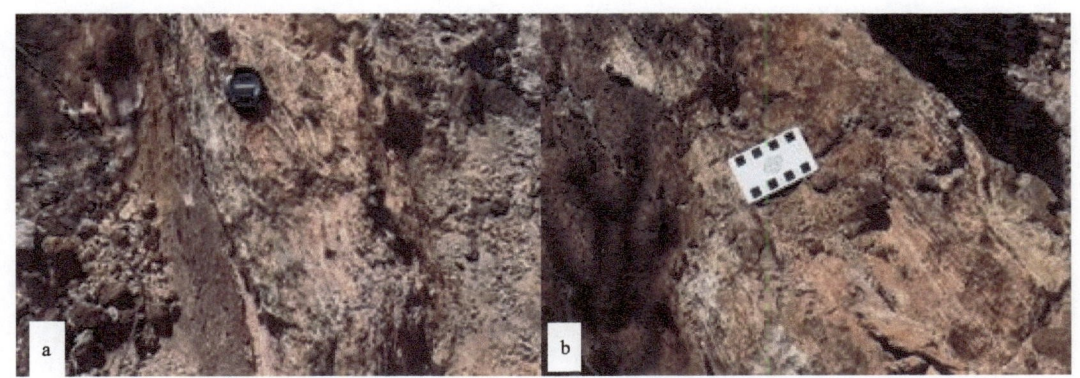

图 11-15　Ambatolampy 地区构造特征
a. 围岩片岩中的褶皱；b. 岩脉内共轭节理

3. 岩浆岩

矿区除伟晶岩外，可见花岗岩脉、长英质脉体及晚期含电气石伟晶岩和石英脉侵入于 Ambatolampy 群变质岩系中。

在路线地质调查中 AM02 点见伟晶岩侵入云母片岩中（图 11-16），其南侧围岩即为石墨矿体。AM03 点见花岗岩脉和石英脉侵入石墨矿脉中，石英脉已被拉断，呈石香肠状（图 11-17a），指示右行剪切。AM11 点花岗岩脉侵入云母片岩中，并发生褶皱，花岗岩脉（图 11-17b）已完全高岭土化。AM12 点中酸性侵入体侵入片岩中，侵入体与石墨矿体呈侵入接触关系，与片岩整合接触，界线清楚（图 11-17c），片理产状 335°∠19°。AM13 点可见长英质细脉侵入片岩内发生褶皱，亦可见石墨矿脉与片岩的界线，片理产状 343°∠26°，指示顺层左行剪切（图 11-17d）。另外还有数条黑色的锰质细脉切割了石墨脉及围岩（狄永军等，2018）。

图 11-16　AM02 伟晶岩（ρ）侵入云母片岩（Mis）中

图 11-17　Antanisoa 石墨矿床石墨赋存状态(狄永军等,2018)

a. AM03 点花岗岩脉(γ)和石英脉侵入石墨矿脉(Gph)中；b. AM11 点花岗岩细脉(γ)侵入褶皱云母片岩(Mis)；c. AM12 点左下为片岩(Sch),石墨矿脉(Gph)之上为片岩和中酸性侵入体；d. AM13 点界线清晰的石墨脉(Gph)及黑色锰质细脉(Mn)

(二)Antanisoa 石墨矿床地质特征

1. 矿体形态和产状

矿区为南、北、中 3 个矿段。南部矿段见 4 条石墨矿带(图 11-18),总体走向为 40°～70°,倾向北西,倾角 20°～40°。主矿层长度约 940 m。1 号矿带厚 1.5m、2 号矿带厚 1～2m、3 号矿带厚 11m、4 号矿带厚 3～10.2m。石墨平均品位 6.5%～16.6%。

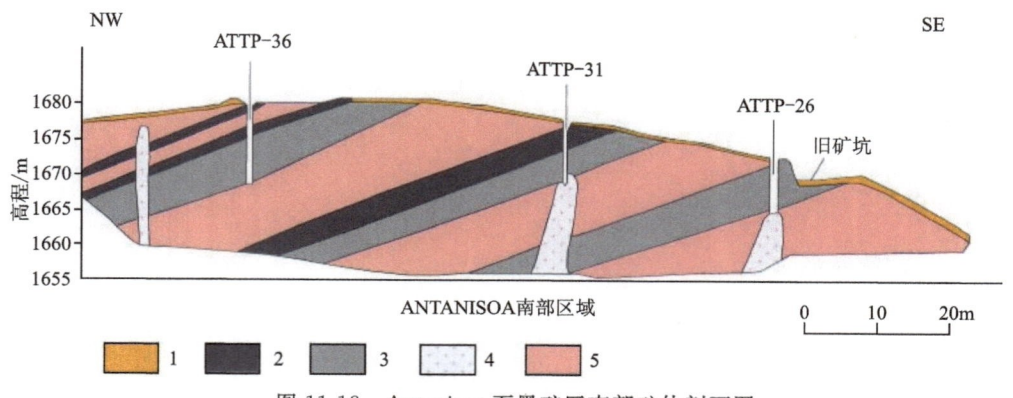

图 11-18　Antanisoa 石墨矿区南部矿体剖面图

1.顶层土壤；2.黑灰色石墨层；3.浅灰色石墨层；4.伟晶岩；5.云母片岩

矿区中部矿段可见2条石墨矿带,总体长度约250m,走向为40°~70°,倾向北西,倾角25°~45°。1号矿带厚5~10m,2号矿带厚6~8.5m。石墨平均品位14.5%~15.8%。

矿区北部矿段石墨矿层总体长度约1000m,走向为50°~60°,倾向北西,倾角20°~32°,矿层厚1~4m。石墨平均品位8.0%。

2. 赋存状态

石墨通常以薄片状赋存于富含碳的变质岩中,也可见石墨呈脉状分布于伟晶岩中。总体上看,石墨主要有3种赋存形式(表11-8),每种形式都存在于不同类型的矿床中。

(1)片状晶质石墨。片状晶质是天然石墨最广泛利用的结晶形式,是Antanisoa石墨矿床的代表性产出形态。片状晶质石墨具有强金属光泽,离散状薄片,大小范围广泛,扁平、板状颗粒,具有六边形形态。

(2)非晶态石墨。石墨含量最低,以细小微晶大团块产出,扁平断口,无结晶形式。

(3)脉状石墨。脉状石墨是赋存于裂隙脉中或裂隙中的石墨,表现为纤维状或针状结晶的块状、板状交生集合体,可能为热液成因。这是最纯的石墨形式,显示出淡的金属光泽和针状形态。

表11-8 石墨赋存形式

特征	片状	脉状	非晶态
粒度	细晶—粗晶	粗晶,大部分大于5cm	微晶,小于70μm
成因	同生,区域变质作用	后生,区域变质作用	同生,接触或区域变质作用
形态	石墨含量5%~30%,层控,板状或透镜状	石墨含量98%,脉状裂隙充填	层状,通常被褶皱和断层断开
品级	75%~97%石墨	98%~99.9%石墨	60%~90%石墨

3. 矿石的自然类型

Antanisoa石墨矿区的矿石自然类型主要为块状石墨型和条带石墨型两类。

(1)块状型:指的是由细—中粒片状石墨和非晶质态/粉末状石墨组成的黑色石墨集合体。

(2)条带型:为黑灰色—浅灰色石墨条带,含有大量石墨薄片,粒度从细粒至粗粒。

4. 矿石结构和构造

(1)矿石结构。经过详细的镜下鉴定,根据成因将Antanisoa石墨矿床的矿石结构分为粗鳞片变晶结构(图11-19)、细鳞片变晶结构(图11-20)和包裹结构(图11-21)。

(2)矿石构造。矿石构造以块状构造和条带构造(图11-22)为主,其次为细脉状构造(图11-23)和浸染状构造。

5. 矿石矿物及脉石矿物

矿石矿物为石墨,脉石矿物主要有石英、金云母、电气石、赤铁矿-褐铁矿和黏土矿物。

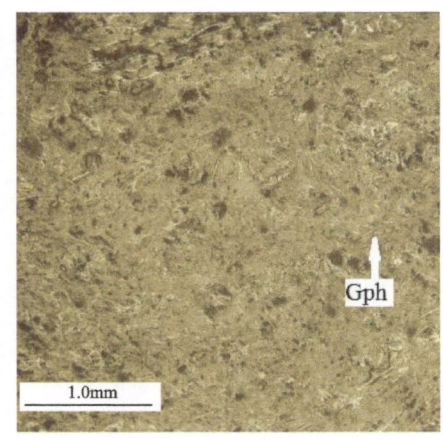

图11-19 石墨矿的粗鳞片变晶结构
［石墨鳞片(Gph)沿片理分布。反射光］

图11-20 石墨矿的细鳞片变晶结构
［细石墨鳞片(Gph)杂乱分布。反射光］

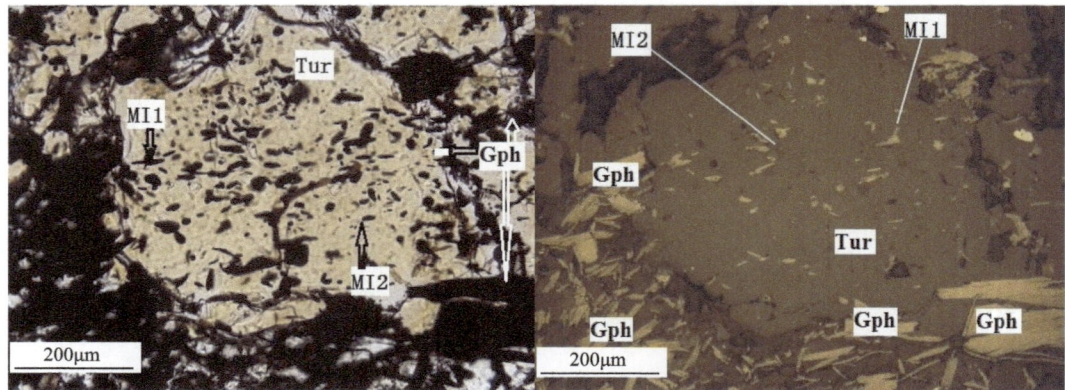

图11-21 石墨矿的包裹结构(狄永军等,2018)
［电气石(Tur)包裹石墨(Gph)熔体包裹体(MI1)和硅酸盐矿物熔体包裹体(MI2)。左为单偏光,右为反射光］

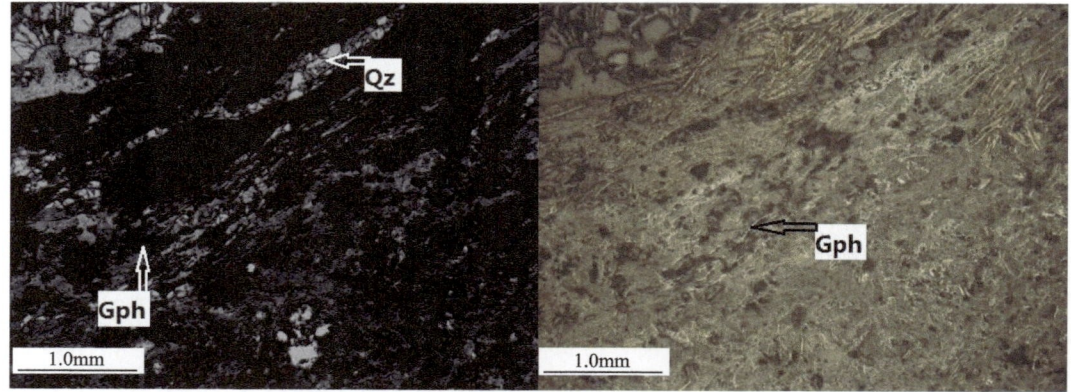

图11-22 石墨矿的条带构造(狄永军等,2018)
［左上部石墨(Gph)呈较大的片状和石英(Qz)定向排列;中部和右下部石墨呈细小的片状浸染状分布,其间有赤铁矿-褐铁矿和已泥化的细小黑云母分布。左为单偏光,右为反射光］

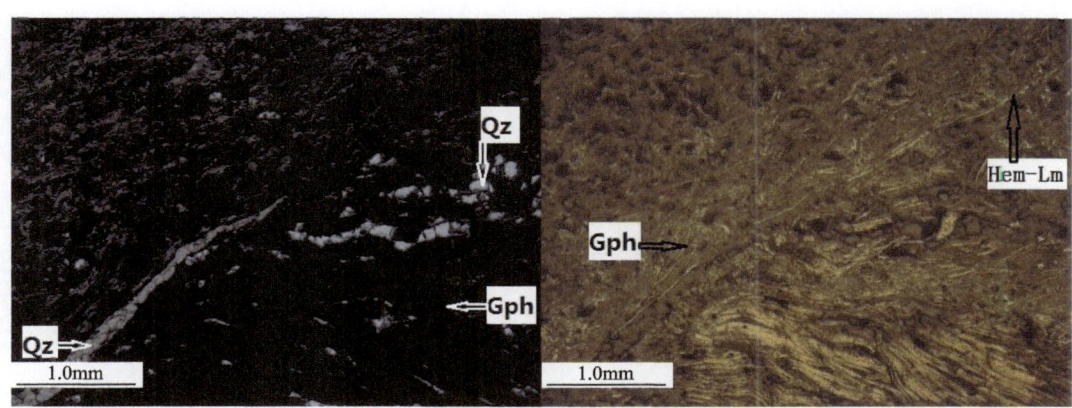

图 11-23 石墨矿的细脉状构造

[赤铁矿-褐铁矿(Hem-Lm)和已泥化的细小黑云母脉切割了石墨(Gph)片岩的片理,并使石墨片的排列方向发生偏转,说明发生了剪切作用;赤铁矿-褐铁矿沿石墨解理缝充填交代,脉边部先后被石英(Qz)细脉和赤铁矿-褐铁矿细脉充填。左为单偏光,右为反射光]

6. 矿石的化学成分特征

(1)矿区主量元素特征见表 11-9。各氧化物含量(质量分数):SiO_2 为 21.95%～49.05%,平均为 37.34%,变化范围较大,且含量相对较低;Al_2O_3 12.89%～33.41%,平均达到 19.92%;TiO_2 为 0.54%～0.67%,平均为 0.58%;CaO 为 0.08%～1.35%,平均为 0.45%;MgO 为 0.1%～5.39%,平均为 2.19%;TFe_2O_3 为 2.5%～7.8%,平均为 4.45%。Al_2O_3 的含量高,CaO、Na_2O、K_2O 含量低,TFe_2O_3 含量和 MgO 含量适中,表现出富铝副变质岩的特征。样品 102 的 TFe_2O_3 含量略高,与镜下有赤铁矿-褐铁矿细脉充填一致;样品 102 的 Al_2O_3 含量高,CaO、Na_2O、K_2O 含量极低,说明是某矿物发生了次生变化,形成了黏土矿物。样品 103A 的 MgO 含量偏高,说明有外来镁的加入。

表 11-9 Antanisoa 石墨矿床石墨片岩主量元素分析结果表

单位:%

样品号	岩石类型	SiO_2	TiO_2	Al_2O_3	TFe_2O_3	MnO	MgO	CaO	Na_2O	K_2O	P_2O_5	LOI	合计
102	石墨片岩	21.95	0.54	33.41	7.80	0.15	0.10	0.08	0.06	0.04	0.05	33.01	102.19
103A	石墨矿石	31.18	0.58	19.19	4.74	0.11	5.39	1.35	0.86	0.05	0.03	32.71	96.19
110A	石墨片岩	47.18	0.54	12.89	2.50	0.02	1.61	0.19	0.39	5.03	0.04	30.34	100.73
110B	石墨片岩	49.05	0.67	14.2	2.75	0.02	1.66	0.19	0.44	5.7	0.05	26.31	101.04

(2)矿区稀土元素特征见表 11-10 和图 11-24。由此可以看出 HREE 分馏不明显,走势相对平坦;LREE 则具有较明显的分馏,走向较为陡峭。3 个样品呈 Ce 亏损,1 个样品呈 Ce 富集,表现出截然相反的特征。

(3)矿区微量元素特征见表 11-11 和图 11-25。由此可以看出石墨片岩表现为 Zr、Hf、Nb、Ta、Ti 等高场强不相容元素(HFS)相对稳定,伴随有小幅度的 P 负异常,表现出副变质岩的特点,也出现了较明显的 Sr 负异常。2 个样品富集 Rb、Ba、K,另外 2 个样品亏损 Rb、Ba、K。

表 11-10 Antanisoa 石墨矿区石墨片岩稀土元素分析结果表

单位：$\times 10^{-6}$

样品号	岩石类型	La	Ce	Pr	Nd	Sm	Eu	Gd	Tb	Dy	Ho	Er	Tm	Yb	Lu	Y
102	石墨片岩	20.78	348.19	4.18	12.64	2.53	0.56	3.70	0.38	1.69	0.30	1.01	0.15	1.09	0.17	6.85
103A	石墨矿石	187.78	82.49	38.09	145.91	27.26	6.73	35.50	4.81	24.73	4.70	14.21	1.74	11.03	1.67	160.29
110A	石墨片岩	88.84	27.50	20.68	86.14	18.10	5.27	23.29	3.16	18.35	3.73	11.89	1.66	11.88	1.92	126.25
110B	石墨片岩	91.27	31.20	21.09	86.08	18.57	5.43	23.45	3.26	18.11	3.68	11.84	1.68	11.89	1.92	126.92

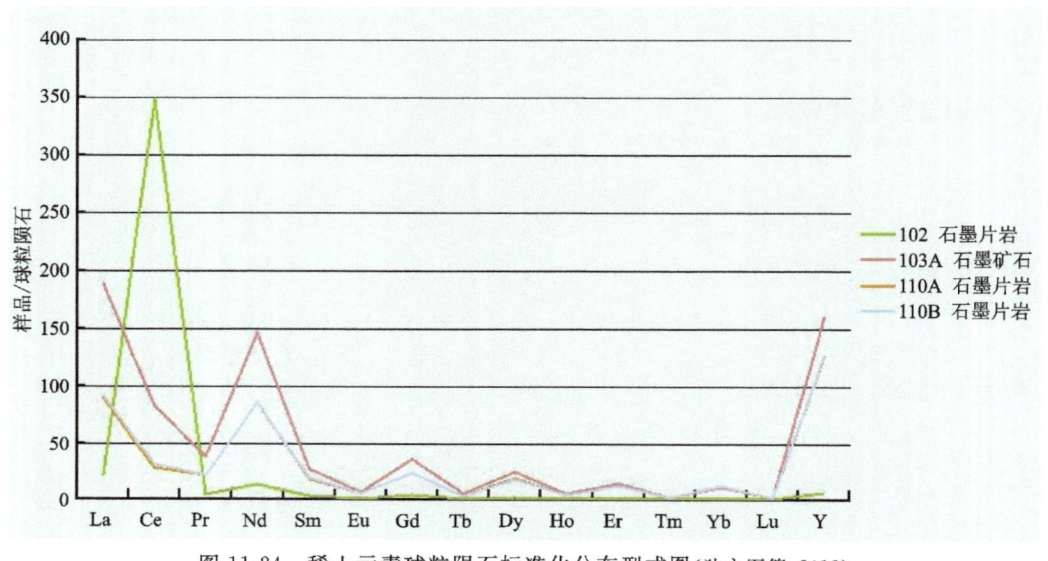

图 11-24 稀土元素球粒陨石标准化分布型式图（狄永军等，2018）

表 11-11 Antanisoa 石墨矿区石墨片岩微量元素分析结果表

单位：$\times 10^{-6}$

样品号	岩石类型	Rb	Sr	Ba	Zr	Hf	Th	U	Nb	Ta	V	Cr	Co	Ni	Pb
102	石墨片岩	1.63	0.96	136.70	111.20	2.84	9.93	4.01	6.48	0.70	170.50	14.98	9.11	43.97	27.19
103A	石墨矿石	3.44	91.71	86.55	144.20	4.10	15.46	1.86	10.60	0.94	184.20	195.30	51.04	74.26	15.93
110A	石墨片岩	110.70	35.84	760.90	219.60	5.22	10.13	2.91	15.19	0.99	173.60	70.29	5.75	129.90	80.11
110B	石墨片岩	1227.00	43.50	905.20	244.00	5.68	12.32	3.34	20.47	1.29	195.40	76.87	5.64	169.30	95.06

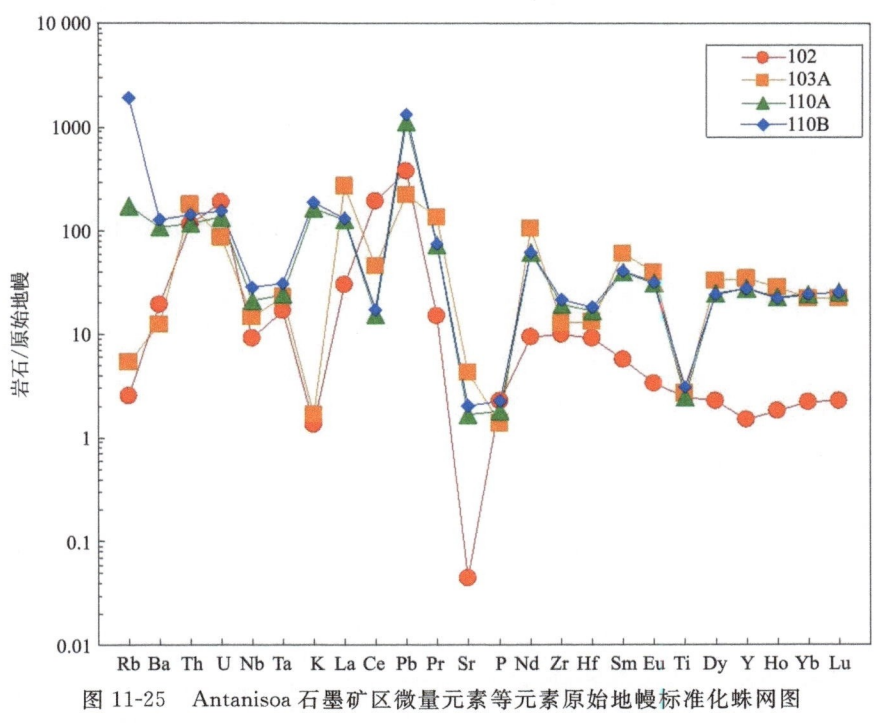

图 11-25　Antanisoa 石墨矿区微量元素等元素原始地幔标准化蛛网图

7. 碳同位素地球化学特征

从表 11-12 和表 11-13 中可以看出，Antanisoa 石墨矿区石墨 $\delta^{13}C(PDB)$ 值变化于 $-20.1‰\sim-21.4‰$ 之间；Antanisoa 石墨矿区石墨矿石中无机碳平均 $\delta^{13}C(PDB)$ 值变化于 $-2.6‰\sim-3.8‰$ 之间。

表 11-12　Antanisoa 石墨矿床石墨碳同位素分析结果（狄永军等，2018）

序号	样品号	岩石类型	测试矿物	$\delta^{13}C(PDB)/‰$
1	102	石墨片岩	石墨	−21.4
2	103A	石墨矿体	石墨	−20.7
3	110A	石墨片岩	石墨	−21.3
4	110B	石墨矿体	石墨	−20.1

表 11-13　Antanisoa 石墨矿床矿石无机碳同位素分析结果

序号	样品号	岩石类型	测试对象	$\delta^{13}C(PDB)/‰$
1	102	石墨片岩	无机碳	−3.1
2	103A	石墨矿体	无机碳	−3.8
3	110A	石墨片岩	无机碳	−2.9
4	110B	石墨矿体	无机碳	−2.6

8. Antanisoa 矿区石墨片岩的测年结果

102、103A、110B 样品中的锆石直径主要集中在 20~125μm 之间,长宽比介于 1~2 之间,锆石阴极发光图像(CL)显示,锆石发育较好的生长韵律环带或明暗相间的条带,大多数锆石呈较完整的柱状或锥状晶形,少量锆石边部发育暗色增生边(<10μm),可能为后期变质作用使锆石再次结晶。

样品中 U 的含量范围为 $86×10^{-6}$~$3809×10^{-6}$,只有一个样品的 U 含量达到 $270×10^{-3}$,平均值为 $467×10^{-6}$;Th 的含量范围为 $25×10^{-6}$~$1690×10^{-6}$,平均值为 $638.5×10^{-6}$;Th/U 值在 0.14~1.47 之间,平均比值为 0.6,U 和 Th 含量较高,这 3 个样品获得 34 个有效数据测点,大部分在 $^{206}Pb/^{238}U$-$^{207}Pb/^{235}U$ 谐和图上表现为较好的谐和性,测试结果显示锆石年龄具有 2475~218Ma($^{206}Pb/^{238}U$ 表面年龄)的年龄谱,主要分布在 578~218Ma、1136~919Ma、2475~1698Ma 这 3 个区间内。其中 2475~1698Ma 的年龄可能指示石墨片岩原岩源区的年龄;1136~919Ma 的年龄可能指示矿区在这个时间经历了一次热事件。

四、Ambahita 石墨矿床

Ambahita 石墨矿床位于马达加斯加 Tulear 省南部 Bekily 市 Ambahita 镇(图 11-26)。

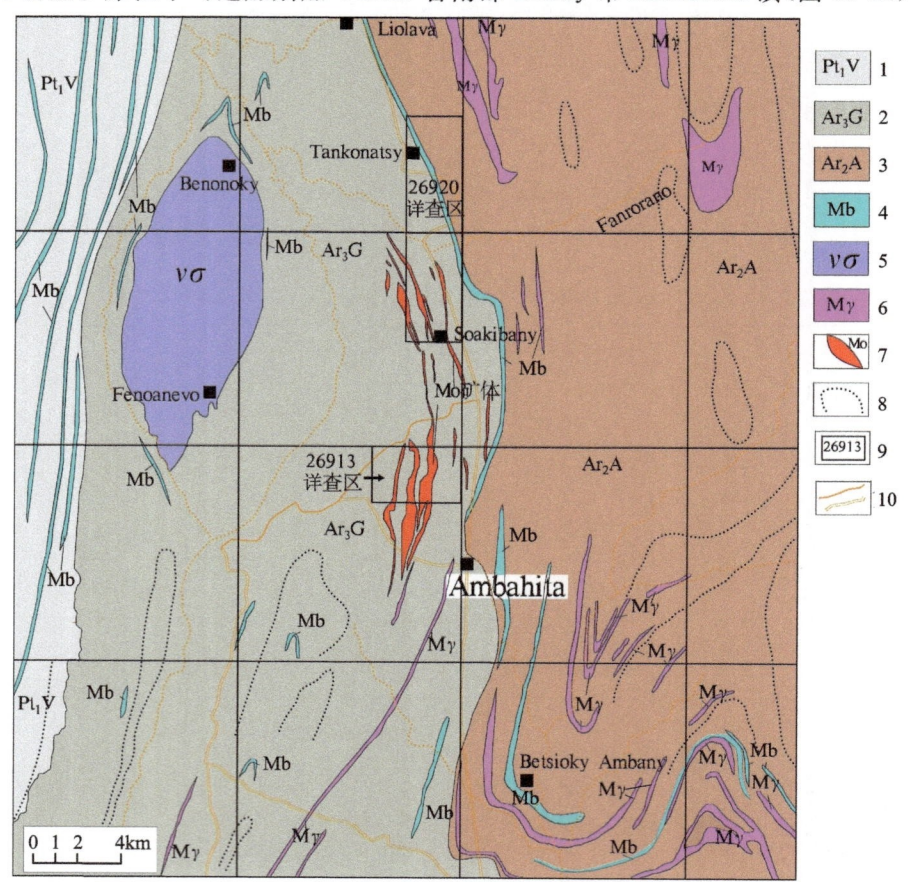

图 11-26 Ambahita 石墨矿区域地质图

1. Vohibory 组:角闪质片麻岩、角闪岩、云母大理岩;2. Ampanihy 组:含石墨长英麻粒岩;3. Ampandrandava 组:片麻岩、长英麻粒岩、辉石岩、云母大理岩、紫苏花岗岩;4. 云母大理岩、大理岩;5. 含紫苏辉石斜长岩;6. 混合花岗岩、花岗伟晶岩;7. 石墨矿体;8. 相变线;9. 详查工作区位置及编号;10. 公路该区大地构造位置上属于 Androyen 构造单元。地层单位主要为新太古界 Graphite 岩系 Ampanihy 组，该地层具有大量的片状晶质石墨。

Ambahita 石墨矿床为超大型石墨矿床，矿床位于 Bekily-Ampanihy 石墨成矿带中，石墨成矿带宽度大于 5000m，长度大于 200km。圈定矿体 12 处，最大矿体长 6100m，倾向延伸 1000m，厚度 120～327m，固定碳 3%～40%。通过资源量估算，求得石墨矿石控制的和推断的内蕴经济资源量：石墨矿石量约 62 644 万 t，矿物量约 2910 万 t（表 11-14），矿床平均品位 4.82%（刘田等，2018）。矿床规模达特大型石墨矿床。

表 11-14 矿体资源量估算统计一览表（刘田等，2018）

矿区号	矿体号	资源储量类型	矿石类型	矿体矿石量/万 t	矿体矿物量/万 t	矿体平均品位/%	占矿床百分比/%
26913	1	332	风化	2 866.22	132.53	4.62	57.45
			原生	9 144.13	392.72	4.29	
		333	风化	1 774.13	82.31	4.64	
			风化	54.71	1.52	2.78	
			原生	18 886.98	782.54	4.14	
		332+333	风化	4 640.35	214.84	4.63	
			风化	54.71	1.52	2.78	
			原生	28 031.11	1 175.26	4.19	
			合计	32 726.17	1 391.62	4.25	
	2	332	风化	3 340.90	188.08	5.63	23.34
			原生	1 653.71	98.56	5.96	
		333	风化	1 142.32	81.59	7.14	
			原生	3 592.58	197.21	5.49	
		332+333	风化	4 483.22	269.67	6.02	
			原生	5 246.29	295.77	5.64	
			合计	9 729.51	565.44	5.81	
	3	333	风化	768.83	43.63	5.67	6.13
			原生	2 376.94	104.82	4.41	
			合计	3 145.77	148.45	4.72	
	13	332	风化	38.72	1.83	4.73	1.72
			原生	64.68	2.57	3.97	
		333	风化	103.37	4.89	4.73	
			原生	830.17	32.43	3.91	
		332+333	风化	142.09	6.72	4.73	
			原生	894.85	35.00	3.91	
			合计	1 036.94	41.72	4.02	
	14	332	风化	261.24	10.50	4.02	6.73
			原生	508.06	21.01	4.14	
		333	风化	141.09	5.32	3.77	
			原生	2 961.06	126.27	4.26	
		332+333	风化	402.33	15.82	3.93	
			原生	3 469.12	147.28	4.25	
			合计	3 871.45	163.10	4.21	
	30	333	风化	290	15	5.43	3.06
			原生	1442	58	4.04	
			合计	1732	73	4.21	

续表 11-14

矿区号	矿体号	资源储量类型	矿石类型	矿体矿石量/万 t	矿体矿物量/万 t	矿体平均品位/%	占矿床百分比/%
26920	Ⅱ	331		10 403	527	5.08	
		总计		62 644.84	2910.33		

(一)区域地质

1. 地层

区域地层主要为太古宙变质结晶基底(变质表壳岩)。从老到新分为 3 个岩系(群):新太古代 Androyen 岩系、Graphite 岩系和古元古代 Vohibory 岩系(图 11-26)。

(1)Androyen 岩系:主要为 Ampandrandava 组,位于矿区东部,呈南北向分布,岩层由南而北逐渐变宽,岩性以石榴黑云变粒岩、石榴斜长角闪岩为主。

(2)Graphite 岩系:为 Ampanihy 组,位于中西部,近南北向条带状展布。岩层展布形态南宽北窄,岩性以石榴变粒岩、浅粒岩、含石墨长英麻粒岩、石墨变粒岩为主。含石墨变粒岩、石墨变粒岩是石墨矿的主要赋矿地层,区域上形成长达 200 余千米,宽度 3~28km,呈北北东向展布的巨型石墨成矿带。

(3)Vohibory 岩系:位于矿区西部,呈北北东向展布。自下而上为:①Vohibory 组,岩性以浅粒岩、角闪片麻岩、角闪岩为主,夹云母大理岩;②Malakialina 组,岩性以云母片岩、石英岩、云母大理岩为主。

2. 岩浆岩

区域上显示元古宙岩浆活动频繁,形成混合岩—混合花岗岩。古生代很少岩浆活动,新生代岩浆活动频繁,以脉岩形式分布。

(1)含紫苏辉石拉长石伟晶岩:分布于西北部,为一小岩株,呈眼球状南北向展布,长约 15km,宽约 6km,岩石由巨晶拉长石及辉石组成。

(2)混合花岗岩:主要分布于 Androyen 岩系变质岩中,宽 200~2000m 不等,长 2~10km,呈脉状平行片麻理分布。在变质岩褶皱转折端集中发育。

3. 构造

区域构造以韧性剪切带构造为主,各种类型褶曲、揉皱分布广泛。断裂构造不发育。

Anpaniphy 韧性剪切带:呈北北东向展布,具左旋特征,延伸达 200 余千米,纵贯全区。由于挤压、剪切作用,剪切带内紧闭褶曲、同斜褶曲构造发育,规模大小不等。中基性的拉长岩小岩株呈透镜状沿剪切带走向展布。

褶曲构造:在矿区南东部 Androyen 岩系中较为发育,以复式褶曲的形态产出,轴向北东,枢纽倾向南西。背向斜相间分布,背斜左翼倾角 70°,右翼倾角 40°~50°;向斜左翼倾角 40°~50°,右翼倾角 60°~80°。褶曲的翼部及转折端混合花岗岩发育。

4. 区域矿产

区域矿产以石墨矿为主,其次变彩拉长石资源非常丰富。部分地区金、石榴子石、绿柱石砂矿等,少量宝石级碧玺、海蓝宝、石榴子石等。

（二）矿区地质

1. 地层

勘查区出露地层为晚太古界 Graphite 岩系，岩性由下而上为浅粒岩、石榴变粒岩（夹少量石榴斜长角闪岩层、石榴子石浅粒岩层）、石墨变粒岩。各岩层间界线清晰。岩石片麻理呈北北东向展布，北西倾向，倾角 40°～75°，产状变化较大。片麻理与区域构造线一致（图 11-27）。

（1）浅粒岩：分布于矿区西部，灰白色，细粒变晶结构，块状构造；主要矿物成分长石含量为 65%，石英含量为 30%，少许黑云母、石墨，暗色矿物含量为 5%。

（2）石榴变粒岩：矿区内分布较广，从矿区西部至东部均有分布，灰白色，中细粒变晶结构，弱片麻状构造、块状构造；主要矿物成分长石含量 40%～50%，石英含量 20%～30%，石榴子石含量 10%～20%，黑云母等暗色矿物少量。

（3）石墨变粒岩：主要分布于矿区的中至中东部，南北贯穿全区，灰色—灰黑色，鳞片状细粒变晶结构，片（麻）状—弱片麻状构造、块状构造；主要矿物成分长石含量 40%～60%，石英含量 20%～30%，石墨含量 1%～10%，黑云母少量。石墨变粒岩层为本区石墨矿的主要赋矿地层。

2. 构造

矿区处于北北东向展布的 Anpaniphy 大型韧性剪切带内，构造形式主要表现为韧性剪切的特点。

岩层（石墨变粒岩为主）中发育一系列同构造石英脉、长英质脉及花岗伟晶岩脉等。长英质脉由平行分布的石英、长石条带或长石斑晶组成，可见 S-C 面理、拉伸线理等，脉宽几厘米到几米，长几米到几十米，体现出流动、塑性变形的特征。局部长英质小眼球体、小透镜体具拖尾现象，沿岩层走向延伸，断续分布，依据长英质透镜体的首尾展布形态判断，韧性剪切带主剪切方向为北东-南西，具左旋性质。

由于韧性剪切作用，致使石墨变粒岩中石墨、黑云母等片状矿物颗粒增粗、加大并呈近平行、定向排列，构成片状、片麻状构造。片（麻）理的主体走向北北东，与韧性剪切带展布方向一致。

层间褶曲多见于石墨变粒岩中，形态不规则，岩层（片麻理）产状多变。矿区西北部，由于韧性剪切作用，形成了具左旋性质的不对称眼球状构造。地表出露形态近似椭圆形，长轴长近 2000m，短轴长 700m，北北东向展布，与韧性剪切带的主构造方向一致。

断裂构造不发育。脆性断裂仅见于第 2 勘探线东部，为 2 条近平行的断裂，长约 150～300m，碎裂岩带宽 3.5～7.4m，产状 290°∠(55°～45°)，南北两侧均被第四系覆盖，对整个石墨矿带影响小。

3. 岩浆岩

区内岩浆岩不发育，仅见伟晶岩脉。

伟晶岩：仅于矿区中北部零星出露，呈透镜状大致顺层产出。伟晶岩透镜体长轴长 15～150m，短轴长 6～30m，规模不大。岩石为灰白色，粗粒结构，块状构造，矿物成分以碱性长石为主，石英次之，少量黑云母。

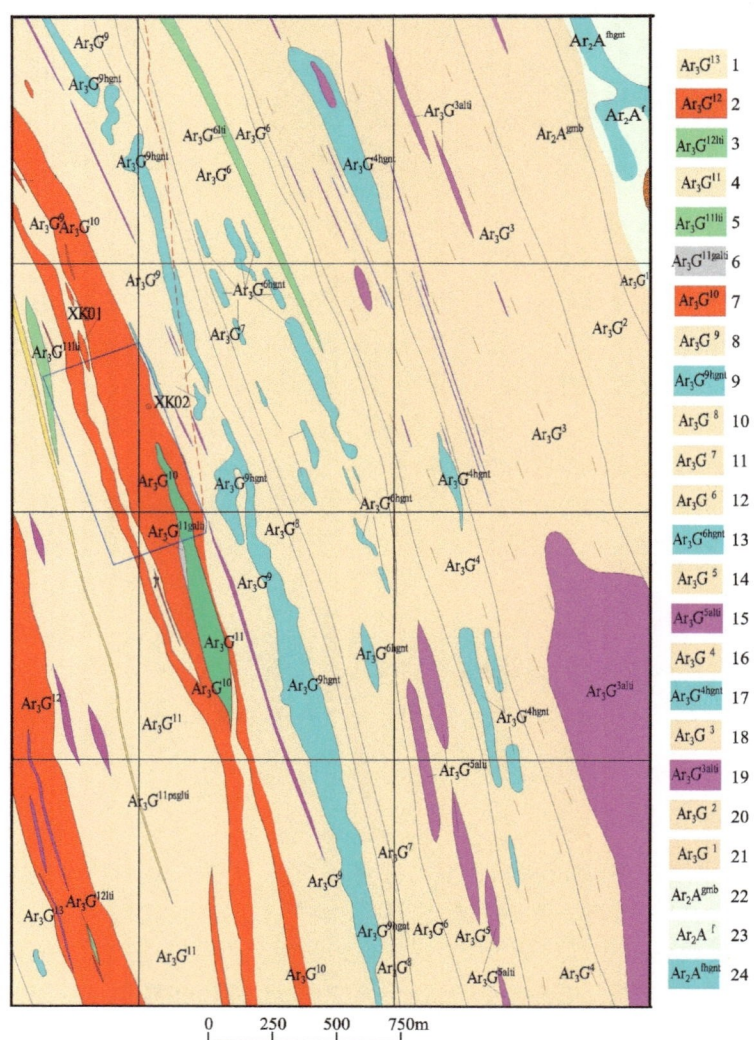

图 11-27 Ambahita 矿区地质图(刘田等,2018)

1.岩(矿)体夹灰白色含石墨浅粒岩构造条带或透镜体;2.灰色—浅灰色石墨变粒岩(矿)体夹灰白色含石墨浅粒岩构造条带或透镜体 3.灰白色混合岩化浅粒岩及浅粒岩构造条带或透镜体;4.灰白色石榴子石浅粒岩夹浅粒岩、含石墨石榴子石浅粒岩构造透镜体;5.灰白色浅粒岩构造透镜体;6.灰白色含石墨石榴子石浅粒岩构造透镜体;7.深灰色石墨变粒岩(矿体);8.灰白色石榴子石浅粒岩(矿体底板),多见角闪变粒岩构造透镜体;9.深灰色—浅灰色角闪变粒岩构造透镜体(古侵入体);10.灰白色—浅灰色含石墨浅粒岩局部夹片理化浅粒岩及(含)石榴子石浅粒岩;11.灰白色混合岩化浅粒岩局部夹混合岩化含石墨浅粒岩及石榴子石浅粒岩;12.灰白色石榴子石浅粒岩夹灰白色浅粒岩、含石墨浅粒岩及片理化石榴子石浅粒岩;13.深灰色—绿灰色角闪变粒岩构造透镜体;14.灰白色—浅灰色含石墨浅粒岩夹或间互浅粒岩及石墨变粒岩;15.灰白色石榴子石浅粒岩构造透镜体;16.灰白色强片理化浅粒岩,多处可见含石墨浅粒岩构造条带;17.深灰色—绿灰色角闪变粒岩构造透镜体;18.灰白色强片理化浅粒岩;19.灰白色片理化石榴子石浅粒岩构造透镜体;20.深灰色—绿灰色角闪变粒岩;21.灰白色混合岩化浅粒岩,混合岩化强度明显具有北强南弱的现象;22.白色中粗粒大理岩、(含)石榴子石大理岩及(含)黑云母大理岩;23.灰白色混合岩化浅粒岩,多见角闪变粒岩构造透镜体;24.深灰色—绿灰色角闪变粒岩构造透镜体

(三)矿床地质特征

Ambahita 石墨矿为沉积变质型晶质石墨矿床,有益组分为晶质石墨。矿床处于大型韧性剪切带内。不同程度的韧性剪切作用,促使石墨变粒岩中石墨矿物颗粒进一步重结晶增粗、富集,是形成石墨

矿床的重要因素。

1. 矿体特征

矿体由地表槽探和钻探工程控制。在26913矿区内共发现12条石墨矿体，其中，Ⅰ、Ⅱ号矿体规模最大，为主矿体。在26920矿区内发现2条石墨矿体，其中，Ⅱ号矿体规模最大，为主矿体（表11-15）。

表11-15 矿体特征一览表（刘田等，2018）

矿区号	矿体号	控制长度/m	工程编号	厚度/m	品位/%	产状
26913	1	2510	TC1102、TC1303、TC1304、TC1509、ZK701～ZK705、ZK901～ZK904、ZK1101～ZK1103、ZK1301、ZK1302、ZK1304	120.77～327.42	2.66～9.02	260°∠45°～295°∠65°
	2	5880	TC303、TC305～TC307、TC501、TC702、TC703、TC904、TC905、TC1105、TC1106、TC1302、TC1506、ZK704、ZK705、ZK903、ZK904、ZK1104～ZK1106、ZK1303	99.52～198.96	2.83～8.82	265°∠40°～285°∠60°
	3	2050	TC701、TC906、TC1103、TC1305、TC1501、TC1106	12.52～113.00	3.46～6.87	245°∠70°～300°∠75°
	13	540	TC703、TC905、TC1101、ZK703、ZK704、ZK705、ZK903、ZK1103	3.00～35.99	2.88～5.54	270°∠40°～285°∠50°
	14	846	TC502、TC703、TC907、TC901、TC1101、ZK703～ZK705、ZK902～ZK904、ZK1103	2.18～61.34	3.04～7.10	260°∠40°～270°∠65°
	30	980	TC902、TC903、TC1103、TC1301、TC1501、ZK1106	19.83～44.54	3.73～7.11	270°∠75°～295°∠70°
	33	100	TC1107、ZK1106	4.33～6.02	3.26～5.34	315°∠65°
	34	302	TC1107、ZK1106	4.07～7.41	3.17～5.44	315°∠65°～75°
	35	305	TC1107、ZK1106	10.44～30.95	3.90～5.87	290°∠75°～310°∠55°
	36	520	ZK703、K902、ZK1101、ZK1102、ZK1301、ZK1302	2.82～13.67	3.45～5.45	285°∠(30°～45°)
	38	300	TC1109、TC913	2.03～3.04	2.79～3.23	290°∠50°
	39	500	TC904、TC701	15.49～50.04	5.53～7.24	285°∠45°～315°∠70°
26920	1	1500		115.00～150.00		245°∠40°～250°∠45°
	2	3600	TC0a、TC0c、TC1a、TC1b、TC1c、TC2a、TC2b、TC3a、TC3b、TC3c、TC5、ZK0b01～0b02、ZK1b01～1b05、ZK0001、ZK0002、ZK2b01～2b05、ZK0101～0109、ZK0201～0209、ZK3b01～3b05、ZK0501～0507	75.00～334.00	3.32～6.65	240°∠31°～268°∠60°

1) 26913矿区

(1) 1号矿体:位于矿区中东部,地表整体出露呈似层状,赋存标高-260~519.24m。外推矿体长度6100m,工程控制矿体长2510m,倾向延伸994m,厚120.77~327.42m(图11-28),固定碳品位2.66%~9.02%,平均品位4.25%。矿体中南部呈近南北向,北部呈北北东向分布,矿体总体产状260°∠45°~295°∠65°,矿体厚度变化系数52.18%,品位变化系数2.51%。

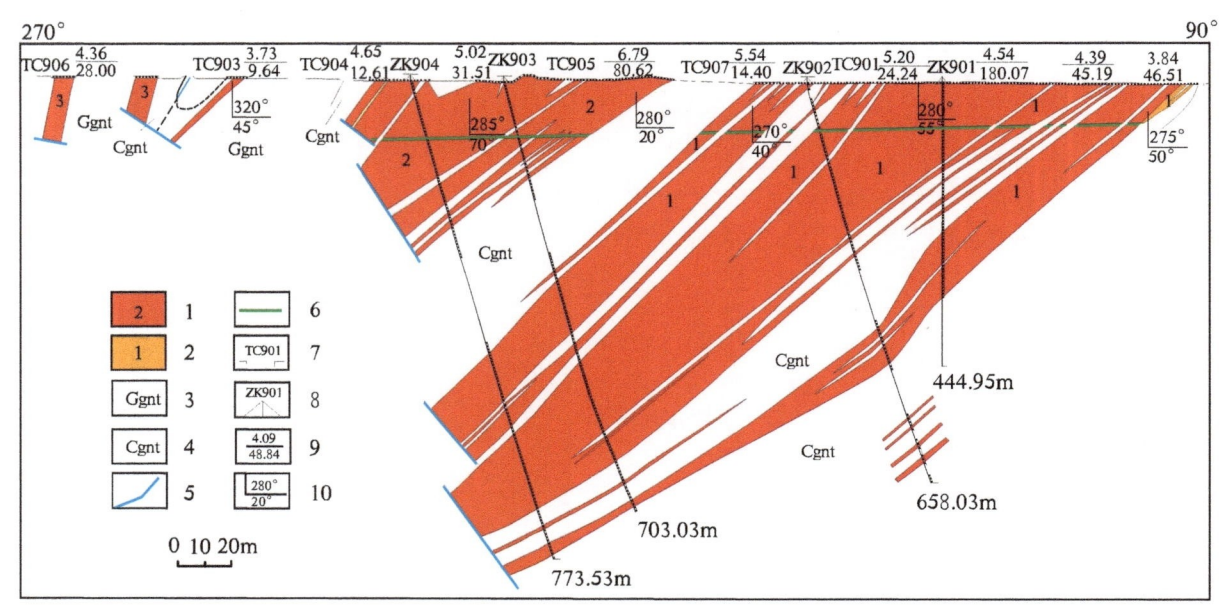

图11-28 Ambahita石墨矿区9号勘探线剖面图

1.石墨矿体及其编号;2.低品位石墨矿体及其编号;3.实测(推测)地质界线;4.矿体中心线;5.资源量估计边界线;
6.风化矿与原生矿边界线;7.探槽及其编号;8.钻孔及其编号;9.样段平均品位(%)/样段厚度(m);10.产状:倾向/倾角

控制和推断的内蕴经济资源量(332+333):石墨矿石量32 726万t,矿物量1391万t,占矿床资源量的57.45%,其中风化矿石(332+333)(Gph≥3%)矿石量4640万t,矿物量214万t,平均品位4.63%;风化矿石(333)(2.5%≤Gph<3%)矿石量54万t,矿物量1.52万t,平均品位2.78%;原生矿石(332+333)(Gph≥3%)矿石量28 031万t,矿物量1175万t,平均品位4.19%。

(2) 2号矿体:位于矿区中东部,地表整体出露呈似层状,赋存标高-200~521.29m。外推矿体长5880m,工程控制矿体长1200m,倾向延伸383m,厚99.52~198.96m,固定碳品位2.83%~8.82%,平均品位5.81%。矿体近南北向分布,矿体总体产状260°∠45°~295°∠65°,矿体厚度变化系数38.06%,品位变化系数4.85%。

控制和推断的内蕴经济资源量(332+333):石墨矿石量9729万t,矿物量565万t,占矿床资源量的23.34%,其中风化矿石(332+333)矿石量4483万t,矿物量269万t,平均品位6.02%;原生矿石(332+333)矿石量5246万t,矿物量295万t,平均品位5.64%。

(3) 3号矿体:位于矿区西部,整体呈似层状,赋存标高67~520m。工程控制矿体长1400m,倾向延伸435m,厚12.52~113.00m,固定碳品位3.46%~6.87%,平均品位4.72%。矿体近南北向分布,矿体总体产状245°∠70°~300°∠75°。

资源量(333):石墨矿石量3145万t,矿物量148万t,占矿床资源量的6.13%,其中风化矿石(333)矿石量768万t,矿物量43万t,平均品位5.67%;原生矿石(333)矿石量2376万t,矿物量104万t,平均品位4.41%。

(4) 13号矿体:位于矿区中部,地表出露,整体呈似层状,赋存标高-6~510m。矿体长540m,工程控制矿体长400m,倾向延伸650m,厚3.00~35.99m,固定碳品位2.88%~5.54%,平均品位4.02%。矿体近南北向分布,矿体总体产状270°∠40°~285°∠50°。

资源量(332+333):石墨矿石量1036万t,矿物量41万t,占矿床资源量的1.72%,其中风化矿石(332+333)矿石量142万t,矿物量6万t,平均品位4.73%;原生矿石(332+333)矿石量894万t,矿物量35万t,平均品位3.91%。

(5)14号矿体:位于矿区中部,地表出露,整体呈似层状,赋存标高-83~510m。矿体长845m,工程控制矿体长600m,倾向延伸690m,厚2.18~61.34m,固定碳品位3.04%~7.10%,平均品位4.21%。矿体近南北向分布,矿体总体产状260°∠40°~270°∠65°。

资源量(332+333):石墨矿石量3871万t,矿物量163万t,占矿床资源量的6.73%,其中风化矿石(332+333)矿石量402万t,矿物量15万t,平均品位3.93%;原生矿石(332+333)矿石量3469万t,矿物量147万t,平均品位4.25%。

(6)30号矿体:位于矿区西部,地表出露,整体呈似层状,赋存标高-31~528.55m。矿体长635m,工程控制矿体长600m,倾向延伸570m,厚19.83~44.54m,固定碳品位3.73%~7.11%,平均品位4.27%。矿体近南北向分布,矿体总体产状270°∠75°~295°∠70°。

资源量(333):石墨矿石量1732万t,矿物量74万t,占矿床资源量的3.06%,其中风化矿石(333)矿石量290万t,矿物量15万t,平均品位5.43%;原生矿石(333)矿石量1442万t,矿物量58万t,平均品位4.04%。

2)26920矿区

石墨矿体位于矿区西南部。圈定石墨矿体2条,呈不规则厚层状—似层状产出,产状与围岩一致。矿体沿倾向方向厚度变化不大,沿走向厚度变化较大,两矿体沿走向均延出矿区。

1号矿体呈简单的单斜状产出,外推长约1500m,矿体真厚115~150m,固定碳含量在5%以上。

2号矿体受造山期构造影响呈紧闭同斜的"Z"形复单斜状产出。

区内施工探槽17条,钻孔50个,矿体外推长约3600m,控制矿体水平宽度厚75~334m,最大真厚度约200m,控制的最大深度约390m(最深约520m)。矿体倾向240°~268°,倾角31°~60°,深部倾角42°~47°。固定碳含量也在5%以上。

资源量(331):石墨矿石量10 403万t,矿物量527万t。固定碳含量变化区间在2.5%~20.04%之间,大多数样品分析值在3.5~7%之间,平均品位5.08%。

2. 矿石类型

根据矿石的结构构造,将矿石划分为风化变粒岩型石墨矿石和原生变粒岩型石墨矿石。两种矿石类型间没有明显界线,为渐变过渡关系。浅部多为风化变粒岩型石墨矿石,深部为原生变粒岩型石墨矿石。参照石墨矿铁物相分析结果表(表11-16),以氧化铁(Fe_2O_3)中的铁与总铁比值(D)≤30%为界,矿石氧化(风化)深度近90m,氧化程度亦不均匀。

根据石墨鳞片片度统计结果,矿石中石墨鳞片片度≥100目的石墨颗粒数占总数的61.0%~99.6%,平均占总数的89.37%,其中石墨鳞片片度>60目的石墨颗粒数占总数的31.2%~96.1%,平均占总数的73.58%。

矿石工业类型为优质晶质(鳞片状)石墨。

表 11-16 Ambahita 石墨矿铁物相分析结果表（刘田等，2018）

工程号	样品编号	$Fe/FeCO_3$ /%	Fe/Fe_2O_3 /%	Fe/Fe_2S_3 /%	Fe/mFe /%	$Fe/SiFe$ /%	实测总 Fe /%	D/%	取样孔深/m
ZK903	WX01	0.06	5.03	0.10	0.100	0.10	5.48	91.79	10
	WX02	0.47	0.52	1.70	0.015	1.56	4.28	12.15	20
	WX03	1.11	0.69	1.43	0.005	1.93	5.24	13.17	30
	WX04	0.33	1.51	2.06	0.008	1.10	5.05	29.90	40
	WX05	0.42	1.42	1.51	0.002	2.34	5.82	24.40	50
	WX06	0.43	1.83	1.48	0.002	2.21	6.07	30.15	60
	WX07	0.38	2.34	0.65	0.008	1.06	4.51	51.88	70
	WX08	0.40	1.70	1.97	0.008	3.00	7.18	23.68	80
	WX09	0.58	5.36	0.91	0.044	0.98	7.98	67.17	90
	WX10	0.36	1.83	0.18	0.340	4.08	6.86	26.68	100
ZK902	WX11	0.12	5.24	0.07	0.210	2.38	8.13	64.45	10
	WX12	0.36	1.73	0.41	0.063	2.88	5.52	31.34	20
	WX13	0.48	2.58	0.59	0.013	1.24	4.95	52.12	30
	WX14	0.19	1.22	0.75	0.013	1.49	3.77	32.36	40
	WX15	1.64	1.54	0.58	0.130	1.08	5.01	30.74	50
	WX16	1.20	2.42	0.81	0.077	2.08	6.70	36.12	60
	WX17	0.42	1.29	0.70	0.028	1.24	3.76	34.31	70
	WX18	0.35	1.32	0.89	0.046	1.45	4.08	32.35	80
	WX19	0.43	1.34	0.94	0.013	2.24	5.16	25.97	90
	WX20	0.49	1.40	0.75	0.036	1.93	4.75	29.47	100
ZK901	WX21	0.35	0.49	1.70	0.140	1.12	3.82	12.83	40
	WX22	0.24	2.11	2.02	0.120	2.26	6.77	31.17	50
	WX23	0.16	1.15	1.6	0.095	1.55	4.72	24.36	60
	WX24	0.29	0.63	1.45	0.088	1.51	4.00	15.75	70
	WX25	0.24	0.63	2.59	0.140	0.86	4.57	13.79	80
	WX26	0.51	0.76	1.90	0.150	2.06	5.52	13.77	90
	WX27	0.70	0.85	1.38	0.049	2.46	5.70	14.91	100
	WX28	0.35	0.57	1.77	0.028	1.30	4.05	14.07	110
	WX29	0.67	1.34	1.27	0.036	1.18	4.50	29.78	120
	WX30	0.71	0.68	1.35	0.067	0.95	3.87	17.57	130

3. 矿石结构构造

石墨变粒岩遭受较强的韧性剪切作用，石墨、云母等片状矿物聚集、加大、半定向排列，形成片（麻）状—弱片麻状构造。

（1）风化变粒岩型石墨矿石：灰色，具鳞片变晶结构，片麻状构造、条纹—条带状构造。石墨以大鳞片集合体状为主，沿片麻理方向分布，并和云母紧密嵌生。片径一般 0.3～5mm，粗者可达 10mm 左右。

（2）原生变粒岩型石墨矿石：为石墨变粒岩，浅灰色—灰色，具鳞片变晶、粒状变晶结构，弱片麻状、块状构造（图 11-29）。

图 11-29 Ambahita 石墨现场及矿石组构

a.石墨矿天然露头；b.片麻状构造；c.鳞片变晶结构；d.粒状变晶结构

4. 矿石矿物成分

矿石中有用矿物为石墨，脉石矿物主要为长石、石英，次为高岭石、辉石、绿帘石、黑云母及少量金属矿物。其中金属矿物主要为黄铁矿，少见磁黄铁矿，偶见黄铜矿、磁铁矿、赤铁矿、褐铁矿。

石墨：灰褐色，多呈自形—半自形叶片状、长片状（图 11-30），单体或集合体局部变形。薄片中为黑色，单偏光下不透明；光片中为浅褐灰色，显灰色带棕色—蓝灰色多色性，强非均质，偏光色为草黄色—紫灰色；片径多为 0.04～2.00mm，呈单片状或短条状似定向、断续、平行排列，于石英和长石粒间分布；含量多在 3%～10% 之间，局部富集可达 15%～51%。

图 11-30 石墨变粒岩镜下特征

［片状构造，矿物有石英（Qz）、斜长石（Pl）、黑云母（Bi）和石墨（Gph）。左为单偏光，右为反射光］

石英：无色，呈粒状变晶，粒径多在 0.1～0.6mm 之间，含量 5%～64%，部分颗粒见定向拉长，多彼此镶嵌分布，局部见沿颗粒边缘有氧化铁质充填。有些颗粒受地质构造作用应力的影响，见波状消光或形成细小的颗粒,且颗粒之间的界线不明显。内部见暗色矿物小颗粒包裹体。

长石:灰白色,粒状,含量一般 20%～75%,多为有聚片双晶的斜长石,偶见钾长石,与石英镶嵌分布。

高岭石:呈淡黄色或土黄色,部分因氧化铁质渲染带褐色调。镜下具一级灰白干涉色,呈细小鳞片状集合体,集合体大小、形态不一,多呈不规则状或长条状,少见保留原矿物(长石)形态,呈他形板状假象。

绿帘石:呈不规则粒状,粒径多小于 1.0mm,单偏光下黄绿色,条带状分布。

黑云母:黑褐色,他形片状,粒径多小于 1.3mm,含量 5%～17%。单偏光下棕黄色—棕红色,多色性显著。见一组解理,呈单颗粒状或短条状似定向夹杂分布在绿帘石条带间。

辉石:灰黑色,半自形柱状,粒径 0.15～2.00mm,单偏光下淡绿色,二级干涉色,见一组解理,边缘参差不齐,有较强的绿帘石化蚀变,呈单颗粒状分布。

石榴子石:半自形—自形的细—中粗粒状,粒径多在 1～2mm 之间,个别 4～5mm,含量 1%～5%,呈疏密不等的星点状分布,局部呈集合体形式分布。

黄铁矿:浅黄色,呈半自形—他形晶粒状,粒度多在 0.05～0.60mm 之间,呈单颗粒,少为数颗聚集,多呈稀疏浸染状分布在非金属矿物间,少见呈短脉状。部分颗粒被褐铁矿完全交代,偶见被赤铁矿交代。

磁黄铁矿:暗黄色,单偏光镜下为略带棕的浅灰白色。不规则粒状,粒径小于 1.6mm。多呈单颗粒状分布,少量与黄铁矿连生。

褐铁矿:灰褐色,他形粒状,粒径小于 0.2mm,多呈不规则状或短条状分布在黄铁矿边缘及裂隙中,部分呈细脉状夹杂在石墨中。部分完全交代黄铁矿、磁黄铁矿,但保留原矿物形态,构成交代假象结构。

5. 矿石化学成分

矿石多元素分析结果(表 11-17)表明,风化与原生变粒岩型矿石化学成分相近。矿石化学成分主要为 SiO_2、Al_2O_3、Fe_2O_3,其次为固定碳、S、CaO、MgO、K_2O、Na_2O 等。

矿石有用组分为固定碳,以石墨矿物形态存在。矿石品位固定碳 2.50%～14.80%,矿床平均品位 4.57%。

表 11-17 矿石多元素分析结果表(刘田等,2018)

单位:%

分析项目	SiO_2	Al_2O_3	Fe_2O_3	MgO	CaO	Na_2O	K_2O	TiO_2	V_2O_5	P_2O_5	FeO	S	Cu	固定碳	挥发分(以干基计)	灰分(以干基计)
HQ01	58.38	11.35	8.44	1.26	2.15	1.36	1.54	0.56	0.28	0.64	1.40	4.26	0.014	6.01	4.59	88.36
HQ02	62.58	12.99	5.95	1.52	2.97	2.29	2.66	0.59	0.08	0.20	3.05	2.32	0.011	4.64	1.70	93.00
HQ03	54.93	17.05	9.22	0.56	0.15	0.39	1.92	1.10	0.11	0.06	1.05	5.56	0.015	4.56	7.76	86.76
HQ04	57.21	13.19	9.06	1.28	1.09	1.16	2.09	0.67	0.14	0.18	1.02	4.24	0.013	6.91	4.73	87.39

硫元素主要以黄铁矿、磁黄铁矿的矿物形态存在于变粒型石墨矿石中,部分片麻岩型石墨矿石中也有赋存,矿石多元素分析结果显示 S 质量分数 2.32%～5.56%。组合分析结果显示浅部风化石墨矿石中 S 含量随风化程度的增强而减少。

6. 矿体围岩与夹石

本区石墨矿为沉积变质型晶质石墨矿床，赋矿岩石为石墨变粒岩，围岩主要是石榴变粒岩，夹石为含石墨变（浅）粒岩、含石墨石榴变粒岩、长英质脉等。矿体与围岩、夹石间没有明显的界线，呈渐变过渡关系。

（四）矿床成因类型及找矿标志

本区石墨矿成因类型为沉积变质矿床。

富含有机质的砂泥岩，在区域变质过程中逐渐形成石墨变粒岩、弱片麻状石墨变粒岩、片麻状石墨变粒岩、条带状—不规则团块状混合岩化石墨片麻岩及脉状石墨岩。石墨矿化露头为直接找矿标志。

第四节　资源潜力分析

马达加斯加石墨矿床全部赋存于前寒武纪新太古代末—新元古代地层中，赋矿地层属于 Graphite 岩系，该岩系分 4 个群（组）：①Andriba 群，岩性为含石墨混合片麻岩；②Ambatolampy 群，岩性为含石墨云母片岩、含石墨云母片麻岩；③Manampotsy 群，岩性为石墨混合片麻岩；④Ampanihy 群，岩性为含石墨长英片麻岩。马达加斯加石墨矿床属于层控矿床或区域构造控矿，含石墨地层分布总面积达 352.74km^2。

一、Andriba 群

Andriba 群含石墨地层分布面积 47.27km^2。在该群含石墨建造中，Doany 地区已发现两处石墨矿床和 Bealanana 地区 Ambalapaka 石墨矿床。

二、Ambatolampy 群

Ambatolampy 群含石墨地层分布面积 138.73km^2。其中 Antanisoa 石墨矿床推测矿石资源量 1600 万 t，矿物量 160 万 t。

三、Manampotsy 群

Manampotsy 群含石墨地层分布面积 102.42km^2。东部 Toamasina（Tamatave）地区历史悠久的 Andasibe-Perinet 石墨矿床、Toamasina 石山石墨矿床、Vohitasara 石墨矿床、Antsirakambo 石墨矿床及 Vatomandry 地区的 Marovintsy 石墨矿床均产于石墨地层建造中。该群岩性最有利于形成石墨矿床。

四、Ampanihy 群

Ampanihy 群含石墨地层分布面积 64.32km^2。石墨矿化带长达 200km。矿体长达 6100m，厚度达 327m，倾向延深近 1000m。Ambahita 石墨矿田产于 Bekily - Ampanihy 石墨成矿带中，石墨矿田近南北走向，南北跨度 17.5km，东西宽度 5000m，分布面积 87.5km²。目前仅对 26913、26920 两个矿权范围内石墨矿体(分布面积大约 30km²，不足整个矿田面积的 1/2)通过详查进行了资源量估算，求得石墨矿石控制的和推断的内蕴经济资源量(331+332+333)：石墨矿石量 6.26 亿 t，晶质石墨储量 2910 万 t，矿床规模达特大型石墨矿床。而 Ambahita 石墨矿田还有部分石墨矿体没有进行勘探，晶质石墨远不止目前的储量数据。根据沉积变质矿床成矿规律及矿体产状、品位稳定性，估计晶质石墨远景资源量达 5000 万 t 以上。

马达加斯加石墨源自富含碳沉积岩的变质作用，即太古宙和元古宙组合中的碳酸盐岩或页岩的变质作用(Simandl and Kenan,1997)。因此，根据两种沉积类型，许多沉积岩石含有石墨沉积物，即分散的石墨片状沉积物和变质变形中的石墨脉。这些脉可能是由二氧化碳含量非常高的"变质流体"中的碳沉淀形成的，因为在沉积盆地南部花岗岩体中矿物(石英、石榴子石等)流体包裹体中已经观察到碳质包裹体的存在。

从北部 Ambatomitamba 至南部 Marovintsy 面积约 800km² 的范围内，矿体赋存在含石墨云母片麻岩和片岩组成的含石墨硅质沉积变质岩中，矿带延伸约 500km，集中了大中型石墨矿产地 8 处，资源储量超过 1 亿 t。从 Tamatave 到 Ambalahasina 延伸约 70km 的地区，有 10 个主要矿山。南部 Bekily-Ampanihy 地区，矿带延伸约 200km。发现大中型石墨矿产地 3 处，资源储量超过 6 亿 t。

总体而言，根据马达加斯加几个石墨成矿带地质背景、成矿规律、分布特征等因素综合分析，估计晶质石墨矿产资源量达 2 亿 t 以上。

第十二章 煤 矿

第一节 概 述

马达加斯加煤矿主要分布于南西部 Tulear 省 Betioky 一带,产于晚古生代—中生代沉积岩区,煤质为中高热长焰煤,不能炼焦,资源量很有潜力。已发现矿产地 5 处,估计煤炭资源储量 10 亿 t 以上。

Sakoa 煤矿是马达加斯加目前工作程度较高、规模最大的矿床,是马达加斯加最著名的煤炭成矿区。该区内的地质勘查工作主要由法国地质人员在 20 世纪 20 年代至 70 年代进行。1919—1920 年,主要由马达加斯加能源矿产部进行前期的勘测研究工作;1927—1932 年法国地质人员在 Sakoa 煤矿区开展了地质填图(1:20 万)工作,确定了这些含煤岩层的地层分布;1956 年,法国地质人员对该矿区进行了更为详细的地质研究和勘测,填制了 1:10 万地质图并在矿区以东的地带施工了超过 20 个钻孔。泰国 PTT Asia Paciflc Mining 公司于 2007 年进一步勘查,估算煤炭资源储量 3.75 亿 t。2012 年由 PAPM 公司委托香港卓通矿业有限公司和西安地质矿产勘查开发院勘查,采用全液压岩芯钻机在 3 个区域勘探,共终孔 256 个,累计完成工作量 35 045.74m。到目前为止,马达加斯加没有煤炭开采矿山。

第二节 区域地质

马达加斯加地质单元由东部古陆区和西部盆地区组成。古陆区为前寒武纪变质岩、超基性岩和花岗混合岩基底,占全国面积 2/3。西部盆地区划分 3 个盆地,自南向北分别是 Morondava(穆龙达瓦)盆地、Mahajanga(马哈赞加)盆地和 San Diego(迭戈)盆地(图 12-1)。马达加斯加煤矿主要产于 Morondava 盆地石炭系—二叠系中(律保森等,2015)。

一、Morondava 盆地

Morondava 盆地位于马达加斯加西部印度洋沿岸,面积 18.7 万 km^2(其中陆上面积 14.1 万 km^2)。盆地中沉积了马达加斯加卡鲁超群,沉积厚度 9000~11 000m。卡鲁超群地层层序如下。

上三叠统—中侏罗统 Isalo 群:陆相—海陆交互相碎屑岩沉积,划分上、中、下 3 部分。其中,下部为陆相,中部为海陆过渡相,上部为海相。

上二叠统—中三叠统 Sakamena 群:陆相—海陆交互相碎屑岩沉积,划分上、中、下 3 部分。其中,下部为陆相,中部为陆相为主的海陆相,上部为海相为主的海陆相。

上石炭统—中二叠统 Sakoa 群:冰川沉积之上的一套陆相硅质碎屑岩含煤沉积,划分上、中、下 3 部分。其中,下部含煤岩系,中部为砂岩,上部为灰岩。

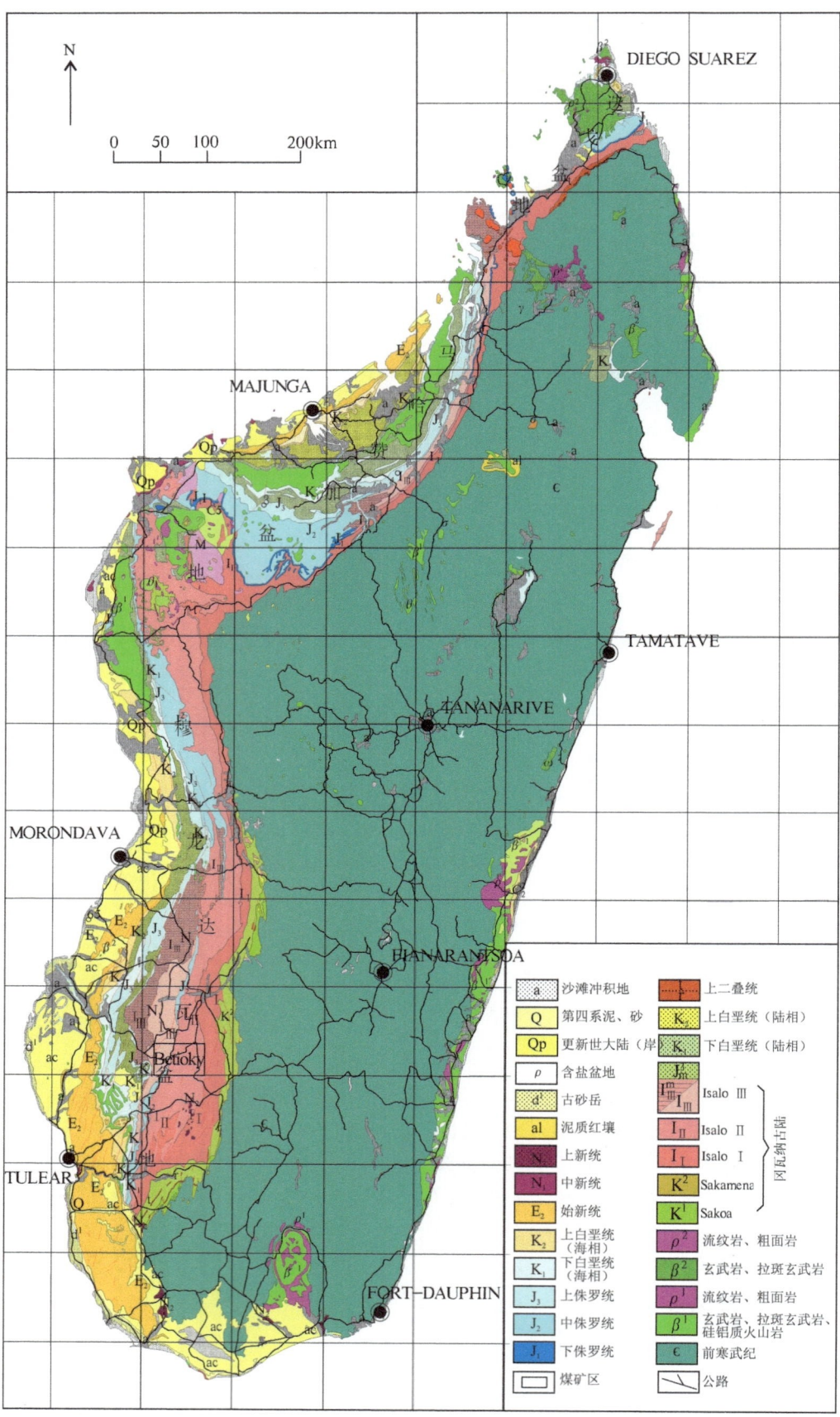

图 12-1 Sakoa 煤矿区域地质图

二、Mahajanga 盆地

Mahajanga 盆地位于马达加斯加西北部印度洋沿岸，面积 6.23 万 km²（其中陆上面积 1.38 万 km²）。沉积厚度可达 6300m。Mahajanga 盆地的卡鲁超群地层序列与 Morondava 盆地的基本相同。

三、San Diego 盆地

San Diego 盆地位于马达加斯加北部印度洋沿岸，面积 2.9 万 km²（其中陆上面积 0.8 万 km²）。San Diego 盆地的卡鲁超群地层序列与 Morondava 盆地的基本相同。

第三节 矿床地质特征

Sakoa 煤矿床的地质位置位于马达加斯加中央混合岩隆起（Androyen 地块）的西部边缘沉积盆地（图 12-1）内。中央混合岩隆起由呈椭球状混合花岗岩穹隆和 Vohibory 变质岩系组成。

矿区内发现的含煤地层属于 Sakoa 阶，这是马达加斯加发现的最古老的含煤沉积地层。

一、Sakoa 岩系

Sakoa 矿区内的含煤岩系被称为 Sakoa 岩系，伏于 Vohitolia 灰岩之下，覆盖在 Vohibory 变质岩系所构成的结晶基底之上。其层序自上而下分别为 Vohitolia 灰岩、上部红色岩系（K_3）、含煤层（K_2）、黑色页岩与冰碛岩（K_1）、结晶基底。

现由下而上叙述如下。

结晶基底的变质地层由被称为 Vohibory 变质岩系中的角闪斜长片麻岩、变粒岩、云母片岩、云母大理岩等组成。

黑色页岩与冰碛岩通常被称为下 Sakoa 岩系，最厚的地方是 75～300m。冰碛岩与南非的 Dwyka 冰碛岩完全相似，其中冰碛砾石由卵石、棱角状岩石碎块以及变质岩碎块组成。这些块状物结合固定在墨绿色（有时为浅红色）的结晶砂岩里。冰碛岩的厚度在数厘米至几十米之间不等。

含煤层主要由石炭系—二叠系长石质砂岩、碳质页岩以及煤炭层组成，厚度在 100～400m 之间。这些含煤层与结合在一起的碳质页岩往往含植物化石，已经发现并可鉴定的植物化石有 *Glossopteris*、*Gangamopceris*、*Schizoneura* 等。

上部红色岩系含有墨绿色与玫红色相间的长石砂岩（与红色泥质岩交替出现），它的厚度不容易确定，最大厚度为 225m。红色泥质岩层有几处可见木化石。

Sakoa 岩系最上的覆盖层为 Sakamena 岩系中呈透镜状分布的灰岩。Sakoa 岩系总是被 Sakamena 岩系所覆盖，两岩系的接触为不整合接触。

二、煤层厚度

在法国地质人员早期开展的工作中，对马达加斯加南部含煤沉积盆地建立了煤炭盆地的地质剖面图及柱状对比图，从柱状对比图上可以了解到这里煤炭层整体上的厚度（律保森等，2015）。

煤矿赋存于上石炭统—上二叠统 Sakoa 组含煤岩系中，由 Sakoa、Vohibory、Andemby 3 个矿段组成。各矿段有矿层 5～12 个，单个矿段长 1～6km。单个矿层厚 2～2.2 m。矿层走向北东，倾向北西，倾角10°～30°。

(1) 西部Sakoa含煤盆地，出露煤层延展长度60km。一共有5个煤层，其中Ⅲ、Ⅳ、Ⅴ煤层是重要的3个煤层。Ⅲ煤层厚度为1.3～2.8m，平均厚2.18m；Ⅳ煤层厚度为3.5～8m，平均厚5.5m；Ⅴ煤层煤层厚度为4.0～10.0m，平均厚6.94m。总共平均厚度是14.6m。

(2) 中部Vohibory含煤盆地（紧邻Sakoa含煤盆地），共有4个煤层。第一煤层位于该煤层系底部上面10m部位分布，厚度是2m；第二煤层在第一煤层上面40m部位分布，该层系从下到上由页岩层—灰白色砂岩—页岩—灰白色砂岩—煤炭层组成，厚度分别为0.6m、0.9m、0.2m、2m、35m；第三煤层位于第二煤层上面12m部位分布，厚度是2m；第四煤层位于第三煤层上面16m部位分布，厚度为1.5m。煤层的总厚度是9m。

(3) 东部Andemby含煤盆地，Andakatomenavolo矿区出露有4层具工业价值的煤炭层，其中最上面3个的厚度分别为2m、2.5m、2.5m，总共厚度是7m，平均埋深90m。煤层总体为向北西倾斜的单斜层倾角，多在5°～15°间，平均倾角10°，断裂不发育，构造简单，属缓倾斜的单斜构造。煤炭矿层埋深在50～246m间，平均埋深为128m。

三、煤炭质量

Sakoa含煤盆地的煤炭具有冈瓦纳煤的特点，为角质煤，其中主要为富含植物成分（孢子、管胞、角皮等）的暗煤。矿石呈灰黑色，光泽暗淡，平均灰分29%～34%，发热量4834～5268 Kcal，挥发分23%～26%，含硫量0.53%～0.83%，水分1.91%～2.33%（刘光和张雪梅，2019）。据《煤炭质量分级 第1部分：灰分》（GB/T 15224.1—2004）、《煤炭质量分级 第2部分：硫分》（GB/T 15224.3—2004）、《煤炭质量分级 第3部分：发热量》（GB/T 15224.2—2004）等，得到该煤矿属高灰分（>29.00%）、低热值（3897.98～5356.74Kcal）、中挥发分（20.00%～28.00%）、低硫（0.50%～0.90%）褐煤或烟煤。除了少量的薄片状煤，这种煤不是可焦化煤。

前人对Sakoa-hanapera盆地含煤层做过的研究表明，宏观可见的主要组成部分为一种致密的无光泽的煤，这种煤主要由暗煤组成，煤层有一定的厚度，但无光泽。有光泽无定型的煤（镜煤）呈薄层状，或者呈小透镜状，在无光泽煤层间排列。半亮光泽的煤（亮煤）很少见。纤维状无光泽的煤（丝炭）只有少量，其形状为透镜状的小碎片，或者更常见为碎屑状。

从微观角度看，这种煤是由不同植物的有机残骸混合组成，各类成分的比例不一。这些植物残骸被一种无定型的胶结物包裹，在某些煤层中有纯胶结物。植物的残骸中，主要成分为孢子、花粉颗粒以及角皮。原始植物物质的组成成分主要是角质，其次是木质组织。木质组织一般常见于丝炭中、部分胶化木材中或者由完全胶化的木质组织组成的木质镜煤中。树脂则是呈非扁平的圆形颗粒状，量很少。

煤的灰分为硅铝酸盐或碳酸盐物质。硅铝质成分在显微镜下呈现出细小薄片的红土状，它是造成煤层灰暗、无光泽的原因。碳酸化成分一般为铁质，几乎到处可见，其形状为小的结核状颗粒或者小的鱼卵状颗粒。碳酸盐物质构成细脉的填充物。不论是从宏观还是从微观的角度看，这里的煤主要呈层状产出，这一点表明了其起源为沉积体，是含有丰富角质的植物物质堆积的结果。

第四节 资源远景分析

煤炭在马达加斯加属紧缺的能源物资，市场需求旺盛，经济价值可观，政治意义深远。

马达加斯加煤矿地理环境好，位于丘陵地带（高差小、植被稀疏、水源充足），煤矿资源量大、可采厚度大、埋深小，地质构造简单，容易开采。

第十三章 宝 石

马达加斯加宝石资源丰富、品种多样,是世界上著名的宝石产出国之一,有天然宝石"博物馆"之称。几乎所有种类的宝石均有发现,祖母绿、海蓝宝石、红宝石、蓝宝石、碧玺、水晶、石榴子石等为该国优势宝石资源。马达加斯加宝石类矿产主要分布于北部、中部和南部(图13-1)。

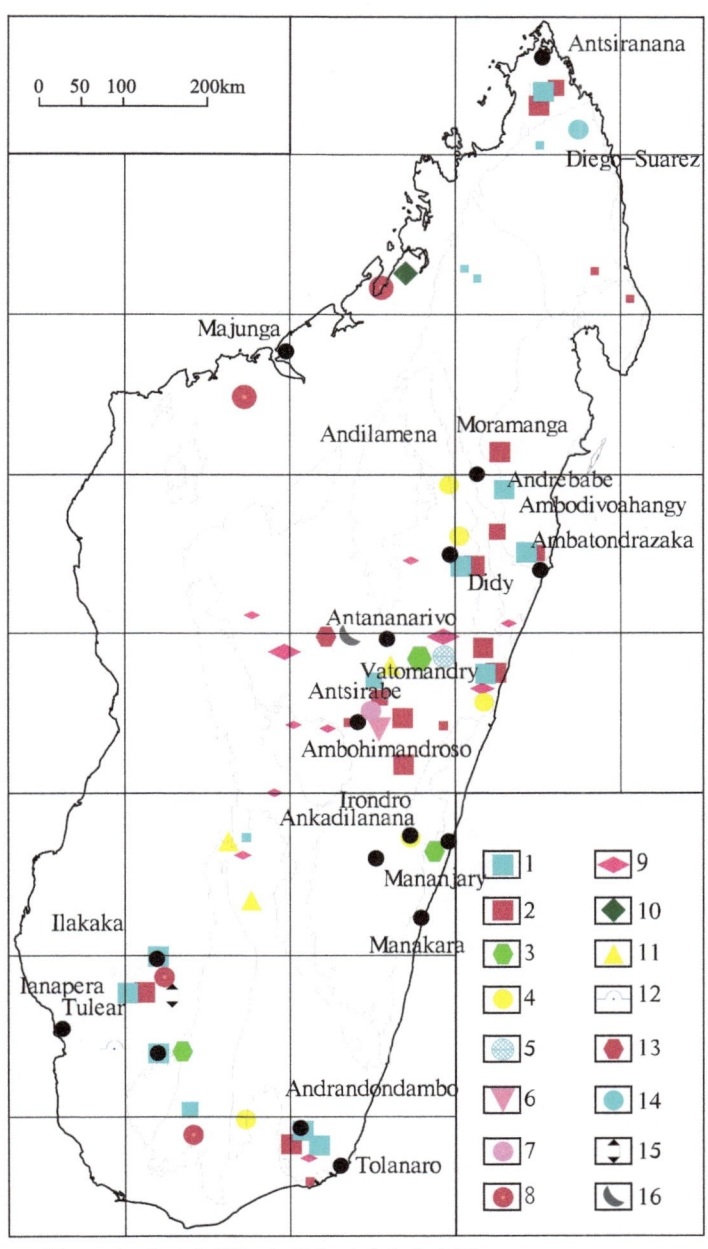

图13-1 马达加斯加主要宝石矿产分布图(Tucker et al, 2012)
1.蓝宝石;2.红宝石;3.祖母绿;4.金绿宝石;5.海蓝宝石;6.碧玺;7.芙蓉石;8.石榴子石宝石;9.紫水晶、黄水晶;10.尖晶石;11.黄玉;12.堇青石;13.摩根石(粉红绿柱石);14.磷灰石;15.锆石;16.月光石

第一节 宝石矿物特征

一、宝石矿物种类

除钻石外,马达加斯加已发现 20 多种宝石矿物,如绿柱石(祖母绿和海蓝宝石)、刚玉(红宝石和蓝宝石)、电气石(碧玺)、水晶(紫水晶、黄水晶、蓝水晶)、石榴子石、磷灰石、堇青石、赛黄晶、透辉石、蓝晶石、天河石、欧泊、硅铍石、硼锂铍石、方柱石、榍石、尖晶石、锂辉石、金绿宝石、黄玉、锆石等(赵雪朋等,2013)。在市场上最常见的有绿柱石、红蓝宝石、碧玺、水晶和石榴子石等(表 13-1)。质量好的祖母绿宝石在世界市场颇有名声,红色碧玺、各种颜色磷灰石、亮黄色月长石、蓝色和黄色水晶均独具特色,也是世界上少见的宝石种类。

表 13-1 马达加斯加宝石矿特征

宝石矿物	主要特征	常见质量/ct	成矿母岩	产量
祖母绿	个体小,翠绿色—淡绿色	0.1~10	花岗伟晶岩	近年稳定增长
红宝石	色鲜艳,个体小,色正者少	0.15~1	太古宙结晶片岩、片麻岩	少
蓝宝石	个体小,深蓝色—灰蓝色	0.12~2	太古宙结晶片岩、片麻岩	较多
金绿宝石		<1	伟晶岩	极少
海蓝宝石	各种蓝色,晶体大,质量好,易改色	0.8~100	伟晶岩	多而稳定
铯绿柱石	桃红色	25	伟晶岩	低,间断开采
黄色绿柱石	鲜黄,可处理成蓝色	1~15	伟晶岩	少而稳定
堇青石	蓝色,熔化后有多色性	1~10	片麻岩或含铝较高的片岩、花岗岩、火山岩	少,潜力大
长石	拉长石、蓝光石、倍长石、月长石等	1~10,拉长石有巨晶	伟晶岩	多
碧玺	粉红色、红色、绿色、黄色及多色和其他深色	1~3	花岗伟晶岩	产量多,不稳定
黄玉	无色、浅蓝	大块	伟晶岩、高温热液	很少
石榴子石	红色、玫瑰红色、绿色	红色:0.3~10;绿色:0.1~0.8	花岗伟晶岩、区域变质岩、超基性岩	红色的产量多
水晶	多种颜色,蓝色、黄色是马达加斯加特产	各种质量	花岗伟晶岩、热液石英脉	大量
锂铍硼石	粉色,稀少,仅马达加斯加有生产	极小	伟晶岩	极少
方柱石	赭黄色	小	夕卡岩	极少

续表 13-1

宝石矿物	主要特征	常见质量/ct	成矿母岩	产量
榍石	黄色	<5	碱性伟晶岩	少
尖晶石	宝石级极少	—	夕卡岩、超基性岩	—
锂辉石	宝石级极少	—	花岗伟晶岩	—
欧泊	半透明，黄色、绿色	<2	化学沉积	较少
磷灰石	黄色、暗绿色，处理后呈蓝绿色	0.4～1.5	岩浆岩、沉积岩	产量少

二、主要宝石矿物特征

祖母绿宝石：深翠绿色—淡绿色，透明—半透明，多有黑色杂质（黑云母）或气液包裹体，包裹体多者成雾状，一般裂纹较多。市场上深翠绿色，透明、纯净而裂纹少的祖母绿宝石极少，而翠绿色—淡绿色的祖母绿宝石原料较多，重量一般小于 1g。

海蓝宝石：淡蓝色—深蓝色的海蓝宝石是宝石市场上最常见的宝石种类，其次还有黄色和绿色。大多数的海蓝宝石无裂纹、无杂质、粒度较大，大者可达几十克拉（ct，1ct=0.2g）。

红宝石：血红色—鲜红色，裂纹多，一般大小为 3～6mm，颗粒大者极少，成品一般小于 0.5ct，产量也少。

蓝宝石：深蓝色—蓝灰色，裂隙多，一般大小为 4～8mm，偶见到六方柱状晶体。成品多小于 0.5ct。

碧玺：粉红色、玫瑰红色、桃红色、绿色、黑色、黄色及多色等品种，市场上以粉红色、桃红色和多色碧玺为多，漂亮，大体积的红碧玺晶体可达 5cm×5cm×10cm 以上，透明，无瑕，产量多。

水晶：紫色、黄色、烟灰色、蓝晶色和无色，紫晶的颜色有浓有淡，多纯净，个体可达 40～50ct，产量多；黄水晶是马达加斯加的特产，质量好，产量多。

第二节　宝石矿床地质特征

马达加斯加宝石矿床类型多样，按成因划分为原生宝石矿床、沉积型宝石矿床和砂矿型宝石矿床三大类。其中原生宝石矿床有 3 种类型，即伟晶岩型宝石矿床、变质岩型宝石矿床和岩浆型宝石矿床。

一、伟晶岩型宝石矿床

含宝石伟晶岩多呈团状、不规则脉状分布于前寒武纪变质岩出露区，其直接围岩多为黑云变粒岩、角闪变粒岩等，与围岩片麻理呈斜截关系或平行拟合关系。

伟晶岩类型主要包括石英伟晶岩、碱长伟晶岩、花岗伟晶岩等，是祖母绿、海蓝宝石、碧玺和水晶等的主要赋矿地质体。

1. 矿体特征

赋矿伟晶岩规模较小，宽 10～20m，长几十米至百余米，具中粗粒伟晶结构（图 13-2）、文象结构，镶嵌结构,具带状构造、块状构造。矿物组成以石英、钾长石为主,由边部向内石英增多,钾长石减少。石英呈白色或无色透明,偶呈粉红色(芙蓉石),多呈粒状、块状。钾长石呈肉红色,板状,粒径可达0.3~0.6m。宝石常产自分异较好的花岗伟晶岩内带和过渡带,矿脉一般长数十米至数百米,宽数十厘米至数米。按伟晶岩分异特点又可分为以下3种宝石矿床(裴利庭等,2013):

图13-2 赋矿伟晶岩
a.石英核中的红宝石;b.伟晶岩中的海蓝宝石

1)无分带伟晶岩型宝石矿床

该宝石矿床位于首都Antananarivo北200km某地,为伟晶岩型绿柱石矿床。伟晶岩无分异现象,由石英、云母、绿柱石等矿物组成,粒度均匀。祖母绿宝石产出于这种伟晶岩中,局部铀矿化、有时也见石墨矿化。伟晶岩脉产于云母片岩中,地表延长30m,厚度20~80cm,呈透镜状,向东倾斜。绿柱石呈蓝色—绿色,局部透明,直径一般为几厘米,部分可达宝石级。

2)双分带伟晶岩型宝石矿床

该宝石矿床由具分异特点的伟晶岩组成,可划分内带和外带。内带由长石和石英(多为芙蓉石)粗晶体组成,见有大的绿柱石晶体和水晶出现;外带由长石、石英、石榴子石、电气石(碧玺)、绿柱石(祖母绿)、独居石、磷灰石等组成,其晶体粒度较小,一般为几厘米,有的已达宝石级要求,如碧玺、祖母绿宝石等。外带与围岩界线明显,如某地伟晶岩型绿柱石、碧玺矿床。矿床位于Antananarivo东南约120km的山区,由两条相距30m的伟晶岩脉组成;一条为正在开采的矿脉,控制长约30m,估计长70m,宽1.5~2m;另一条规模更大,估计长200m,产状不清。矿脉中心为60~100cm厚的芙蓉石核,核中含有绿柱石等矿物,核两侧为石英、长石、云母、绿柱石、碧玺等矿物带,厚30~50cm,边缘与云母片岩直接接触。已采出的绿柱石个体大,局部透明,估计有小部分可达宝石级。碧玺多为黑色,不透明,直径可达15cm。

3)三分带伟晶岩宝石矿床

赋矿伟晶岩由外而内一般分为3个带:边缘带→中间带→内核带。伟晶岩以中间带、内核带为主。
边缘带:矿物粒度为细粒,由钾长石和石英组成。边缘带岩石与围岩呈过渡关系。
中间带:位于边缘带和内核带之间,划分为内侧带和外侧带。外侧带由文象结构和粗粒结构的长石、石英组成,含丰富的石榴子石、绿柱石、碧玺、磷灰石等以及铌、钽矿物,结晶细,规模小;内侧带由巨晶、块状的微斜长石和石英组成,含有绿柱石、祖母绿宝石等矿物,边缘位置常含有锂云母和碧玺,绿柱石类矿物,矿物结晶粒度中等,常可达宝石级。
内核带:常位于伟晶岩脉中间,由石英块体组成,石英无色透明,呈油脂光泽,玻璃光泽,具贝壳状断口。在石英核中常发育晶洞。

2. 伟晶岩型宝石矿床成因环境分析

已有资料表明,赋矿伟晶岩仅分布于变质基底中,而被晚古生代的晚石炭纪地层覆盖,其间因缺乏可靠的限制性地质事件和确切的同位素年龄数据,仅能依据客观事实对其形成环境予以分析。

赋矿伟晶岩多分布于变质表壳岩中,部分与片麻理产状协调一致。说明赋矿伟晶岩形成与某种区域地质事件有关,极有可能与广泛的变质深成岩的隆升有关(裴利庭等,2013)。目前对于一些长英质麻粒岩的侵入年龄确定为 540 Ma 左右。赋矿伟晶岩呈囊状,反映其形成时围岩处于塑性环境,岩石的脆性不足,构造应力的裂解程度有限。赋矿伟晶岩充填空间与塑性变形环境下出现的构造空间有关。赋矿伟晶岩脉发育条带构造,晶体大、成分复杂,石英核晶洞中发育不同成分晶族。揭示伟晶岩侵入时深度较大,矿物的结晶作用时间持续长,物质成分供应比较充足,分异作用完全。赋矿伟晶岩边部所发育的细粒带,是其更深物源上侵冷却结晶的遗迹。马达加斯加伟晶岩型宝石矿床大致形成于区域角闪岩相变质变形末期,形成温度 650~570℃,形成深度 3~10km。

现在普遍认为区域角闪岩相变质变形作用发生的时限为新元古代—晚古生代,被称为"泛非地质事件",赋矿伟晶岩便是这一事件的产物。

二、变质岩型宝石矿床

赋矿地层以云母片岩(含蓝宝石,图 13-3)、云母大理岩和斜长角闪片麻岩(含石榴子石,图 13-4)为主。变质岩中宝石以石榴子石居多,有大量的产出。石榴子石类型有钙铝榴石、铁铝榴石和锰铝榴石;产于斜长角闪片麻岩和云母片岩中的深红带紫色的镁铝榴石—铁铝榴石,储量大。在南部等地还产有翠榴石,宝石颗粒较小,一般仅几毫米,分散在岩石中,不易形成独立的原生宝石矿床。

图 13-3 云母片岩

图 13-4 斜长角闪片麻岩

红宝石、蓝宝石主要来自南部 Vohibory 和 Androyen-Anosyen 地块内前寒武纪基底和 Antananarivo 以北的 Beforona 变质火山-沉积系列内形成的宝石级刚玉。南部前寒武纪基底在 950~450Ma 被强烈变质变形,在泛非地质事件过程中,东、西冈瓦纳碰撞形成了新元古代(约 650Ma)活动带,主要变质为高级麻粒岩相。

不同构造单元的刚玉矿床与各剪切带相关，剪切带为控矿构造，优先作为流体通道，刚玉母岩经历了强烈的流体相互作用，产生很多交代蚀变。母岩为长石片麻岩（如 Zazafotsy 宝石矿和 Sahambano 宝石矿）、堇青石岩（如 Iankaroka 和 Ambatomena 宝石矿）、斜长角闪岩（如 Ejeda、Fotadrevo、Vohitany 和 Gogogogo 产地）、不纯大理岩（如 Tranomaro 产地）等。

Anosyen 单元内的花岗岩与元古宙 Tranomaro 群地层（Tranomaro—Andranondambo 地区的蓝宝石矿床）接触交代形成的夕卡岩，以及被剪切带穿切的 Tranomaro、Vohimena 和 Androyen 变质系列长石片麻岩（Sahambano 和 Zazafotsy 的黑云母片岩型刚玉矿床、Iankaroka 和 Ambatomena 的堇青岩矿床）、堇青石岩和单斜辉岩，都与刚玉矿床密切相关。这些岩石再通过流体的循环，特别是不连续性的流体循环，发生原位碱性交代，形成含刚玉贫硅黑云母混合花岗岩。

与刚玉相关的 5 种成因岩石类型描述如下。

1. 钾长片麻岩

1）Sahambano 矿床

Sahambano 矿床位于 Ihosy 镇以东 30km 处，于 1999 年被发现，并由 Tany Hafa S. A. 采矿公司开采。蓝宝石晶体五颜六色，但很少达到宝石级。矿床产于 Tranomaro 群，由钙质、镁质副片麻岩和变粒岩组成。矿床位于 Ratnotsara 剪切带中，剪切带宽 30km、长 300km，具有长期的变形和高温变质历史，时间在 600~500Ma 之间。含蓝宝石地层中黑云母 Ar-Ar 测年的最小形成年龄为 (492 ± 5) Ma。糜棱岩和右旋剪切在 Sahambano 地区常见。钾长片麻岩由钾长石、黑云母、夕线石、尖晶石、蓝宝石、石榴子石和钠长石等矿物组成，钾长片麻岩中受剪切作用和流体循环使其发生变化。蓝宝石形成在具有夕线石和尖晶石的黑云母带中，在变质过程中蓝宝石形成的条件：温度约 650℃、压力约 500MPa；主要反应为 3 铁铝尖晶石＋钾长石＋水（H_2O）→3 刚玉＋羟铁云母

蓝宝石自形晶体的大小 1~50mm 不等，根据其铬、铁的含量显示不同的颜色，包括无色、灰色、青灰色、橙色、蓝色、深粉色、紫色、棕色、粉红色和红色—紫红色。它们通常为菱面体、六方柱和平行双面的聚形。蓝宝石中的矿物包裹体有钾长石、锆石、重晶石、尖晶石、独居石、夕线石、水铝石、钠长石和黄铁矿等。蓝宝石在变质交代生长过程中，受过铝质片麻岩提供铝和色素元素 Cr、Fe 和 Ti 影响。蓝宝石的颜色受岩性的控制：在钾长片麻岩中发育的黑云母带上出现无色—蓝色的蓝宝石，绿色—棕色和灰绿色蓝宝石产于含夕线石的钾长片麻岩中，红色—紫红色—粉红色—橙色蓝宝石晶体产于钾长片麻岩中，其他彩色晶体随机分布在黑云母带和钾长片麻岩接触带。

2）Zazafotsy 矿床

Zazafotsy 矿床位于 RN7 公路 Ihosy 镇北 35km 的 Ambalavao，于 1950 年被发现，1989 年首次被当地矿工开采。2003 年，在矿脉中发现非常美丽的棱面体蓝宝石，但大多数未达到宝石质量，需要热处理，以提高其透明度和颜色。

矿床产于 Itremo 群，主要由石榴子石-夕线石-角闪石-斜方辉石片麻岩和角闪石-斜方辉石片麻岩组成，夹少量石英岩和不纯大理岩。它位于 Zazafotsy 剪切带系统中，也与泛非地质事件有关，年龄 (494 ± 5)Ma。黑云母带中的蓝宝石证实，刚玉矿化事件是该地区最新的泛非地质事件。与 Sahambano 矿床一样，矿化分布在钾长片麻岩内嵌于石榴子石透镜体中，受剪切带断裂、流体循环的影响。透镜体由石榴子石和蓝宝石晶体组成，晶体长达 100mm，与黑云母、斜长石、尖晶石和钾长石相关联，形成于尖晶石和石榴子石周围。外侧由黑云母片岩组成，矿物由黑云母、蓝宝石、尖晶石和极少数的堇青石晶体组成，最外侧长石片麻岩矿化减弱。在一个透镜体中，外层由黑云母和黑色电气石交替组成，在 0.2m 内发育。

Zazafotsy 矿床中的所有蓝宝石晶体都为自形晶，与 Sahambano 矿床中的一样，都表现出由菱面体、六方柱和平行双面组成的聚形桶状。蓝宝石中的矿物包裹体有锆石、钾长石、斜长石、夕线石、尖晶石和黑云母等。蓝宝石的颜色包括深蓝色、浅蓝色、灰蓝色、紫红色、橙色、粉红色、紫罗兰色、紫红色和棕色，但缺乏黄色、粉红色、绿色和灰绿色等颜色。

2. 堇青石片麻岩或堇青石岩

1) Iankaroka 蓝宝石矿床

Iankaroka 蓝宝石矿床在 1984—1985 年首次由 Salerno 发现并报道。该矿床位于 Toliara 省 Betroka 市以南 35km 处，它的特点是蓝宝石显示出明显的彩色条带。当平行于 c 轴的平面观察时，晶体是均匀的粉红色—紫色，在垂直于 c 轴的方向上观察可以看到绿色、蓝色、橙色、棕色和粉红色的条纹。晶体直径在 1~10mm 之间，并生长为六棱柱和双锥。蓝宝石赋存于一个堇青石黑云母带中，带长 7m，宽 4m，与 Androyen 群的黑云母-含堇青石片麻岩系列产状一致。堇青石片麻岩由金云母、堇青石、斜长石、绿色电气石、绿泥石、黄铁矿、尖晶石和夕线石组成。

2) Ambatomena 红宝石矿床

Ambatomena 红宝石矿床位于 Isoanala 市东北 10km，2000—2001 年，由一家私营公司开采。红宝石质量良好，由菱面体、自形六方柱体聚形晶组成，长 30mm，直径 10~20mm。矿床赋存于 Androyen 岩系中，由副片麻岩、正片麻岩、大理岩、紫苏花岗岩、单斜辉石岩和石英岩组成。红宝石包含在堇青石层或透镜体内，嵌入在黑云母-堇青石-夕线石紫苏花岗岩中。红宝石存在于由堇青石、金红石、钾长石、蓝宝石、金云母±辉石组成的堇青石岩中。红宝石晶体表现出尖晶石和蓝宝石的冠状纹理。尖晶石是红宝石在不稳定的逆行阶段形成的，有时是完全假的变形红宝石。

3. 变质基性—超基性杂岩体（Vohibory 群的红宝石矿床）

该红宝石矿床存在于 Vohibory 单元，位于 Ampanihy 剪切带东部并受其控制。该单元由角闪片麻岩组成，夹有角闪岩、大理石和正片麻岩地层。超镁铁质橄榄岩、辉长岩及橄长岩被改造为角闪岩、蛇纹岩。红宝石发现于 Ampanihy 市北部 Ejeda 村和 Fotadrevo 村之间，在 Maniry、Gogogogo、Vohitany、Anavoha、Marolinta 和 Ianapera 等地的矿床中，当地农民零星开采。红宝石赋存在不同的变质岩中，为麻粒岩相条件（压力为 800~1100MPa，温度为 750~800℃）。

1) 角闪岩

该地层中见有长约几十米，宽约几十厘米的两条狭长的岩石组合条带。矿物组合：①角闪石＋斜长石＋红宝石＋尖晶石＋金云母；②角闪石＋斜长石＋红宝石±蓝宝石＋宝石＋石榴子石＋尖晶石。红宝石呈六方柱状，直径可达 100mm。

2) 斜长岩

斜长岩有两个主要的矿物组合：①斜长石＋红宝石±石榴子石±角闪石±尖晶石；②斜长石＋红宝石＋尖晶石＋黝帘石±单斜辉石＋角闪石。

3) 角闪岩中的伟晶岩脉

角闪岩和伟晶岩接触时通过伟晶岩流体循环作用发生交代：①角闪岩变质为含红宝石的云母片岩；

②伟晶岩脱硅,由斜长石、金云母和红宝石晶体组成。

4. 夕卡岩

Tranomaro地区蓝宝石矿床赋存于元古宙Tranomaro群麻粒岩相中,由沉积变质岩(变质泥岩、钙硅酸盐和大理岩)组成,与浅色片麻岩互层。大理岩和钙硅酸盐片麻岩在变质过程中转化为夕卡岩。不纯的钙质大理岩,包括不同含量方柱石-尖晶石-方钍石-韭闪石-透辉石大理岩,以及由斜长石-方柱石-尖晶石-方钍石-黑铝钙石组成的过铝质岩石和蓝色及粉红色刚玉。在Tranomaro夕卡岩内,尖晶石部分或完全取代刚玉而形成冠状体,或由尖晶石+黑铝钙石、尖晶石+蓝宝石、钾长石+尖晶石、钙长石+蓝宝石形成冠状体。

透辉石常形成在大理岩与花岗岩接触处,Rakotondrazafy等(1996)提出了Anosyen岩浆作用和交代起源,夕卡岩形成3个阶段。

第一阶段(温度约850℃、压力约500MPa):由钙柱石、尖晶石、方钍石和刚玉组成富钙高铝质分离体,单斜辉石岩中锆石U-Pb年龄为(565 ± 10)Ma,与泛非年龄$(580\sim540$Ma$)$一致,认为紫苏花岗岩的麻粒岩相变质作用与Anosyen岩系同步变质。

第二阶段(温度约800℃、压力为300~350MPa):透辉石部分转化为富氟韭闪石和角闪石,大部分转化为钙长石+方解石,富氟金云母转化为方钍石,黑铝钙石转化为刚玉和尖晶石。

第三阶段:退变质作用下,形成与方解石、透辉石和硬石膏有关的辉石岩透镜体,以及晚期富含稀土的方解石脉横切由锆石、钛铁矿和方钍石组成的钙镁复合体。方解石脉中锆石的U-Pb测年分别为(516 ± 10)Ma和(523 ± 5)Ma,这是该地区最近的泛非地质事件。

来自Andronandambo地区的蓝宝石形成条件:温度约500℃、压力约200MPa,晚期在钾长石脉中结晶。蓝宝石与钾长石、氟磷灰石、方解石和辉石有关,在脉的边缘,大理岩被交代。钾长石-方解石的稳定性受平衡控制:白云母$\Longleftrightarrow$钾长石+刚玉+水+钙长石+$CO_2$$\Longleftrightarrow$方解石+刚玉+$H_2O$。

5. 麻粒岩

"sakenites"一词是由Lacroix(1941)提出来的,它是由Ihosy以北的Sakeny岩石定义的。它是一种白色—绿色的高级变质麻粒岩岩石,由钙长石±刚玉±尖晶石±蓝宝石±角闪石(浅闪石)±单斜辉石±锆石组成。在马达加斯加南部发现了其他矿点,包括Vohidava、Anavoha和Hibonite-Thorianite矿点。在Sakeny地区,Devouard等(2002)在刚玉周围的尖晶石-假蓝宝石中鉴定出了铍铝镁锌石($BeMg_2Al_6O_{12}$)寄生体。"sakenites"与富铝副片麻岩、角闪岩和辉石岩互层。"sakenites"层宽10m,长5km。在Vohidava地区,"sakenites"层包含一系列不纯的大理石、单斜辉石岩和副片麻岩。在Sakeny地区,"sakenites"层在垂直方向显示岩石矿物组合变化,以单一宝石矿物或准宝石矿物组合占主导地位,如蓝宝石、尖晶石、尖晶石+含蓝宝石,有时还有钙长石+刚玉、刚玉。"sakenites"是富含黏土的泥灰岩高级变质作用的产物。

在Tranomaro地区的Bekinana矿点,含有刚玉、尖晶石、黑铝钙石的斜长岩脉侵入单斜辉石岩中,交叉切割叶理。脉宽从10mm到几米不等。

刚玉斜长伟晶岩化学成分质量分数:SiO_2为12.3%,Al_2O_3为73.6%。这意味着SiO_2缺失,Al_2O_3富集,脱硅过程导致了斜长石和刚玉的形成。来自Sakeny地区的斜长石钙含量高达19.0%,是钙化的结果,钙是从原岩(泥岩、富含黏土的灰岩或镁铁质岩石)和围岩(角闪岩、单斜辉石岩和副片麻岩)中提取的。硅、钙、铝在麻粒岩相高温下的再分配特征为碱交代作用。大量的刚玉晶体呈灰色—粉红色。在Sakeny地区,刚玉晶体呈白色—淡黄色,刚玉夹杂着单斜辉石。刚玉一般在河流中以卵石和圆形石块的形式出现,分布在Beforona地区Sahamoloto、Tsarafosa、Ivoloina和Marorofy河谷里以及

Vatomandry 和 Saka 地区,含有尖晶石、白云母、电气石和夕线石矿物组合。

三、岩浆型宝石矿床

正长岩、花岗岩和碱玄岩构成了这些宝石矿床。其中包括 Beforona 地区 Ambohitranefitra 矿床中的含蓝宝石的正长岩,Anjomakely 地区含红宝石和蓝宝石的脱硅花岗岩及正长岩,Ankaratra、Nosy Be、Ambato 和 Ambondromifehy 地区的新近纪—第四纪碱玄岩红宝石包体。

1. 正长岩

原生矿是含刚玉正长岩脉,岩脉均匀地注入黑云母混合岩—含石墨片麻岩中。在 20 世纪中叶,Anjomakely 地区附近发现片麻岩中的刚玉正长岩脉。矿床位于 Manampotsy 群和 Beforona 群之间的接触带,Brickaville 和 Manampotsy 群的混合岩和花岗岩之间的接触带,以及角闪片麻岩、混合岩和角闪岩的 Beforana 火山沉积系列中。1~2km 宽的接触带由混合岩、黑云母-夕线石片麻岩和孔兹岩组成,北南走向 40km。含刚玉的正长岩注入到石墨+夕线石+石榴子石片麻岩地层中。

矿体为细粒结构,矿物由黑云母和微斜长石(48%)、夕线石(42%)、刚玉(4%)、锆石和磁铁矿组成。正长岩体内部表现出刚玉周围出现钾长石冠状结构的反形态特征,表明初始岩石发生了交代过程。最后在由钾长石和黑云母组成的正长岩体中,生长出毫米到厘米级大小的红宝石。尺寸在 10~80mm 之间的刚玉晶体表现出桶形的习性,具有主导的六方双锥与平行双面和菱面体聚合。

2. 花岗岩

Antsirabe 东南部 Anjomakely 地区出露含刚玉脱硅花岗岩和云母片岩。花岗岩与云母片岩接触交代,构造裂隙发育,交代强烈,花岗岩成分发生变化,脱硅,石英消失,形成微斜长石、刚玉、夕线石、黑云母、锆石和磁铁矿矿物组合。厘米级蓝宝石晶体主要为灰色—浅粉色。与花岗岩无关的其他含刚玉云母岩也在 Ankazondrano、Ambatomitety、Bilisy、Ambohimanarivo、Ambohimilemaka、Vatondrangy 和 Rafanjaka 附近分布。它们含有夕线石和白云母,被大片黑云母层包裹。刚玉形成斑晶,粒度可达 10cm。这些刚玉云母岩在石榴子石+电气石+夕线石系列岩系中形成透镜体。类似的事件也发生在北部(Tsinjoarivo)和 Antsirabe 西部(Rafanjaka、Belanitra、Vohitrakanga、Antandrokomby),它们是马达加斯加工业刚玉来源,但这是否与花岗岩或变质有关还需要进一步研究。

3. 碱性玄武岩

与碱性玄武岩成因有关的宝石主要为红宝石和蓝宝石,碱性玄武岩类型有碧玄岩、碱玄岩,为新生代新近纪(23.03~2.58Ma)碱性玄武岩,主要产于中部 Antanifotsy 地区和 Nosy Be 全岛。

碱性玄武岩构成的宝石矿床主要为 Soamiakatra 矿床,该矿床位于马达加斯加中部 Antanifotsy 地区以南 35km 处。自 1997 年以来,刚玉是从冲积层和残积层中提取的,但随着勘探和机械化作业程度提高发现了主要刚玉原生矿床。

Soamiakatra 的红宝石存在于新生代碱性玄武岩包体中,这些碱性玄武岩沉积在 Ambatolampy 和 Tolongoina 系列的石墨片麻岩和混合岩上。红宝石可能来源于地幔石榴子石橄榄辉石岩。单斜辉石岩含有富铝单斜辉石、石榴子石(镁铝榴石—铁铝榴石)、斜长石(倍长石—拉长石)、方柱石、刚玉和角闪石。红宝石晶体是具有晶体习性的多面体,大小可达 20mm,粉红色—紫红色—深红色。红宝石中的矿物包裹体由富镁金云母、金红石、钛铁矿、锆石、钠长石、辉石、石榴子石和含铬尖晶石组成。该矿床红宝石的微量元素特征为低 Ga_2O_3 ($70×10^{-6}$~$110×10^{-6}$) 和高 Cr_2O_3/Ga_2O_3 比率。钒质量分数 $22×10^{-6}$~$860×10^{-6}$ 不等。钛质量分数范围在 $60×10^{-6}$~$940×10^{-6}$ 之间，铬质量分数在 $350×10^{-6}$~$3830×10^{-6}$ 之间。

单斜辉石岩中刚玉-石榴子石-单斜辉石组合，在约 2GPa 的压力下，温度在 1100℃ 左右形成红宝石。我们假设红宝石形成于下地壳底部的镁铁质和超镁铁质岩石中，后来被碱玄武岩运输到表面。这种红宝石的氧同位素组成（$\delta^{18}O=4.7‰$）属于镁铁质和超镁铁质岩石中红宝石的同位素范围（$3.2‰<\delta^{18}O<6.8‰$），证实了红宝石来源于地壳深部。

此外 Nosy Be 岛也是马达加斯加重要的宝石生产基地，这里的碧玄岩、橄霞玄武岩、黄橄霞玄岩岩体中富含刚玉。刚玉的成因类型、质量与马达加斯加中部 Antanifotsy-Antsirabe 极为相似。Nosy Be 岛碱性玄武岩分布面积约 $150km^2$，分布于马达加斯加的西部和东北部，其他为零星分布。

四、沉积型宝石矿床

沉积型宝石矿床主要分布于马达加斯加南部 Ilakaka—Sakaraha 地区的三叠纪 Isalo 群的碎屑地层中。矿床产出非常精细的蓝色、粉红色、蓝紫、紫色、橙色、黄色和半透明蓝宝石，以及锆石、亚历山大石、黄玉、石榴子石、尖晶石、红柱石和电气石。赋矿围岩为固结不实的石英砂岩或含有铁质砂岩（红岩）、卵状砾岩、Isalo 群砂岩、石英砂砾岩、石英岩和片状卵状石英砾岩，蓝宝石和红宝石的原生矿可能来自变质花岗岩。该宝石矿床以开采红宝石、蓝宝石和石榴子石为主，是民采的主要类型。

五、砂矿型宝石矿床

砂矿型宝石矿床主要产于原生矿分布区的残积-残坡积层及邻近区域的水系冲积层中，发生在第四系河流、古河流和冲积物中。马达加斯加著名的 Ilakaka 蓝宝石和红宝石矿床就分布在该区南部残坡积层中。其他宝石砂矿床分布于 Ilakaka 以北地区和距离 Ilakaka 西南 120km 的 Bezaha 附近。此外，1998 年底，在 Andilamena 和 Vatomandry 地区还产出优质红宝石砂矿床。

第三节 宝石发展前景

马达加斯加宝石成因类型复杂，各种宝石矿产分布极为广泛。根据成矿背景不同，宝石矿产分布种类也不同，宝石的质量和资源量也不同。马达加斯加宝石资源潜力巨大，包括采矿、选矿、加工与销售各个环节都有很大发展空间。

一、空间分布

从马达加斯加主要宝石矿产分布图（图 13-1）可知，马达加斯加宝石矿产集中分布在 3 个地区。

北部地区宝石矿产大多位于首都 Antananarivo 以北 200~300km 范围内，主要产出红蓝宝石、海蓝宝石、碧玺、紫水晶等。马达加斯加最北端 Antsiranana 地区，1996 年发现了具明亮的返火和橙红色调的蓝宝石和红宝石（4.85ct 和 5.02ct）。两年之内，该地区迅速成为一个全世界最重要的商业级别红宝石和蓝宝石产地之一。在 Andilamena 东部和距离 Andilamena 南部的 Andrebabe 地区，当地人于 2000 年、2002 年又相继发现了蓝宝石矿区。后来在 Toamasina 北部，靠近 Mandraka 村庄又陆续发现了粉色蓝宝石和蓝宝石矿区，Didy 市东部地区高品质红宝石和蓝宝石矿区。其他地区如 Moramanga、Andrebabe、Ambodivoahangy、Ambatondrazaka 也有产出红宝石和蓝宝石。

中部地区集中分布于 Antananarivo 以南 160km 的 Antsirabe 至 Fianarantsoa 省一带,是祖母绿、海蓝宝石、红宝石、蓝宝石及碧玺等宝石的重要产地。Manajary 中东部近海地区是马达加斯加祖母绿的产地。马达加斯加东海岸 Mananjary 镇 Vatomandry 村西部,在 2000 年 9 月发现了重要的宝石级蓝宝石和粉红色—红色红宝石(1.78ct 和 2.03ct)。

南部地区主要分布于 Toliara 省东部 Ilakaka 地区,主产蓝宝石、碧玺、石榴子石、绿柱石等。1993—1994 年在马达加斯加东南 Andranondambo 地区发现了令人瞩目的蓝宝石,该地在之后三年里每年向泰国出口 1200kg 蓝宝石,并成功切出了一些 15~20ct 的大蓝宝石。

据报道,在马达加斯加东南海岸附近发现了金伯利岩,并在 Midongy-Horombe 附近发现了两颗钻石(8ct 和 24ct)。因此认为,Anosyenne 地区的陆上和沿海冲积物是钻石潜在有利区域。

1905 年,在马达加斯加 Sandranapana 河流域 Ikongo 附近的 Midongy 处发现了钻石(钻石名字为 Staponzki),这是马达加斯加发现的第一颗钻石,重 1.94ct。此后马达加斯加所有钻石矿产均发现于其国内的东南部太古宙 Masora 地块南端,Angavo 剪切带(南段)以北的 200km 的范围内。因此,该区域是金伯利岩潜力区。

自从 1905 年发现 Staponzki 钻石以来,马达加斯加在冲积层内的钻石研究一直没有突破,到目前为止,尚未发现任何原生钻石。

二、采矿

马达加斯加的宝石矿山主要被法国、印度、土耳其、泰国等外国公司垄断。一些较大的矿山,如 Ilakaka 地区红宝石和蓝宝石矿山,被印度几家公司垄断;Mananjary 地区的祖母绿宝石矿山,小矿山多由马达加斯加本国人开采,但开采技术手段比较落后,几乎用原始的手工技术,机械化程度极低。2008 年马达加斯加碧玺年产量是 6800kg,蓝宝石 940kg。马达加斯加的宝石开采时间主要在每年旱季,即 4 月至 10 月,在雨季 10 月至翌年 3 月是宝石原料集中上市的季节,各地宝石商人都赶来收购宝石。

三、加工与销售

首都 Antananarivo 和中部城市 Antsirabe 是宝石工业主要加工地,以宝石挑选、切割、雕刻和镶嵌为主,都是家庭式作坊,宝石加工厂从十几家发展到现在二十几家,每家有一台至几台刻面机。在 Antsirabe 市有一家较大的宝石加工厂,共有 5 台刻面机、4 台雕刻机、2 台切割机和十几名工人。马达加斯加企业加工设备陈旧,因此,市场上的宝石加工工艺质量参差不齐、造型比较单调。

宝石销售市场有两类,第一销售方式是在矿山直接销售。采矿区的宝石产品,尤其是罕见的、优质的宝石被外国收购。这种方式是直接出口转销,大多将产品销往西欧、北美等发达国家。第二销售方式是在国内加工,然后通过市场销售,这种方式有 2 类:①由外国人经营的宝石首饰商店出售商品,质量和造型相对较好;②由本地业主在集市上自由销售,经营的宝石产品,不论是质量、花式还是加工的标准上都很差。外国人经营的宝石首饰商店主要在首都商业中心和工业城市。如 Antananarivo、Antsirabe、Fianarantsoa 省府等,多由印度和巴基斯坦人、西欧人和华人经营,也有少数马达加斯加本国人,主要销售宝石戒面和镶嵌宝石的金银首饰。官方估计宝石的非法出口量是合法出口量的几倍(喻铁阶和王京生,1993)。

综上所述,马达加斯加具有多种天然宝石产出的地质条件,有很多优质宝石品种,因此宝石资源前景可观,优质的祖母绿、红宝石、蓝宝石、海蓝宝石、碧玺、假蓝宝石、坦桑石、天河石、天青石、紫水晶、黄水晶、铬石榴子石等宝石具有很强的市场竞争力。蓝水晶、月光石、磷灰石等宝石为世界其他国家少见的品种,这些稀有品种在世界宝石中低档市场上有较强的市场竞争力。

第十四章 结 论

通过野外调查和综合研究，马达加斯加金属与非金属矿产资源丰富，铁、金、铬、石墨、镍、锂、铍等矿产具有分布广泛、类型多样、储量丰富、便于开发等特点。根据区域构造演化特征和矿床分布、成因类别及形成时代等特征总结，马达加斯加相对我国最有优势潜力矿产有四大系列：一是与太古宙绿岩带有关的 BIF 型铁（锰）矿、绿岩型和沉积变质岩型金矿；二是与太古宙—元古宙花岗片麻岩有关的石墨矿；三是与新元古代镁铁—超镁铁质岩浆岩有关的铬、镍、铁、钛（钒）矿；四是与太古宙花岗片麻岩有关的伟晶岩型稀有金属矿产，矿种有锂、铍、铌、钽系列。通过广泛的资料收集整理，汇总的马达加斯加主要矿产资源潜力及远景储量见表 14-1。

此外，马达加斯加能源矿产（煤、油气、放射性）、稀有金属、高端非金属材料、彩色宝石等资源在全球也占有一定比例，相信随着科技进步与市场需求的增加，这些资源将很快受到国际矿业界的重视和推进。

表 14-1 马达加斯加主要矿产资源表

矿种	成因类型	赋矿围岩	成矿时代	分布地区	探明金属储量(333+334)/万 t	探明矿物储量(333+334)/万 t	探明矿石储量(334)/万 t	预测矿石远景储量/万 t
Fe	沉积变质型(BIF)	Tsaratanana 杂岩体；Bekodoka-Maevatanana-Andriamena 带：磁铁石英岩，磁铁角闪斜长片麻岩	3.3~2.5Ga	Soalala, Andranomena, Maevatanana			38 018	60 000
		Vondrozo 群：磁铁石英岩	3.18 Ga	Vondrozo, Mantasoa				
		Fenoarivo 群：石榴子石磁铁石英岩		Mananjary				
	岩浆分凝型	Beforona 绿岩带的镁铁质—超镁铁质杂岩：含橄辉斜长岩	新元古代	Ambatondrazaka	MFe:28 049; Ti:6877; V$_2$O$_5$:270		93 168	100 000
Mn/Fe	沉积变质型	Manampotsy 群：透辉斜长片麻岩或黑云二长片麻岩	新元古代	Ambatondrazaka	MFe:5310; Mn:1260		18 000	20 000
	沉积型	Tsaratanana 杂岩体：黑云角闪片麻岩以及磁铁石英岩	新太古代	Masokoamena	MnO:2736			
Au	绿岩型金矿	Bekodoka, Maevatanana, Andriamena 和 Beforona 绿岩带，主要为镁质片麻岩，英云闪长岩，角闪斜长片麻岩，含铬铁矿超镁铁质岩及变质泥质岩	800~700Ma, 630~500Ma	Maevatanana, Antsiafabositra, Tsaratanana, Antananarivo, Vavatenina	不详			2000(?)
	韧性剪切带型	前寒武纪结晶基底变质岩系：黑云二长片麻岩，片麻状二长(混合)花岗岩，黑云闪斜长岩，角闪长片麻岩，云母大理岩，长英变粒岩等中高级变质岩及花岗岩等	630~500Ma(?)	Marovato-Grigri, Dabolava, Ambatolampy, Ambositra, Ampasary-Mananjary, Vondrozo, Vohibory	0.002 5			2000(?)
	沉积变质型	新太古代斜长片麻岩，磁铁石英岩	新太古代	Maevatanana, Ambatondrazaka	不详			1000(?)
	火山热液型金矿	新元古代蔡带状混合岩化斜长片麻岩	新元古代	Firavahana				
		Sambirano-Sahantaha 群：麻粒岩相—角闪岩相沉积变质的片岩和片麻岩	二叠纪	Andavakoera	>0.007			
	冲积-残积型	砂、砾、黏土	新生代	整个岩金地区	>0.006 5			

续表 14-1

矿种	成因类型	赋矿围岩	成矿时代	分布地区	探明金属储量(333+334)/万t	探明矿物储量(333+334)/万t	探明矿石储量(334)/万t	预测矿石远景储量/万t
Cr	岩浆分异型	橄榄岩、斜方辉岩或角闪岩	3300Ma；2900Ma；2476Ma	Andriamena, Befandriana, Mananara	Cr_2O_3:518		1527	21 000
U, Th	沉积变质型	辉石岩岩层	中元古代	Tranomaro-Esira, Betraka-Lhosy	U:0.3765	84.24		2.18
	砂岩型	Isalo Ⅱ群长石砂岩	早侏罗世	Folakara, Makay	U:0.0985			36.95
	岩浆热液型和伟晶岩型	砂岩、泥炭、灰色酸性凝灰质岩	更新世	Antsirabe				
		伟晶岩	500Ma	Ankisabe, Masindray, Antsirabe				1.73
Co, Ni	红土型	橄榄辉长岩、紫苏橄榄岩、二辉橄榄岩	90Ma	Ambatovy	Ni:140; Co:12		Ni:12 500; Co:1000	50 000
	硫化物型	辉石橄榄岩	新元古代	Ambatondrazaka	Ni:2.1			Ni:10
Cu	夕卡岩型	云母大理岩、大理岩；花岗岩—闪长岩—花岗闪长岩	新元古代晚期	Ambositra, Ikalamavony	不详			60
	岩浆热液型	辉绿岩	中生代	Vohimar	不详			
	火山热液蚀变岩型	玄武岩	中生代	Daraina, Maintirano	不详			
Nb, Ta	伟晶岩型	花岗质伟晶岩	古生代—中生代	Malakialina, Ankazobe, Ampanobe, Antsampanana, Tsaratanana, Ambatofinandrahana		0.78		Nb_2O_5:7.64; Ta_2O_5:1.25
绿柱石	伟晶岩型	花岗质伟晶岩	古生代—中生代	Malakialina		6.25		8
Zr, Hf	伟晶岩型	花岗质伟晶岩	古生代—中生代	Ikalamavony	Zr:248; Hf:5.4			300
	岩浆岩型	次火山岩(岩屑正长岩)	寒武纪	Betrandraka				78

续表 14-1

矿种	成因类型	赋矿围岩	成矿时代	分布地区	探明金属储量(333+334)/万t	探明矿物储量(333+334)/万t	探明矿石储量(334)/万t	预测矿石远景储量/万t
钛铁矿砂矿	现代沉积	冲积砂	第四纪	Toamasina-Tolanaro 东海岸		32.8		7400
金红石砂矿						0.34		4
锆石砂矿						1.5		344
铝土矿	红土型	中—酸碱性岩浆岩（二长花岗岩、石英正长岩等酸碱性岩）和片麻岩（黑云辉石片麻岩、斜长角闪片麻岩、角闪斜长二长片麻岩、角闪辉石二长片麻岩）玄武岩、辉长岩、正长岩、片麻岩等	白垩纪—第四纪	Bealanana、Mantasoa-Ambodinononka			109 000	200 000
石墨	沉积变质型	石墨混合片麻岩；含石墨斜长片麻岩、含石墨变粒岩	578~218Ma，1136~919Ma，2475~1698Ma	Farafangana-Manantenina Toamasina、Vohitasara、Antanisoa、Ambahita、Marivolanitra		2910	62 644	100 000
煤矿	沉积型	长石质砂岩、碳质页岩	晚石炭世—晚二叠世	Betioky-Sakoa			37 500	100 000

注：部分数据来自 Tucker 等（2012）。

主要参考文献

车继英,赵院冬,王奎良,等,2013.马达加斯加前寒武纪变质基底特征综述[J].地质与资源,22(4):340-346.

陈波,李华彦,2012.马达加斯加图阿马西纳石山石墨矿详查实施方案[R].海口:海南省海洋地质调查研究院.

程飞飞,张韬,于阳辉,等,2017.马达加斯加某大鳞片石墨矿选矿试验研究[J].非金属矿,40(6):76-78.

邓杏才,李恺,2009.马达加斯加海滨砂矿开采的可行性分析[J].中国矿业,18(8):115-118.

狄永军,张达,李文昊,等,2018.马达加斯加石墨矿产调查与评价课题成果报告[R].北京:中国地质大学(北京).

关智程,2018.关于石墨矿成矿条件分析[J].决策探索(中),588(8):13.

黄国平,胡清乐,陈冬明,等,2014.马达加斯加地质矿产概况[J].资源环境与工程,28(05):626-632.

黄国平,孙唯衡,陈冬明,等,2015.马达加斯加矿产勘查开发现状及矿业投资环境[J].资源环境与工程,29(4):442-448.

李金虎,习通,2017.马达加斯加 ANTISAFABOSITRA 矿区金矿床地质特征与找矿方向[J].河南科技,8(15):96-99.

李俊锋,李金虎,朱玉婷,2016.马达加斯加铬铁矿分布特征及成因简析[J].西部资源(4):1-2.

李恺,邓杏才,叶志平,2009.马达加斯加海滨砂矿的开发利用[J].资源与产业,11(5):30-34.

李林,2018.浅析马达加斯加铬铁矿主要地质特征[J].资源环境与工程,32(2):224-227.

李鹏,刘善宝,李建康,等,2017.马达加斯加 Bemavo 铬铁矿区基性岩中锆石的 U-Pb 年龄、Hf 同位素特征及其地质意义[J].地学前缘,24(5):182-191.

李鹏,刘善宝,施光海,等,2015.马达加斯加 Maevatanana 金矿区花岗岩锆石 U-Pb 年龄、Hf 同位素特征及其地质意义[J].岩石学报,31(4):1153-1170.

李文昊,2018.马达加斯加东海岸 Vohitasara 石墨矿成因探讨[D].北京:中国地质大学(北京).

梁艳宾,2019.马达加斯加图利亚省安巴希塔石墨矿区工程地质条件浅析[J].中小企业管理与科技(31):162-163.

刘东宏,2009.非洲马达加斯加共和国 Soalala 铁矿床特征[J].矿床地质,28(Z):95-98.

刘光,张雪梅,2019.马达加斯加矿产资源分布及优劣势分析[J].世界有色金属(5):101-102.

刘田,魏根源,刘光,等,2018.马达加斯加国图利亚省安巴希塔石墨矿(7-13线)详查地质报告[R].保定:河北省地质工程勘查院.

卢焕章,池国祥,朱笑青,等,2018.造山型金矿的地质特征和成矿流体[J].大地构造与成矿学(2):244-265.

律保森,包莹莹,杜斌,2015.非洲大陆煤炭资源分布[J].中国煤炭地质,27(1):22-39.

毛景文,李荫清,2001.河北省东坪硫化物金矿床流体包裹体研究:地幔流体与成矿关系[J].矿床地质(1):23-26.

莫桥,欧阳述,刘立军,等,2013.马达加斯加共和国 23702、23324、28668、28608 矿区铌钽铀矿预查报告[R].广州:广东省地质局七〇四地质大队.

庞文进,2019.马达加斯加北部铝土矿床地质特征及成因[C]//河南省地质学会.河南省地质学会

2019年学术年会论文集:52-57.

裴利庭,李冬,周子辉,等,2013.马达加斯加伟晶岩型宝石矿床形成条件分析[J].河北国土资源与海洋科技信息(3):27-30.

任创业,2017.马达加斯加Dabolava金矿地质特征[J].华北国土资源,80(5):37-38.

邵俭波,辛青山,乔树岩,等,2008.马达加斯加阿巴通得拉扎卡地区1:5万地球化学测量成果报告[R].沈阳:中国地质调查局沈阳地质调查中心.

邵俭波,赵院冬,王奎良,等,2010.马达加斯加北部地区绿岩带成矿规律及找矿方法研究成果报告[R].沈阳:中国地质调查局沈阳地质调查中心.

孙振一,白浩,方烨,等,2019.马达加斯加石墨矿床控矿构造特征与找矿模型[J].地质力学学报,25(S1):145-149.

王洪波,李宝科,江志海,2013.马达加斯加矿产分布及找矿方向[J].矿业工程,11(1):7-10.

吴大天,邵俭波,赵院冬,等,2013.马达加斯加成矿规律研究及资源潜力调查评价研究[R].沈阳:中国地质调查局沈阳地质调查中心.

吴大天,许逢明,王奎良,等,2018.马达加斯加低密度地球化学调查及优势矿产成矿规律研究[R].沈阳:中国地质调查局沈阳地质调查中心.

吴大天,赵院冬,许逢明,等,2017.马达加斯加优势矿产资源潜力评价报告[R],沈阳:中国地质调查局沈阳地质调查中心.

徐国富,陈国华,2013.马达加斯加Maevatanana金矿的地质特征及其找矿方向[J].地球(12):72-73.

徐国富,万浩章,周望农,2013.马达加斯加BEMAVO铬铁矿床的地质特征与成因浅析[J].地球(10):43-43,42.

阳黎,张凌燕,邱杨率,等,2019.马达加斯加可膨胀石墨的制备与研究[J].硅酸盐通报,38(10):3320-3325.

杨喜安,刘善宝,王光良,等,2013.马达加斯加Maevatanana金矿床构造控矿特征[J].黄金地质,34(9):16-22.

喻铁阶,王京生,1993.马达加斯加国宝石资源及其开发前景考察[J].矿产与地质,7(5):361-365.

曾建辉,张传奇,敖平,2015.马达加斯加贝马武(Bemavo)铬铁矿床地质特征及围岩蚀变研究[C]//江西省地质学会.江西省地质学会2016年论文汇编集Ⅰ:40-49.

翟裕生,姚书振,蔡克勤,2011.矿床学[M].3版.北京:地质出版社.

张苏江,崔立伟,张彦文,等,2018.国内外石墨矿产资源及其分布概述[J].中国矿业,27(10):8-14.

赵财胜,孙丰月,毛景文,等,2005.青海大场金矿床流体包裹体特征及其地质意义[J].矿床地质,24(3):305-316.

赵雪朋,郝太平,邓志东,等,2013.马达加斯加矿产资源勘查概述[J].西部探矿工程,25(9):86-88.

周建新,贺海龙,赵鑫鑫,2013.马达加斯加Bemavo铬铁矿、磁铁矿区地质特征及找矿标志[J].科技信息(34):260-261.

COLLINS A S, 2006. Madagascar and the amalgamation of Central Gondwana[J]. Gondwana Research,9(1-2),3−16.

GRIECO G, MERLINI A, CAZZANIGA A, 2012. The tectonic significance of PGM-bearing chromitites at the Ranomena mine, Toamasina chromite district, Madagascar[J]. Ore Geology Reviews,44:70-81.

GRIECO G, MERLINI A, PEDROTTIET M, et al, 2013. The origin of Madagascar chromitites[J]. Ore Geology Reviews, 58:55-67.

GRÉGOIRE V, NÉDÉLEC A, MONIÉ P, et al, 2019. Structural reworking and heat transfer related to the late-Panafrican Angavo shear zone of Madagascar[J]. Tectonophysics, 477(3-4):197-216.

KUTINA J, 1975. Tectonic development and metallogeny of Madagascar with reference to the fracture pattern of the Indian Ocean[J]. Geological Society of Amarica Bulletin, 86:582-592.

LARDEAUX J M, MARTELAT J E, NICOLLET C, et al, 1999. Metamorphism and tectonics in southern Madagascar: an overview[J]. Gondwana Research, 2(3):355-362.

LU H, CHI X, ZHU X, et al, 2018. Geological characteristics and ore-forming Fluids of orogenic gold deposits[J]. Tectonics and Metallogenesis, 21(2):244-265.

RAKOTONDRAZAFY A F M, GIULIANI G, OHNENSTETTER D, et al, 2008. Gemcorundum deposits of Madagascar: A review[J]. Ore Geology Reviews, 34(1):134-154.

RAMAMBAZAFY A, 1998. Granites et fluides en relation avec les skarns à thorianitedans les granulites du S. E. de Madagascar[D]. Toulouse:Paul Sabatier Toulouse Ⅲ University.

RAMBELOSON A R, 1999. Gold in Madagascar[J]. Gondwana Research, 2(3):423-431.

TUCKER R D, PETERS S G, ROIG J Y, et al, 2012. Cartes Géologique et Métallogéniques dela République de Madagascar à 1 : 1 000 000[R]. Antananarivo: Ministère des Mines, République de Madagascar.